普通高等教育汽车与交通类专业"十二五"规划教材

交通工程设施设计

朱守林　主　编

陈松利　副主编

中国林业出版社

内 容 简 介

本书在吸收、总结国内外交通工程设施研究成果的基础上，系统地介绍了交通工程设施设计的基本理论和基本方法。主要内容包括：绪论、交通工程设施规划、交通安全设施设计、交通管理设施设计、静态交通设施设计、道路收费与服务设施设计、交通监控系统设计、道路通信系统设计、道路照明设计，交通环境保护设施设计、交通工程设施人性化设计进展。通过本书的学习，使得交通工程的专业课得到综合应用，同时为学生今后工作提供较全面的交通工程设计方法和经验。全书内容简明扼要，博采众长，突出实用性和实践性。

本书适合作为高等院校交通工程、交通运输、道路桥梁与渡河工程、土木工程、市政工程专业本科教学用书，也可供交通、城建、公安等部门的技术人员和管理人员参考使用。

图书在版编目（CIP）数据

交通工程设施设计/朱守林主编. —北京：中国林业出版社，2014.11
普通高等教育汽车与交通类专业"十二五"规划教材
ISBN 978-7-5038-7522-9

Ⅰ.①交… Ⅱ.①朱… Ⅲ.①交通工程－基础设施－设计－高等学校－教材 Ⅳ.①U491

中国版本图书馆 CIP 数据核字（2014）第 116903 号

中国林业出版社·教育出版分社

策划编辑：牛玉莲 杜 娟
责任编辑：张东晓 杜 娟
电 话：83280473 传真：83280473

出版发行 中国林业出版社（100009 北京市西城区德内大街刘海胡同 7 号）
E-mail：jiaocaipublic@163.com 电话：(010) 83224477
http：//lycb. forestry. gov. cn
经 销 新华书店
印 刷 中国农业出版社印刷厂
版 次 2014 年 11 月第 1 版
印 次 2014 年 11 月第 1 次印刷
开 本 787mm×1092mm 1/16
印 张 24.5
字 数 581 千字
定 价 45.00 元

高等院校汽车与交通类专业
教材编写指导委员会

本书编写人员名单

主　　编：朱守林

副 主 编：陈松利

编写人员：（以姓氏笔画排序）

王海晓　内蒙古农业大学

朱守林　内蒙古农业大学

李丽丽　内蒙古农业大学

李香红　河南理工大学

张亚伟　河南理工大学

陈松利　内蒙古农业大学

岳小泉　福建农林大学

黄小燕　内蒙古工业大学

满都拉　内蒙古大学

前　言

　　道路交通是由人、车辆、道路、交通工程设施以及交通环境等要素所构成的一个复杂的"人—机—环境系统"。交通工程设施是构成公路交通人—机—环境系统的主要元素。交通工程设施作为公路工程的重要组成部分之一，对提高行车安全性、提高道路通行能力和运行效率，以及保证车辆连续运行、降低能耗、提高出行的舒适和方便程度等方面都具有重要意义。随着我国社会经济和公路建设的快速发展，交通工程设施的设计，越来越受到人们的重视。为此，很多高校的交通工程、交通运输工程、道路桥梁与渡河工程等专业开设了"交通工程设施设计"这门课程，为社会培养亟需的道路交通建设与养护方面的人才起到了积极作用。

　　本书根据交通工程最新发展动态，针对当前我国公路交通工程的发展现状，参照道路交通工程最新行业标准、规范，以提高交通人—机—环境系统的功能为目的，注重用路者的心理、生理特点和交通需求，系统地介绍了交通工程设施设计的相关内容。本书内容分为 12 章：绪论、交通工程设施规划、交通安全设施设计、交通管理设施设计、静态交通设施设计、道路收费设施设计、道路服务设施设计、交通监控系统设计、道路通信系统设计、道路照明设计、交通环境保护设施设计、交通工程设施人性化设计进展。教材体现了交通工程领域采用的新技术、新知识、新工艺、新设备，注意前后知识的连贯性、逻辑性，基本知识深入浅出，图文并茂，并在可用图示说明的前提下直接用图说明教学内容，以有利于学生对新知识的理解。在教材编写过程中，贯彻以必需、够用为度的原则，适当留有供自学的和拓宽专业知识的内容。本书具有很强的实用性。

本书适合作为本科高等院校、高职院校交通工程、交通运输过程、道路桥梁与渡河过程专业及其他相关专业教材。

本书由朱守林担任主编，陈松利担任副主编。朱守林对全书进行统稿。编写分工如下：朱守林编写第2章第1节、第12章，陈松利编写第3章，王海晓编写第1章、第4章第1节，李丽丽编写第4章第2~3节，满都拉编写第8、9章，李香红编写第5章，张亚伟编写第7、11章，岳小泉编写第2章第2~3节、第6章，黄小燕编写第10章。

在本书编写过程中参考借鉴了国内外大量的规范、论著等专业文献，但因条件所限，未能与有关作者取得联系，引用与理解不当之处，敬请谅解，并在此一并表示诚挚的谢意。

由于交通工程设施设计的理论和技术在不断地发展、更新，加之时间仓促及编者水平所限，书中不当之处在所难免，恳请同行和读者提出宝贵意见，以便在今后修订中不断完善。

朱守林

2014 年 10 月

目　录

前　言
第1章　绪　论 ……………………………………… (1)
　1.1　交通工程与交通工程设施 ………………… (1)
　　1.1.1　交通工程的定义及内容 ……………… (1)
　　1.1.2　交通工程设施的定义与功能 ………… (2)
　1.2　交通工程设施设计的主要内容 …………… (2)
　　1.2.1　交通安全设施 ………………………… (3)
　　1.2.2　交通管理设施 ………………………… (3)
　　1.2.3　静态交通设施 ………………………… (3)
　　1.2.4　交通监控设施 ………………………… (4)
　　1.2.5　道路收费设施 ………………………… (4)
　　1.2.6　道路服务设施 ………………………… (4)
　　1.2.7　道路照明设施 ………………………… (4)
　　1.2.8　交通环境保护设施 …………………… (4)
　1.3　交通工程设施发展历程 …………………… (5)
　　1.3.1　国外交通工程设施发展现状与趋势 ……… (6)
　　1.3.2　国内交通工程设施发展现状与趋势 ……… (8)
第2章　交通工程设施规划 …………………………… (12)
　2.1　交通工程设施规划的原则与方法 ………… (12)
　　2.1.1　交通工程设施规划的原则 …………… (12)
　　2.1.2　交通工程设施规划的方法 …………… (13)
　2.2　道路交通特性分析 ………………………… (15)
　　2.2.1　人的交通特性分析 …………………… (15)

　　　　2.2.2　车辆的交通特性分析 ……………………………………… (19)
　　　　2.2.3　道路的基本特性分析 ……………………………………… (23)
　　2.3　交通工程设施规划 …………………………………………… (25)
　　　　2.3.1　交通管理体制总体规划 …………………………………… (26)
　　　　2.3.2　收费系统规划 ……………………………………………… (28)
　　　　2.3.3　监控系统规划 ……………………………………………… (31)
　　　　2.3.4　通信系统规划 ……………………………………………… (31)
　　　　2.3.5　服务设施规划 ……………………………………………… (32)
　　　　2.3.6　城市公共交通场、站及停车场规划 ……………………… (33)

第3章　交通安全设施设计 ……………………………………………… (36)
　　3.1　安全护栏的设计 ……………………………………………… (37)
　　　　3.1.1　护栏的概念、分类和功能 ………………………………… (37)
　　　　3.1.2　护栏设计的理论基础 ……………………………………… (40)
　　　　3.1.3　护栏设计的总体原则与条件 ……………………………… (42)
　　　　3.1.4　护栏设计的碰撞力学分析 ………………………………… (47)
　　　　3.1.5　护栏设计防撞等级的选择 ………………………………… (48)
　　　　3.1.6　护栏主要参数确定 ………………………………………… (49)
　　　　3.1.7　护栏形式的选择 …………………………………………… (51)
　　　　3.1.8　护栏的设置原则 …………………………………………… (54)
　　3.2　防眩设施设计 ………………………………………………… (56)
　　　　3.2.1　眩光 ………………………………………………………… (56)
　　　　3.2.2　防眩设施分类 ……………………………………………… (58)
　　　　3.2.3　防眩设施设计指导思想 …………………………………… (58)
　　　　3.2.4　防眩设施设置依据与原则 ………………………………… (60)
　　　　3.2.5　防眩设施的形式选择 ……………………………………… (62)
　　　　3.2.6　防眩设施结构设计 ………………………………………… (63)
　　3.3　隔离封闭设施设计 …………………………………………… (67)
　　　　3.3.1　隔离设施的分类与形式选择 ……………………………… (68)
　　　　3.3.2　隔离设施的设置原则 ……………………………………… (69)
　　　　3.3.3　结构设计参数的确定 ……………………………………… (70)
　　3.4　视线诱导设施设计 …………………………………………… (71)
　　　　3.4.1　轮廓标 ……………………………………………………… (71)
　　　　3.4.2　分、合流诱导标 …………………………………………… (75)
　　　　3.4.3　线形诱导标 ………………………………………………… (76)
　　　　3.4.4　突起路标 …………………………………………………… (77)

第4章　交通管理设施设计 ……………………………………………… (82)
　　4.1　道路交通标志设计 …………………………………………… (82)
　　　　4.1.1　交通标志的分类 …………………………………………… (82)
　　　　4.1.2　交通标志的三要素 ………………………………………… (83)

　　　　4.1.3　交通标志版面及符号尺寸 ·· (84)

　　　　4.1.4　交通标志设置 ··· (88)

　　　　4.1.5　交通标志的构造 ·· (94)

　　　　4.1.6　交通标志的结构设计 ·· (97)

　　4.2　道路交通标线设计 ·· (101)

　　　　4.2.1　交通标线的分类 ·· (101)

　　　　4.2.2　交通标线的基本要求 ·· (103)

　　　　4.2.3　典型交通标线的设计 ·· (104)

　　4.3　交通信号设施设计 ·· (111)

　　　　4.3.1　交通信号的基本概念 ·· (111)

　　　　4.3.2　交通信号设计基础知识 ··· (111)

　　　　4.3.3　单点信号控制方式 ··· (130)

第5章　静态交通设施设计 ·· (145)

　　5.1　概述 ·· (145)

　　　　5.1.1　机动车性能分析 ·· (145)

　　　　5.1.2　静态交通设施类型 ··· (149)

　　5.2　机动车停车场设计 ·· (149)

　　　　5.2.1　停车场类型 ··· (150)

　　　　5.2.2　停车需求及特性分析 ·· (151)

　　　　5.2.3　停车场设计 ··· (152)

　　5.3　公共交通场站设计 ·· (159)

　　　　5.3.1　公共交通场站种类 ··· (159)

　　　　5.3.2　公交场站设计 ··· (160)

第6章　道路收费设施设计 ·· (166)

　　6.1　概述 ·· (166)

　　　　6.1.1　道路收费设施定义与作用 ·· (167)

　　　　6.1.2　收费设施设计原则与目标 ·· (169)

　　6.2　道路收费系统的设计 ··· (171)

　　　　6.2.1　收费系统的定义、分类 ··· (171)

　　　　6.2.2　半自动收费系统设计 ·· (174)

　　　　6.2.3　电子收费系统设计 ··· (182)

　　　　6.2.4　联网收费系统设计 ··· (188)

　　6.3　收费站收费广场的设计 ·· (197)

　　　　6.3.1　收费站类型 ··· (198)

　　　　6.3.2　收费通道数的计算 ··· (200)

　　　　6.3.3　收费站收费广场的设计 ··· (203)

第7章　道路服务设施设计 ·· (212)

　　7.1　概述 ·· (212)

　　　　7.1.1　道路服务设施的分类 ·· (213)

7.1.2　道路服务设施的组成要素 ……………………………………………… (213)

7.2　服务区设施设计 ……………………………………………………… (215)

7.2.1　服务区的形式 ……………………………………………………… (215)

7.2.2　服务区布设原则与一般要求 ………………………………………… (218)

7.2.3　服务区的设计规模 …………………………………………………… (219)

7.2.4　服务区内服务设施布设要点 ………………………………………… (223)

第8章　交通监控系统设计 …………………………………………………… (231)

8.1　概述 …………………………………………………………………… (231)

8.1.1　监控系统概念 ………………………………………………………… (231)

8.1.2　监控系统的功能和目标 ……………………………………………… (232)

8.1.3　监控系统的构成 ……………………………………………………… (233)

8.1.4　监控系统的分类 ……………………………………………………… (235)

8.2　信息采集系统的设计 ………………………………………………… (237)

8.2.1　信息采集系统构成与运行方式 ……………………………………… (237)

8.2.2　信息采集方法与采集设备的布设 …………………………………… (238)

8.2.3　采集设备的选用 ……………………………………………………… (240)

8.3　交通监控中心设计 …………………………………………………… (250)

8.3.1　监控中心机构位置选取 ……………………………………………… (250)

8.3.2　监控中心与监控分中心的功能 ……………………………………… (251)

8.3.3　监控中心的主要硬件设备 …………………………………………… (253)

8.3.4　计算机软件 …………………………………………………………… (255)

8.4　信息提供系统设计 …………………………………………………… (257)

8.4.1　系统构成及运行方式 ………………………………………………… (258)

8.4.2　信息提供系统的功能 ………………………………………………… (258)

8.4.3　常用的信息提供设施结构原理 ……………………………………… (259)

8.4.4　交通广播系统设计 …………………………………………………… (260)

8.5　主线与匝道控制 ……………………………………………………… (262)

8.5.1　主线控制 ……………………………………………………………… (262)

8.5.2　匝道控制 ……………………………………………………………… (269)

第9章　道路通信系统设计 …………………………………………………… (274)

9.1　概述 …………………………………………………………………… (274)

9.1.1　高速公路通信系统概述 ……………………………………………… (274)

9.1.2　道路通信系统的特殊性 ……………………………………………… (276)

9.2　道路通信系统设计 …………………………………………………… (276)

9.2.1　设计基本原则与设计目标 …………………………………………… (276)

9.2.2　高速公路通信系统的通信层次 ……………………………………… (277)

9.2.3　道路通信系统组成及功能 …………………………………………… (278)

9.2.4　光纤数字传输系统 …………………………………………………… (280)

9.2.5　程控数字交换系统 …………………………………………………… (287)

9.2.6 移动通信系统 ………………………………………… (295)

9.2.7 数据传输 …………………………………………… (299)

9.2.8 电视图像传输 ………………………………………… (300)

第10章 道路照明设计 …………………………………………… (303)

10.1 概述 ………………………………………………… (303)

10.1.1 行车必要的视觉条件 ………………………………… (303)

10.1.2 道路照明系统的功能 ………………………………… (304)

10.1.3 照明设计的基本原则与要求 ………………………… (305)

10.1.4 照明设计参数及名词定义 …………………………… (306)

10.2 道路照明评价指标与照明标准 ……………………………… (309)

10.2.1 照明评定指标 ………………………………………… (309)

10.2.2 照明参数确定的影响因素 …………………………… (311)

10.2.3 照明标准 ……………………………………………… (311)

10.3 道路照明光源、灯具 ………………………………………… (314)

10.3.1 道路照明常用光源 …………………………………… (314)

10.3.2 道路照明灯具类型与选择 …………………………… (315)

10.4 道路照明系统设计 …………………………………………… (316)

10.4.1 道路照明布局 ………………………………………… (316)

10.4.2 照明设计的内容与步骤 ……………………………… (321)

10.4.3 照明设计计算 ………………………………………… (321)

10.4.4 特殊场所照明设计要点 ……………………………… (326)

10.5 隧道照明 …………………………………………………… (329)

10.5.1 隧道的视觉环境 ……………………………………… (329)

10.5.2 隧道照明设计 ………………………………………… (330)

10.6 道路照明的供电系统 ………………………………………… (334)

10.6.1 道路照明的供电方式 ………………………………… (334)

10.6.2 道路照明控制 ………………………………………… (334)

第11章 交通环境保护设施设计 …………………………………… (338)

11.1 概述 ………………………………………………… (338)

11.1.1 交通大气污染及影响 ………………………………… (338)

11.1.2 交通噪声污染及影响 ………………………………… (341)

11.2 交通大气污染防治设计 ……………………………………… (343)

11.2.1 大气污染防治标准 …………………………………… (343)

11.2.2 施工期间大气污染防治 ……………………………… (344)

11.2.3 汽车废气污染防治 …………………………………… (344)

11.2.4 收费站废气污染防治 ………………………………… (346)

11.3 交通噪声污染防治设计 ……………………………………… (346)

11.3.1 环境噪声标准 ………………………………………… (346)

11.3.2 交通噪声控制方案设计 ……………………………… (348)

11.4　公路绿化设计 ………………………………………………… (351)
　　11.4.1　公路绿化设计要求 ……………………………………… (352)
　　11.4.2　公路绿化方案设计 ……………………………………… (352)

第12章　交通工程设施人性化设计进展 ……………………………… (358)
　12.1　概述 ……………………………………………………………… (358)
　12.2　交通安全设施人性化设计 ……………………………………… (361)
　　12.2.1　安全护栏的人性化设计 ………………………………… (361)
　　12.2.2　防眩设施的人性化设计 ………………………………… (361)
　　12.2.3　视线诱导设施的人性化设计 …………………………… (364)
　12.3　交通管理设施人性化设计 ……………………………………… (365)
　　12.3.1　交通标志与标线人性化设计 …………………………… (366)
　　12.3.2　交通信号人性化设计 …………………………………… (369)
　12.4　监控设施人性化设计 …………………………………………… (371)
　12.5　其他交通工程设施人性化设计进展 ………………………… (371)
　　12.5.1　收费设施人性化设计 …………………………………… (371)
　　12.5.2　服务设施人性化设计 …………………………………… (373)
　　12.5.3　道路照明人性化设计 …………………………………… (374)
　　12.5.4　环境保护设施人性化设计 ……………………………… (375)
　12.6　城市交通人性化发展的方向 ………………………………… (376)

第1章
绪　论

[本章提要]

　　本章主要介绍交通工程和交通工程设施的基本定义和主要内容。要求了解交通工程和交通工程设施的主体组成、发展历程及发展趋势；熟悉我国交通设施设计的发展趋势和新的设计理念；重点掌握交通工程设施设计涵盖的方向。

1.1　交通工程与交通工程设施

　　交通工程是关于交通和出行的计测科学，是研究道路及与它们相联系的土地规划、几何设计及交通管理，以使人和物的移动达到安全、便利、有效及经济的目的。交通工程设施是使车辆高速、高效、安全、舒适地行驶而设置的各类设施。交通设施是人类社会的重要基础设施之一，是社会、政治、经济文化活动得以正常进行和发展的保障。

1.1.1　交通工程的定义及内容

1.1.1.1　交通工程的定义

　　交通工程学是研究交通发生、发展、分布、运行与停驻规律，探讨交通调查、规划、设计、监理、运营、管理、安全的理论、方法以及有关设施、装备、法律和法规，协调道路交通中人、车、路与环境的相互关系，使道路交通更安全、有效、快速、舒适、方便、经济的一门工程技术科学。

　　交通工程学是研究道路交通的发生、构成和运动规律的理论及其应用的学科，是综合探讨人、车、路和环境四者关系的学科，是由道路工程衍生而发展的。研究的对象是人、车、路及其与土地使用、房屋建筑等综合环境之间的相互关系。目的是探求使道路交通系统运输能力最大、经济效益最高、交通事故最少和公害程度最低的科学技术措施，使道路交通达到安全、畅通、经济和舒适，从而指导道路系统的规划建设和交通系统的运行管理。

1.1.1.2 交通工程的研究内容

交通工程学把道路工程、汽车工程、运输工程和环境科学等统一在一个系统中，综合地研讨如何达到道路的通行能力最大、交通事故最少和公害程度最轻，是一门新兴学科。50多年来，在美国，交通工程学已由初期的交通控制发展为拥有10多个专业的学科，包括交通控制、道路交通规划、高速公路、停车、公共交通和环境影响及交通系统管理等。

1.1.2 交通工程设施的定义与功能

1.1.2.1 交通工程设施的定义

交通工程设施是指根据交通工程学的原理和方法，为使道路网整体通行能力最大，交通事故最少，排除故障、恢复交通运行最快，对生态环境影响最小，提供车辆安全、快速、高效、舒适、环保行驶，适应道路现代化管理，能回收信贷资金而建立的有经济和社会效益的设施。

交通工程设施主要包括：交通安全设施、交通管理设施、停车场与汽车站等静态交通设施、交通服务设施、道路景观与绿化设施、道路照明系统、收费系统以及监控系统等。另外，其也包括道路通信系统、道路供配电系统以及沿线建筑设施。

1.1.2.2 交通工程设施的功能

交通工程设施的总功能：确保行车安全，为用路者提供良好的服务，通过科学管理来充分发挥公路项目的社会、经济效益。

具体功能为：

(1)通过主动引导、被动防护、全程保障、隔离封闭，提高交通安全性。

(2)提高通行能力和交通运行效率。

(3)保证车辆连续运行。

(4)降低交通能耗和交通对环境的影响。

(5)提高出行的舒适和方便程度。

(6)加快建设资金的回收速度。

1.2 交通工程设施设计的主要内容

交通工程设施设计主要包括：交通安全设施设计、交通管理设施设计、交通监控系统设计、道路收费系统设计、道路服务设施设计、道路照明设施设计、道路通信系统设计、交通环境保护设施设计等几个方面。

1.2.1 交通安全设施

交通安全设施包括：交通标志、标线、护栏、隔离栅、轮廓标、诱导标、防眩设施等。均在道路沿线铺设，对确保道路行车安全、减轻事故严重程度、美化道路景观、平滑交通流、提高行驶舒适性起到十分重要的作用。

护栏是一种纵向吸能结构，通过自体变形或车辆爬高来吸收碰撞能量，从而改变车辆行驶方向、阻止车辆越出路外或进入对向车道、最大程度地减少对乘员的伤害，广泛应用于市政工程、交通、社区、港口、机场、仓储区域的维护。

隔离栅是对高等级公路进行隔离封闭的人工构造物的统称，其作用在于阻止无关人员、牲畜以及野生动物进入、穿越高速公路，防止非法侵占公路用地现象的发生。

视线诱导设施是一种沿车道两侧设置的用来指示道路方向、行车道边界及危险路段位置的设施总称，它可以在白天、黑夜诱导驾驶员的视线，表明道路轮廓，保证行车安全。按其功能可分为轮廓标、分流或合流诱导标、指示和警告性线行诱导标、突起路标4种。

防眩设施是指设置在道路中央分隔带上用于消除汽车前照灯夜间眩光影响的道路交通安全设施，防眩设施的设置可降低交通事故、提高行车的安全性。

交通安全设施是交通工程设施的重要组成部分，也是高速公路交通工程设施最主要的组成部分。

1.2.2 交通管理设施

交通管理设施，即交通管理的硬件设施，主要包括道路交通标志、交通标线和交通信号灯等。

交通标志指通过图形符号、颜色和文字向交通参与者传递特定信息，用于管理交通的设施，交通标志的种类包括警告标志、禁令标志、指示标志、指路标志、旅游区标志、道路施工安全标志。

交通标线是指由标画于路面上的各种线条、箭头、文字、立面标记、突起路标和轮廓标等所构成的交通安全设施。道路交通标线是交通管理设施的重要组成部分，是引导驾驶人视线、管制驾驶人驾驶车辆行为的重要手段，可以确保车辆分道行驶、引导交通行驶方向，指引车辆会合或分流前进入合适的车道，加强车辆行驶秩序管理，形成更好的交通组织。

交通管理设施设计的重点是正确选择设施种类、形式和材料，合理、科学地确定设置地点。道路交通管理的主要任务是制定交通管理的方针与政策、研究道路交通管理的规律和特点，最终运用各种设施控制、掌握并有效地组织交通。

1.2.3 静态交通设施

静态交通设施指为了静态交通而使用及服务的设施的总称，主要包括停车场、汽车站、加油站、公共汽车停靠站等。设计中，应以服务需求为依据，确定设施的规模、数量、构成和空间分布。

1.2.4　交通监控设施

交通监控系统是车辆行驶的动态保障,监控系统是对高速公路网主线、匝道、隧道、特大桥、多雾段进行监控,并对交通异常、弯道盲区进行告警的系统。与其他静态设施(安全、管理)共同构成了保障道路交通高效、安全的基础。监控系统包括信息采集系统、信息提供系统和监控中心三大部分。信息采集系统收集道路上的实时交通信息,从而判断交通运行状态是否正常;信息提供系统把交通运行状态或控制指令告知驾驶人员,以便驾驶人员参考或遵循;监控中心则是监控系统中实时信息的分析处理和指令发布的中枢部分,通过监视软件、控制软件、闭路电视发挥监控作用。

1.2.5　道路收费设施

为偿还道路工程建设贷款、筹集道路运营养护费用或以道路建设作为商业投资目的,对过往车辆征收通行费的道路,称为收费道路。在收费道路上用于收取过往车辆通行费的一切交通设施,称为道路收费设施,包括土建工程和机电工程设施。根据车辆是否停车,分为停车收费系统和不停车收费系统。

1.2.6　道路服务设施

道路服务设施指设置在道路及其沿线,为使用者提供服务的服务区,服务区功能如图 1-1 所示,主要包括停车场、广场、公共交通停靠站、加油站等。设计中,主要设施的位置不同,服务区的形式也不同。服务区主要设施的布置与地形、地貌、沿线自然特征、土地利用、邮资费用及管理条件等因素有关,通过对这些因素的综合分析比较,最终组合确定。

1.2.7　道路照明设施

道路照明设施是指为了保证能见度低时交通正常运行、正确地识别路况及各种交通标志而设置于道路上的灯光照明设施。主要作用是使车辆在不使用前照灯的条件下,能够看清楚前方道路路况、交通情况,并能够及时认清前方障碍及各类标志等。根据道路使用功能,城市道路照明可分为主要供机动车使用的机动车交通道路照明和主要供非机动车与行人使用的非机动车道路照明两类。机动车交通道路照明应按快速路与主干路、次干路、支路分为三级。

1.2.8　交通环境保护设施

由于车辆及车辆对道路数量、质量的需求增加,导致各种道路建设工程急剧增加,特别是如果早期规划不合理,会造成严重环境破坏和污染。主要体现在 4 个方面:道路交通活动产生的噪声;大量在用车辆尾气排放;土木工程对生态环境的破坏;构筑、设施对环境美观的影响。交通环境保护就是设法减少或防止道路交通对人类生态平衡的破坏,并开发利用环境,尽可能地改善和提高道路环境质量。

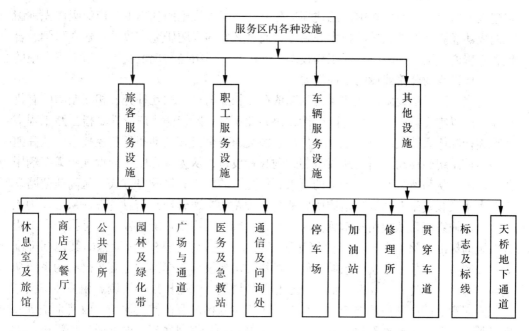

图 1-1 服务区各种服务功能设施组成图

1.3 交通工程设施发展历程

我国古代的交通工程是闻名于世的。我国最早发明了马车，举世闻名的"丝绸之路"是世界上第一条最长的横贯欧亚大陆的交通干线。现代交通工程学在我国的发展是在 20 世纪 70 年代后期，先后向美国、日本、英国、德国、加拿大等国家学习了交通规划、交通管理、交通控制与交通安全以及国外交通工程的发展方向和管理经验，推动了交通工程学在我国的发展。

我国对公路交通工程设施的研究经过 20 多年的努力，在交通安全设施方面已探索出了一套适合我国国情的设计、制造、施工规范；在高速公路监控、通信、收费系统与实施方面，对控制方式、收费制式、设备布置、管理软件及少量硬件设备的开发等已经达到了实用阶段。

与西方国家不同，我国的工业化和城市化快速发展是发生在城市形态偏于成熟阶段，城市交通面临着巨大的压力。为了应对这种局面，保证城市运转顺畅，很多大都市都存在大规模新建、改造的状况，城市交通网络在向周边不断蔓延的同时，建成区域内也正逐渐形成高架桥、立交桥、地铁与原有道路共同承担交通任务的格局。即便如此，道路基础设施的供给速度仍然远远落后于交通需求的增长。

近年来，我国加大了公路建设投资，公路建设飞速发展，截至 2011 年底，高速公路通车总里程已达 8.5 万 km，居世界第 2 位。但在交通安全设施、监控系统、收费系统、公路管理、智能运输系统等方面仍然比较落后，跟不上公路建设的速度，不能最大限度发挥高速公路的作用。为了尽快改变我国公路交通工程设施建设滞后于公路建设的状况，我们应在国内已建高速公路交通工程设施的基础上，广泛吸取先进国家的成功经验，引进先进的技术和装备，通过必要的专题研究和攻关，建立科学、合理和完善的与国际接轨的交通工程技术标准体系，以指导和规范我国交通工程设施的发展，促进我国公路建设的全面发展。

公路交通工程设施标准体系是相互依存、相互衔接、相互补充、相互制约的有机整体，所以它应具备广泛性、配套性、协调性3个重要特征。广泛性是指公路工程交通设施标准体系涉及的范围很大，从静态的交通安全设施到动态的监控技术，从高速公路通信系统到移动通信，从收费制式到收费设备，从为旅客服务的设施到为车辆服务的设施，从高速公路对供配电的要求到供配电的构成和供配电方式，从高速公路立交、大桥及收费站照明到隧道照明，从高速公路的交通管理到信息管理，从普通物流到智能运输系统，从通用技术到高新技术，内容极其广泛。配套性主要是指交通工程分系统的标准，除了在本系统内相互配套以外，还须与公路沿线设施的其他标准配套，如监控、通信、收费等系统与管理机构、房建设计等标准的配套，已有的系统功能的发挥。协调性表现在两方面，一是相关性协调，二是扩展性协调。相关性协调是指相关因素之间必须衔接与统一，即交通工程设施标准及监控、通信、收费系统等标准必须与有关国家标准衔接一致。扩展性协调，主要表现在现有的交通工程设施标准必须向人性化、智能化领域扩展，如收费系统必须向完全无阻拦收费领域扩展。现阶段我国的收费系统采用的是传统的人工收费，人工收费的缺点是完成整个收费过程较长，车流速度慢，过路过桥费非真实性程度较大；而当今发达国家已经普遍实行了电子不停车收费，车辆不间断通过收费车道同时被收取过路桥费，电子不停车收费的优点是工作效率高，可通行的车流量大，过路过桥费的收取真实性很高。同时，监控、通信系统也应向智能化方向扩展。

1.3.1　国外交通工程设施发展现状与趋势

1.3.1.1　国外交通工程设施发展现状

世界各国尤其是工业发达国家，对交通设施的开发研究及其应用非常重视，不断推出了形式多样、经济美观、性能优良和安全适用的新产品，以满足交通运输发展对交通设施的需求。

交通设施已走向自动化的道路：1990年，德国的达姆斯特（Darmstadt）用图像检测器对交叉口进行监视，记录违章车辆的车牌号，使检测器的研究产生了质的飞跃；用于停车收费系统的自动计时收费设备，使得道路全自动收费成为现实；卫星通信技术也应用到道路通信中，以便为整个运输网络提供信息服务；美国、瑞典等国家的汽车碰撞试验，对安全带、防护栏的研究，大大降低了交通事故率，特别是正在进行的汽车导航系统的研究，对于实现道路的安全化意义重大；多媒体计算机的诞生，则使交通监控跨入了一个新境界，将文字、图形、影像、声音、视频等多种需要处理的信息智能融合在一起，把单调的文字、数据等信息处理及开发利用，变成融文字、影像、声音为一体的创造性工作方式。

美国在智能交通管理领域独树一帜，根据本国的交通基础设施特点和实际需要，已建立起相对完善的车队管理、公交出行信息、电子收费和交通需求管理等四大系统以及多个子系统、技术规范与标准。同时因为美国的交通基础建设早，大量基础设施需要维修、重建。

欧洲的公共交通非常发达，公共交通设施先进完善，公共交通以轨道交通为主，常规公共交通为辅，轨道交通网络发达，但各系统在网络布局上互不重复，各系统之间无丝毫的无序竞争、资源浪费的现象；城际轨道交通发达，实现大欧洲各城市之间的轨道互通。德国和法国的轨道交通技术装备世界领先，地铁车辆和机电设备出口到世界各国。

1.3.1.2　国外交通工程设施发展趋势

传统的交通运输发展模式具有明显的不可持续性，主要表现在运输系统的供给能力、资源消耗、环境与生态保护等方面与经济发展的可持续性要求很不协调。在人类历史的轨迹上，交通运输环境成本呈递增型发展，这一趋势与地球资源日趋短缺、环境整体退化态势形成尖锐矛盾。世界银行1996年明确提出"可持续交通"这一概念，它从经济与财务可持续、社会可持续、生态与环境可持续3个方面论述了制定基于可持续性交通运输政策的重要性，及其对促进经济增长、消除贫困、提高生活质量、避免超出公共筹资能力、减少生态环境破坏等方面的作用，并提出政策与机构改革等制度因素对实现交通可持续性的必要性。作为首次对可持续发展的交通运输全面系统的定义与诠释，它为世界各国制定可持续的交通发展战略和进行基于可持续发展的交通基础设施规划实践提供了理论支持。

环保和节能已经成为当今和未来经济社会发展中人类面临的重大课题。发展节能环保汽车，成为汽车行业发展中所面临的需要迫切解决的问题。发展新能源汽车是缓解石油短缺的重要举措，也是降低环境污染的有效途径，也是保证汽车工业长期稳定发展的必由之路。

欧洲与美国的大都市一体化交通的发展目标引导世界城市交通的发展，认为一体化交通将具备人性化、捷运化、信息化和生态化等基本特征，即一体化交通的目标是以满足人的交通需要为出发点，以快速大容量公共交通为运输主体，广泛采用交通信息技术，为城市居民创造宜人的交通活动空间。

发达国家在人性化的城市交通设施建设和管理方面有着较长时间的研究和较好的实践。欧洲注重城市道路设施、道路渠化组织、标志标线设备，围绕着以人为本的思想，从交通参与者安全、方便的出行来设置交通标志、标线、信号灯及其他管理设施。日本东京市内从空中高速道路到地下隧道，交通道路密如蛛网，公共交通准点运行，车站设计合理，乘客转乘十分便捷，交通服务热情周到，弱势群体受到照顾。

发达国家为了解决所面临的共同的交通问题，竞相投入大量资金和人力，智能运输系统在日本、美国和西欧等已经有了较为广泛的应用。智能运输系统的服务领域为：先进的交通管理系统、出行信息服务系统、商用车辆运营系统、电子收费系统、公共交通运营系统、应急管理系统、先进的车辆控制系统。"智能运输系统"实质上就是利用高新技术对传统的运输系统进行改造而形成的一种信息化、智能化、社会化的新型运输系统。它使交通基础设施能发挥最大的效能，从而获得巨大的社会经济效益，主要表现在：提高交通的安全水平、提高道路网的通行能力和提高汽车运输生产率和经济效益。

1.3.2　国内交通工程设施发展现状与趋势

1.3.2.1　我国交通工程设施发展现状

我国交通基础设施发展在较长时间内属于"滞后型"发展模式。新中国成立以来，大多数时间的经济发展明显制于交通基础设施的发展，对交通基础设施的投资所产生的边际效益，远远超过用于其他方面投资获取的边际效益时，才会增加交通基础设施的投资。经过"八五""九五"和"十五"时期，特别是1998年以来积极的财政政策的推动，交通基础设施领域经历了少有的快速发展，很大程度上改变了中国交通基础设施的服务供给状况。

近年来，随着国民经济对交通需求的不断增长、产业布局的优化、国土资源的开发、城乡一体化进程的加快，交通基础设施的重要作用越来越得到认可，在持续高水平的投资带动下，我国交通基础设施规模大幅度提高，运输瓶颈得到明显缓解，但结构性矛盾仍然突出。

从交通运输层面分析，交通运输供给总量不足、运输结构不合理、运输市场不完善、运输效率低等问题，是导致中国的交通运输与经济发展之间结构性问题的主要成因。作为交通运输业的供给基础，交通基础设施结构的调整势在必行。

(1) 调整交通基础设施结构是提高国际竞争力、参与经济全球化的需要　近年来，我国全面参与经济全球化的步伐明显加快，经济对外依存度进一步提高，能源、矿石等资源性货物进口需求持续增长，将会在更大范围、更广领域和更高层次上参与国际经济技术合作和竞争，对交通基础设施的规模和能力、结构和功能、质量效益和安全保障能力等方面，产生了更大更新及更加多样化的影响和需求。交通基础设施规模和能力的扩大、结构和功能的调整以及服务水平的提升，能够有效降低物流成本，提高企业和产品的国际竞争力，使我国在经济全球化过程中获取更好的国际分工和竞争优势，其重要性和紧迫性日益突出。

(2) 调整交通基础设施结构是适应当前社会经济发展的需要　当前我国社会经济的发展要求交通基础设施通过结构调整，使交通发展方式更加集约，运输服务功能更加全面，服务质量更加优良。在促进经济结构调整、拉动内需、加强区域沟通、促进社会进步、均衡国土开发、提高全民福祉、支持社会保障体系建设等方面发挥交通基础设施更加重要的基础性作用和服务性作用。

(3) 调整交通基础设施结构是加快建设国家综合运输体系的需要　国家已经把加快发展综合运输体系列为推动产业结构优化升级的重点任务之一。通过交通基础设施结构的调整，使各种运输方式有效衔接，统筹协调发展，合理配置交通资源，发挥综合运输整体优势。

（4）调整交通基础设施结构是解决当前交通基础设施发展中突出矛盾的需要　当前，我国交通基础设施结构暴露出诸多不适应社会经济持续发展需要的矛盾，突出表现为：①交通基础设施网络性不强，铁路能力紧张，高速公路网络、农村公路网络以及综合运输枢纽尚未形成，国省干线已成为新的薄弱环节；沿海港口集疏运通道不畅，内河航道中高等级航道少。②区域间交通基础设施发展水平差距过大，不同区域的交通运输投入不均衡和建设不同步状况持续多年，累积形成巨大差距，并呈现出明显的马太效应。③各种运输方式发展缺乏统筹协调、相互配合、有机衔接和一体化运作，导致既有交通基础设施及服务衔接不畅，严重降低整体运输效率并且加大了运输成本。因此，在交通基础设施发展规划中，应重视调整交通基础设施的结构，突破各种制约和障碍，破解当前交通基础设施发展的突出矛盾，实现科学发展。

（5）交通设施问题的另一个表现为定型化问题　虽然经过近20年的科研与产品开发，如"高速公路监控系统""道路收费系统""动态称重仪"等课题的研究，初步形成了包括交通检测、监视、控制、收费和安全设施在内的国产化交通工程设施体系，已有国产的可变限速标志，可变信息版，环形线圈检测器，收费设施等交通工程产品，但大部分产品的可靠性较差，设施大部分依赖进口；另一方面，还缺乏交通工程产品的行业标准，机电设施东拼西凑，质量尺度不一，不但造成浪费，而且难以保证整个系统功能的发挥。

1.3.2.2　我国交通工程设施发展趋势

交通基础设施是国家和地区经济的基础要素和重要的社会公共设施。很多时候，交通基础设施成为运输业发展的短板，也时常制约社会经济的发展。为什么市场这只"看不见的手"没能在交通基础设施、运输业乃至社会经济系统之间建立有效的传导机制？主要的原因之一就是交通基础设施的公共物品属性以及由此产生的囚徒困境。大量研究表明，交通基础设施的建设和结构的发展规划需要政府参与，通过科学的规划研究，实现资源的优化配置，弥补市场的不足。

交通基础设施发展规划研究，总体上是从经济、社会、资源、环境等多维度综合考虑，使交通运输在促进经济发展、社会进步、国家安全和可持续发展中发挥基础作用，反映了通过优化空间布局和运输方式结构而转变交通增长方式的战略思想。

交通基础设施结构的发展规划与综合交通网的建设是一个在投资预算约束下循序渐进的过程，而由于交通基础设施投资规模巨大、投资回收期长，交通基础设施的发展规划多为中长期的，对于快速发展中的中国而言，交通基础设施的规划更需要把握社会经济的发展趋势和发展阶段的动态变化。

目前，我国交通运输业已开始进入各种运输方式协调发展、能力扩张与质量提高并进、全面建设现代化综合交通体系的发展阶段。经济结构的调整、全球化进程的加快对交通运输系统的运输效率、运输质量和服务提出了更高的要求。交通基础设施的建设已进入高成本、高风险的时期，交通基础设施的规划决策环境错综复杂。

交通基础设施结构的调整具有高度的不确定性，其发展规划缺乏系统性和动态性。交通基础设施的发展所处的社会经济发展的大环境是典型的动态环境。目前我国正处于社会经济发展的转型期。国民经济持续快速发展、产业结构升级和城市化进程的加快，都与交通基础设施的投资、建设、结构调整密切相关，并相互交织在一起，相互影响、相互制约。

交通基础设施结构发展规划同样处于运输需求的动态环境下。运输需求除了随着社会经济的发展而动态变化，还随着交通基础设施项目的建设与投入运营而动态变化。交通基础设施结构的发展变化带来的运输业服务水平的提升、运输成本的下降，对既有运输需求有重要的影响，运输供给与运输需求是一个动态变化过程的两个方面。因此，交通基础设施结构的发展规划不能完全以根据既有运输需求得到的固定需求作为假设条件而不考虑动态环境的变化。

交通基础设施投资对国家和地区社会经济发展有重要的影响和引导作用，交通基础设施项目的建设运营带来运输服务质量的改善，对释放和诱发新的运输需求有重要的作用。因此，在交通基础设施结构发展规划研究中，只有根据社会经济发展的动态变化，通过合理规划投资规模，转变交通基础设施发展方式，改善交通基础设施结构，才能提高交通基础设施的社会经济效益，更好的促进国民经济的发展和社会进步。

目前，交通安全设施以及服务区、公路照明、公路沿线供配电等在我国高速公路上的发展比较迅速，具备了一定设计制造能力，但与世界发达国家相比，我们在监控、收费、智能运输系统方面还有差距，这也是我国今后需要努力的方向。智能运输管理系统是一个最具发展前景的方向，是交通工程设施最具以人为本的系统。它可以给车辆提供导航信息，无线电话求救报警、公共交通紧急服务、公共交通信息服务、车辆自动识别定位、交通事故管理、路障警告、偏离车道警告、车辆防盗报警等功能，并能为旅行者提供旅行前及旅行中的信息及在车辆驾驶人和管理者之间架起交换信息的平台。此外，公共交通车内可视可变乘客信息，道路车辆交通信息，这一切均可快捷方便、随时随地进行，为交通运输业提供极大的便利。

本章小结

交通工程设施设计是交通工程学的主要组成部分。本章主要介绍了交通工程与交通工程设施的基本概念，基本组成，国内外的发展现状、发展趋势及新的发展理念，引导后续内容的具体展开。

思考题

1. 交通工程设施的功能有哪些?
2. 交通工程设施的种类有哪些?
3. 谈谈你对国内外交通工程设施发展新动向的的了解。

参考文献

[1] 孟祥海，李洪萍. 交通工程设施设计[M]. 哈尔滨：哈尔滨工业大学出版社，2008.

[2] 李峻利，过秀成. 交通工程学[M]. 南京：东南大学出版社，2000.

[3] 杨晓光. 交通设计[M]. 北京：人民交通出版社，2010.

[4] 黄建中，王新哲. 城市道路交通设施规划手册[M]. 北京：中国建筑工业出版社，2011.

[5] 王建军，汤春文. 公路交通安全设施系统设计理论与方法［M］. 北京：科学出版社，2008.

[6] 陈荣生，李宇峙. 交通运输设施与管理［M］. 2 版. 北京：人民交通出版社，2011.

[7] 王海春，过秀成. 公路交通工程及沿线设施概论［M］. 北京：人民交通出版社，2008.

第 2 章
交通工程设施规划

[本章提要]

本章主要介绍交通工程设施规划的相关内容。要求了解交通工程设施规划的原则与方法；重点掌握人、车辆、道路的交通特性；熟悉交通工程各个子系统设施的规划。

我国道路建设和设计的理念是"安全、舒适、和谐、环保"，交通工程设施作为道路设施的外包装，在预防道路交通安全事故方面发挥着重要的作用。道路建设人员要结合道路建设的统一性和整体性，对各路段的交通工程设施之间的衔接和协调进行充分的考虑，防止交通工程道路建设的盲目性和随意性，取得道路建设经济效益和社会效益的最佳统一。只有对交通工程设施进行总体的规划，对路线和设施进行可行性的研究，交通工程的建设才能进一步地完善和深化。

2.1 交通工程设施规划的原则与方法

2.1.1 交通工程设施规划的原则

交通工程设施规划应遵循以下原则：

（1）道路交通的安全、环保、舒适、和谐 交通工程设施是道路设施的外形包装，相当于房屋建设后期的装饰美化工程，因此该设施的设计和规划不能违背道路交通的设计原则。交通工程设施是为道路工程的主体工程提供辅助性的帮助，设计人员要对道路周围的地形环境和道路本身的情况进行数据上和技术上的分析，在系统可靠的基础上最大程度地发挥设施的作用。

（2）经济效益和社会效益的完美结合 道路的建设是关系

到民生的大事情，道路的设计者既要考虑道路的社会效益，保证基础工程对当地生态环境和居民出行安全、舒适的保障，还要考虑道路承包公司的总体建设成本，将资金节约和社会效益发挥之间的矛盾进行折中解决。

（3）规划设计的因地制宜 我国的国土面积辽阔，居民的习俗和风俗也不同，因此道路设计者对道路的整体规划要做到因地制宜，对当地的地形、地质、环境甚至是民情风俗进行充分的考虑，在此基础上进行道路工程设施的规划设置。同样，规划的因地制宜还要结合国内外先进技术进行先进性和合理性的设计。

（4）可持续发展的原则 交通工程设施的规划者不能只关注到当下情况的设施设置，还要对当地未来交通的发展进行科学的预测，对道路的容量进行充分的考虑。此外，交通工程设施的设计者还要注重工程设施与主体道路工程的协调和兼容，减少交通工程设施"建了拆、拆了建"的现象，本着长远持久发展的态度来进行工程设施的整体规划。

2.1.2 交通工程设施规划的方法

交通工程设施总体规划的基本方法是从整个系统分析入手，分析路网的网络形成过程及预测不同阶段路网的交通量情况，并根据分析和预测的结果进行交通工程各个子系统的近期和远期规划，其工作程序如图2-1所示。

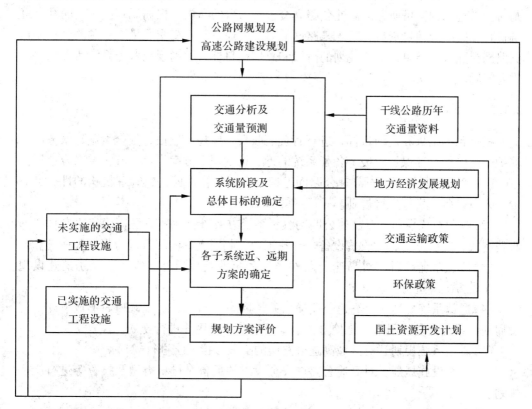

图 2-1　交通工程设施总体规划流程图

2.1.2.1   基础资料调查

基础资料调查包括政策方针调查和规划区域公路网运输调查。政策方针调查主要是调查国家对规划区发展的一系列政策方针，包括地方经济发展规划、国土资源开发计划、环保政策、综合运输规划、公路网及高速公路建设规划等；规划区域公路网交通运输调查包括现有的公路网络组成及技术等级、国省干线公路历年交通流量及组成、已建成或已设计的高速公路交通工程设施等。

2.1.2.2   基础资料处理

资料处理，又称资料加工或资料加工处理，是指将收集到的各类信息资料，按照一定的程序和方法，进行分类、计算、分析和选择等，使之成为适用的信息资料的活动和过程。对基础资料进行处理是十分必要的环节，有利于提高信息资料的价值，可以产生新的信息，并有利于发现工作中的不足。基础资料的处理，包括对调查问卷的整理、二手资料的整理、数据的整理及调查资料的整理分析等工作。

2.1.2.3   预测分析

根据区域公路网规划和经济资料对路网进行分析，按照已有高速公路立交布设原则对尚未进行预工可研究的高速公路立交进行大致的布设，根据规划区域内的社会经济资料和路线交通量资料，对未来路网的断面交通量和立交交通量进行预测分析。根据路网交通分析结果，确定规划的阶段和总体性目标，明确规划各子系统所要解决的重要问题。

2.1.2.4   系统规划

根据预测结果和规划目标，进行管理、收费、监控、通信、安全设施、服务区及养护区、电气、环保、救援等各子系统的近、远期规划方案设计。其主要内容包括：

(1)管理体制规划   对高速公路网近期及远期的管理模式、管理机构的性质、职责、人员设备规模等进行规划。

(2)收费系统规划   对高速公路网收费系统方案进行比较论证，确定收费系统的收费制式、收费方式，对收费设备、土建工程、收费人员的配备进行规划和估算。

(3)监控系统规划   对高速公路网监控系统的监控目标、设备、系统的建设规模、建设方式等进行系统规划。

(4)通信系统规划   对高速公路通信系统网络的构成、组成规模、形成方式、建设周期、系统投资、网络的维护方式、人员设备和费用等进行规划。

(5)救援系统规划   对区域高速公路网的交通救援系统进行规划。

(6)安全设施规划   对高速公路网安全设施的配备、材料类型及投资等进行统一规划。

(7)服务区及养护区规划   从高速公路网整体出发，对高速公路服务区和养护区进行系统布设，确定规模及投资估算。

（8）电气系统规划　包括区域高速公路供电的要求、供电的方式、照明的设置及设备类型选择和投资估算。

（9）环保规划　对高速公路进行环保评价，提出环保措施、管理方式等。

（10）系统评价　对高速公路网交通工程设施总体规划方案进行系统评价，并对交通工程系统效益进行定性和定量分析。

2.1.2.5　规划方案评价

为了优选规划的方案，分析交通设施规划的合理性，有必要对规划的方案加以评价分析。建立模型及评价指标体系，对交通工程设施总体规划方案进行国民经济评估，并对规划方案的社会、环境、工程技术效益等进行系统评价。

2.1.2.6　规划方案调整

根据方案评价结果对规划方案进行必要的调整。同时，交通工程设施总体规划并非一成不变，应建立一个信息数据库，不断进行信息反馈，更新数据，适时调整规划方案，以适应公路交通发展的需求。

2.2　道路交通特性分析

道路交通系统特性分析是交通工程设施设计的基础。道路交通系统的基本要素是人、车、路、环境及管理。本节重点介绍道路交通系统中人、车辆、道路的交通特性，为交通工程设施设计提供科学依据。

2.2.1　人的交通特性分析

道路交通系统中的人包括驾驶人、乘客和行人。人是道路交通系统中的主要部分，贯穿于交通工程学的各个方面。例如，汽车的结构、仪表、信号、操作系统应当适合驾驶人操纵，交通标志的尺寸、大小、符号、颜色、设置地点等应考虑驾驶人的视觉机能，道路线形的设计要符合驾驶人和乘客的视觉和交通心理特性，制定的交通法规、条例应合情合理等。

2.2.1.1　驾驶人交通特性

在道路交通要素中，驾驶人具有特别重要的作用。驾驶人既要保证将旅客和货物迅速、顺利、准时送到目的地，又要保证旅客安全、舒适及货物的完好。同时，行人和自行车交通也使用同一道路网络，对机动车交通有一定的影响。交通事故统计表明，绝大多数交通事故直接或间接地与驾驶人有关。因此，要求驾驶人具有高度的社会责任感，良好的职业道德、身体素质、心理素养，熟练的驾驶技术。充分认识和掌握驾驶人的交通特性对于保证交通运输的正常运行及人民生命财产的安全是十分重要的。

1）驾驶人的反应操作过程

驾驶人在驾车的过程中，首先通过自己的感官从外界环境接受信息，产生感觉（视觉和听觉），然后通过大脑一系列的综合反应产生知觉。知觉是对事物的综合认识在知觉的基础上，形成所谓"深度知觉"，如目测距离、估计车速和时间等。最后，驾驶人凭借这种"深度知觉"形成判断，从而指挥操作。在这个过程中，起关键作用的是驾驶人的生理、心理素质和反应特性。

2）驾驶人的生理、心理特性

（1）视觉特性　眼睛是驾驶人在行车过程中最重要的生理器官，视觉给驾驶人提供约80%的交通情况信息，因此，驾驶人的视觉机能直接影响到信息获取和行车安全。对于驾驶人的视觉机能，主要从以下几方面来考察：

①视觉分辨力。人眼在观看景物时对细节的分辨能力，称为视觉分辨力。视觉分辨力的计算是眼睛对被观察物上相邻两点之间能分辨的最小距离所对应的视角的倒数。医学上把视觉分辨力简称为视力。通过医学视力表进行测量。

视力又可分为静视力和动视力。静视力是指人和视标都在不动状态下检查的视力。动视力是指人和视标处于运动（其中一方运动或两方都运动）时检查的视力。汽车驾驶人在行车中的视力为动视力。动视力随速度的增大而迅速降低。例如，以6km/h的速度行驶时，驾驶人能看清车前方240m处的标志，而以80km/h的速度行驶时，则在接近160m处才能看清，车速提高33%，视认距离减小36%。因此，车辆行驶的最高速度限制、交通标志牌的设置等都应考虑驾驶人动视力的变化特性。动视力还与驾驶人的年龄有关，年龄越大，动视力越差。值得注意的是，虽然静视力好是动视力好的前提，但是静视力好的人不一定就会有好的动视力。

黑暗环境中的视力称为夜视力。太阳落山前，公路上的照度较高，日落后的黄昏时刻照度明显降低，在由明转暗的情况下，眼睛看东西主要依靠视杆细胞。而视杆细胞的感受性增加缓慢，需要30～40min的时间才能稳定在一个水平上。由于天黑的较快，而暗适应还没有充分形成，加之打开前灯，恰与周围的光度相等，不能形成对比，因此黄昏时最难驾驶并易出事故。

②视野。两眼注视某一目标，注视点两侧可以看到的范围称为视野。视野受到视力、速度、颜色、体质等多种因素影响。静视野范围最大，随着车速增大，驾驶人的视野明显变窄，注视点随之远移，两侧景物变模糊，见表2-1所列。行车速度越高，驾驶人越注视前方，注意力随之引向景象的中心而置两侧于不顾。因此，在设计道路时，应在平面线形中限制直线段的长度，促使驾驶人变换注视点的方向。另外，交通标志的设置要与驾驶人有一定的距离，根据试验，当车速为64km/h时，能看清车辆两侧33m以外的物体，而当车速为90km/h时，仅能看清24m以外的物体，小于这个距离，则无法识别物体。

③色感。驾驶人对不同颜色的辨认和感觉是不一样的。红色光刺激性强，易见性高，使人产生兴奋、警觉；黄色光亮度最高，反射光强度最大，易唤起人们的注意；绿色光比较柔和，给人以平静、安全感。因此，交通工程中将红色光作为禁行信号，黄色光作为警告信号，绿色光作为通行信号。交通标志的色彩配置也是根据不同颜色

表 2-1 驾驶人视野与行车速度的对应关系

行车速度/（km/h）	注视点在汽车前方的距离/m	视野角/°
40	180	90～100
70	360	60～80
105	610	<40

对驾驶人产生不同的生理、心理反应而确定的。

（2）反应特性 反应是由外界因素的刺激而产生的知觉—行为过程。它包括驾驶人从视觉产生认识后，将信息传到大脑知觉中枢，经判断，再由运动中枢给手脚发出指令，开始动作。知觉—反应时间（从刺激到反应之间的时距）是控制汽车行驶性能最重要的因素。

驾驶人开始制动前至少需要 0.4s 知觉—反应时间，产生制动效果需 0.3s，共计 0.7s。根据美国各州公路工作者协会规定，判断时间为 1.5s，作用时间为 1s，故从感知，判断，开始制动到制动发生效力总时间通常按 2.5～3.0s 计算。道路设计中以此作为制动距离计算的基本参数。

反应时间的长短取决于驾驶人的素质、个性、年龄、情绪、环境、行车途中思想集中状况及工作经验。

（3）驾驶人的心理特点和个性特点 身心健康是行车安全必不可少的条件。思想上注意安全行车，平静的精神状态、安定审慎的性格也是必要的条件。研究表明，情绪不稳定，易冲动，缺乏协调性，行为冒失往往容易造成行车事故。相反，情绪稳定，行为谨慎，有耐心的驾驶人发生交通事故的情况就相对少些。

3）驾驶疲劳

驾驶疲劳是指由于驾驶作业引起的身体上的变化、心理上的疲劳及客观测定驾驶机能低落的总称。

驾驶人长时间开车会发生疲劳，这时感觉、知觉、判断、意志决定、运动等都受到影响。统计表明，因疲劳产生交通事故的次数，占总事故的 1%～1.5%。由于疲劳很难明确判断，所以实际上因疲劳发生的事故比上述数字要大。试验发现，驾驶人以 100km/h 的速度行进，30～40min 之后，出现抑制高级神经活动的信号，表现欲睡，主动性降低；2h 后，生理机能进入睡眠状态。在一般情况下，驾驶人一天行车超过 10h 以上，前一天睡眠时间不足 4.5h 者，事故率明显增高。因此，对驾驶人一天的开车时间长短、连续行驶距离、睡眠都应加强管理，做出具体规定。高速公路上每隔一定间距设置服务区，为驾驶人提供休息场所，也是基于上述原因。

目前对疲劳的检查方法一般有生化测定、生理机能测定、神经机能测定、自觉症状申述等。从交通心理学的角度看，常被采用的方法有：触两点辨别检查、颜色名称测验、反应时间检查、心理反应测定、驾驶人动作分析等。在行车过程中，如出现动作不及时、或迟或早、操作粗糙、不准确、情绪低落、身体不适等情况，则要求驾驶人停车休息，避免车祸。

2.2.1.2 行人的交通特性分析

在道路交通系统中，行人交通是其重要的组成部分，步行则是人们最基本的交通行为方式。无论交通工具多么发达与方便，步行环境多么不好，人们步行的交通方式都不会消失。我国交通的特点是混合型交通，而行人又是交通活动中最薄弱的环节，行人交通一般都被看成不太重要的因素，历来对其缺乏有力的管理措施。

因此，我们需要分析研究行人交通特性、行人交通心理，以寻求有效的途径和措施去科学地解决行人交通问题，使步行达到安全、便利、舒适、连续、持续5项质量标准，而且这对于预防和减少行人交通事故，有效地处理好城市行人交通问题，改变城市交通面貌，减少交通阻塞，进而实现道路交通的安全、畅通和高效。

1)行人交通基本特征

(1)行人交通的基本参数　包括如下两个方面：

①步行幅度(步长)。指行人两脚同时着地时，脚尖至脚尖的距离。行人一般的步幅长度为50cm。行人步幅的大小，与行人的年龄、性别、身体状况、心理状态、出行目的、行程距离、道路状况、天气等因素有关。其中，年龄和性别是两个最基本的因素。

②步行速度(步速)。正常成年人的步速一般的是1.5m/s。步行速度同样受性别、年龄及身体状况的制约，以及受出行目的、行程距离、交通密度等因素的影响。此外，大街两侧的商店、引人注目的广告、橱窗、装饰、豪华建筑等，都会使行人速度降低，甚至止步观望，造成行人交通阻塞。

(2)行人过街的一般特征　行人横越街道有单人穿越和结群穿越之分。依据对实际情况的研究，单人穿越街道，一般有以下3种情况：

①待机过街。即行人等待汽车停驻或车流中出现足以过街的空隙，再行过街。

②抢行过街。即车流中空隙虽小，过街人冒险快步穿越。

③适时过街。即行人走到人行横道端点，恰巧遇到车流中出现可以过街的空隙，不需等待，随即穿越。

依据行人过街的行为表现，可分为5种类型：正常型、中途停驻型、中途加快型、中途放慢型和不稳定型。

行人利用车流间隙过街，需要有等待时间。行人等待过街时间的长短取决于汽车交通量、道路宽度和行人条件。随着等候时间的延长，行人的焦虑也越来越严重。冒险穿越的欲望和可能性也逐渐增大。

2)行人交通事故特点

(1)行人往往是直接的受害者。

(2)学龄前儿童和老人最容易成为事故的受害者。

(3)多发生在行人横穿机动车道路时；在道路上游戏、作业；在路边行走等交通情形。

(4)多发生在人行横道附近、交叉路口。

(5)多发生在夜幕降临时分及夜间。

保护行人安全的交通措施如下：

（1）加强安全宣传教育，提高行人交通守法和安全意识。

（2）改善道路及交通安全设施等交通环境，保障行人安全，如设置人行道、设置行人过街设施、设置行人交通信号与安全岛等。

2.2.2 车辆的交通特性分析

车辆的特征和性能在交通工程设施设计中起着重要的作用。车辆尺寸、质量决定道路桥梁的几何设计、结构设计以及停车场地等交通设施的设计，车辆的各种运行性能与使用这些性能的驾驶人相结合，决定交通流的特性。目前，公路、城市道路上通行的车辆有小汽车、公共汽车、货车、特种车、摩托车和自行车等，这里仅介绍机动车、电动自行车及自行车的交通特性。

2.2.2.1 机动车的交通特性分析

1）机动车辆的使用要求

道路上的机动车按其使用性能分为客运车辆和货运车辆，前者主要包括公共汽车、无轨电车、有轨电车、大客车和小轿车；后者主要包括载货卡车、拖挂车、平板车等。近年来国外一些大城市，为了增加运量、降低成本、减少交通拥挤状况，增设了轻轨列车。轻轨列车是对原来的有轨电车进行技术改造而开发出的一种新型交通工具。交通运输对车辆的使用要求有：

（1）交通效率高；

（2）行驶性能和安全性能好；

（3）乘载方便、舒适；

（4）营运成本低；

（5）对环境的污染少。

2）车辆设计尺寸

车辆尺寸与道路设计、交通工程有密切关系。在我国 JTG B01—2003《公路工程技术标准》和 CJJ 37—2012《城市道路设计规范》中都规定了机动车辆外廓尺寸界限。

3）动力性能

（1）最高车速 v_{max}　在良好的水平路段上，汽车所能达到的最高行驶速度（km/h）。此时坡度阻力和加速阻力为零，此车速即牵引力克服空气阻力和滚动阻力时所能达到的车速。

（2）加速时间 t　分为原地起步加速时间和超车加速时间。原地起步加速时间是指汽车由 1 挡起步以最大的加速度逐步换至高挡后达到某一预定的距离或车速所需要的时间。超车加速时间大多是用高挡或次高挡由 30km/h 或 40km/h 全力加速至某一高速度所需的时间。

（3）最大爬坡能力　用满载时汽车在良好的路面上可能行车的最大爬坡度 i_{max}（%）表示。在汽车变速器挂 1 挡时达到最大，小汽车的 i_{max} 大于载货车的 i_{max}。

汽车的牵引力是指发动机产生转矩，传动系统把转矩传至驱动轮上，得到驱动轮的转矩，并转换成一对对地面的圆周力。地面对驱动汽车行驶除了受驱动条件的制约外，还受轮胎与地面附着条件的限制，附着条件好，附着力就大。附着力是牵引力的极值，如果牵引力大于附着力，则驱动轮必然打滑。

汽车的行驶阻力一般包括空气阻力、滚动阻力、坡度阻力和加速阻力。前两种阻力在任何行驶条件下均存在，坡度阻力在上、下坡时产生，加速阻力则发生在变速行驶时。

4)汽车安全性

汽车安全性是指汽车以最小的交通事故概率和最少的公害适应使用条件的能力。

(1)制动性 汽车强制降低行驶速度和停车的能力。包括制动效能、制动性能稳定性和制动时方向稳定性。

① 制动效能是指在良好的道路、交通条件下，汽车以一定初速度制动到停车的制动距离、制动时间、制动减速度或制动力，如式(2-1)。

$$L_{min} = \frac{v}{3.6}t + \frac{v^2}{254(\varphi + i)} \tag{2-1}$$

式中：v 为汽车制动开始时的速度，km/h；t 为制动器作用时间(驾驶人踏制动踏板到制动力增长至最大值的时间)，s；i 为道路纵坡度，%，上坡为正，下坡为负；φ 为轮胎与路面之间的附着系数，与路面潮湿状态和路面的种类有关。

② 制动性能稳定性指制动效能不因制动器摩擦条件改变而变化的性能，包括热稳定性(连续制动使制动器稳定后保持冷态制动效力)和水稳定性(不同制动器浸水而使制动效能衰退的性能)。

③ 制动时方向稳定性是指汽车制动时保持按给定轨迹行驶的能力。

(2)稳定性 汽车根据驾驶人的意愿按照规定的方向行驶，且不产生侧滑或倾翻的能力。主要因素：轴距和轮距、重心位置、转动惯量、轮胎特性、转向系的结构和性能、车身的动力学性能。

(3)驾驶人座位的视野 包括直接视野(前挡风窗玻璃面积和倾角、座位高低等)、间接视野、恶劣天气的视野保持(刮水器、除雾器)、夜间视野(照明工具)。

(4)驾驶操作性 汽车驾驶操作方便程度的性能(驾驶人与操纵杆件、踏板、仪表的位置)。

(5)发生碰撞时的安全性 车内防碰撞结构：软化内饰和仪表盘、避免突出物(手柄内陷)、吸能转向盘、动态安全系统(奥迪连锁式动态安全系统，拉紧安全带)。乘员约束：安全带、安全气囊、头枕。车外防碰撞结构：前、后吸能式保险杠，前、中、后柱等。

(6)防火安全性 车身采用阻燃材料、防火壁分隔发动机、消防设施。

(7)防公害的安全性 包括噪声、废气排放等。

5)燃料经济性

燃料经济性指汽车用最低燃料消耗量完成一定功能的能力，一般有以下几种指标来衡量。

(1)在一定运行工况下汽车行驶一定里程的燃料消耗量，如常用的百千米耗油量

（L/100km）。

（2）一定的燃料消耗量能使汽车行驶的里程，如每升油行驶千米数（km/L）。

（3）单位运输工作量的燃油消耗量，如 L/（100t·km）（货车）、L/（1000 人·km）（客车）。

2.2.2.2　电动自行车、自行车交通特性分析

1）电动自行车交通特性

电动自行车是一种新兴的交通工具，它以速度快、方便快捷、污染小、能耗低受到广大人民的青睐。目前在国内很多地方，电动自行车的数量已经超过自行车的数量。电动自行车增长速度迅猛，对城市的交通结构、交通设施、交通管理都产生了较大的影响。通常来说，电动车交通特性包括设计车辆尺寸、速度特性、加减速特性和时空占用特性几种。

（1）车辆尺寸　电动自行车作为一种被大量生产的工业产品，其市场品牌众多，尺寸差异很大，目前国家没有对尺寸做明确规定的生产标准。研究结果表明，电动自行车总量的 85% 其宽度为 68cm，总体来看，电动车宽度处于 60~70cm 之间。

（2）速度特性　速度包括很多内容，如瞬时速度、行驶速度、运营速度等。对非机动车交通流来说，研究拥挤时的车速意义不大，一般是了解电动车的自由行驶状态车速，即自由畅行速度。据研究，电动自行车的平均速度为 19.93km/h。

（3）加速性能　加速性能主要应用于交叉口由静止转入行驶状态的能力。该性能对交叉口分类分级管理有重要的意义。

电动自行车的加速性能不同于自行车，也区别于机动车。自行车"反应快、加速慢"，机动车"反应慢、加速快"，而电动自行车属于"反应快、加速快"。据研究，电动自行车的平均加速度为 1.92m/s²。

（4）密度—流量关系　交通量、行车速度、车流密度是表征交通流特性的 3 个基本参数。但不同于机动车在一个车道上有序排队的情况，将电动自行车流的密度 k 定义为在单位长度和宽度的道路上，电动自行车的车辆数是比较合理的，如式（2-2）。

$$k = \frac{N}{ab} \tag{2-2}$$

式中：N 为路段内车辆数；a 为路段长度；b 为路段宽度。

2）自行车交通特性

自行车交通是目前我国城市交通的一大特点，除个别城市自行车不多外，大、中、小不同规模城市的出行方式构成中，自行车出行均占有很大的比例。一般大城市自行车出行量占总出行量的 35%~55%，中等城市占 45%~65%，小城市更高，有的超过 80%。因此，研究自行车的交通特性，对于自行车交通管理设施的合理设计，以及治理城市交通、保障交通安全具有重要的意义。

（1）自行车的基本特性　包括如下 6 种特性：

①短程性。自行车是靠骑车人用自己的体力转动车轮，因此其行驶速度直接受骑车人的体力、心情和意志的控制，行、止、减速与制动亦决定于骑车人的操纵，同

时，受到路线纵坡度、平面线形、车道宽度、车道划分、气候条件与交通状况的直接影响。个人的体力虽有老、中、青与强、弱之分，但总是很有限的，因此，只适应于短距离出行，一般在 6km 以内（或 20min 左右）。

②行进稳定性。自行车静态时直立不稳，当以一定速度前进时，只要不受突然加之的过大横向力的干扰，可以稳定向前而不致侧向倾倒。

③动态平衡。自行车骑行过程中重心较高，因此，存在如何保持平衡的问题。特别是在自行车转向或通过小半径弯道时，就必须借助于人体的变位或重心倾斜以维持运行中的动态平衡。一般有以下 3 种情况：

a. 中心平衡人体同车倾斜角度一致，即自行车的中心线同身体的中心线完全重合，稍向曲线内侧倾斜，这是自行车在曲线运行时的平衡状态。

b. 内倾平衡自行车的倾斜角度小于人体的倾斜角度，一般为自行车驶完曲线即将离开曲线段时的运行状态。

c. 外倾平衡自行车的倾斜角度大于人体的倾斜角度，一般为自行车刚刚进入曲线段时的运行状态。

④动力递减性。自行车前进的原动力是人的体力，主要为两脚蹬踏之力。一般成年男子，10min 以上可能发挥出的功率约为 220.6W，成年女子约为 147.1W，儿童约为 73.5W。持续时间越长，则可能发挥出的功率越小，车速也随之减小，这是因为动力递减的结果。一般自行车出行不宜超过 10km。

⑤爬坡性能。由于自行车的动力递减，对于普通无变速装置的自行车，不能爬升大坡、长坡，也不宜爬陡坡，否则控制不住易酿成危险。通常规定在短坡道上坡度不大于 3%，对纵坡 3%、4%、5% 的坡道，其坡长限制分别为 500m、200m、100m。当然对于北方冰雪地区，其坡度与坡长应减小，否则冬天无法骑车。

⑥制动性能。自行车的制动性能，对于行车安全与通行能力具有重要意义，它与反应时间一起决定纵向安全间距，即纵向动态净空（$L_{净}$）。根据国内外的研究资料，认为可采用公共汽车的制动模式，参数采用下限，即

$$L_{净} = 1.9 + 0.14v_{max} + 0.0092v_{min}^2 \qquad (2\text{-}3)$$

式中：1.9 为自行车车身长度，m；v_{max} 为行驶时的最大车速，km/h；v_{min} 为制动前减速后的车速（即刹车开始时的车速），km/h；0.14 为制动时的反应系数，采用 0.5s 的反应时间计算得出；0.0092 为制动系数。

（2）自行车流的交通特性　包括如下 6 种特性：

①群体性。由于自行车众多，在多车道高峰时间常出现首尾相连、成群结队的骑行，甚至连绵不断，像流水一样。

②潮汐性。在信号灯控制的路段，自行车车流由于受到交叉口红灯的阻断，常一队一队地像潮汐一样向前流动。

③离散性。在车辆不多时，为了不受其他骑行者的约束与干扰，有不少骑车人常选择车辆少、空档大的路段骑行。在这样的车道上可以自由、机动地行驶。

④赶超现象。青年骑行者多喜欢超赶其他自行车，甚至有你追我赶的相互追逐现象。

⑤并肩或并排骑行。下班或放学的青年人，常三五成群地并肩骑行，甚至拉手、搭肩，使其他自行车无法通过，形成压车现象。

⑥不易控制。由于自行车灵活机动，特别在机动车与非机动车混行的车道上，有空就钻，常常不遵守交通法则，甚至闯红灯或逆向骑行。

根据自行车交通流的上述特性，应采取必要的措施加强管理，确保交通安全畅通。

2.2.3 道路的基本特性分析

道路是汽车交通的基础、支撑物。道路必须符合其服务对象——人、货、车的交通特性，满足它们的交通需求。道路服务性能的好坏体现在量、质、形3个方面，即道路建设数量是否充分，道路结构能否保证安全，路网布局、道路线形是否合理。另外，还有附属设施、管理水平是否配套等。

2.2.3.1 路网密度

要完成一定的客、货运输任务，必须有足够的路网设施。路网密度是衡量道路设施数量的一个基本指标。一个区域的路网密度等于该区域内道路总长比该区域的总面积。一般地讲，路网密度越高，路网总的容量、服务能力越大。

道路网密度的大小应与当地的经济发展水平相当，与所在区域内的交通需求相适应，应使道路建设的经济性和服务水平，道路系统的社会效益、经济效益、环境效益得到兼顾和平衡。

公路网的合理密度可用式(2-4)来计算。

$$\gamma_0 = \sqrt{\frac{\sum_1^n Q_i d_i \alpha}{AF}} \tag{2-4}$$

式中：γ_0 为公路网的合理密度，km/km²；Q_i 为第 i 年区域内的总运输量，t；d_i 为第 i 年运输单价，元/(t·km)；α 为平均运距 L_p 与路网密度 γ 之间的回归系数，即 $L_p = \alpha/\gamma$；A 为单位里程的道路建设费，元/km；F 为规划区面积，km²；n 为规划年限。

城市道路宽度与路网密度规划指标如表2-2所示，且选取应遵循以下两条原则：

①道路网密度、间距与不同等级道路的功能、要求相匹配；

②道路网密度、间距与城市不同区域的性质、人口密度、就业密度相匹配。

表2-2　城市道路宽度与路网密度规划指标(GB 50220—1995)

项目指标	城市规模、人口/万人		快速路	主干路	次干路	支　路
道路网密度 /(km/km²)	大城市	>200	0.4~0.5	0.8~1.2	1.2~1.4	3~4
		50~200	0.3~0.4	0.8~1.2	1.2~1.4	3~4
	中等城市	20~50	—	1.0~1.2	1.2~1.4	3~4
	小城市	>5	—	3~4	3~4	3~5
		1~5	—	4~5	4~5	4~6
		<1	—	5~6	5~6	6~8

（续）

项目指标	城市规模、人口/万人		快速路	主干路	次干路	支　路
道路宽度/m	大城市	>200	40～50	45～55	40～45	15～30
		50～200	35～40	40～50	30～45	15～20
	中等城市	20～50	—	35～45	30～40	15～20
	小城市	>5	—	25～35	25～35	12～15
		1～5	—	25～35	25～35	12～15
		<1	—	25～30	25～30	12～15

2.2.3.2　道路等级

公路根据使用任务、功能和适应的交通量分为高速公路、一级公路、二级公路、三级公路、四级公路这 5 个等级。高速公路为专供汽车分向、分车道行驶并全部控制出入的干线公路。4 车道高速公路一般能适应按各种汽车折合成小客车的远景设计年限，年平均昼夜交通量为 25000～55000 辆；6 车道高速公路一般能适应按各种汽车折合小客车的远景设计年限，年平均昼夜交通量为 45000～80000 辆；8 车道高速公路一般能适应按各种汽车折合成小客车的远景设计年限，年平均昼夜交通量为 60000～100000 辆。其他公路为除高速公路以外的干线公路、集散公路、地方公路。

一级公路为供汽车分向、分车道行驶的公路，一般能适应按各种汽车折合成小客车的远景设计年限，年平均昼夜交通量为 1500～3000 辆；二级公路一般能适应按各种车辆折合成中型载重汽车的远景设计年限，年平均昼夜交通量为 3000～7500 辆；三级公路一般能适应按各种车辆折合成中型载重汽车的远景设计年限，年平均昼夜交通量为 1000～4000 辆；四级公路一般能适应按各种车辆折合成中型载重汽车的远景设计年限，年平均昼夜交通量为：双车道 1500 辆以下，单车道 200 辆以下。

公路等级的选用应根据公路网的规划，从全局出发，按照公路的使用任务、功能和远景交通量综合确定。一条公路，可根据交通量等情况分段采用不同的车道数或不同的公路等级。各级公路远景设计年限：高速公路和一级公路为 20 年；二级公路为15 年；三级公路为 10 年；四级公路一般为 10 年，也可根据实际情况适当调整。对于不符合本标准规定的已有公路，应根据需要与可能的原则，按照公路网发展规划，有计划地进行改建，提高通行能力及使用质量，以达到相关等级公路标准的规定。采用分期修建的公路，必须进行总体设计，使前期工程在后期仍能充分利用。

2.2.3.3　道路线形

道路线形是指一条道路在平、纵、横三维空间中的几何形状。传统上分为平面线形、纵断面线形、横断面线形。线形设计的要求是通畅、安全、美观。随着交通需求的增大，公路等级的提高，人们对公路线形的协调性、顺适性要求也越来越高；更加强调平、纵、横线形一体化，即立体线的设计，详细的内容在《道路勘测设计》课程中介绍。

2.2.3.4　交叉口形式

1）平面交叉口形式

平面交叉按照相交道路条数、角度和相交位置分为下列几类：

（1）三条道路相交　三条道路相交分为 T 形、Y 形、加宽路口和设有转弯车道等形式。

（2）四条道路相交　四条道路相交分为十字形正交、斜交、错位和加宽路口等形式。

（3）其他　其他形式有多路交叉和环形交叉。

平面交叉按布置类型又分为：

（1）加铺转角式　交叉口用适当半径的圆曲线平顺连接相交道路的路基和路面。

（2）分道转弯式　通过设置导流岛、划分车道等措施，使单向右转或双向左、右转车流以较大半径分道行驶的平面交叉。

（3）扩宽路口式　为使转弯车辆不影响其他车辆的正常行驶，在交叉口连接部增设变速车道和转弯车道的平面交叉。

（4）环形交叉　在交叉口中央设置中心岛，用环道组织渠化交通，使进入环道的所有车辆一律按逆时针方向绕岛单向行驶，直至所要去的路口离岛驶出的平面交叉，俗称转盘。

2）立体交叉口形式

采用立交可使各方向车流在不同标高的平面上行驶，消除或减少冲突点；车流可以连续运行，提高道路的通行能力；节约运行时间和燃料消耗；控制相交道路车辆的出入，减少对高等级道路的干扰。

按交通功能划分，立交分互通式和分离式两大类。相交道路通过匝道联系、车辆可以互相往来的称为互通式立交；没有匝道联系、车辆不能互相来往的称为分离式立交。其中互通式立交的线形、结构比较复杂，交通功能比较完善，是立交的高级形式。

2.2.3.5　道路网布局

道路的规划、设计不能仅仅局限于一个点、一条线，而应从整个路网系统着眼。路网布局的好坏对整个运输系统的效率有很大影响，良好的路网布局可以大大提高运输系统的效率，增加路网的可达性，节约大量的投资，节省运输时间和运输费用，达到良好的经济效益、社会效益与环境效益。

对于不同的区域、不同的城市，不存在统一的路网布局模式。路网布局必须综合考虑所在区域的自然、社会、经济情况来选取。

2.3　交通工程设施规划

交通工程设施规划是从路网的整体性和统一性出发，充分考虑各路段交通工程设施之间的相互衔接和交通工程各子系统之间的相互协调，防止公路交通工程建设的随意性、盲目性和重复性，以确保公路获得最佳的经济效益和最满意的社会效益，最大限度地发挥公路网高效、快速、安全的特点。

2.3.1　交通管理体制总体规划

2.3.1.1　国外高速公路的管理体制

1）美国

美国高速公路多为国家建设，其管理类似于目前我国各省市的公路局对地方公路的管理。

美国的收费高速公路不足其高速公路总里程的10%，对于收费公路，美国各州成立了专门的收费道路委员会。委员会下设收费道路管理局管理。各州收费道路管理局人员编制虽不多，却负责建设和管理全州的收费道路，其日常施工、养护等技术工作采取顾问工程师的办法，一律由咨询公司承包。收费道路管理局只检查和监督咨询公司顾问工程师的工作。

收费道路管理局机构一般分为3级：收费道路管理局（收费部）—收费工区—收费站。收费工区的设立依据里程长短和收费站的数量确定。

美国的州际、国际高速公路网，由联邦各州公路局负责规划、设计、施工、管理、养护，属地方分权的管理体制。养护队按地理区域划分，由各种技术人员与各种大、中、小型相结合的成套机械组成，除负责常规养护、全面巡察外，还兼计划、技术、财务等各项管理工作的职能，对所养护的工程采取承包或自营等方式进行。

各州通过公路警察行使道路交通安全管理职能，由国家立法，州公路警察执法，法庭和检查部门司法。

2）日本

日本由国家建设省委托日本道路公团（半官方机构）负责高速公路的建设与管理。道路公团下设若干个高速公路管理局和若干个高速公路建设局，分别负责高速公路的建设和管理，属于建管分开的体制。管理局下大约每50km设立一个管理事务所。

管理局的职能是制定维修计划、负责道路检修、养护、管理、收费、路政等。事务所的职能是巡回检查、小修保养、收费、路政等管理工作，并监视设施、搜集交通情况和环境保护等，这中间许多生产业务工作由事务所委托公司承包，事务所主要负责管理和监督。

道路公团管理局设有交通技术科，并与交警、消防等部门协调交通和安全管理决策。管理所作为交通安全的实施机构，有交通管理队，配有巡逻车定时巡视道路。日本警视厅交通局设有高速公路管理科，各地方成立高速公路警察队，维护道路治安和执行交通法规。

3）法国

法国政府于1955年颁布法令，将高速公路的建设、管理工作由国家委托某些特许公司或私营道路投资工业公司负责，这些公司均属混合经纪公司。高速公路的建设权及经营权全部转交这些公司，一般经营年限为 35 年，35 年之后，与政府商讨是否延长经营权。国家对投资、立交位置、交归国有时间有控制权。

一般说来，法国高速公路开始盈利年定为 15 年左右，实际可能要更长一些。因此，个别公司可能永远不能盈利，所以法国已开始考虑把 8 个公司合成 3 个大的集团公司，以相互补充。

为了相互协调和决策，由 8 家公司组成了法国高速公路企业协会，其本身无命令权。8 家公司目前管理着 6300 多千米收费高速公路。法国另有约 3000km 不收费高速公路。

各特许公司内设有中央管理局，管理范围大、里程多的增设地方管理局。每个地方管理局拥有 5～6 个管理事务所，负责交通巡逻、清扫作业、小修保养、防治冰雪、事故处理等工作。

高速公路每一管理事务所拥有安全巡逻车，每 2km 有一名宪兵驾驶车辆巡逻。全国的高速公路网由 6 个地方控制中心监控，这些控制中心由当地宪兵队和特许公司共同管理，与巴黎东部的法国宪兵总部、全国高速公路监控中心相连，24h 不间断地提供道路交通信息。

法国高速公路一般 30km 设一出口，50km 设一服务区，10km 设一停车区，收费系统采用封闭式或开放式收费。目前法国的 8 家公司分别管理的高速公路的里程，从 106km 到 1769km 不等。

分析上述国外高速公路的管理模式，各国都是根据本国的社会经济发展特点，形成了一套适合本国国情的高速公路管理制度。如美国是二战之后，为促进国家整体国民经济恢复和发展，由国家和各州政府拨出巨额资金进行公路建设；同时，美国税收制度比较严密，高速公路作为社会公益性项目，需要收费经营还贷的较少，因此，高速公路多由各州政府负责建设和管理。法国则是采取了社会共同建设高速公路的政策，国家投入资金较少，因此采用了由特许公司负责建设、经营管理的模式。

2.3.1.2 "政企分开"管理模式下的机构设置和管理

1) 政府管理机构

政府管理机构设置有两种模式：一是按独立项目设置管理机构，形成一路一个管理部门，各路主管部门的上级直接为省交通厅，彼此间没有隶属关系；二是在全省设置专门管理部门，由专管部门负责所有高速公路项目的宏观控制和管理。

根据高速公路运营的特点，要充分发挥路网的整体效益，需要各路之间采用联合收费、联合监控等措施；同时，由于高速公路采用分期建设形成，需要保持各种建设管理政策的一致性和延续性。显然，在路网规模不大，或近期尚未形成路网时，可以采用一路一个管理部门的模式，而随着路网的建设形成，这种分散体制，将不利于高速公路的网络管理。因此，建议各省对高速公路进行集中管理，设立省高速公路管理中心负责全省高速公路的管理，其职责包括：

（1）制定全省高速公路网规划、建设计划及高速公路建设规模和标准。

（2）研究国家相关法律，制定本省高速公路的法规政策。

(3)代表政府与企业签订高速公路项目建设及管理合同。

(4)负责监督高速公路建设标准，协调企业建设高速公路过程中出现的问题。

(5)负责收集和了解高速公路网道路交通信息。

(6)负责协调高速公路运营过程中各路段的收费、通信、监控等。

省高速公路管理中心内部可设规划、计划、工程、路政、法规、信息管理中心等部门。

2)公司设置

高速公路公司的设置相对灵活简单，即在政府规定的政策原则下，完全通过市场进行设置。

公司的职责包括：

(1)负责项目的引资。

(2)负责按合同和国家标准建设高速公路。

(3)负责高速公路的运营管理，确保高速公路"安全、便捷、舒适、畅通"。

(4)负责高速公路及其设施的维修养护。

(5)负责向各政府部门通报道路交通运营的各种信息。

3)路网管理

高速公路运营阶段的管理业务包括监控、通信、救援、收费等，对此，为保证高速公路总体社会效益，需要政府部门参与道路交通信息的了解。路网管理是指政府部门通过收集各路信息，从而为制定政策提供依据。

2.3.2　收费系统规划

高速公路收费系统的建设从设计、实施到营运是一个漫长的过程。随着路网的连通，有新的高速公路加入到高速公路网中，也就有了相互信息交换和拆分的需求，并且随着越来越多的道路使用者开始使用高速公路，其收费系统也成为了面向大众的服务"窗口"，大众也会对收费系统提出各种各样的要求。所以，在建设高速公路收费系统之前，需要对高速公路收费系统的实施和营运有充分的考虑和规划，尤其在管理体系、收费制式、通行券选择、结算模式等问题上，选择合理与否将大大影响今后高速公路的营运效率和建设成本。

2.3.2.1　收费系统规划原则

收费系统规划原则：

(1)收费系统规划应科学、先进、合理、经济。

(2)收费系统规划应从全局出发，近期与远期相结合。

(3)收费系统规划应考虑与路网形成的阶段性相适应。

(4)收费系统规划应充分发挥高速公路网高速快捷的功能，提高道路的服务水平，尽量减少停车次数，缩短交接手续的时间。

(5)收费系统应具有高度的安全性和可靠性，技术设备先进实用，能最大限度地堵塞来自各方面的财务漏洞。

(6)收费系统应尽可能减少投资。

2.3.2.2　收费系统规划

收费系统与实施区域当地的政治、经济发展、信息化程度和以往历史传统都有一定的关系,与收费系统本身的技术发展也存在着一定的关系。规划一个地理区域内或者一条路的收费体系须充分了解该地理区域内的收费对象、经济水平、车种组成等情况。除此之外,收费制式、付款方式、通行媒介、管理体制与制度、报表内容、通行费率及计算方法等问题也需要在规划的过程中确定下来。

1)收费对象和收费费率

收费对象和收费费率是需要法规制度来确定的,投资者和道路使用者均应遵守法规制度中相关条文,同时法规制度也对投资者和道路使用者做出相应的保护,避免出现该收费的不缴费或该免费的却收费的问题。在收费对象和收费费率的确定中,政府有责任保护道路收费的环境,投资者有权力保护自身的利益,道路使用者有权力对不合理的条文做出申诉和要求修改。在法律允许的范围里,投资者可以根据自身的运行状况制定符合自身条件的政策,然而,由于其政策的社会影响较大,所以道路使用者可以要求投资者作出解释,政府可以在两者之间协调,平衡双方的利益。

从我国的法律和建设规范及标准来看,根据使用者的不同,我国的道路主要可分为3种:汽车专用路、公共道路、内部道路。①汽车专用路只为机动车提供服务,如高速公路、城市高架主干线等,有些汽车专用路对机动车的性能提出了要求,对不符合要求的机动车禁止其进入汽车专用路。②公共道路是指为所有的道路使用者开发的道路,包括行人和人力车,有些公共道路对道路使用者有一定的限制,这些限制往往出于交通安全和交通组织的考虑。③内部道路是指由部门机构或单位建设并用于某一特定用途的道路,对于道路使用者的规定由建设或管理单位自行确定。

收费道路往往指汽车专用路和公共道路,内部道路一般不允许收费,如果允许收费,则可在法律的允许下由投资者和道路使用者协商确定收费费率。

收费道路作为一种服务产品提供给用户,具有普通产品的特点同时也有专卖产品的特点,收费费率的制定应符合市场经济的要求,同时也需考虑社会经济的影响。在考虑这种"服务产品"的定价时,应结合综合成本、社会效益、用户接受程度等多方面因素确定。

2)收费制式

收费制式是道路收费系统的基本体制,收费制式决定了道路收费系统的建设规模、建设位置、收费流程。收费制式与收费区域有关,一般认为,区域面积较大,收费站数量较多的情况下,采用封闭式或混合式收费制式;区域面积不大且路网中交通流容易控制的情况下,可采用开放式收费制式。不过,实际选择收费制式时需对当地的社会、经济、路网等情况作充分了解,以便使道路收费系统对道路使用者的影响最小又不损害投资者的利益。

(1)开放式收费　不计行驶里程多少,只按车型和通过次数,一次性征收固定路费额,称为开放式收费。适用于大中型桥梁、隧道、机场等专用路,以及里程不长、无匝道出入口或较少出入口的以主线交通流为主的公路。收费站设在主线上，各出入口不设收费站，开放式收费道路简称开放道路。

开放式收费分单向和双向收费两种形式。该收费系统的最大优点是收费过程与历史信息无关，用户缴费方便；收费设备简单，投资少，建设周期短，人员配备少，易于管理。

（2）封闭式收费 封闭式收费根据车辆类别和行驶里程数征收通行费。它适用于城间和环城道路。封闭式收费必须知道车辆的道路入口和出口信息。车辆进入道路，在入口处领取通行券，出口时按车型、出入口之间距离和通行费率计算通行费。收费站必须建立在所有匝道及管辖路段的端点主线上。由于整条公路所有出入口被收费站完全封闭，可以控制车辆进入，故此种道路又称封闭式道路。

封闭式收费的基本参数是收费费率，即不同车型行驶每千米的通行费额。确定费率要考虑投资额、贷款归还额度、物价指数、系统结构及其功能等多种因素。收费费率一般是固定的。路桥公司可根据营运状况、物价升降、还贷等情况调整收费费率。调价须得到当地物价部门批准，征收通行费须在有关部门的监督下执行。

按照行驶里程计算出来的通行费往往不是整数，这给收费时带来找零钱的麻烦，增加行车延误时间。根据均值平衡原则，可将费额归整，角分向元，元逢五、逢十归整，尽可能地使通行费额与人民币面值呈整倍数。

封闭式收费的最大优点是收费合理，无漏收多收，但系统相对复杂，投资大，建设周期长，管理难度大。为了及时回收建设资金，还本付息，我国大部分经营型道路均采用全封闭式收费。封闭式收费系统设计的关键是：充分而准确地预测交通流变化趋势及其分布，尽可能合理设置收费站点与收费车道，有效地划分系统结构和采用与交通量相适应的收费方式。

（3）混合式收费 混合使用开放和封闭式收费制式，根据道路交通 OD（Origin Destination，起讫点调查）流的具体分布，设置收费站和确定各站的费额。在主线某些点和与主线站靠近且交通量较大的部分匝道入口设置收费站，各站收费额只计车型，不计里程，但各站费额根据站的位置会有差别。

混合收费设备较简单，用户缴费也相对方便，有一定的现实作用。但是，要保证收费的基本合理，又不过多地增加用户停车缴费的次数，站的设置数目和地点，各站的收费额度都需根据 OD 流进行优化。

（4）浮动式收费 收费费率不固定，随时间而变化的收费制式称为浮动式收费。交通量随时间变化，白天车辆多，交通拥挤，晚间则处于低谷期。如果收费费率随交通量的时间变化规律而改变，高峰期费率高，低谷期费率低，就可通过费率这一经济杠杆在一定程度上调节进入道路的交通量，降低其波动幅度，使道路服务水平处于较佳状态。

浮动式收费是用于调节车流，改善交通拥挤状况，鼓励使用高通过率车道的有效控制方法。不同路段随上下游交通量动态调节费率。调节时间最短可达每 5min 改变一次。采用浮动式收费的条件是有完善的收费系统计算机网络和控制功能，收费管理中心可按照时间段，实时采集上下游交通数据，按照一定的控制策略，给出下一周期的收费费率值。

浮动式收费系统与近几年发展起来的电子收费系统技术有较为密切的关系，利用电子收费系统在交易过程中无须人员参与的特点，可以轻松地完成浮动式收费的任务。

2.3.3 监控系统规划

高速公路具有舒适、快捷、安全的特点，而监控系统是保证道路服务水平的主要手段。利用监控系统可以及时了解道路运行情况、制定控制方案和紧急救援措施，而在道路成网的情况下，监控系统还可以充分利用路网间的关系来诱导交通、保证每条道路的畅通。

2.3.3.1 监控系统规划原则

（1）以已经建成的高速公路运行情况、正在建设中的高速公路的预可行性研究报告和工程可行性研究报告、规划中的高速公路网为基础资料，对高速公路网进行监控系统总体规划。

（2）减少投资，保证系统组成合理，并具有先进性、适用性。

（3）统一规划，分路、分期实施。

（4）既要考虑各条高速公路间的系统协调，又要尽量做到与其他交通工程系统规划的统一。

2.3.3.2 监控系统规划

在道路建成初期，道路的服务水平相对较高，此时对于一般道路可实施基本监控；对交通量较大、地理位置重要的路段需实施完善的监控；对于特殊路段（例如高速公路相交处、特大桥、长隧道、易发生交通通行瓶颈的路段）需实施小区域重点监控。随着交通量的增长，事故增多，此时将需要加强监控手段，以保证道路的服务水平。因此，根据交通量不同，监控策略也不同，对于监控系统可采用"分期实施"。监控手段主要分为监视和控制。监视手段包括：交通量信息收集、气象信息收集、事故信息收集、图像监视；控制手段包括：主线车速控制、主线交通诱导、主线事件警告、路网协调控制、路侧广播、车道调节、入口匝道调节、匝道汇流控制等。

2.3.4 通信系统规划

2.3.4.1 通信系统规划原则

（1）符合国家对国道主干线系统总体规划的要求，本着全面规划、分期实施、统筹安排、逐步完善的原则，充分满足高速公路管理和安全保障的需要。

（2）与高速公路其他系统（收费系统、监控系统、服务系统）协调发展，注意系统优化，注重效益。

（3）以有线通信为主，无线通信为辅。

（4）规划一个性能可靠、多路由、多迂回的通信网络。

（5）应符合国家和交通主管部门现有通信技术政策、标准和规范。

2.3.4.2　通信系统规划

（1）通常系统传输设备、交换设备、用户接入网设备均采用数字化设备，即专用网的规划目标是实现综合业务数字网（ISDN）。基于目前光缆同步数字传输设备（SDH）的成熟和性能价格比的优异，主干线的传输通道统一敷设光缆和采用 SDH 设备。

（2）对于省专用网来讲，电话交换网分 4 级。

①C2 级。省专用网通信总中心。

②C3 级。地区通信中心（根据网络组织，需要时设）。

③C4 级。各高速公路公司的通信中心。

④C5 级。各公司所属的管理所，即用户集中点的用户交换机。

（3）移动通信不单独成网，把它作为电话交换网的扩展和延伸，即在 C4 级以上的各交换节点设中心无线交换机，以相当于 C5 级的地位和电话交换网联网，用首位号"9"作局向号。

在选择模拟集群系统时，有 4 条基本要求：

①无线交换机应是数字化交换机，并能形成"接口平台"模式。

②无线交换机的主处理器应是双套备份。

③无线信令应是公开的标准信令。

④移动用户的身份码（UID）需达到 6 位有效数字。

（4）信息系统（监控、收费）分为 3 级，即省中心、路（公司）管理中心和基层（管理所）管理中心。为了满足信息传送的实时性和畅通性，重点是在基层网（信息采集）这一级，从体制上明确将基层网（或用户接入网）和主干通道分开，自成系统，使性能价格比最优。

（5）网络管理初期以站点为单位，配置网络管理终端，负责本站及所辖范围的设备管理，逐步实现以路为单元管理。条件成熟时，设立省网管中心进行统管。

2.3.5　服务设施规划

所谓服务设施是指设置在高速公路上，为高速公路的使用者提供服务的服务区。服务项目少的称为停车区，总体又称服务区。

服务设施组成要素如下：

（1）服务设施区域。

（2）停车场（停车车位、停放场地、车道）。

（3）园地（利用园地、环境保护绿化地带）。

（4）建筑设施等（公共厕所、免费休息所、食堂、加油站、商店、电气室、贮槽等）。

（5）其他（广场、通道、贯穿车道等）。

2.3.5.1 规划原则

（1）满足驾驶人生理上的要求，给汽车加油、加水或者适当地满足检查等需要的休息。

（2）使高速公路上车辆和旅客与外界相联系，给部分车辆和旅客在行途中提供住宿、购物、通信、汽车维修、接受社会服务等。

（3）以减少高速公路的交通事故，提高高速公路的社会效益和经济效益为目的。

2.3.5.2 服务设施规划

我国高速公路服务设施的建设近两年有了很大提高，但与日本、澳大利亚及西方发达国家相比仍不能令人满意。目前我们建成的高速公路在服务水平方面可以划归为"有缺陷类"，沿线停车区的缺少属于"功能障阻类"。以此可以看出，我们在服务设施及规划中未能有效合理地布局。因此，今后在服务设施规划的科学性、合理性方面需要慎重考虑。

服务设施的规划，必须综合地、系统地考虑设置于该路线上所有服务设施之间的位置关系及提供的服务内容，而且还应分别考虑该位置的选定条件。

2.3.6 城市公共交通场、站及停车场规划

2.3.6.1 城市公共交通场、站规划

1）规划原则

（1）场、站建设应充分考虑节约用地。

（2）营运维修应减少各种能源消耗，加强环境保护和安全卫生。

（3）根据城市公共交通发展的要求，场站建设应与公共交通发展规模相匹配。

（4）场、站规划应与建设周期相适应。

2）城市公共交通场、站规划

场、站规划设计主要有两个内容：一是建设用地的计算；二是场站选址。

首末站是行车调度人员运营、司售人员休息的地方，也是车辆夜间停放或者白天客运高峰过后车辆停放的场所。所以，首末站的规模按该站所属线路拥有的营运车辆来确定。

停车场是为线路营运车辆下班后提供合理停放空间的必要设施，并按规定对车辆进行低级保养和重点小修作业。根据经验，停车场的规模一般以停放100辆铰接式营运车辆或200辆标准车辆为宜。

保养场主要承担车辆的高级保养任务及相应的配件加工、材料和燃料的储存、分发等工作。在保养场200辆标准车辆规模的情况下，其车辆的保修设备有较高的机械化和现代化水平，车辆进出空驶里程较短，可节约成本。所以，一般推荐保养场以保养能为200辆标准车辆为宜。

场、站布局应根据公共交通车种、车辆数、服务半径和所在地区的用地条件设置。

2.3.6.2 城市停车场规划

城市公共停车设施是城市道路系统的组成部分之一,属静态交通设施,常见的停车设施有停车场、停车楼或地下停车库等,其用地计入城市道路用地总面积之中。但城市公共交通、出租汽车和货运交通场站设施的用地面积不含在内(其面积属于交通设施用地);各类公共建筑的配套停车场用地也不含在内(其面积属于公共建筑用地)。

GB 50220—1995《城市道路交通规划设计规范》要求公共停车设施用地面积宜按规划城市人口每人 $0.8 \sim 1.0 \mathrm{m}^2$ 计算,其中,机动车停车设施的用地宜为 80% ~90%,自行车停车设施的用地宜为 10% ~20%。长期以来,我国城市建设中对公共停车设施的重视不足,其设置和规模远远达不到规范要求和实际需要,因而造成大量的路边停车,占用机动车道或非机动车道,影响道路系统的正常使用。做好公共停车设施的规划和设计,不仅是解决静态交通的问题,而且对提高道路交通的效益也是有帮助的,它是一条"以静治动"的重要措施。

1) 停车场的分类

(1)根据停放车辆性质划分 有机动车停车场(汽车停车场)和非机动车停车场(自行车停车场)两大类。

(2)根据场地平面位置划分 有路边停车场和路外停车场。

(3)根据服务对象划分 有公用停车场(又称社会停车场)和专用停车场(又称内部停车场)。

公用停车场是指设置在大型公共建筑、商业文化街、公园与风景区附近,供各种社会车辆停放。

2) 停车调查

(1)停车调查的内容 包括停车数量、停车方式、平均停车时间、停车地点与目的地关系及步行时间、停车集中程度、停车地点附近的交通状况、停车地点附近的环境条件等。

(2)停车调查的方法 包括连续式调查、间隙式调查、询问式调查

(3)停车调查的成果 包括停车车位数、停车规定(如装卸、上下车地带、时间限制等)、停车设施类别、停车收费标准。

3) 停车需求预测

(1)趋向法 依据发展趋向进行推算,适用于土地利用已定向的小规模区域。

(2)原单位法 按单位用地面积(或单位人口)的停车需求量进行推算,适用于交通工具、道路网不发生较大变化的地区,且土地利用规模基本确定。

(3)OD 交通推算法 据 OD 交通吸引量与停车量的相关关系预测停车需求,把区内外 OD 交通吸引量作为基本停车需求的产生源来考虑,适用于土地利用变化较大的地区。

4) 停车场规划

公共停车场包括外来机动车公共停车场、市内机动车公共停车场和自行车公共停

车场，用地总面积按规划人口每人 $0.8 \sim 1.0 m^2$，可结合建筑物建地下或空间停车场（库），利用建筑的平台、屋顶设置停车场，以节约用地。

本章小结

交通工程设施作为道路设施的外包装，在预防道路交通安全事故方面发挥着重要的作用。道路建设人员要结合道路建设的统一性和整体性，对交通工程设施进行总体的规划，交通工程的建设才能进一步的完善和深化。本章主要介绍了交通工程设施规划的原则与方法；重点分析了人、车辆、道路的交通特性；对交通工程各个子系统设施的规划，进行了较为详细的介绍和说明。

思考题

1. 简述交通工程设施规划的原则和方法。
2. 分析车辆、行人、道路各有哪些交通特性？
3. 交通管理体制如何进行总体规划？
4. 简述收费系统、监控系统、通信系统和服务设施等规划过程。

参考文献

[1] 王炜，过秀成. 交通工程学[M]. 南京：东南大学出版社，2000.

[2] 马荣国，杨立波. 交通工程设计理论与方法[M]. 北京：人民交通出版社，2002.

[3] 杨少伟. 道路勘测设计[M]. 北京：人民交通出版社，2009.

[4] 王建军，严宝杰. 交通调查与分析[M]. 北京：人民交通出版社，2004.

[5] 王炜. 交通规划[M]. 北京：人民交通出版社，2007.

[6] 徐盾初. 城市道路与交通规划[M]. 北京：中国建筑工业出版社，2005.

第 3 章
交通安全设施设计

[本章提要]

本章主要介绍交通安全设施设计的相关知识，交通安全设施属于道路基础设施，它对减轻事故的严重度，排除各种纵、横向干扰，提高道路服务水平，提高视线诱导，改善道路景观等起着重要的作用。道路交通安全设施包括：安全护栏、防眩设施、隔离封闭设施、视线诱导标等。

交通安全设施属于道路的基础设施，包括：安全护栏、防眩设施、隔离封闭设施、视线诱导标等。它对减轻事故的严重度，排除各种纵、横向干扰，提供路侧保护和视线诱导，防止眩光对驾驶人视觉性能的伤害，改善道路景观等起着重要的作用。

当前，交通事故成为我国第一大非正常死亡原因，设置合理的交通安全设施，在设施上对交通事故进行充分防控，具有重要的社会意义与经济价值。我国对交通安全设施的系统研究始于 20 世纪 80 年代，总结我国高速公路早期建设成果，交通部在 1988—1992 年期间，制定了 JTJ 074—1994《高速公路交通安全设施设计及施工技术规范》，于 1994 年 6 月实施；2006 年，对 JTJ 074—1994 版规范进行修订，于同年 9 月实施。目前与高速公路护栏相关的部颁标准主要有：JTG D80—2006《高速公路交通工程及沿线设施设计通用规范》、JTG D81—2006《公路交通安全设施设计规范》、JTG/T D81—2006《公路交通安全设施设计细则》和 JTG F71—2006《公路交通安全设施施工技术规范》、JT/T 281—2007《公路波形梁钢护栏》、JT/T 457—2007《公路三波形梁钢护栏》。

本章介绍安全护栏及相应的防撞缓冲设施、防眩设施、隔离封闭设施、视线诱导标 4 类安全设施。

3.1 安全护栏的设计

自从公路特别是高速公路在我国开始大量修建以来，人们对安全护栏重要性的认识有了很大提高。首先对护栏功能的认识就不像初始阶段那样，认为护栏刚度越大越好。20 世纪 80 年代中期，我国开展了对护栏形式及防撞性能的研究，首先从护栏的性能、安全性、景观影响、气象条件及经济性多方面分析了各种护栏的适用性，提出了适合我国高速公路的护栏形式。接着针对波形梁护栏结构开展了实体护栏的模态分析及破坏冲击试验、模型护栏的模态分析及破坏试验、汽车与波形梁护栏碰撞的计算机模拟。通过一系列的试验研究，提出了适合我国高速公路的波形梁护栏合理结构。由于我国人口众多，土地宝贵，高速边坡偏陡，相对也增加了路侧的危险性。在经济比较发达的地区，高速公路沿线村镇密集，下穿通道很多，也意味着要抬高路堤高度，从而增加了路侧的危险性。除了路堤高度比较高，边坡比较陡以外，中央分隔带、路缘带、路肩等的宽度与国外标准相比也偏向下限值。

3.1.1 护栏的概念、分类和功能

3.1.1.1 护栏的概念

护栏是一种纵向吸能结构，通过自身变形或车辆爬高来吸收碰撞能量，从而改变车辆行驶方向，阻止车辆越出路外或进入对向车道，最大限度地减少事故中对司乘人员的伤害程度。

3.1.1.2 护栏分类

1) 按护栏构造形式分类

(1) 半刚性护栏　半刚性护栏是一种连续的梁柱结构，它通过车辆与护栏间的摩擦、车辆与地面间的摩擦及车辆、土基和护栏本身产生一定量的弹、塑性变形（以护栏系统的变形为主）来吸收碰撞能量，延长碰撞过程的作用时间来降低车辆速度，并迫使失控车辆改变行驶方向，回复到正常的行驶方向，从而确保乘员安全和减少车辆损坏。半刚性护栏主要设置在需要着重保护乘员安全的路段。梁柱式半刚性护栏按不同结构又可分为 W 形波形梁护栏、三波波形梁护栏、管梁护栏、箱梁护栏等数种。它们均具有一定的刚度和韧性，主要通过横梁、立柱和土基的变形吸收碰撞能量，损坏部件容易更换，具有一定的视线诱导作用，外形美观。目前国内外常用的主要为波形梁护栏，如图 3-1 所示。

(2) 刚性护栏　刚性护栏是一种基本不变形的护栏结构。对刚性护栏来说，是通过失控车辆碰撞后爬高、转向、变形和车辆与护栏、车辆与地面的摩擦来吸收碰撞能量。在碰撞过程中，车辆变形程度取决于其自身的刚度、碰撞能量和碰撞作用时间。当车辆的碰撞角度较大时，往往造成比较严重的后果。刚性护栏主要设置在需严格阻止车辆越出路外，以免引起二次事故的路段。刚性护栏按结构不同又可分为混凝土墙

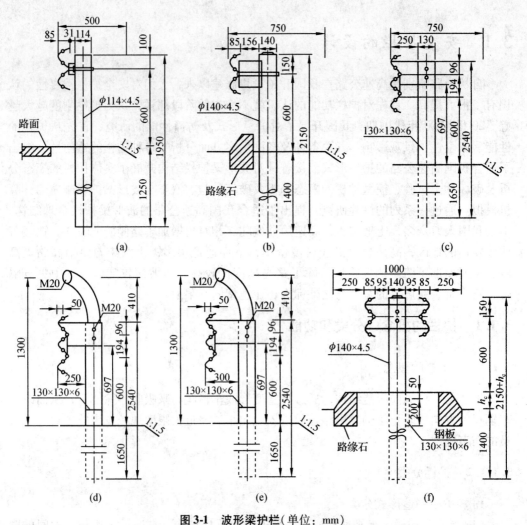

图 3-1   波形梁护栏(单位：mm)

（a)路侧 B 级   (b)路侧 A 级   (c)路侧 SB 级   (d)路侧 SA 级

（e)路侧 SS 级   (f)中央分隔带组合型 Am 级

式护栏、混凝土梁柱式护栏、桥梁用箱梁护栏和管梁护栏及组合式护栏。混凝土墙式护栏是刚性护栏的主要形式，是一种以一定形状的混凝土块相互连接而组成的墙式结构，如图 3-2 所示。

（3)柔性护栏   柔性护栏是一种具有较大缓冲能力的韧性护栏结构。缆索护栏是柔性护栏的主要代表形式，它是一种以数根施加初张力的缆索固定于立柱而组成的连续结构，完全依靠缆索的拉应力来抵抗车辆的碰撞、吸收能量，如图 3-3 所示。

2)按护栏设置位置分类

（1)路侧护栏   路侧护栏是指设置在公路建筑界限以外的护栏，用于防止失控车辆越出路外或碰撞路侧构造物和其他设施。

（2)中央分隔带护栏   中央分隔带护栏是指设置于道路中间带内的护栏，目的是防止失控车辆穿越分隔带闯入对向车道，并保护分隔带内的构造物和其他设施。

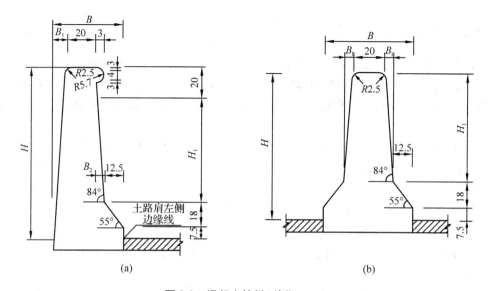

图 3-2 混凝土护栏(单位：cm)
(a)加强 F 形混凝土护栏 (b)F 形中央分隔带混凝土护栏

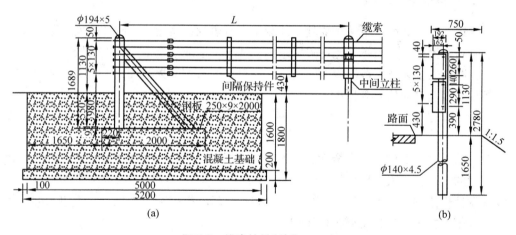

图 3-3 缆索护栏(单位：mm)
(a)路侧 A 级缆索护栏端部结构 (b)A 级缆索护栏中间立柱构造

（3）桥梁护栏 桥梁护栏是指设置在桥梁上的护栏，目的是防止失控车辆越出桥外，保护行人和非机动车辆。

（4）过渡段护栏 过渡段护栏是指在不同护栏断面结构形式之间平滑连接并进行刚度过渡的结构段。

（5）端部护栏 端部护栏是指在护栏开始端或结束端所设置的专门结构。

（6）防撞垫 防撞垫是通过吸能系统使正面、侧面碰撞的车辆平稳地停住或改变行驶方向，一般设置在互通立交出口三角区、未保护的桥墩、结构支撑柱和护栏端头。

3.1.1.3 护栏功能

公路上的安全护栏，需要进行正确的设计才有可能实现以下功能：

(1)能绊阻车辆，防止车辆越出路外，保护路外建筑物的安全，确保行人不致受到重大伤害，确保与其相交道路、铁路的安全，阻止失控车辆穿越中央分隔带闯入对向车道。

(2)能使车辆回复到正常行驶方向。车辆碰撞护栏的运动轨迹应能圆滑过渡，以较小的驶离角和较小的回弹量停留在不影响车辆正常行驶的地方，不致发生二次事故。

(3)一旦失控车辆与护栏发生碰撞时，对驾驶人和乘客的损伤为最小，要求护栏具有良好的吸收碰撞能量的功能。

(4)能诱导驾驶人的视线，能清晰地看到道路的轮廓及前进方的线形，增加行车的安全性，使道路更加美观。

3.1.2 护栏设计的理论基础

3.1.2.1 路边安全区

路边安全区宽度是指从车辆越出外侧车行道边缘到路侧障碍物的距离，路边安全区必须是车辆可安全穿越并允许失控车辆驶回车行道或安全地停住的区域。

在路边安全区宽度范围内的障碍物，如粗糙的石方开挖断面、大孤石、河流、湖海等标志以及交通信号和照明立柱、下穿桥墩、桥台、挡土墙、大树、紧急电话柱、可变信息标志等设施，应考虑是否能除掉这些障碍物，否则可考虑设置护栏加以保护。

目前，世界上对路边安全区宽度没有统一规定，但各国对路边安全区的宽度值都有明确的规定，见表3-1所列。我国现行交通行业标准JTG D81—2006《公路交通安全设施设计规范》折算的路侧净区宽度为 3.00 ~ 4.25m 根据障碍物到行车道边缘的安全距离，很容易确定是否需要护栏保护。

表 3-1 路侧安全区宽度

国 家	路侧安全区宽度/m	国 家	路侧安全区宽度/m
比利时、波兰	3.50	匈牙利	2.50
英国、捷克	4.50	丹 麦	3.00 ~ 9.00
葡萄牙	2.00	荷兰、法国(高速公路)	10.0

3.1.2.2 路侧事故严重度

1)路上危险物

早期的公路设计主要是针对行车道，行车道以外的路侧区和中央分隔带因不作行车之用而被忽视。随着车速的提高，越出路外的事故越来越严重，使公路设计者认识到需要分析路侧的潜在危险，并改进路侧设计。但是，由于地形条件、土地利用情况、投资和技术条件等诸多因素的制约，道路上难免存在一些行车障碍，在路侧安全区内的障碍物称为危险物。对越出路外车辆构成危险的路侧构造物（包括窄的中央分隔带、路堤、路堑边坡、护栏、防撞垫、路缘石、标志柱、树木、排水沟、挡土墙等）统称为路上危险物。广义地讲，平曲线半径小于设计标准的曲线外侧半径又称路上危险物。

通常减少车辆碰撞路上危险物的措施依次为：

（1）消除可移走的所有路上危险物。

（2）把路侧危险物移至满足安全要求的道路侧向净区范围外。

（3）把遗留的路上危险物设计成解体消能结构。

（4）用护栏或防撞垫保护（但需要考虑事故严重度和经济性）。

（5）通过视认诱导或其他警告设计，改善路侧障碍物的醒目度。

（6）降低道路的允许行车速度（限速措施）。

当然，并不是所有路侧危险物都需要采用护栏保护，因为护栏本身也被看作是一种障碍物，所以在研究路侧特性和进行路侧设计时不能沿用以前事故率概念，只要事故率高，就盲目设置护栏，而应把事故率和事故严重度结合起来考虑，才能达到设置护栏的最佳效果。

2）事故严重度

事故严重度是衡量一定质量的车辆以一定的碰撞条件（碰撞速度和碰撞角度）越出路外和（或）碰撞路侧危险物造成事故的后果或严重程度的指标，它是对事故造成财产损失，伤亡程度的综合评价值。

事故严重度一般不受事故发生的概率或频率的影响，其理论表达式为

$$SI = P(S_i/A) \times P(I_j/S_i) \times W(I_i) \tag{3-1}$$

式中：SI 为事故严重度指数；$P(S_i/A)$ 为事故 A 发生在碰撞条件 i 下的概率；$P(I_j/S_i)$ 为在碰撞条件 i 下伤亡严重度 j 的概率；$W(I_i)$ 为伤亡严重度 j 的加权系数。

从式（3-1）可见，事故严重度指数不是一个不变的常数，而是受到许多因素的影响。一般地说，影响事故严重度的主要因素有碰撞速度和角度、碰撞位置（即车辆方向、车辆的碰撞区等）和车辆种类与质量，以及道路特点和交通条件等。

式（3-1）是理想化的事故严重度指数计算式，通过它来求解每一种路上危险物的事故严重度是很困难的。一般根据不同的目的和可获得事故资料的质量与数量对式（3-1）进行简化。

如不考虑碰撞条件，可用式（3-2）计算每一种路上危险物的事故严重度。

$$SI = \frac{24\overline{H} + 6I + P}{N} \tag{3-2}$$

式中：$\overline{H}$ 为某一条件下发生死亡的事故数；I 为某一条件下受伤的事故数；P 为某一条件下仅财产损失的事故数；N 为某一条件下事故的总数。

表 3-2 是根据美国 1982—1984 年事故资料计算得到的某些路侧构造物的事故严

表 3-2　路侧构造物的事故严重度

构造物名称	*SI*	构造物名称	*SI*
护　栏	3.9	桥墩/桥台	4.6
桥梁端头	5.3	标志柱	3.8
树　木	4.8	排水沟	4.2
电线杆	4.5	—	—

重度指数。

需要注意的是，并非是路侧危险物的事故严重度只要大于护栏的事故严重度就要设置护栏，而是应考虑该路段发生事故的概率，否则就会导致把大量的资金投到可能性很小的路段上。因此一般情况下都需要进行经济效益分析，以最后确定是否需要设置护栏。在经济模型中主要依据是事故严重度、事故率、事故成本、路侧危险物距行车道的距离、车速和碰撞角分布、交通量、交通组成、护栏设置成本、维修养护费用、护栏使用年限和利率分析等。

3.1.3　护栏设计的总体原则与条件

3.1.3.1　护栏总体设计原则

要实现护栏的功能，需要护栏既要有相当高的力学强度和刚度来抵抗车辆的冲撞力，又要使其刚度不过大，以免使乘客受到严重的伤害。我国护栏设计应遵循以下原则：

（1）顺应护栏碰撞条件的发展趋势，满足我国公路交通实际情况的要求，确保85%以上的失控车辆不会越出、冲断或下穿护栏。

（2）应采用宽容设计理念对路侧护栏安全净区内的障碍物进行妥善处理。所谓宽容设计理念就是强调驾驶人的过错不应该以生命为代价，通过合理的设计将驾驶人疲劳、超速、酒后驾车、躲避事故以及车辆失控、路面结冰、积雪、雨雾天气或驾驶人视线受限等原因造成的事故影响降至最低。

（3）公路路侧安全净区的宽度得不到满足时，应按护栏设置原则进行安全处理。

（4）坚持"以人为本，安全至上"的指导思想，最大限度地降低事故严重程度并减少二次事故的发生。

（5）车辆碰撞护栏是小概率交通事件，在确定护栏碰撞条件时应坚持经济、实用原则，应考虑我国的经济承受能力。

（6）满足碰撞条件的护栏结构应能通过实车碰撞试验的验证。

3.1.3.2　护栏的设计条件

从对护栏的功能要求可以看出，要防止车辆越出路外或闯入对向车道的严重事故发生，必然要求护栏具有足够的力学强度来抵挡车辆的碰撞，即要求护栏的刚度越大越好，但从保护乘员免受伤害或减轻伤害程度考虑，又希望护栏的刚度不要太大，要具有良好的柔性。显然，这两项要求本身是互相矛盾的。同时，在道路上行驶的车辆中，特别是随着货车的大型化和小客车的微型化，其种类、车重、碰撞速度、碰撞角度变化很大，而护栏只能按一定的规格设计，因此，更加剧了对护栏功能要求的矛盾。护栏设计中的要点，可以说就在于找出这两者间矛盾的调和点。

护栏设计条件(或称碰撞条件)的确定主要考虑标准车型、车辆质量、碰撞速度、碰撞角度、道路条件、交通特性、事故成本和国家经济发展水平等因素。这些因素的确定大多采用收集以前大量的事故资料进行分析而获得。各国又都根据自己的道路交通条件和事故成本经济性等具体情况，对护栏的设计条件有不同考虑。如日本考虑到国土狭小、大部分建筑物距离道路很近、大型货车占60%以上、经济承受能力强等特点，其设计条件的确定是以大型车辆失控后不越出路外，不发生二次事故为主导思想；而欧美国家国土辽阔、路侧和中央分隔带有足够的富余宽度、边坡平缓、小汽车占85%~93%、事故成本高，所以其设计主导思想是在第一次碰撞中尽量减少乘员的伤害。为使护栏设计条件与我国道路上碰撞事故实际情况相符，新规范编写组从2000年4月开始，利用1年的时间在我国16个省(自治区、直辖市)33条共7000多千米的公路上进行调研，获取了近千个碰撞事故的有效数据，勘查了400多个碰撞事故现场，对调查数据进行了统计分析，并在此基础上确定了我国护栏的设计条件。

我国在确定护栏条件时，主要考虑以下几方面因素：

1)道路条件

我国公路的几何线形设计，按JTGB 01—2003《公路工程技术标准》中对高等级公路的主要技术指标衡量，与发达国家的公路技术标准相差不多。但由于我国的高等级公路起步较晚，经验较少，因此在具体的线形设计中难免有处理不当的地方。另外，在一些设计参数的取值方面也有我国的特点。由于我国人口众多，土地宝贵，公路边坡偏陡，尤其在高速公路沿线，村镇密集，下穿通道很多，通道多就意味着要抬高路堤高度，相应地增加了路侧的危险性。除了路堤高度比较高，边坡比较陡以外，中央分隔带、路缘带、路肩等的宽度，与国外标准相比也偏向下限。

2)车辆的质量

除上述我国公路本身的特点外，我国公路上行驶的车辆亦有其特点。从高速公路和国家干线公路交通量统计分析结果可以看出，80%左右的车辆是10t以下的中型车辆(包含小型车)，根据设计标准车型应能代表85%以上道路上行驶的车辆群体的原则，同时考虑到未来车辆的发展趋势，即小汽车的微型化和大货车的重型化，考虑与旧规范的延续性，仍选用10t的中型车辆作为碰撞条件之一。大型车辆的碰撞条件分别选择14t的大货车(延续旧标准)和18t的大客车，确保特大桥和路侧特别危险路段的护栏能防止大客车越出，减少重大恶性交通事故发生。大货(客)车碰撞试验着重验证护栏应有不被冲破的强度。

3)车辆的碰撞角度

碰撞角是车辆冲击方向与护栏纵面所成的夹角。它与道路等级、车辆的种类、行驶速度和车辆在车道上的位置有关。国外主要通过事故现场调查或野外观测获得车辆越出路外的角度来确定，一般情况下，规定货车的碰撞角为15°，小汽车碰撞角为

20°~25°（法国规定小汽车的碰撞角为20°~30°）。我国调查数据的碰撞角度的累计分布曲线如图3-4所示，平均碰撞角度为15.3°，有44%样本的碰撞角度大于15°，有26%样本的碰撞角度大于20°。假定样本符合正态分布，利用样本数据估计总体的分布参数，在此基础上得到85%碰撞角度的计算值$\theta_{85\%}$为21.8%。由此，规定我国护栏的碰撞角度为20°。

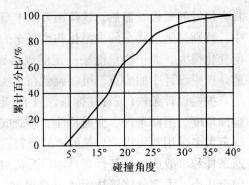

图3-4　碰撞角度的累计分布曲线

4) 碰撞速度

日本出版物《护栏设置标准·同解说》（1998和2004年版）对碰撞速度取值的说明为"车辆的碰撞速度主要取决于运行速度，另外碰撞时驾驶人采取的制动措施、制动距离和路面状况也会影响车辆的碰撞速度，取运行速度的0.8倍作为碰撞速度。"参考此原则，结合我国不同设计速度公路上的碰撞速度调查结果，确定了我国公路护栏碰撞速度的取值标准，见表3-3所列。

表 3-3　我国公路设计速度与碰撞速度　　　　　　　　　　km/h

公路等级	高速公路、一级公路				二、三、四级公路
设计速度	120	100	80	60	80、60、40、30、20
碰撞速度计算值	96	80	64	48	—
碰撞速度规定值	100	80	60		40

5) 碰撞加、减速度

国外交通事故研究结果表明，在碰撞事故中造成乘客伤害的主要原因是车辆获得的加、减速度，且伤害程度与加、减速度的大小成正比。为保护乘客免受伤害或减轻伤害程度，车辆冲撞护栏后不应产生过大的加、减速度，这就要求护栏的刚度不能过大，护栏的刚柔程度就是以车辆碰撞护栏时产生的加、减速度的大小来衡量。根据我国具体的道路条件及交通管制状况，设计护栏时，以小客车作为发生碰撞时乘员承受加、减速度值评价，车辆的加、减速度控制在200m/s²以下。

6) 防撞等级

护栏最基本的功能是阻止车辆越出路外或闯入对向车道，因此它应具有相当大的力学强度来抵抗车辆的冲撞。衡量护栏防撞性能的重要指标是防撞等级，防撞等级表示护栏阻挡车辆碰撞的能力，它是衡量护栏防撞性能的重要指标，用车辆的碰撞能量表示：

$$E = \frac{1}{2}m(u\sin\theta)^2 \tag{3-3}$$

式中：E 为碰撞动能，J；m 为碰撞车辆的质量，kg；u 为车辆的碰撞速度，m/s；θ 为车辆的碰撞角，°。

对于桥梁护栏，一般定义 E 与防撞等级（PL）的关系如下：

PL_1：$0 < E < 60kJ$；

PL_2：$60kJ < E < 140kJ$；

PL_3：$140kJ < E < 240kJ$。

公路路侧护栏防撞等级，可分为 B、A、SB、SA、SS 5 个级别；公路中央分隔带护栏可分为 Am、SBm、SAm 3 个级别。B、A（Am）、SB（SBm）、SA（SAm）、SS 级护栏能承受的碰撞能量依次增大，防撞等级高则适用于危险性较大需加强防护的路段。各等级护栏的防撞等级及其性能见表 3-4 所列。

表 3-4　护栏的防撞等级与碰撞条件

防撞等级	碰撞条件				
	车辆碰撞速度 /（km/h）	车辆的质量/t	碰撞角度/°	碰撞加速度 /（m/s²）	碰撞能量/kJ
B	100	1.5		≤200	70
	40	10			
A（Am）	100	1.5		≤200	160
	60	10			
SB（SBm）	100	1.5	20	≤200	280
	80	10			
SA（SAm）	100	1.5		≤200	400
	80	14			
SS	100	1.5		≤200	520
	80	18			

7）设计荷载

桥梁护栏在结构设计时，对其受力构件应进行强度计算和检验。设计荷载包括车辆的碰撞力、风载、人群荷载及护栏的结构重力等。一般情况下，主要受力构件在进行强度计算时，仅考虑车辆的碰撞力，不考虑风载和人群荷载；而辅助构件其强度计算则仅考虑风载和人群荷载，而不考虑车辆碰撞力的作用。

（1）碰撞力及其分布　作用于桥梁护栏上的碰撞荷载，其大小和作用点分布可按表 3-5 和图 3-5 的规定来确定。

表 3-5　桥梁护栏碰撞荷载

防撞等级		B	A（Am）	SB（SBm）	SA（SAm）	SS
碰撞力/kN	$Z = 0m$	95	210	365	430	520
	$Z = 0.3 \sim 0.6m$	75~60	170~140	295~250	360~310	435~375

注：Z 为桥梁护栏的容许变形量。

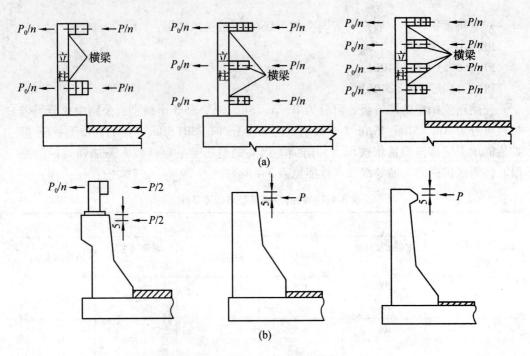

图3-5 桥梁护栏受力分布图(单位：cm)

(a)梁柱式桥梁护栏   (b)钢筋混凝土墙式桥梁护栏

梁柱式桥梁护栏横梁的设计弯矩 M_0 为

$$M_0 = \left(\frac{1}{6}PL\right)/n \qquad\qquad (3\text{-}4)$$

式中：M_0 为每根横梁跨中处的弯矩，$kN \cdot m$；P 为桥梁护栏承受的碰撞力，kN；L 为横梁的跨径，m；n 为横梁的数量，一般不超过3根。

立柱的设计荷载 P_0 为

$$P_0 = \frac{1}{4}P \qquad\qquad (3\text{-}5)$$

式中：P_0 为立柱的设计荷载，kN。

作用于钢筋混凝土墙式桥梁护栏上的车辆碰撞荷载简化为分布荷载，其相关规定见表3-6。

表3-6 钢筋混凝土墙式护栏所受碰撞荷载的分布

防撞等级	A(Am)	SB(SBm)	SA(SAm)	SS
碰撞荷载标准值/(kN/m)	53	91	86	104
荷载分布长度/m	4	4	5	5
力的作用点	距护栏顶面5cm			

(2)风载、人群荷载及护栏的结构重力   作用在桥梁护栏上的风载、人群荷载及桥梁护栏的结构重力等荷载，可按现行 JTG D60—2004《公路桥涵设计通用规范》的有

关规定确定。车辆碰撞荷载、风载、人群荷载应分别进行荷载验算，而不必进行荷载组合。

3.1.4　护栏设计的碰撞力学分析

3.1.4.1　基本假设

车辆碰撞护栏是一个十分复杂的过程，到目前为止还没有精确的方法来描述。车辆碰撞护栏常用的力学计算图示见图3-6，车辆斜向冲击护栏后，在护栏的作用下不断改变方向，最后平行于护栏并停止了横向运动。

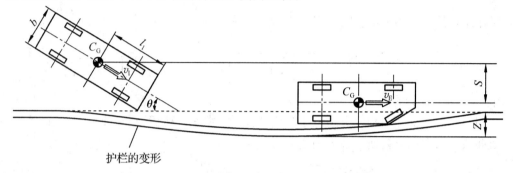

护栏的变形

图3-6　车辆碰撞护栏的力学计算图示

S. 车辆重心的横向位移，m；l_1. 车辆重心距前保险杠的距离，m；θ. 车辆的碰撞角，°；b. 车辆的宽度，m；v_1. 车辆的碰撞速度，m/s；v_E. 车辆碰撞后的速度，m/s；C_G. 车辆重心位置；Z. 护栏的横向变形，m，对混凝土护栏 $Z=0$，金属制护栏 $Z=0.3\sim0.6$m

（1）从车辆碰撞护栏起到车辆改变方向平行于护栏停止，车辆的纵向和横向加速度不变。

（2）车辆的竖向加速度和转动加速度忽略不计。

（3）车辆改变方向平行于护栏时车辆的横向速度分量为零。

（4）车辆改变方向时不发生绊阻。

（5）车辆碰撞护栏期间容许车辆发生变形，但车辆的重心位置不变。

（6）车辆运动近似为质点运动。

（7）刚性护栏的变形量为0，柔性护栏的变形量为 Z。

（8）车辆与护栏、车轮与道路间的摩擦力均忽略不计。

（9）护栏是连续设置的。

3.1.4.2　护栏的碰撞力学计算

从碰撞开始到终止，车辆重心的横向位移 S 为

$$S = l_1\sin\theta - \frac{b}{2}(1 - \cos\theta) + Z \tag{3-6}$$

因

$$\text{横向平均速度} = \frac{1}{2}(u_1 \sin \theta + 0) \tag{3-7}$$

故车辆横向位移 S 所需的时间（单位 s）为

$$t = \frac{S}{\text{横向平均速度}} = \frac{2\left[l_1 \sin \theta - \dfrac{b}{2}(1 - \cos \theta) + Z\right]}{u_1 \sin \theta} \tag{3-8}$$

车辆横向平均加速度 $a_\text{横}$ 为

$$a_\text{横} = \frac{u_1 \sin \theta - 0}{t} = \frac{u_1^2 \sin^2 \theta}{2\left[l_1 \sin \theta - \dfrac{b}{2}(1 - \cos \theta) + Z\right]} \tag{3-9}$$

车辆作用在护栏上的平均横向力 $F_\text{横}$（单位 kN）为

$$F_\text{横} = ma_\text{横} = \frac{mu_1^2 \sin^2 \theta}{2000\left[l_1 \sin \theta - \dfrac{b}{2}(1 - \cos \theta) + Z\right]} \tag{3-10}$$

式中：m 为车辆质量，kg。

假设车辆和护栏的刚度可理想化为线性弹簧，那么，碰撞力与时间的关系曲线是正弦曲线。所以，车辆横向最大加速度为

$$a_\text{横} = \frac{\pi}{2} a_\text{横} = \frac{\pi}{2} \cdot \frac{v_1^2 \sin^2 \theta}{2\left[l_1 \sin \theta - \dfrac{b}{2}(1 - \cos \theta) + Z\right]} \tag{3-11}$$

车辆作业在护栏上的最大横向力为

$$F_\text{横max} = ma_\text{横max} = \frac{\pi}{2} \cdot \frac{mu_1^2 \sin^2 \theta}{2000\left[l_1 \sin \theta - \dfrac{b}{2}(1 - \cos \theta) + Z\right]} \tag{3-12}$$

车辆横向作用于护栏上的碰撞能量（单位 J）为

$$E = 9810 \frac{W}{2g} u_1^2 \sin^2 \theta \tag{3-13}$$

式中：W 为车辆质量，t；g 为自由落体加速度。

在最大横向力作用下，车辆不会冲过护栏翻倒的稳定条件为

$$F_\text{横max}(h_1 - h_0) = \frac{W}{g} a_\text{横max} \leqslant \frac{b}{2} W \tag{3-14}$$

即

$$a_\text{横max} \leqslant \frac{bg}{2(h_1 - h_0)} \tag{3-15}$$

式中：h_1 为车辆重心高度，m；h_0 为护栏与车辆接触点高度，m。

3.1.5 护栏设计防撞等级的选择

各等级护栏的主要技术指标应满足表 3-4 的规定。在综合分析道路线形、设计速度、运行速度、交通量和车辆构成等因素的基础上，按表 3-7 的规定适用条件选择护栏防撞等级。对于需要采用的护栏碰撞能量低于 70kJ 或高于 520kJ 时，应进行特殊设计。

表 3-7　护栏防撞等级适用条件

公路等级	设计速度 /(km/h)	事故等级		
		一般事故 或重大事故	单车特大事故或 二次重大事故	二次特大事故
高速公路	120	A、Am	SB、SBm	SS
	100、80			SA、SAm
一级公路	100、80			
	60		A、Am	
二级公路	80、60	B	A	SB、SBm
三级公路	40、30		B	SB
四级公路	20			A

3.1.6　护栏主要参数确定

3.1.6.1　一般护栏高度

目前世界上生产的汽车各种各样，从大吨位的重型汽车到很小的微型汽车，其质量相差非常悬殊，车辆外形变化很大。现代的轿车有向微型化发展的趋势，而货运车辆吨位越来越大，有向大型和重型化发展的趋势。当在失控车辆与护栏发生碰撞时，希望护栏能作用于车辆的有效部位，既不致使车辆越出护栏，也不致使车辆钻入护栏横梁的下面。比较理想的情况应该是通过护栏的整体作用迫使车辆逐步转向，一直回复到正常的行驶方向，这就要求很好研究确定护栏的合理安装高度。

根据美国的经验(表 3-8)，防止车辆钻撞和越出护栏的高度是：

缆索护栏——从地面到最上一根缆索顶的高度 950mm；

箱梁护栏——从地面到箱梁顶的高度 700mm；

波形梁护栏——从地面到横梁顶的高度 755mm。

表 3-8　护栏从地面到横梁顶的高度(美国标准)　　in(mm)

护栏类型		正应用的和建议的护栏高度标准				
		纽约州 1982 标准	AASHTO 1977 标准	AASHTO 1977 标准(最小)	纽约州 推荐标准	纽约州 推荐标准(最小)
路侧护栏	缆索	30(762)	30(762)	27(686)	27(686)	24(610)
	横梁	33(838)	30(762)	27(686)	30(762)	27(686)
	箱梁	30(762)	27(686)	24(610)	27(686)	24(610)
中央带护栏	波形梁	33(838)	33(838)	27(686)	30(762)	27(686)
	箱梁	30(762)	30(762)	27(686)	27(686)	24(610)

注：AASHTO 为美国各州公路与运输工作者协会(American Association of State Highway and Transportation Officials)。

上述护栏高度，几乎可以适应所有乘用车，以及大部分轻型货车、箱式货车、多用途车。

部分国家规定的护栏横梁顶高度见表 3-9 所列。我国采用波形梁护栏，从地面到横梁顶的高度为 755mm。

表 3-9　部分国家规定的护栏横梁顶高度　　　　　　　　　　　　　　　　mm

国　　家	从地面到横梁顶的高度	国　　家	从地面到横梁顶的高度
荷　兰	750	瑞　士	750
法　国	600～750	匈牙利	750
德　国	750	前苏联	750
英　国	760	—	—

3.1.6.2　桥梁护栏高度

桥梁护栏不仅要有足够的高度阻挡车辆越过，而且应阻止车辆向护栏方向倾翻或下穿。根据车辆与护栏碰撞试验分析和野外调查统计，护栏的抗力通常不是位于护栏的最顶面，而是在略低处，即护栏的有效高度，桥梁护栏的有效高度定为护栏抗力距桥面的高度。因此，在考虑护栏高度对车辆倾翻的影响时，护栏的有效高度比护栏总高度更为重要。从车辆碰撞护栏事故中发现，很多护栏被车辆突破翻越，不是护栏强度不足，而是护栏的有效高度不够。从桥梁护栏的高度应同时适应小汽车和卡车的碰撞条件出发，各国对桥梁护栏有效高度的规定是相近的。美国护栏的有效高度见表3-10 和表 3-11 所列。

表 3-10　防撞等级与有效高度的关系

防撞等级	PL_1	PL_2	PL_3
有效高度/m	< 0.68	0.68～0.86	> 0.86

表 3-11　阻止车辆倾翻所要求的护栏有效高度

车　　型	碰撞条件	最小有效高度/cm
817～2043kg 小汽车	$v = 96$km/h，$\theta = 25°$	61.0
9080kg 轿车	$v = 96$km/h，$\theta = 15°$	86.3
14 530kg 公共汽车	$v = 96$km/h，$\theta = 15°$	76.2

桥梁护栏除满足车辆碰撞的强度要求外，还应给道路使用者以心理安全感。根据我国长期以来桥梁栏杆的使用经验，当桥面高出地面或水面 3m 以上时，栏杆扶手顶面应高于人体重心，人体重心的高度相当于身高的 2/3～3/5，如以平均身高 1.7m计，重心高为 1.0～1.1m，所以，一般栏杆高度以不低于 1.0m 为宜。驾驶人坐在驾驶室，同样有高空恐惧感。

在桥梁护栏兼用作行人栏杆，需要增加桥梁护栏的总高度时，方法有：采用三横梁式桥梁护栏；在桥梁护栏顶面增加纵向非有效构件。

桥梁护栏的高度要适应桥面净空的要求，如天津市部分桥梁栏杆的设计标准是：桥宽在 10m 以下时，栏杆高度在 1.0m 以下；桥宽在 10～30m 时，栏杆高度在 1.2m 左右。

3.1.6.3　护栏最小长度

护栏依靠其连续梁的结构发挥整体作用方能起到防护功能，如果护栏设置长度较短，不但影响美观，而且不能发挥护栏的导向功能，增加碰撞的危险性。因此，必须对护栏最小长度进行检验，即要满足结构上所需要的最短长度。同时，对于为保护路侧危险物而设置的护栏，其最小长度应不使汽车冲出护栏。

护栏的最短长度 L_1 主要取决于碰撞能量。碰撞能量的大小与车速有关，不同设计行车速度对护栏最小结构长度的要求如下：

（1）当设计行车速度 $u<70$km/h 时，其长度≥28m。

（2）当 $u<100$km/h 时，其长度≥48m。

（3）当 $u>100$km/h 时，其长度≥60m。

我国 JTG D81—2006《公路交通安全设施设计规范》规定，路侧护栏的最小设置长度不宜小于70m。

在车道上行驶的车辆发生偏离冲出护栏，并在缺口区域首先碰撞到危险物上或是在护栏的地锚端部处越出护栏碰撞危险物，上述情况发生时，可根据道路、自然环境条件采取必要的措施，如使护栏与危险物之间有充分的距离，或者把护栏的长度扩大到 L_2，参见表3-12。

表 3-12　防止车辆碰撞路段危险物的最短长度 L_2

危险特征	距离 a, b/m	长度 L_2/m	
		高速公路	其他公路
从端部滑出护栏	$a≤2$	140	100
	$2<b≤4$	84	64
冲出护栏	$4<b≤6$	92	72
	$b>6$	100	80

3.1.7　护栏形式的选择

1）路基护栏形式的选择

护栏的形式多种多样，每种护栏都有其本身的特点和适用条件。在选择护栏形式时，应针对每条道路的具体情况，充分考虑护栏的性能、受碰撞后的变形量、所在位置的现场条件、材料的通用性、气象条件、经济性、安全可靠、美观大方等。

(1)护栏的性能选择　在选择护栏的形式时，首先应充分注意到各种护栏的性能。波形梁护栏具有一定的刚性和韧性，当车辆冲撞后塑性变形较大，损坏处容易更换，具有较好的视线诱导功能，能很好地与道路线形相协调，外形美观；管梁护栏具有美观的外形，能很好地与道路线形相协调，适用于积雪地区，缺点是接头处施工麻烦；箱梁护栏具有美观的外形，适用于窄的中央分隔带和积雪地区，小半径曲线路段不能使用；缆索护栏具有最美观的外形，缆索在弹性范围内工作，可以重复使用，容易修复，适用于积雪地区，支柱间距比较灵活，受不均匀沉陷的影响较小，但缆索护栏施工复杂，端部立柱损坏后修理困难，不适合在小半径曲线路段使用，视线诱导性差，架设长度较短时不经济；混凝土墙式护栏防止车辆越出路外的效果好，适用于窄的中央分隔带，由于几乎不变形，维修费用很低，但在车辆与护栏的碰撞角度较大时，对车辆和乘员的损害大，安全性和舒适性较差，行驶时有较强的压迫感。因此，只有对各种护栏性能充分了解后，才有可能做出更符合实际的选择。

(2)变形量　护栏的变形量不应超过容许的变形距离；柔性护栏的变形量最大，刚性护栏的变形量最小，半刚性护栏的变形量居中；如果护栏与被保护物体间距较大，则可选择对车辆和司乘人员产生冲击力最小的方案；若障碍物正好邻近护栏，则只能选择半刚性或刚性护栏。大多数护栏可通过增加立柱或增加板的强度来提高整体强度；宽度小于4.5m的中央分隔带不宜设置柔性护栏。

(3)现场条件　在边坡上设置护栏时，若边坡坡度为1:10，应采用柔性或半刚性护栏；若边坡坡度陡于1:6，则任何护栏均不应在边坡上设置；若土路肩较窄，则立柱所受土压力减少，需要增加立柱埋深、缩短立柱间距或在土中增加钢板。

(4)通用性　护栏的形式及其端头处理、与其他形式护栏的过渡处理应尽量标准化，中央分隔带护栏形式还应考虑与其他设施(如灯柱、标志立柱和桥墩等)的协调性；当标准护栏不能满足现场要求时，才需要考虑非标准或特殊护栏的设计。

(5)护栏的安全性选择　设置护栏的最终目的是希望通过护栏的保护作用来减轻事故的严重度。特别在车辆越出路外可能引起严重事故的区段，如：同铁路、重要公路相交或平行的部分，靠近居民房屋的区段，高度大于10m的桥梁与填方区段等，要根据设计条件，选择能经受超负荷冲撞的护栏形式。

(6)护栏的美感及其对驾驶人的心理影响　护栏的美感是和道路的景观设计联系在一起的，护栏的存在，应该使道路使用者增加舒适感和安全感，还应照顾到行驶中驾驶人的视觉和心理反应，能在视觉上自然地诱导驾驶人的视线，保持公路线形的连续性。对一些会使道路使用者产生恐惧心理的危险路段，在选择护栏形式时，宜采用遮挡视线的梁式护栏、混凝土护栏。

(7)结合气象条件的选择　在降雪或冰冻地区，主要考虑护栏对挡风积雪的影响；在多雾地区，设置结构连续性好、比较醒目的护栏为好；在多雨地区，护栏的设置应不影响路面排水。

(8)经济性　从建设费用与承担能力考虑，应切合实际地选择护栏形式。

在确定最终设计方案时，考虑最多的可能是各种方案的初期建设成本和将来的养护成本；一般而言，护栏的初期建设成本会随着防撞等级的增加而增加，但养护成本会减少；相反，初期建设成本低，则随后的养护成本会大大增加。发生事故后，柔性和半刚性护栏比刚性和高强度护栏需要更多的养护费用；交通量大、事故频发的路段，事故养护成本成为必须考虑的因素。

每种护栏有其本身的特点和适用条件，各种护栏的适用地点见表3-13所列。从表中可以看出，缆索护栏最为适合的地方是有不均匀下沉的路段、有积雪的路段、有美观要求的路段和长直线路段。波形梁护栏可以满足七种场所的使用需要，从总体看，波形梁护栏有很大的适用性。从国外公路上实际应用的护栏形式来看，波形梁护栏和缆索护栏占绝对优势，美国和日本缆索护栏所占比重较大，西欧国家以波形梁护栏为主，混凝土护栏所占比重很小。从我国高速公路上使用护栏的情况看，波形梁护栏占绝对优势。

表3-13 各种护栏适用的地点

护栏形式	小半径弯道	需要视线诱导的地方	要求美观的地方	冬天积雪处	窄中央分隔带	估计有不均匀沉降的路段	需要耐腐蚀的地方	长直线路段
波形梁护栏	☆	☆	○	○	○		○	○
管梁护栏	○		○	○			○	○
箱梁护栏			○	○	☆		○	○
缆索护栏			☆	☆		☆	○	☆
混凝土护栏		○					☆	○

注：☆为最好的护栏形式；○为一般适用的护栏形式。

2）桥梁护栏的形式选择

桥梁护栏的形式选择包括防撞等级和构造形式的选择。在选择桥梁护栏时，首先应确定其防撞等级，然后才进行构造形式选择。

（1）当桥梁不设人行道时：

①符合下列条件的特大桥梁，可选择防撞等级为 PL_3 桥梁护栏：

a. 高速公路、一级公路跨越繁忙的铁路干线、通航河道，车辆越出桥外会发生严重的二次事故时；

b. 高速公路、一级公路跨越另一条高速公路或人口集中的大片居住区时；

c. 二、三级公路跨越高速公路或一级公路，车辆越出桥外会发生严重的二次事故时。

②符合下列条件的桥梁应选择防撞等级为 PL_2 桥梁护栏：

a. 高速公路、一级公路上的桥梁；

b. 二、三级公路跨越高速公路或一级公路，车辆越出桥外会发生严重的二次事故，造成重大的损失时。

（2）当桥梁设置人行道时：

①符合下列条件的桥梁，在人行道与行车道分界处应设置 PL_2 级的桥梁护栏或 S 级的波形梁护栏，在人行道的外侧边缘还应设置 PL_1 级的桥梁护栏：

　　a. 车辆越出高速公路、一级公路有可能发生二次事故时；

　　b. 高速公路、一级公路跨越江、河、湖、海（桥梁多孔跨径总长≥100m）时。

②符合下列条件的桥梁，在人行道与车道分界处应设置 PL_2 级桥梁护栏、S 级的波形梁护栏或混凝土护栏，在人行道的外侧边缘可设置桥梁栏杆或 PL_1 级桥梁护栏：

　　a. 高速公路、一级公路上的桥梁；

　　b. 二、三级公路跨越高速公路或一级公路，车辆越出桥外会发生严重的二次事故，造成重大的损失，经过论证，认为必须采取特别安全保护措施的桥梁；

　　c. 当桥梁的中央分隔带宽度与路基段的中央分隔带同宽时，桥梁上的中央分隔带护栏可选择 S_m 级的波形梁护栏、A_m 级混凝土护栏或 PL_2 级桥梁护栏；当上下行方向建造分离式桥梁，其中央分隔带宽度大于路基段的中央分隔带宽度时，应根据本条前述的要求选择桥梁护栏的形式。

（3）桥梁护栏的形式选择除必须满足防撞等级的要求外，还应考虑以下条件：

①当桥梁护栏的美观要求高，需要和周围景观协调配合时，宜采用梁柱式或组合式桥梁护栏；

②桥梁跨越大片水域（特大桥），桥下净空较高（一般大于等于 10m），宜采用组合式或钢筋混凝土墙式护栏；

③钢桥必须采用金属制（钢、铝合金）桥梁护栏；

④积雪严重的地区，宜采用梁柱式或组合式桥梁护栏；

⑤为减少桥梁自重和减轻车辆碰撞荷载对桥面板的作用，宜采用金属梁柱式护栏；

⑥全线的大、中桥梁，尽可能选用同一构造形式的桥梁护栏。

3.1.8　护栏的设置原则

护栏作为公路上的基本安全设施，对公路上的交通安全起着积极的作用，但同时，护栏本身也是一种障碍物，他的设置也是有条件的，通常是以设置护栏和不用设置护栏保护的相对危险性比较后做出判断的。只有正确的设计，才能实现护栏的功能和目标。

3.1.8.1　路侧护栏的设置原则

公路危险路段的两侧通过设置护栏来获得保护。路侧护栏主要分为路堤护栏和障碍物护栏两种。影响设置路堤护栏的主要因素是路堤高度和边坡坡度，一般根据越出路堤事故的严重度指数，画出路堤高度、坡度与设置护栏的关系图，以此作为设置路堤护栏的依据。路边障碍物护栏的设置依据是障碍物的特征和路侧安全净区能否得到满足。

（1）我国公路凡符合下列情况之一，车辆驶出路外有可能造成特大事故的路段必须设置路侧护栏：

①道路边坡坡度和路堤高度在图 3-7 所示的Ⅰ区方格阴影范围之内的路段。

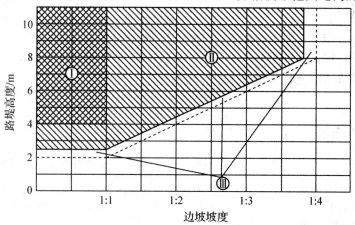

图 3-7　边坡、路堤高度与设置护栏的关系

②与铁路、公路相交，车辆有可能跌落到相交铁路或其他公路上的路段。

③高速公路或汽车专用一级公路在距路基坡脚 1.0m 范围内有江、河、湖、海、沼泽等水域，车辆掉入会有极大危险的路段。

④高速公路互通式立体交叉进、出口匝道的三角地带及匝道的小半径弯道外侧。

（2）凡符合下列情况之一，车辆驶出路外有可能造成重大事故的路段应设置路侧护栏：

①道路边坡坡度和路堤高度在图 3-7 的Ⅱ区斜线阴影范围之内的路段。

②高速公路或汽车专用一级公路在距土路肩边缘 1.0m 范围内，有门架结构、紧急电话、上跨桥的桥墩或桥台等构造物时。

③与铁路、公路平行，车辆有可能闯入相邻铁路或其他公路的路段。

④路基宽度发生变化的渐变段。

⑤曲线半径小于最小半径的路段。

⑥服务区、停车区或公共汽车停靠站处的变速车道区段，交通分、合流的三角地带所包括区段。

⑦大、中、小桥两端或高架构造物两端与路基连接部分。

⑧导流岛、分隔岛处认为需要设置护栏的地方。

（3）凡符合下列情况之一，车辆驶出路外有可能造成一般或重大事故的路段宜设置路侧护栏：

①二级及以上等级公路边坡坡度和路堤高度在图 3-7 的Ⅲ区范围内的路段。

②高速公路或一级公路在距土路肩边缘 1.0m 范围内存在下列危险或等障碍物时：

a. 粗糙的石方开挖断面、高出路面 30cm 以上的混凝土基础、挡土墙或大孤石等；

b. 重要标志柱、信号灯柱、可变标志柱和照明柱、路堑支撑壁、隔音墙等设施。

③道路纵坡大于 4% 的下坡路段。

④路面结冰、积雪严重的路段。

⑤多雾地区。

⑥隧道入口附近及隧道内需保障养护人员安全的路段。

⑦路侧护栏的最小设置长度为 70m，两段护栏之间相距小于 100m 时，宜在该两路段之间连续设置。夹在两填方路段之间长度小于 100m 的挖方路段，应和两端填方路段的护栏相连续。

3.1.8.2　中央分隔带护栏的设置原则

(1)高速公路、汽车专用一级公路均应设置中央分隔带护栏，当中央分隔带宽度大于 10m 时，可不设护栏。

(2)在路基采用分离式断面时，靠中央分隔带一侧按路侧设置护栏，上、下行路基高差大于 2m 时，可只在路基较高一侧设置。

(3)高速公路、汽车专用一级公路中央分隔带开口处，原则上应设置活动护栏。

3.1.8.3　桥梁护栏的设置原则

(1)高速公路桥梁的外侧和中央分隔带必须设置桥梁护栏。

(2)干线公路上一级、二级公路的桥梁必须设置路侧和中央分隔带护栏。

(3)集散公路上一级、二级公路的桥梁应设置路侧，宜中央分隔带护栏。

(4)跨越深谷、深沟、江河湖泊的三、四级公路桥梁应设置路侧护栏，其他路段经综合论证，可不设置护栏的桥梁应设置视线诱导设施或人行栏杆。

3.2　防眩设施设计

为了满足运输的需求，夜间行车成为缓解运输压力和提高运输效率的主要方式之一，但夜间行车通常易受到对向车辆前照灯的眩光。由于眩光使驾驶人获取的视觉信息质量明显降低，造成视觉机能的损伤和心理的不舒适感，易使驾驶人产生紧张和疲劳，使夜间行车环境更加恶化，是发生交通事故的潜在因素。这就需要良好的夜间道路设施与之匹配，防眩设施是其中一个很重要的部分。防眩设施是设置在高速公路中央分隔带、桥涵及未植树路段上的有一定外形的遮挡物，其功能是防止高速公路夜间双向会车时车灯强光相互照射而导致车辆驾驶人瞬间失明以致发生交通事故。

3.2.1　眩光

眩光是指在视野范围内，由于亮度的分布或范围不适宜，在空间或时间上存在极端的亮度对比，导致驾驶人的视觉机能或视距降低的现象。

在道路交通中，产生眩光的光源主要有对向来车的前照灯、太阳光、道路照明光源、广告或标志照明、路面反光镜或其他物体表面的反射光。对太阳光，可在驾驶人座位前安装可折叠的遮阳板，在早晨或傍晚正向太阳方向行驶时将其打开，或者配戴太阳镜；对道路照明光源，可采用截光型或半截光型的灯具来调整光源光线的分布，以减小眩光影响；对广告或标志照明，可采用发光表面柔和的低压荧光灯、外部投光照明或内部照明；而对于对向车辆前照灯带来的眩光影响，就需要设置专门的防眩设施。

3.2.1.1　眩光的分类

眩光按其视觉效应可分为失能眩光和不舒适眩光。前者造成视觉功能方面可度量的损失，它可通过改变眩光条件，根据目标视距的减少量来测定；后者造成舒适程度的降低，但不会损害视觉，目前还没有公认的定量值。失能眩光又称生理性眩光，不舒适眩光又称心理性眩光，它们的影响不同，但无严格的界限。随着亮度由低向高的变化，驾驶人首先有不舒适感，但还不至于影响视觉功能，此时即产生了心理眩光。随着光线亮度的进一步增强，不舒适感趋于严重并伴有视觉功能下降，此时既有心理眩光又有失能眩光；再增加亮度，视觉功能受到严重影响，再提高亮度，严重影响视觉功能，甚至视觉作业无法进行，直至暂时失明——强光盲，这时完全成为失能眩光。汽车在夜间行驶时，驾驶人多数是受到对向来车间断性前照灯强光的直射，出现生理性眩光，又称危害性眩光。

人眼睛对眩光感觉的强弱与下列因素有关：

（1）光源的强度。

（2）光源表面积的大小。

（3）光源的背景亮度。

（4）光源与视线的相对位置。

（5）视野内光束发散度的分布。

（6）眼睛部分受到的照度。

（7）眼睛的适应性。

3.2.1.2　眩光对驾驶人的影响

分析驾驶人对行车环境的感觉表明，从道路景观中获得视觉信息对驾驶人来说是相当重要的。驾驶人在行车中要达到安全、快速、舒适的目的就必须清楚地观察到道路前方一定距离内的情况，获得道路前方线形走向等对安全行驶有用的信息。但在夜间行驶时，视觉环境改变了，驾驶人的视野比白天狭窄，加之眩光干扰，使驾驶人在夜间获得视觉信息的质量显著地降低，行车比白天更困难和更危险。具体表现为：

（1）根据心理研究的成果，驾驶人发现目标经理解、判断，到采取行动，需 $1.7 \sim 2.4\mathrm{s}$，因此最少要看到前方 $80\mathrm{m}$ 路况。在无眩光的情况下，普通车辆的远光灯照射距离都在 $150 \sim 200\mathrm{m}$，有的甚至达 $350\mathrm{m}$，可以保证车辆的安全行驶。然而驾驶人遇到强光直射时，常将头转向一边，避开强光，使视线与强光束之间的夹角增大，以减弱眩光的影响。

（2）通过观察驾驶人在会车时车辆在车道上的横向位置表明，在距会车点大约 $250\mathrm{m}$ 处，大部分驾驶人有一种朝对向车辆方向行驶的趋势，随着距离减小，操纵偏离有明显的降低，这种现象解释为驾驶人在接近冲突点（目标物、会车）之前"沉着"或"紧张"地操作和侵占别人车道的行为。会车时的眩光还会促使驾驶人意识到前方危险的存在，驾驶人还会有意识的改变横向位置和减速以免与对向车辆碰撞。而在失能眩光的作用下，如果驾驶人不能及时作出上述操作，就有可能导致车辆碰撞或越出路外的事故。实际实验也证明，在夜间会车的过程中，车辆往往会偏离原来正常车道，由于习惯性的转头避光动作和避免碰撞的心理作用，车辆往往会向路侧偏离，如不及时修正操作，车辆就有可能冲出路外，造成严重后果。

（3）由于瞬间的强光直射，将使驾驶人视觉经历一个暗适应过程，眼前"一片漆黑"。发生视力障碍的时间为10s左右，在这期间驾驶人不适应黑暗环境，看不清前方路况，往往冒险行车而可能发生事故。

3.2.2　防眩设施分类

防眩设施按构造可分为3类：防眩板、防眩网、植树防眩。

（1）防眩板　是通过其宽度部分阻挡对向车前照灯的光束。防眩板按其原材料材质性能又可分为金属材料防眩板、塑料防眩板、玻璃纤维增强塑料防眩板等。

（2）防眩网　是通过网格的宽度和厚度阻挡光线穿过，同时将光束分散反射，通过减少光束强度而达到防止对向车前照灯眩目的目的。

（3）植树防眩　是在中央分隔带上最先试验采用的防眩措施，它具有防眩、美化路容、降低噪声和诱导交通等多重功能，分为间距型和密集型。

目前在高速公路上广泛应用的防眩设施结构形式主要是防眩板，其次是植树、防眩网。防眩板是一种经济美观、对风阻挡小、积雪少、对驾驶人心理影响小的比较理想的防眩结构形式。图3-8为一种防眩板的结构示意图。

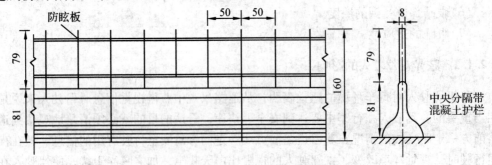

图3-8　设置于混凝土护栏上的防眩板（单位：cm）

3.2.3　防眩设施设计指导思想

1) 防眩设施应按部分遮光原理设计

防眩设施既要有效的遮挡车辆前的照灯眩光，也应使横向通视好，能看到斜前方，以减小对驾驶人的心理影响。因此防眩设施应采用部分遮光原理设计，因为如采用完全遮光原理设计，不仅缩小了驾驶人的视野，对驾驶行车有压迫感，而且影响了巡逻管理车辆对对向车道的通视与监管。另外，无论白天或黑夜，对向车道的交通状况是驾驶行车的重要参照系，其中很重要的一点是驾驶人在夜间能通过对向车前照灯的光线判断两车的纵向距离，使其注意调整行驶状态。国外的试验研究结果表明，相会两车达到某一距离时，眩光会对视距产生较大的影响，但当非常接近（小于50m）时，光线对视距影响不大。通过试验得出防眩设施不需要很大的遮光角就可获得良好的遮光效果。所以，防眩设施不一定要把对向车灯的光线全部遮挡，而采用部分遮光的原理，允许部分车灯光穿过防眩设施，但透光量不应使驾驶人感到不舒适，如图3-9所示。

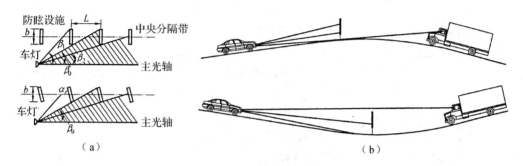

图3-9　防眩板的防眩遮光原理

2）设置防眩设施不应减少公路的停车视距

（1）在曲线半径较小且中央分隔带较窄的弯道上，设置防眩设施可能会影响曲线外侧车道的视距。因此，在设置防眩设施之前应进行停车视距的分析，保证设置防眩设施后不会减小停车视距。对停车视距的影响是随中央分隔带宽度和曲线半径的减小而趋于严重，故对在弯道上设置防眩设施可能引起的视距问题应予以足够的重视。

（2）弯道上设置的防眩设施如果经检验影响了视距，则可考虑降低防眩设施的高度。降低高度后的防眩设施可阻挡对向车前照灯的大部分眩光，且驾驶人能看见本车道前方车流中最后一辆车的顶部，这个高度值一般为1.2m左右。另外也可考虑将防眩设施的设置位置偏向曲线内侧，但此方法对于较小半径的弯道来说，效果并不明显，景观效果也不好，因而主要在较大半径的曲线路段采用。

如采取上述方法仍不能得到较好的防眩效果和景观效果，则不宜在中央分隔带上设置防眩设施。如确需设置，则可采取加宽中央分隔带的方法，使车到边缘至防眩设施之间有足够的余宽，以保证停车视距。

3）防眩设施所用材料不得反光

防眩设施各部件可采用钢材、塑料或其他不易变形的材料加工制作。其表面不允许反光，其颜色应符合GB/T 8416—2003《视觉信号表面色》的规定。

4）防眩设施结构计算可参考交通标志的相关内容

防眩设施在满足构造要求的前提下，一般能抵抗风载的破坏，可不进行力学计算。但在经常遭受台风袭击的沿海地区和常年风力较大、会刮倒树木或破坏道路设施的地区，在设计上应对防眩板及其连接部件或基础进行力学验算，具体计算方法可参考第4章第1节交通标志的内容。

3.2.4　防眩设施设置依据与原则

3.2.4.1　设置依据

防眩设施可防止对向车辆前照灯的眩目，改善夜间行车条件，增大驾驶人的视距，消除驾驶人夜间行车的紧张感，降低事故发生率。防眩设施还可以改善道路景观，诱导驾驶人视线，克服行车的单调感。下列情况可作为考虑设置防眩设施的依据：

(1)夜间相对白天事故发生率较高的路段。

(2)夜间交通量大，特别是货车等大型车混入率较高的路段。

(3)不寻常的夜间事故(尾撞、碰撞路侧结构物或从弯道外侧越出路外)较多的路段。

(4)中央分隔带宽度小于 3m 的路段。

(5)平曲线半径小于一般最小半径的路段。

(6)夜间事故较集中的凹形竖曲线路段。

(7)道路使用者对眩光程度的评价。

3.2.4.2　设置原则

(1)高速公路、一级公路凡符合下列条件之一者，应设置防眩设施。详述如下：

①中央分隔带宽小于 9m 的路段。在道路上两车相会时，驾驶人受眩光影响的程度与两车的横向距离有很大的关系。英国道路交通研究所(TRRL)"在相对两车前照灯对视距的影响"中的研究表明：当两车横距较大($S=15m$)时，视距几乎与纵距无关。

交通部公路科学研究所进行的防眩试验表明，当相会两车横向距离达到 14m 以上时，相会两车灯光不会使驾驶人眩目，这一结果和英国道路交通研究所试验结果一致。

我国 2004 年 5 月 1 日施行的《中华人民共和国道路交通安全法实施条例》规定："在道路同方向划有两条以上机动车道的，左侧为快速车道，右侧为慢速车道。当中央分隔带宽度为 7m 时，加上两条左侧路缘带宽 1.5m，中间带宽度为 8.5m。如相会两车都在快速车道上行驶，其横向间距值为 12.25m($S=8.5+2\times3.75/2=12.25m$)，故当中央分隔带宽度大于 9m 时，一般都能有效地降低眩光对驾驶人行车的影响，或者说眩光对驾驶行为的影响可以不予考虑。"因而，细则规定在中央分隔带宽度 $\geqslant 9m$ 时，可不设置防眩设施。

②夜间交通量较大，服务水平达到二级以上的路段。夜间车流量大，大型车混入率较高的路段，需设置防眩设施。

③圆曲线半径小于一般值的路段。

④凹形竖曲线半径小于一般值的路段。

⑤公路路基横断面为分离式断面，上下车行道高差 $\leqslant 2m$ 时。当公路路基的横断

面为分离式断面，上下车行道不在同一水平面时，理论计算和实际经验表明，若上下车行道的高差≤2m，会车时眩光对驾驶人的影响较大，需要设置防眩设施；在高差大于 2m 时，眩光影响较小，并且在这种情况下，一般都应在较高的车行道旁设置路侧护栏，而护栏(除缆索护栏外)也能起到部分遮光的作用，因而此时可不必设置专门的防眩设施。

⑥与相邻公路或交叉公路有严重眩光影响的路段。

⑦连拱隧道进出口附近。

(2)非控制出入的一级公路平面交叉、中央分隔带开口两侧各 100m(设计速度≥80km/h)或 60m(设计速度 60km/h)范围内可逐渐降低防眩设施的高度，由正常高度降至开口处的高度，否则不宜设置防眩设施。

(3)在无封闭设施的路段是否设置防眩设施、选择什么类型的防眩设施应予慎重考虑。如确需设置，则应选择好防眩设施的形式和高度，即尽量不给人、牲畜随意穿越的可能，又要有利于驾驶人横向通视。

(4)公路沿线有连续照明设施的路段，可不设置防眩设施。在有连续照明设施的路段，车辆夜间一般都以近光灯行驶，会车时眩目影响不大，因此，可考虑不设置防眩设施。

(5)防眩设施连续设置时，应符合下述规定：

①应避免在两端防眩设施中间留有短距离间隙。防眩设施的设置应考虑连续性，避免在两端防眩设施之间留有短距离的间隙，因为这种情况会给毫无思想准备的驾驶人造成很大的潜在眩目危险，易诱发交通事故，而且从人的视觉感受和景观上来说效果也不好。

②各结构段应相互独立，每一结构段的长度不宜大于 12m。防眩板应以一定长度的独立结构段为制造和安装单元，这种结构段的长度一般小于 12m，视采用材料、工艺情况而定。防眩板设置在道路上，免不了要遭受失控车辆的冲撞而损坏。为减轻损坏的严重程度，方便更换维修，设计时应每隔一定距离使前后互相分离，使各段互不相连。这样做既有利于加工制作和运输安装，而且从防止温度应力破坏的角度来说也是必需的。防眩板每一独立段的长度可与护栏的设置间距相协调，选择 4m、6m、8m、12m 或超长一些的都可以。

③结构形式、设置高度、设置位置发生变化时应设置渐变过渡段，过渡段长度以50m 为宜。防眩设施的设置高度原则上应全线统一。不同防眩结构的连接应注意高度的平滑过渡，不要出现突然的高度变化。设置在凹形竖曲线路段的防眩设施，其设置高度应根据竖曲线半径及纵坡情况计算确定，并在一定长度范围(渐变段)内逐步过渡，以符合人的视觉特性。该渐变段的长度与人的视觉特性、结构尺寸和变化幅度和车辆的行驶速度(公路等级)等有关，该渐变段的长度一般大于 50m。但在设计中，应根据具体情况确定合适的渐变段长度。另外，防眩板板条宽度的变化幅度一般都不大，故其渐变段的长度还可小一些。

3.2.5　防眩设施的形式选择

（1）选择防眩设施形式时，应针对公路的平纵线形、气候条件，充分比较各种防眩设施的性能，分析行驶安全感、压迫感、景观要求，并考虑与公路周围环境的协调性，结合经济性、施工条件及养护维修等因素综合确定。

除植树灌木外，在公路上设置的防眩设施有很多形式，总的来说有网格状的防眩网、栅栏式的防眩网、扇面式的防眩扇板、板条式防眩板等。在制造材料方面，有金属、塑料、玻璃钢等。防眩板、防眩网和植树防眩综合性能比较见表3-14所列。根据3种构造物在高速公路或一级公路上的使用效果以及综合评判，认为防眩板的防眩效果最好。防眩板是一种经济、美观、对风阻挡小、积雪少、对驾驶人心理影响小的防眩设施，尤其是适当板宽的防眩板与混凝土护栏配合使用效果更佳。故本书中主要推荐防眩板作为我国公路防眩设施的基本形式。

表3-14　不同防眩设施的综合比较

特　　点	植树（灌木）		防眩板	防眩网
	密集型	间距型		
美　观	好		好	较差
对驾驶人心理影响	小	大	小	较小
对风阻力	大		小	大
积　雪	严重		轻微	严重
自然景观配合	好		好	不好
防眩效果	较好		好	较差
经济性	差	好	好	较差
施工难易	较难		易	难
养护工作量	大		小	小
横向通视	差	较好	好	好
阻止行人穿越	较好	差	较好	好
景观效果	好		好	差

（2）高速公路、一级公路宜采用防眩板和植树两种方式交替设置进行防眩，在进行技术经济论证后，也可采用其他的防眩形式。

就防眩板和植树（灌木）两种形式的具体设置而言，当中央分隔带宽度较小时，应以防眩板为主进行防眩；而在中央分隔带较宽、地形变化较大、需要保护自然景观并且气候条件也较适宜植树时，可采用植树（灌木）防眩。从经济、景观、养护和克服的单调性等方面而言，防眩板和植树相结合是比较理想的形式。设置缆索护栏时，因缆索护栏与防眩结合设置，会给人以"头重脚轻"之感，景观效果不好，再加上缆索护栏是柔性结构，不能很好地对防眩板起保护作用。车辆侧撞对缆索护栏可能没有什么损伤，而防眩板却可能遭受破坏，或产生变形，修复较困难。如植树与缆索护栏结合设置，既能起到防眩作用，也弥补了缆索护栏诱导效果不理想的缺点，景观效果极佳，故在设置缆索护栏的路段，最好采用植树防眩。

(3)中央分隔带护栏间距小于树冠直径时，或植树对中央分隔带通信管道有影响时不宜采用植树防眩。

3.2.6　防眩设施结构设计

3.2.6.1　防眩设施构造主要参数

防眩板的结构设计要素主要有：遮光角、防眩高度、板宽、板的间距等。其中遮光角和防眩高度是重要指标。

1)遮光角

由于在中央分隔带连续设置一定间距、一定宽度的防眩板后，当与前照灯主光轴成一定水平夹角(遮光角)的光线照射到防眩板上，刚好被相邻两块板条所阻挡，所以说遮光角是重要参数。遮光角计算参照图3-10[按式(3-16)~式(3-19)计算]。

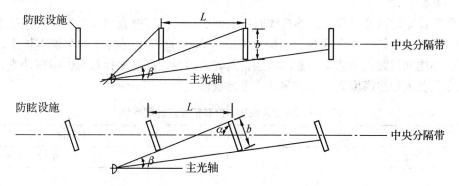

图 3-10　防眩板遮光角计算图示

(1)直线路段遮光角　当防眩板与设置中线垂直时，遮光角按式(3-16)计算；当防眩板与设置中线成某一偏角时，遮光角按式(3-17)计算确定。

$$\beta_0 = \arctan \frac{b}{L} \tag{3-16}$$

$$\beta_0 = \arctan \frac{b\sin \alpha}{L - b\cos \alpha} \tag{3-17}$$

式中：β_0 为直线路段的防眩遮光角，°；b 为防眩板的宽度，m 或 cm；L 为防眩板的间距，m 或 cm；α 为防眩板的偏转角，°。

显然，当与前照灯主光轴的水平夹角小于 β_2 的光线照射到防眩板上时，光线将被全部遮挡；而当水平夹角大于 β_1 时，部分光线将穿过防眩板。

(2)平曲线路段遮光角　在平曲线路段，车辆前照灯的光线沿曲线切线方向射出，因而内侧车道车辆的前照灯光线将直接射向外侧车道，使外侧车道上的驾驶人产生严重的眩光现象。一般地，照射到外侧车道上驾驶人眼睛的光量与平曲线的曲度成正比。为了在弯道上获得和直线路段一样的遮光效果，应增大弯道上防眩设施的遮光角。由式

$$\frac{\cos \theta}{R - B_3} = \frac{\cos \beta_0}{R} \tag{3-18}$$

有

$$\theta = \arccos \left(\frac{R - B_3}{R} \cos \beta_0 \right) \tag{3-19}$$

式中：θ 为平曲线路段的防眩遮光角，°；R 为平曲线半径，m；B_3 为车辆驾驶人与防眩设施的横向距离，m。

在式(3-19)中，当 R 值大于不设超高的最小半径时，由于 $\frac{R - B_3}{R}$ 的比值趋近于 1，故可不考虑平曲线曲率的变化对遮光角的影响。

(3)遮光角取值标准　根据遮挡光线的效果、经济性和横向通视的要求，直线段上防眩设施的遮光角宜采用8°，平曲线路段及竖曲线路段遮光角应为8°~15°，采用植树防眩时遮光角以10°为宜。

2)防眩高度

防眩设施的高度与驾驶人的视线高度和前照灯的高度有直接关系。在公路线形设计中，我国采用的驾驶人视线高度标准值是 1.2m，而在实际行驶的车辆群体中，由于车辆结构和驾驶人个体等因素的差别，驾驶人的视线高度变化很大。根据调查，我国汽车驾驶人视线高度和汽车前照灯高度建议值见表 3-15 所列。

表 3-15　驾驶人视线高度和前照灯的高度值　　　　　　　　　　　　m

车　种	视线高度 h_2	前照灯高度 h_1
大型车	2.0	1.0
小型车	1.3	0.8

(1)直线路段防眩设施高度　防眩设施的最小高度可按几何关系计算得到，计算图示见图 3-11。当在中央分隔带中心位置设置防眩设施时，防眩设施的最小高度可按

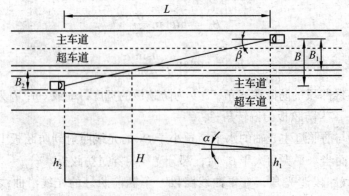

图 3-11　直线路段防眩设施高度计算图示

式(3-20)或式(3-21)计算确定。

$$H = h_1 + \frac{(h_2 - h_1) B_1}{B} \tag{3-20}$$

$$H = h_2 - \frac{(h_2 - h_1)B_2}{B} \tag{3-21}$$

式中：H 为防眩设施最小高度，m；h_1 为汽车前照灯高度，m，见表 3-15；h_2 为驾驶人视线高度，m，见表 3-15；B_1、B_2 分别为行车道上车辆距防眩设施中心线的距离，m；B 为 B_1 与 B_2 之和，m。

由上述可知，防眩设施的高度与车辆的前照灯高度、驾驶人视线高度、道路状况和车型组合等因素有关。在确定防眩设施高度时，一般只要使组合频率较高的小车和小车、小车和大车相遇时具有良好的遮光效果即可。平直路段适宜的防眩设施高度一般为 1.60 ~ 1.70m。表 3-16 列出了不同车辆组合时平直路段上防眩设施最小高度的理论值，可参考使用。

表 3-16　不同车辆组合时防眩设施的最小高度

超车道	主车道	防眩设施高度/m
小型车 小型车	—	1.09
小型车	大型车	1.27
大型车 大型车	—	1.50
小型车 大型车	—	1.40
—	大型车 大型车	1.50
大型车	小型车	1.62
小型车	小型车	1.16
大型车	大型车	1.68

（2）平曲线路段防眩设施高度　平曲线路段应按式（3-22）、式（3-23）验算防眩设施高度对停车视距的影响，平曲线路段防眩设施高度验算如图 3-12 所示，停车视距 S 按 JTG D8—2006《公路交通安全设施设计规范》中取值。

$$H < \frac{D - (R + m/2)\cos\lambda}{D}(h_2 - h) + h \tag{3-22}$$

$$D = 2R\sin\frac{S}{2R} \tag{3-23}$$

式中：H 为防眩设施高度，m；D 为驾驶人与障碍物通视的直线距离，m；h_2 为驾驶人

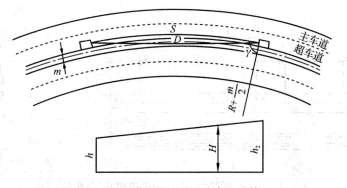

图 3-12　平面线路段防眩设施高度计算图示

视线高度，m；h 为障碍物高度，m；R 为平曲线半径，m；m 为道路中央分隔带宽度，m；S 为停车视距，m；λ 为驾驶人视线与平曲线半径的夹角，°。

（3）竖曲线路段　当竖曲线半径小于现行 JTG B01—2003《公路工程技术标准》所规定的一般最小半径时，应根据竖曲线路段前后纵坡的大小计算防眩设施的高度是否满足遮光要求。

①在凸形竖曲线路段，驾驶人可在一定范围从较低的角度看到对向车前照灯的眩光，随着两车驶近，视线上移，眩光才被防眩设施遮挡。故在凸形竖曲线路段，防眩设施的下缘应接近或接触路面或在中央分隔带上种植密集矮灌木，以消除这种眩光的影响。其设置的范围至少为凸形竖曲线顶部两侧各 120m，因平直路段感觉不到眩光的两车最小纵距为 120m 左右，汽车远射灯光的照距一般也在 120m 左右。

②在凹形竖曲线路段，驾驶人显然可从较高的角度看到对向车前照灯的眩光，因而宜根据凹形竖曲线的半径和前后纵坡度的大小，适当增加凹形竖曲线路段防眩设施的高度。一般可通过计算或计算机绘图求出凹形竖曲线内各典型路段相应的防眩设施高度值，最后取一平均值为整个凹形竖曲线的设置高度。显然，在凹形竖曲线路段种植足够高度的树木防眩是比较理想的形式，它可为驾驶人提供优美的视觉环境。

3）防眩板的板宽

防眩板宽度可采用 8～25cm，所用材料应符合现行 JT/T 333—1997《公路防眩设施技术条件》的规定。

4）防眩设施的间距

防眩板条的间距规定为 50～100cm，主要是为了与护栏的设置间距相吻合，同时也有利于加工制作。另外还在于按此间距计算出的板宽能很好地与护栏顶部宽度尺寸相配合。植树防眩的树丛间距应根据树冠有效直径经计算确定。

3.2.6.2　防眩板的结构形式

防眩板与中央分隔带护栏配合设置，在结构处理上可以有 3 种方法：防眩板单独设置、防眩板设置在波形梁护栏的横梁上、防眩板设置在混凝土护栏上。

（1）防眩板与混凝土护栏结合　这种结构形式主要依赖混凝土顶上预埋件来实现，一般采用焊接。其结构形式如图 3-13 所示。

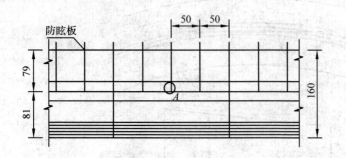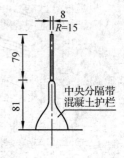

图 3-13　设置于混凝土护栏上的防眩板构造（单位：cm）

（2）防眩板与波形护栏结合　这种结构形式可在护栏上加横梁（槽钢），防眩板固定在横梁上，也可在组合型护栏立柱上固定防眩板，其结构形式如图3-14所示。

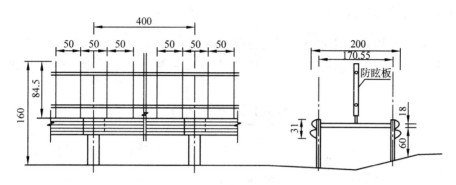

图3-14　设置于护栏上的防眩板（单位：cm）

（3）防眩板单独竖立　立柱将防眩板埋设在中央分隔带护栏的中央，其结构形式如图3-15所示。

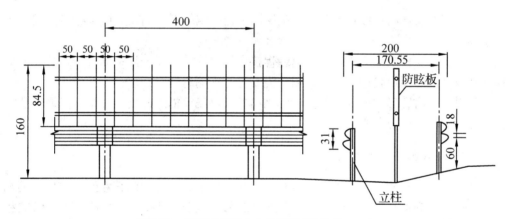

图3-15　设置在护栏中央的防眩板（单位：cm）

3.3　隔离封闭设施设计

隔离封闭设施是为了能阻止无关人员、非机动车、牲畜等进入或穿越公路或其他禁入区域，防止非法占用公路用地的人工构造物。隔离封闭设施可有效地排除横向干扰，避免由此产生的交通延误或交通事故，保障公路的通行安全和效益的发挥，又可降低建设成本，避免浪费。

隔离封闭设施包括：设置于公路路基两侧用地界线边缘上的隔离栅；设置于上跨公路主线的分离式立交桥或人行天桥两侧的防护网；设置于城市道路的车行道与人行道之间、机动车道与非机动车道之间、对向行驶的机动车道之间或快速路的主路与辅路之间的界线位置的隔离栅。

3.3.1   隔离设施的分类与形式选择

3.3.1.1   隔离设施的分类

隔离设施按构造形式可分为隔离栅(钢板网、电焊片网、电焊卷网、编织片网、编织卷网、刺钢丝网)、常青绿篱和隔离墙等几大类,隔离设施的分类见表 3-17 所列。

表 3-17   隔离栅的分类

类 型		埋 设 条 件	支 撑 结 构
金属网	电焊网	混凝土基础或直埋土中	钢支柱
	钢板网		
	编织网		
刺铁丝		混凝土基础或直埋土中	钢筋混凝土支柱或钢支柱
常青绿篱		土 中	—

隔离栅产品按网片形式可分为钢板网隔离栅、编织网隔离栅、电焊网隔离栅、刺钢丝隔离栅。

隔离栅按立柱断面形式可分为直缝焊接钢管立柱隔离栅、型钢立柱隔离栅、Y 形钢立柱及其他断面形状钢立柱隔离栅、混凝土立柱隔离栅。

隔离栅按防腐形式可分为热浸镀锌隔离栅、热浸镀铝隔离栅、浸塑隔离栅、热浸镀锌加浸塑隔离栅等。

3.3.1.2   形式选择

选择隔离栅形式时,应根据隔离封闭的功能要求,综合考虑其性能、造价、美观与公路周围景观的协调、施工条件及养护维修等因素,并应与公路的设计标准相适应。

(1)从目前公路上用各隔离设施的加工工艺、材料成本、设计要求等综合情况来看,单位造价由高到低依次排列顺序为:隔离墙、钢板网、电焊片网、电焊卷网、编织片网、编织卷网、刺钢丝网。

(2)适应地形的性能比较大致为:刺钢丝网适应地形能力强,爬坡性能优,在地势起伏较大的情况下,无须特殊的施工机具,施工方便;电焊卷网、编织卷网适应较复杂的起伏地形,爬坡性能较优;钢板网、电焊片网、编织片网爬坡性能较差,一般适用于平坦的地形条件下,在起伏较大的路段,需将其设计成阶梯状或设计成平行四边形顺坡设置,施工较困难,生产效率低。

(3)后期养护维修的比较情况,钢板网、电焊网、刺钢丝网在网面及局部破坏后,易修补,维修费用低;编织网在局部破坏后,将影响整张网,不易修补,维修费用高。

(4)外观比较情况,钢板网、电焊网、编织网结构合理、美观大方,是城镇沿线、互通区、服务区、风景旅游区等处首选的隔离栅形式。刺钢丝隔离栅是一种比较经济适用的结构形式，但美观性较差，故主要适用于人烟稀少的路段，山岭地区的高速公路，郊外的公路保留用地，郊外高架构造物下面，路线跨越沟渠且需封闭的地方。在南方气候温暖、湿润地区，绿篱配刺钢丝综合使用，可增加其美观性。

（5）隔离墙隔离效果最好、坚固耐用，但造价高，影响路容、路貌，可在横向干扰大、事故频发的路段使用。

3.3.2　隔离设施的设置原则

（1）除特殊地段外，高速公路、需要控制出入的一级公路沿线两侧必须连续设置隔离栅，其他公路可根据需要设置。

（2）对于公路两侧的一些天然屏障、不必担心有人进入公路或非法侵占公路用地的路段，可不设置隔离栅。凡符合下列条件之一的路段，可不设隔离栅：

①高速公路，需要控制出入的一级公路的路侧有水渠、池塘、湖泊等天然屏障，不用担心有人、畜进入或非法侵占公路用地的路段；

②高速公路，需要控制出入的一级公路的路侧有高度大于 1.5m 的挡土墙或砌石陡坎，人、畜难以进入的路段；

③桥梁、隧道等构造物的两侧，除桥头或洞口需与路基上隔离栅连接以外的路段。

（3）隔离栅一般沿公路用地界线以内 20 ~ 50cm 处设置。

（4）隔离栅在遇桥梁、通道时应朝桥头锥坡或端墙方向围死，不应留有让人、畜可以钻入的空隙，如图 3-16 所示。

（5）隔离栅与涵洞相交时，如沟渠较窄，隔离栅可直接跨过，如图 3-17 所示；如沟渠较宽，隔离栅难以跨越时，可采取图 3-16 所示的处理方式。

（6）由于地形的原因，隔离栅前后不能连续设置时，就以该处作为隔离栅的端部，并处理好端头的围封。

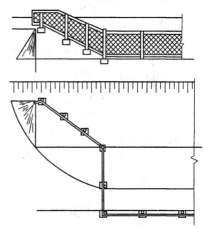

图 3-16　隔离栅端部处理示意图

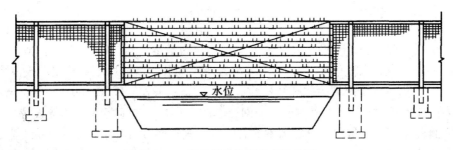

图 3-17　隔离栅跨沟渠处理示意图

（7）地形起伏较大，隔离栅不易施工的路段，可根据需要把隔离栅设计成阶梯的形式，如图3-18所示。

（8）隔离栅宜根据管理养护的需要在适当的地点设置开口，凡在开口处均应设门，以便控制出入。

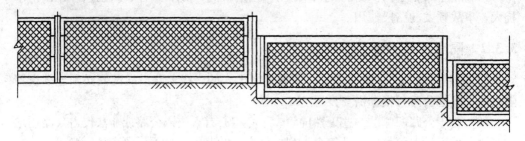

图 3-18 隔离栅以阶梯形式设置

3.3.3 结构设计参数的确定

3.3.3.1 隔离栅高度

隔离栅的高度是结构设计的一个重要指标，该指标的取值大小直接影响工程的单位造价和使用性能。结构高度须结合实际的地形地物，道路两侧的人口稠密程度及人口的流动分布情况等因素综合分析确定。

隔离栅的高度主要以成人高度为参考标准，其取值范围为1.5～2.1m。在城市及其郊区人口密度较大的路段，特别是青少年较集中的地方，如学校、运动场、体育馆、影（剧）院等处，隔离栅高度应取上限，并且根据实际需要，可从高度和结构设计上做到使人无法攀越程度。而在人迹稀少的路段，山岭地区和公路保留用地，隔离栅的高度值可取下限。

3.3.3.2 隔离栅的稳定性

隔离栅的稳定性直接关系到其使用效果和使用年限，其设计荷载主要考虑风力，同时也考虑人、畜的破坏作用。

风力可按式(3-24)、式(3-25)计算。

$$P = \rho W_0 S = SW \tag{3-24}$$

$$W = \rho W_0 \tag{3-25}$$

式中：P 为设计风力，N；W 为设计风压，Pa；W_0 为基本风压，Pa，按 JTG D60—2004《公路桥涵设计通用规范》的规定取值；S 为迎风面积（为每片隔离栅的外轮廓线面积），m^2；ρ 为考虑隔离栅为网孔结构的折减系数，一般 $\rho = 0.50 \sim 0.85$，$\rho_{max} = 1.0$。

ρ 值的确定，主要考虑隔离栅网面网孔率的大小，其次应考虑隔离栅设置后，一般均有野外牵藤植物依附，维护清除又有困难，故在南方枝叶常青地区宜取上限，甚至取最大值，而北方地区则可取中值或下限。

根据计算的风力，可进行稳定性验
算，由此确定支柱截面尺寸。隔离栅支
柱的截面尺寸可参照表 3-18 的要求确定。

表 3-18　支柱截面要求

支柱类型	截面要求
钢支柱	截面面积≥3.3cm²
钢筋混凝土支柱	截面尺寸 > 10cm × 10cm

3.3.3.3　网孔尺寸

隔离栅网孔尺寸的大小，主要根据以下几个因素选定：

（1）不利于人攀越。

（2）整个结构的配合要求。

（3）网面的强度（绷紧程度）。

（4）网面长度，根据立柱间距确定。在风压大的地区，选择小间距；风压小的地区，立柱间距可大一些。

（5）网面宽度，根据设计网高确定。

（6）立柱、斜撑长度根据设计网高确定。

3.4　视线诱导设施设计

视线诱导设施是沿车行道两侧设置，用于明示道路线形、方向、车行道边界及危险路段位置，诱导驾驶人视线的设施。车辆在道路上行驶需有一定的通视距离，以便掌握道路前方的情况，尤其在夜间行驶时，仅依靠汽车前照灯照明来弄清道路前方的线形、明确行驶的方向是有一定困难的。因为汽车前照灯的照明范围有限，要想达到白天的通视距离，就要依赖于视线诱导设施。

视线诱导设施按功能可分为轮廓标、分合流诱导标、线形诱导标、突起路标 4 类。轮廓标以指示道路线形轮廓为主要目标；分合流诱导标以指示交通流分合为主要目标；线形诱导标以指示或警告改变行驶方向为主要目标；突起路标以辅助和加强标线作用，保证行车安全，提高道路服务质量为主要目标。它们以不同的侧重点来诱导驾驶人的视线，使行车更趋于安全、舒适。

3.4.1　轮廓标

3.4.1.1　轮廓标种类与结构

轮廓标是用来指示道路方向、车行道边界的设施，其结构按设置条件可分为独立式和附着式两种。其构造与路边构造物有关。当路边无构造物时，轮廓标为柱体，独立设置于路边土路肩中。当路边有护栏、桥梁栏杆、侧墙等构造物时，轮廓标就附着于这些构造物的适当位置上。

1）独立式轮廓标

（1）构成　独立式轮廓标设置于土中，由三角形断面柱体、逆反射体组成其构造，如图 3-19 所示。

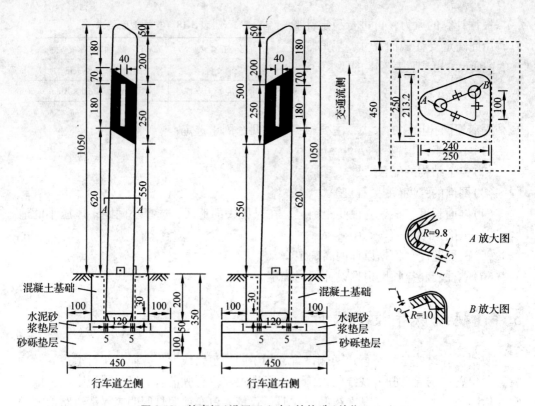

图 3-19   轮廓标(设置于土中)的构造(单位：mm)

柱体为空心圆角的三角形截面，顶面斜向车行道，柱身为白色，在柱体上部有 25cm 长的一圈黑色标记，标记中间镶嵌一块 18cm × 4cm 的逆反射体。逆反射体主要包括反射器和反光膜，反光等级应为二级以上。反射器是指互成直角的 3 个面组成的反射单元系列，是轮廓标对汽车前照灯光线进行逆反射的主体部分。反射器分白色和黄色两种，白色反光片安装于道路右侧，黄色反光片安装于道路左侧或中央分隔带上。由于反射器经常发生丢失和破坏的情况，故在实际使用过程中可以采用二级以上反光膜取代反射器。反光膜相对较脆，粘贴后无法整片扯下，因此很难被破坏，即使反光膜被损坏，也很容易再次贴膜，而反射器则不易维护。

柱式轮廓标的基础采用混凝土基础，当轮廓标被碰撞损坏时，为了更换方便，柱与基础连接可以采用装配式。在柱式轮廓标安装中，应使其含逆反射体的柱体表面与道路中线垂直。

(2) 材料   独立式轮廓标柱体一般采用聚乙烯树脂、玻璃纤维增强塑料、聚碳酸树脂、氯乙烯树脂等强度高、耐候性好、耐磨蚀性好的合成树脂类材料。立柱采用焊接钢管时，其技术条件应符合碳素结构钢的相关要求，同时还要考虑维修养护方便。由于轮廓标柱体的断面面积较小，受到外力冲击极易损坏，为了解决轮廓标在使用过程中的破损问题，提高其使用寿命、耐久性等性能指标，必须开发新型材料，提高标体的物理力学性能，使得柱体由刚性或半刚性体变为弹性体，从根本上克服轮廓标受外力后极易损坏的缺点，延长其使用周期。

2）附着式轮廓标

（1）构成　当路边有构造物时，轮廓标为附着式，根据构造物形式不同，轮廓标可分别附着于波形梁护栏、混凝土护栏、隧道侧墙和缆索护栏。当隧道和双向行驶的道路两侧设置轮廓标时，应采用双向反光轮廓标。

根据建筑物的种类及附着的部位采用不同形状的轮廓标和不同的连接方式。

轮廓标附着于波形梁护栏波形板中间的槽内时，反射器的形状为梯形，支架做成封闭式，固定在护栏与立柱的连接螺栓上，如图 3-20 所示。

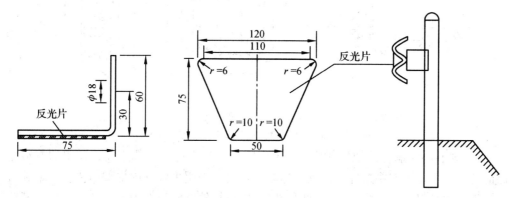

图 3-20　附着于波形梁护栏上的轮廓标（单位：mm）

当道路处在经常有雾、风沙、阴雨、雪和暴雨的地区，会给视认性带来困难时，可采用面积较大的反射器，并将轮廓标安装于波形梁护栏的立柱上。这种轮廓标可以分为单面反射（A 型）和双面反射（B 型）两种，B 型适用于需要为对向车道提供视线诱导的场合（如中央分隔带），如图 3-21 所示。也可将圆形反射器装在波形护栏板的上缘，这种轮廓标通过专门加工的支架把轮廓标固定在波形梁上，如图 3-22 所示。

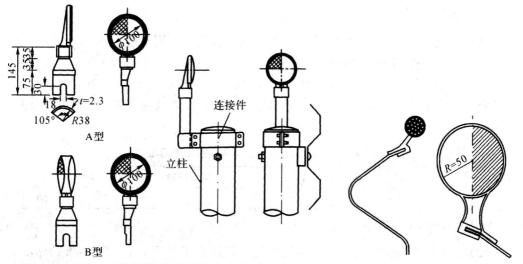

图 3-21　轮廓标安装于波形梁护栏立柱上（单位：mm）　　**图 3-22　固定于波形梁上缘的轮廓标**

　　附着在其他各类侧墙上的轮廓标形状可用圆形、长方形或者梯形，一般附件可与侧墙连接，其构造形式如图 3-23 所示。附着在缆索护栏上时，可以采用夹具直接把轮廓标固定在缆索上，这种护栏上轮廓标一般采用圆形或梯形。

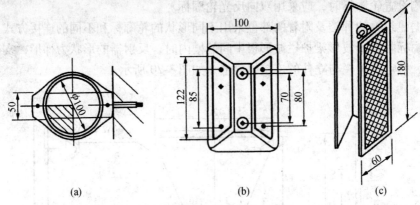

图 3-23　附着于侧墙上的轮廓标（单位：mm）

　　（2）材料　轮廓标用逆反射体最关键的特性是光学性能，选用高透光率的材料是保证其光学性能的重要条件，逆反射体制造材料多采用聚甲基丙烯酸甲树脂、聚碳酸酯树脂等透光率高的合成树脂类材料。同时应根据轮廓标设置地点的气候条件、环境状况等对材料的耐候性、耐温性、密封性、耐腐蚀性等不同要求进行选择。

　　反射器根据制造材料和形式的不同，分为微棱镜型和玻璃珠型两种。其中微棱镜型反射器的发光强度系数非常高，但玻璃珠型反射器的耐候性、耐盐雾腐蚀性、耐久性能都非常优越，并且玻璃珠型反射器的逆反射性能随着时间的延长而性能下降的速率很慢。

　　附着式轮廓标的底板材料可以采用铝合金板或者钢板及钢带制造。

3.4.1.2　轮廓标的设置原则

　　（1）高速公路、一级公路的主线及其互通式立体交叉、服务区、停车区等处的进出匝道，应全线连续设置轮廓标。轮廓标在公路前进方向左、右侧对称设置。在直线段，其设置间隔为 50m，当附设于护栏上时，其设置间隔可为 48m，曲线路段和匝道处设置间距不应大于表 3-19 的规定。公路路基宽度、车道数量有变化的路段及竖曲线路段，可适当加密轮廓标的间隔。

表 3-19　曲线路段、匝道处轮廓标的设置间距　　　　　　　　　　　　　m

曲线半径	30~89①	90~179	180~274	275~374	375~999	1000~1999	≥2000
设置间距	8	12	16	24	32	40	50

　　注：①一般指互通立交匝道曲线半径。

　　（2）二级及以下等级公路的视距不良路段、设计速度大于或等于 60km/h 的路段、车道数或车道宽度有变化的路段及连续急弯陡坡路段宜设置轮廓标，其他路段视需要可设置轮廓标，设置间距可按表 3-19 的规定选用。

（3）安装轮廓标时，反射体应面向交通流，其表面法线应与公路中心线成0°~25°的角度。

（4）各种类型的轮廓标设置高度宜保持一致，轮廓标反射体中心线距路面的高度应为60~70cm。有特殊需要时，经论证可以采用其他高度。

3.4.2　分、合流诱导标

分流或合流诱导标是指设置于交通分流或合流区段的设施，它可以引起驾驶人对高速公路进、出口匝道附近的交织运行情况的注意。分、合流诱导标是以反射器制作符号粘贴在底板上的标志，汽车在高速公路上行驶，在分、合流标的诱导下，无论在白天还是黑夜，驾驶人都可以非常清楚地辨认交通流的分、合流情况。除反射器外，其他材料可按标志材料的技术要求处理。

分、合流诱导标原则上应在有分流、合流的互通立交进、出口匝道附近设置。分流诱导标设在减速车道起点和分流端部，合流诱导标设在加速车道终点和合流端部。

分、合流诱导标分为设置于土中和附着于护栏立柱上两种。

3.4.2.1　设置于土中的分、合流诱导标

设置于土中的分、合流诱导标由反射器、底板、立柱、连接件和基础等组成。可以按标志的计算方法，计算出所需的立柱截面大小及基础尺寸，主要考虑的外力是风力。反射器与底板可黏结或用螺栓连接。底板与立柱用抱箍、滑动槽钢通过螺栓连接。混凝土基础尺寸为50cm×50cm×50cm，如图3-24所示。

3.4.2.2　附着式分、合流诱导标

附着于护栏立柱上的分、合流诱导标，其构造如图3-25所示。反射器、底板与埋置于土中的相同，立柱则附设在护栏立柱上，可直接用抱箍的形式与护栏立柱连接。

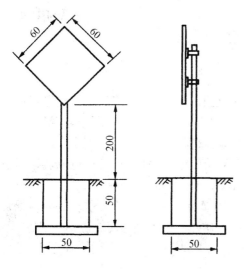

图3-24　独立式分、合流诱导标的构造
（单位：cm）

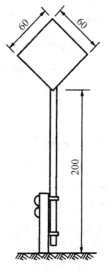

图3-25　附设于护栏上的分、合流
诱导标的构造（单位：cm）

3.4.2.3 分、合流诱导标的颜色规定

高速公路分、合流诱导标的底为绿色，其他公路为蓝色，诱导标的符号均为白色。其构造如图 3-26 所示。

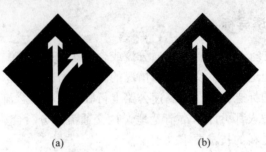

(a)   (b)

图3-26   分、合流诱导标的图案

(a)分流诱导标   (b)合流诱导标

3.4.3   线形诱导标

线形诱导标又称导向标，是指设置于急弯或视距不良的路段，用来指示道路改变方向，或设置于施工、维修作业路段，用来警告驾驶人改变行驶方向的设施。可分为指示性线形诱导标和警告性线形诱导标两类。

3.4.3.1   线形诱导标的设置

（1）指示性线形诱导标一般设置在半径小于一般最小半径或通视较差、对行车安全不利的曲线外侧。

（2）警告性线形诱导标应设置在道路局部施工或维修作业等需临时改变行车方向的路段。

线形诱导标至少在 150m 远处就能看见，其设置间距应保证使驾驶人能至少看到两块线形诱导标，或能辨明前方将进入弯道运行。

3.4.3.2   线形诱导标的构造

（1）设置于土中的线形诱导标由反射器、底板、立柱、连接件和基础等组成。反射器可以用胶黏剂贴在底板上，也可采用螺栓连接；底板与立柱用抱箍、滑动槽钢通过螺栓连接。立柱埋置于混凝土基础中，如图 3-27 所示。

（2）附着于护栏上的线形诱导标由反射器、底板、立柱和连接件组成。线形诱导标的立柱通过抱箍与护栏柱连接固定，如图 3-28 所示。

（3）线形诱导标的基本单元符号如图 3-29 所示，可以单独使用，也可以把几个基本单元组合在一起使用，如图 3-30 所示。基本单元的尺寸应符合表 3-20 中的规定，其中，I 型适合于设计速度大于或等于 100km/h 的道路，II 型适合于设计速度在 100km/h 以下的道路。

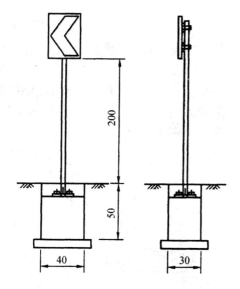

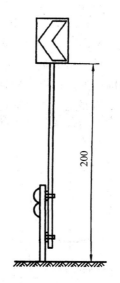

图 3-27　埋置于土中的线形诱导标
（单位：cm）

图 3-28　附着于护栏上的线形
诱导标（单位：cm）

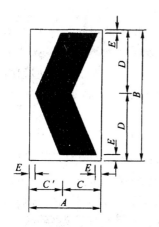

图 3-29　线形诱导标的符号

图 3-30　线形诱导标组合

表 3-20　线形诱导标的尺寸　　mm

类别	A	B	C'	C	D	E
Ⅰ型	600	800	300	300	400	30
Ⅱ型	220	400	100	120	200	15

（4）线形诱导标颜色规定：指示性线形诱导标为白底蓝图案，警告性线形诱导标为白底红图案。

3.4.4   突起路标

突起路标是固定于路面上，独立使用或配合标线使用，以形态、颜色、逆反射光等传递车道信息，指引车辆、行人顺利通行的交通安全设施，如图3-31所示。突起路标可起辅助和加强标线作用，主要设置在高速公路、一级公路、二级公路和照明亮度不足的城市道路上，用来标记中心线、车道分界线、边缘线；也可用来标记弯道、进出口匝道、导流标线、车行道变窄、路面障碍物危险路段。

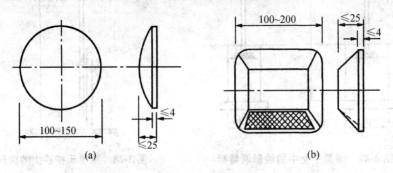

图3-31   突起路标形状(单位：mm)

3.4.4.1   突出路标的种类及特点

按突起路标的逆反射性能，分为A、B两类，具备逆反射特性的突起路标为A类突起路标，不具备逆返射特性的突起路标为B类突起路标。A、B两类突起路标都是由工程塑料、金属、陶瓷或玻璃组成。综合起来主要有普通型、反光型、发光型和组合型，4种类型突起路标各有千秋，功能各有侧重。道路中，尤其是高等级公路中，使用较多的是反光型突起路标。

1) 反光型突起路标

反光型突起路标包括基体和反射器。图3-32所示是塑料基体的反光型突起路标，是最为常见的一种类型。因其不带销钉，所以不用在路面钻孔，直接使用环氧树脂胶等粘接于路面即可。图3-33所示是铝合金基体的反光型突起路标，基体带有销钉，安装时需先在路上钻孔，再涂胶(环氧树脂胶或沥青胶)粘接，但安装较为牢固，不易脱落。反光型突起路标可单面反光，即只在面向行车方向装有反射器；也可双面反光，即在面向行车方向和其反方向均装有反射器。

夜间行车时，在汽车车灯的照射下，反光型突起路标的反射器产生逆反射光，将

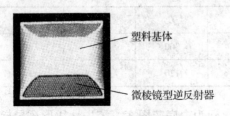

图3-32   反光型突起路标(塑料基体)

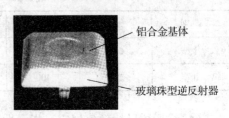

图3-33   反光型突起路标(铝合金基体)

车辆前的道路轮廓清晰地勾勒出来，如图3-34所示，令人心旷神怡。反光型突起路标的使用，给夜间道路交通带来安全和快捷，同时制造出美丽的景象，为驾乘人员带来舒适、愉悦的心情，所以在世界各国尤其是发达国家得到普遍和广泛的使用。

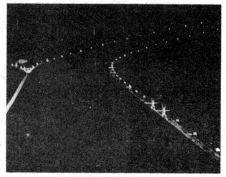

图3-34 反光型突起路标夜间效果图

2）普通型突起路标

普通型突起路标没有反射器，在夜间不产生逆反射光。普通型突起路标可用陶瓷、金属、塑料等制作而成，因其没有反射器，较为耐磨，使用寿命较长，可独立作为标线使用。

3）发光型突起路标

发光型突起路标主要指主动发光的太阳能突起路标。太阳能突起路标利用太阳能为发光二极管（LED）提供能量，从而发出所需各种光线，提示和引导车辆安全通行。主要安装于弯道、多雾等特殊路段，以一定的频率闪烁发光，来引起驾乘人员的警觉和注意。

4）组合型突起路标

组合型突起路标兼具反光型突起路标和发光型突起路标的特点于一体，是近年来研制出来的一种新型突起路标产品。

国内目前使用的突起路标，其基体和反射器的颜色主要为白色和黄色，与路面标线的颜色一致。

3.4.4.2 突起路标布设

反光型突起路标一般与路面标线配合使用。标线为纵向间断的车道分界线时，突起路标布设于标线的纵向间距处，一般布设间隔为6~15m；标线为边缘线和中心单实线时，突起路标紧邻标线的侧边布设，并与相邻间断线的布设间隔相同，如图3-35所示。突起路标与进出口匝道标线、导流标线、道路变窄线、路面障碍物标线等配合使用时，应根据实际线形及行车速度进行布设，保证夜间行车时形成的轮廓清晰、顺畅，如图3-36所示。

不反光型突起路标作为标线独立使用时，其布设间距一般为1~1.2m；不反光型突起路标可与反光型突起路标配合使用，组成所需的各种标线，此时反光型突起路标的布设方式与配合标线使用时相似，如图3-37和图3-38所示。

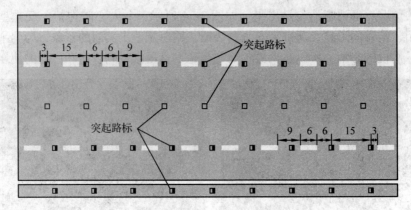

图 3-35　突起路标与标线配合使用布设示例(单位：m)

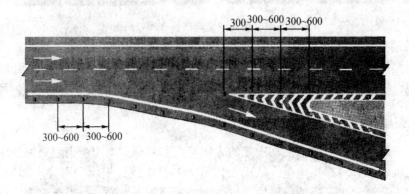

图 3-36　出口匝道处突起路标布设示例(单位：cm)

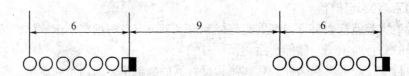

图 3-37　突起路标组成的纵向间断线(单位：m)

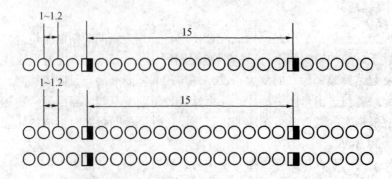

图 3-38　突起路标组成的单实线和双实线(单位：m)

本章小结

本章主要介绍了安全护栏、防眩设施、隔离封闭设施、视线诱导标等交通安全设施设计的相关知识，交通安全设施属于道路基础设施，它对减轻事故的严重度，排除各种纵、横向干扰，提高道路服务水平，提高视线诱导，改善道路景观等起着重要的作用。通过本章的学习，了解交通安全设施的作用；熟悉交通安全设施的主要种类；掌握安全护栏的防撞等级的计算方法。熟悉并掌握隔离设施、视线诱导设施、轮廓标、突起路标、线性诱导标等交通安全设施。

思考题

1. 交通安全设施主要包括哪些类型？
2. 护栏的功能是什么？
3. 护栏依据碰撞能量的大小是如何分级的？设计时如何确定护栏的防撞等级？
4. 防眩设施有哪些类型？在选择时需考虑哪些因素？
5. 公路隔离设施与城市道路隔离设施的作用分别是什么？
6. 公路隔离设施有哪些类型？如何进行选择？
7. 视线诱导设施的功能是什么？主要有哪几种类型？
8. 在给定公路土建工程设计资料的基础上，如何进行护栏设计？
9. 在给定公路土建工程设计资料的基础上，如何进行防眩设施设计？

参考文献

[1] 交通部公路科学研究院. JTG D81—2006 公路交通安全设施设计技术规范[S]. 北京：人民交通出版社，2006.

[2] 交通部公路科学研究院. JTG F71—2006 公路交通安全设施施工技术规范[S]. 北京：人民交通出版社，2006.

[3] 中交第一公路勘察设计研究院. JTG D80—2006 高速公路交通工程及沿线设施设计通用规范[S]. 北京：人民交通出版社，2006.

[4] 交通部公路科学研究院. JTJ 074—1994 高速公路交通安全设施及施工技术规范[S]. 北京：人民交通出版社，2006.

[5] 孟祥海，李洪萍. 交通工程设施设计[M]. 哈尔滨：哈尔滨工业大学出版社，2008.

[6] 梁国华，马荣国. 交通工程设计理论与方法[M]. 北京：人民交通出版社，2008.

[7] 李俊利，过秀成. 交通工程设施设计[M]. 北京：人民交通出版社，2008.

[8] 苏文英，王玮. 道路交通安全设施计量检测技术[M]. 北京：人民交通出版社，2008.

[9] 王建军，韩荣良. 交通工程设施试验检测技术[M]. 北京：人民交通出版社，2004.

第 4 章
交通管理设施设计

[本章提要]

　　交通管理设施是道路交通管理法规、管理行为的重要体现形式之一。随着城市交通的发展，对道路交通管理设施的要求越来越高，交通管理设施设计也显得尤为重要。本章主要依据城市及公路道路交通标志和标线设置规范以及交通信号设计的相关基础理论，针对交通管理设施设计中的几大部分进行详细的描述和归纳。

　　交通管理设施在设计和施工中需要统一标准进行指导；交通管理设施工程的材料、工艺、质量对交通管理设施的使用、维护以及兼容性造成一定的影响。交通管理设施设计需从整体路网考虑，根据周边道路的交通流量、交通需求分析进行设计，才能对道路交通管理和运营奠定良好的基础。这些都要求交通管理设施的设计、制作、设置有明确的技术指引，使得交通管理设施的建设更加规范。

4.1　道路交通标志设计

　　道路交通标志是用图形、符号、颜色和文字向交通参与者传递特定信息，用于交通管理的设施，它不仅体现了如何实现对道路交通流的控制和管理，同时也体现了交通法规和交通路权分配的执行手段。正确完善地设置道路交通标志，不仅能够体现道路交通法规和相应控制管理措施的落实，同时能更大程度地提高道路交通通行率和有效增强交通安全性。随着中国道路建设的飞速发展，如何正确的设计和设置道路交通标志在道路系统中的重要性已经越来越明显。

4.1.1　交通标志的分类

　　不同类别的道路对交通标志有不同的要求。通常按道路类别分为一般道路标志和高速标志两类。标志按尺寸分为小型、大型、巨型 3 类，以适应不同的行驶速度对标志认读距离的要求。

交通标志按其功能可分主标志和辅助标志两大类。主标志分：指示标志、禁令标志、警告标志、指路标志、旅游区标志、道路施工安全标志。辅助标志为附设在主标志下起辅助说明作用的标志，可分为表示车辆种类、时间、区域或距离、禁令和警告理由，还有组合辅助标志。辅助标志通常不单独使用。

依据交通标志的支撑方式还可将标志分为路侧式、悬臂式、门式和附着式 4 类。

4.1.2 交通标志的三要素

为了获得较理想的标志设计，世界各国的交通工程师、工程心理学家长期以来进行了大量的试验研究，包括对标志的颜色、形状、字符编码，对标志的可见性、易读性、亮度、设置位置进行研究，为标志的设计提供了充分的理论依据。

4.1.2.1 颜色

人眼可以看见的色光波长范围为 380 ~ 780nm。不同的波长引起不同的颜色感觉，如短波范围 470nm 产生蓝色感觉，中波范围 530nm 产生绿色感觉，长波范围 700nm 产生红色感觉。此外，在各波长间还有各种中间色，如橙黄、黄绿等。

标志的颜色是非常重要的因素，因为颜色可以使标志从它所处的背景中显现出来，增加驾驶人对标志的注意，并可帮助驾驶人迅速识别标志的种类和含义。标志的视觉清晰度与它的颜色和背景的对比度有很大关系，为在标志板和符号之间获得最大的对比度，一般采用亮色与暗色搭配，在这种情况下标志的视认清晰度最佳。

根据颜色视觉的规律，道路交通标志多用红、黄、绿、蓝、黑等颜色，不用中间色。但是，道路交通标志不仅考虑上述因素对视认性的影响，还要考虑颜色所能表达的抽象概念。色彩具有直观和联想作用，红色可以产生一种具有危险感的强刺激，因此各国把红色作为"禁止""停车"信号来利用；黄色具有警戒的感觉，作为"注意危险"等警告信号；黑色和白色出现在大部分标志中，主要是利用其较好的对比度；绿色让人产生和平、安全的联想，在交通信号中作为"安全""行进"的信号；蓝色使人产生沉静、安宁的感觉，在交通上作为"指示"的信号。

4.1.2.2 形状

驾驶人在道路上认读标志是从它的形状、颜色判别开始的，因此交通标志的设计赋予其形状和颜色以一定的意义，增加了传递信息内容。

根据对交通标志形状可认性的研究，认为在同等面积条件下，三角形的辨认效果最好，其次是菱形、正方形、圆形、六角形、八角形等。这说明具有同等面积的不同形状的标志，其可辨性是不同的。不过在决定道路交通标志的形状时，除考虑其形状对可辨性的影响外，还要考虑标志牌的可利用面积的大小(即可容纳的信息量多少)，以及过去使用的习惯等因素。根据国际标准草案 DIS 3864.3《安全色和安全标志》中关于几何图形的规定，正三角形表示警告，圆形表示禁止和限制，正方形和长方形表示提示。参考联合国及很多国家的交通标志标准，除少数国家(如美国、日本、澳大利亚、加拿大、墨西哥等)的警告标志的形状为菱形外,绝大多数国家的警告标志的形状为正三角形。

4.1.2.3 图符

研究证明,在低亮度、快速行进等困难的视觉条件下,图符信息无论在辨认速度还是在辨认距离上均比文字信息要优越。此外,用图符表征信息的另一优点是不受语言和文字的限制,只要设计的图案形象、直观,不同国家、民族和不同语言文字的驾驶人员均可理解、认读。因此,以符号为主的标志受到联合国的推荐,并已被世界上绝大多数国家采用。

工程心理学中采用视角概念来表示图形大小。视角的大小由图形尺寸和观察距离来决定。同样尺寸的图形,观察距离近,则视角大,反之则视角小。视角大者则看得清楚,视角小者则看得模糊。视角低于一定的阈值,则看不清。

人借助于视觉器官完成一定视觉任务的能力通常称为视觉功能。视觉区分对象细节的能力(视敏度)和辨别对比的能力,是反映视觉功能的基本指标。分辨力受许多因素的影响,包括观察距离、细节尺寸及细节间的间隔。

4.1.3 交通标志版面及符号尺寸

4.1.3.1 指示标志

指示标志按功能分为与行驶方向有关的指示标志、指导驾驶人驾驶行为的指示标志、与车道使用目的有关的指示标志和与道路路权有关的指示标志 4 类。

指示标志的作用是向道路使用者传达应遵循的交通组织信息,指示车辆或行人按照交通管理措施安全、合法、合理地使用道路。

有时间、车种、车速等限制时,应在标志下方采用辅助标志补充说明。除特殊情况外,指示标志不宜附加图形。附加图形时,原指示标志的图形位置不变,附加后的标志应简洁明了。除特殊规定外,指示标志颜色为蓝底、白图案,形状有圆形、长方形和正方形 3 种。城市道路设计应避免出现使用路口优先通行标志和会车先行标志的情况,因特殊需要使用时,应符合现行国家标准的要求。指示标志尺寸代号如图 4-1 所示,其各部尺寸的最小值视道路设计速度而定,可按表 4-1 选取。

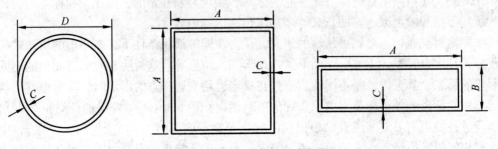

图 4-1 指示标志各部尺寸代号

表 4-1　指示标志的尺寸与道路设计速度的关系

道路设计速度/(km/h)	100 ~ 120	71 ~ 99	40 ~ 70	< 40
圆形(直径)D/cm	120	100	80	60
正方形(边长)A/cm	120	100	80	60
长方形(边长)$A \times B$/cm	190 × 140	160 × 120	140 × 100	—
单行线标志(长方形)$A \times B$/cm	120 × 60	100 × 50	80 × 40	60 × 30
会车先行标志(正方形)A/cm	—	—	—	60
衬底边宽度 C/cm	1.0	0.8	0.6	0.4

4.1.3.2　禁令标志

禁令标志用来向道路使用者表示交通"禁行""禁止""限制"等规定,必须严格遵守。

禁令标志按作用分类可分为与道路优先权相关、与道路通行权相关、与某方向通行权相关、与交通管理相关、与限制相关、与停车和检查相关的禁令标志。

禁令标志设于距禁止事项前的适当地点,一般需设置在最醒目的地方,并随标志设置目的而改变。

禁令标志的颜色,除个别标志外,为白底、红圈,红杠、黑图案,图案压杠。禁令标志形状有圆形、八角形、顶角向下的等边三角形,其尺寸代号如图 4-2 所示,各部尺寸的最小值应视道路设计速度而定,可按表 4-2 选取。

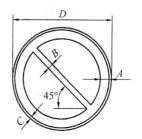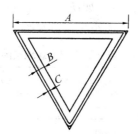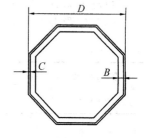

图 4-2　禁令标志各部尺寸代号

表 4-2　禁令标志尺寸与道路设计速度的关系

道路设计速度/(km/h)		100 ~ 120	71 ~ 99	40 ~ 70	< 40
圆形标志	标志外径 D/cm	120	100	80	60
	红边宽度 A/cm	12	10	8	6
	红杠宽度 B/cm	9	7.5	6	4.5
	衬边宽度 C/cm	1.0	0.8	0.6	0.4
三角形标志	三角形边长 A/cm	—	—	90	70
	红杠宽度 B/cm	—	—	9	7
	衬边宽度 C/cm	—	—	0.6	0.4
八角形标志	标志外径 D/cm	—	—	80	60
	白边宽度 B/cm	—	—	3.0	2.0

4.1.3.3　警告标志

警告标志用来向道路使用者提供道路沿线存在的危险或应该注意的路段，提高警觉并准备防范措施；同一位置连续发生同类事故的路段。

警告标志的颜色为黄底、黑边、黑图案；形状为顶角朝上的正三角形，其尺寸代号如图4-3所示，三角形边长、黄色边框宽度的最小值及其他细部尺寸应视道路设计速度而定，可按表4-3选取。

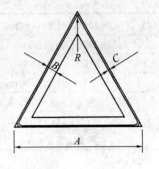

图4-3　警告标志尺寸代号

表4-3　警告标志尺寸与设计速度的关系

道路设计速度/(km/h)	100～120	71～99	40～70	<40
三角形边长 A/cm	130	110	90	70
黑边宽度 B/cm	9	8	6.5	5
黑边圆角半径 R/cm	6	5	4	3
衬底边宽度 C/cm	1.0	0.8	0.6	0.4

除特殊规定外，警告标志到危险地点之间的距离，根据道路设计速度或道路管理行车速度按规定取值，可参见表4-4。如所在位置不具备设置条件时，警告标志可适当移位。但其位置必须明显，且不能小于停车视距。

表4-4　警告标志到危险地点的距离

道路设计速度/(km/h)	100～120	71～99	40～70	<40
标志到危险地点的距离/m	200～250	100～200	50～100	20～50

4.1.3.4　指路标志

指路标志用来向道路使用者提供沿线道路经由的地名、方向和距离，或与之相交道路的编号、名胜古迹、游乐休息或服务区等。

指路标志的颜色，一般道路为蓝底、白图案，高速公路为绿底、白图案。

指路标志的形状，除地点识别标志、里程碑、分合流标志外，为长方形和正方形。

指路标志的汉字采用标准黑体(简体)。汉字高度应符合表4-5的规定，字宽与字高相等。指路标志中的阿拉伯数字、拼音字、拉丁字或少数民族文字的高度应根据汉字高度确定，与汉字高度的关系应符合表4-6的规定。指路标志的汉字或其他文字的间隔、行距等应符合表4-7的规定。指路标志外边框和衬底边的尺寸如图4-4所示。

表 4-5　汉字高度与道路设计速度的关系

道路设计速度/(km/h)	100~120	71~99	40~70	<40
汉字高度/cm	60~70	50~60	40~50	25~30

表 4-6　其他文字高度与汉字高度的关系

其他文字		与汉字高度(h)的关系
拼音字、拉丁字或少数民族字	大写	$1/2h$
	小写	$1/3h$
阿拉伯数字	字高	h
	字宽	$0.6h$
	笔画粗	$1/6h$
公里符号	k	$1/2h$
	m	$1/3h$

表 4-7　文字的间隔与行距等的规定

文字设置	与汉字高度(h)的关系
字间隔	$1/10h$ 以上
笔画粗	$1/10h$
字行距	$1/3h$
距标志边缘最小距离	$2/5h$

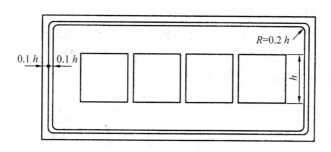

图 4-4　外边框和衬底边尺寸

4.1.3.5　旅游区标志

为吸引和指示人们从高速公路或其他道路上前往邻近旅游区，应在通往旅游景点的交叉口设置一系列旅游标志，使旅游者能方便的识别通往旅游区的方向和距离，了解旅游项目的类别。

旅游区标志分为指引标志和旅游符号两大类。其中，指引标志提供旅游区的名称、有代表性的图案及前往旅游区的方向和距离，设在高速公路出口附近及通往旅游区各连接道路的交叉口附近；旅游符号提供旅游项目类别、具代表性的符号及前往各旅游景点的指引，设在高速公路或其他道路通往旅游景点的交叉口附近，或在大型服务区内通往各旅游景点的路口。也可在指路标志上附具代表性的旅游符号,让旅游者了解景点的旅游项目。旅游符号下可附加辅助标志以指示前进方向或距离。

旅游区标志的颜色为棕色底、白色字符。旅游指引标志为矩形,其尺寸应根据速度确定字高,再根据字数和图案确定版面大小。旅游符号为正方形,尺寸一般采用60cm×60cm,也可根据需要放大或缩小。

4.1.3.6 道路施工安全标志

道路施工安全标志包括阻挡车辆及行人前进或指示改道的路栏;与路栏配合,用以阻挡或分离交通流的锥形交通路标;设于夜间施工路段附近,用以警告车辆驾驶人前方道路施工,应减速慢行的施工警告灯;设在公路沿线较小交叉路口两侧,用来提醒主线车辆提高警觉,防范小路口车辆突然出现的道口标志;设在道路施工、养护等路段前适当位置,用以通告高速公路及一般道路交通阻断、绕行等情况的施工区标志;以及悬挂于工程车辆及机械后部,用以警告前方道路有作业车正在施工,车辆驾驶人应减速或变换车道行驶的移动性施工标志。

4.1.3.7 辅助标志

辅助标志是附设置在主标志下起辅助说明作用的标志,其形状为矩形,颜色采用白底黑字(黑图案),黑边框。辅助标志可分为表示车辆种类、时间、区域或距离、警告和禁令理由4种。辅助标志不能单独设置。

4.1.4 交通标志设置

交通标志的设置地点首先要考虑标志的易识别性,标志应设置在容易被看见的地方。其次,要研究道路的几何线形、交通流量、流向和交通组成、道路沿线的状况等对标志设置的影响。以便在标志支撑方式、设置位置、设置角度、标志的并设等方面充分考虑方便交通参与者和提高道路的通行能力。

4.1.4.1 设置原则

为使道路使用者能根据标志的指示安全、顺畅、舒适地行驶,提出以下设置原则:

(1)标志的设置必须满足交通法规和安全的要求,防止出现信息不足、不当或过载的现象。

(2)标志的设置应通盘考虑,整体布局,做到连贯、一致。

(3)标志的设置应充分考虑道路使用者在动态条件下的视认性,以不熟悉周边路网的道路使用者为对象,通过标志的引导,能顺利、快捷地抵达目的地,不允许发生错向行驶。

(4)夜间交通量大的道路,应采用主动发光或照明式标志。

(5)各类标志及支撑结构的任何部分不得侵入道路建筑限界以内,应保证侧向余宽。

（6）道路附属设施（如上跨桥、照明设施、监控设施等）及路上构造物（电杆、电话、消火栓、广告牌、门架等）对标志的影响要给予高度重视。在标志布设时要随时注意上述设施对标志版面的遮挡，以免影响标志的视认性。

4.1.4.2　支撑方式

交通标志设置的支撑方式包括立柱式、悬臂式、门架式和附着式。

1）立柱式

立柱式分为单立柱和双立柱，单柱式适用于二级及二级以下公路，双柱式适用于高速公路及一级公路。立柱式标志不应侵入公路建筑界限以内，标志内边缘距路面或土路肩边缘不得小于25cm。

（1）单柱式　标志牌安装在一根立柱上，适用于中、小型尺寸的警告、禁令、指示等志。

（2）双柱式　标志牌安装在两根立柱上，适用于长方形的指示或指路标志。

2）悬臂式

标志牌安装于悬臂上，适用于：

（1）柱式安装有困难时。

（2）道路较宽、交通量较大、外侧车道大型车辆阻挡内侧车道小型车道视线时。

（3）视距受限制时。

（4）景观上有要求时。

3）门架式

标志安装在门架上，门架式标志适用于：

（1）多车道道路（同向3车道以上）需要分别指示各车道去向时。

（2）道路较宽、交通量较大、外侧车道大型车辆阻挡内侧车道小型车辆视线时。

（3）互通式立交间隔距离较近，标志设置密集之处。

（4）受空间限制，立柱式、悬臂式安装有困难时。

（5）车道变换频繁，出口匝道为多车道时。

（6）景观上有要求时。

4）附着式

标志安装在上跨桥和附近构造物上，附着式标志适用于：

（1）支撑件设置有困难时。

（2）采用附着式设置更加合理时。

（3）其他需要采用附着式设置时。

4.1.4.3　安装高度

标志安装高度是指标志板下缘至路面的垂直距离。标志的安装高度不应影响道路的净空限界。位于路面（城市道路）上方各类标志，除特殊情况下可做适当调整外，标志板及支撑结构下缘至路面的最小净空高度不应小于表4-8要求。

表4-8   路面上方标志及支撑结构下缘距离路面的最小净高

道 路 种 类		最小净高 H (m)
机动车道	快速路、主干路	5.0
	次干路、支路	4.5
非机动车道	自行车道、其他非机动车道	2.5
人行道	—	2.5

当标志采用不同的支撑方式时，其安装高度为：

（1）公路上的标志安装在单柱、双柱或悬臂式标杆立柱上时，安装高度为200~250cm，但安装在隔离带、绿化带等非行人通行的地点时，安装高度可不低于150cm。标志板外缘距路面侧石线（或路肩边缘）不应小于25cm，如图4-5、图4-6所示。城市道路柱式标志板下缘距路面的高度为150~250cm。设置在小型车比例较多的道路时，标志板下缘距路面的高度可根据实际情况减小，但不宜小于120cm。设置在有行人、非机动车道的路侧时，标志板下缘距路面的高度应大于180cm。

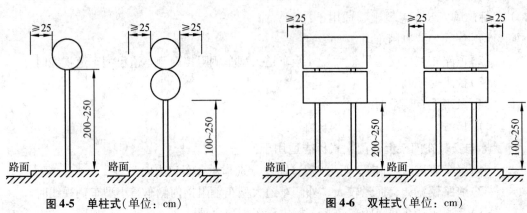

图4-5   单柱式（单位：cm）   图4-6   双柱式（单位：cm）

（2）标志安装在悬臂上时，安装高度不应低于550cm，并应考虑路面维修增高的因素，如图4-7所示。

（3）装在门架上时，安装高度应按道路通行净空高度要求确定，一般应大于600cm，如图4-8所示。

（4）采用附着式安装时，安装高度应符合上述（1）~（3）的规定，如图4-9所示。

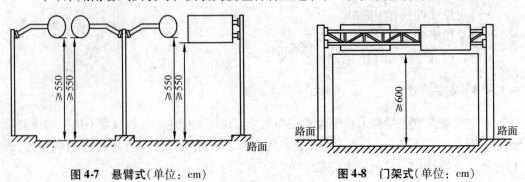

图4-7   悬臂式（单位：cm）   图4-8   门架式（单位：cm）

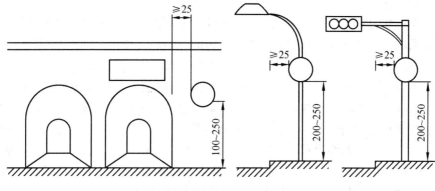

图4-9　附着式(单位：cm)

4.1.4.4　设置位置

道路标志的位置应根据标志的类别确定，应充分考虑道路使用者对标志感知、识别、理辞、行动的特性，根据速度和反应时间确定合适的设置地点。

1）横向位置

位于路侧的各类标志板边缘至车行道路面边缘最小侧向安全距离，以及各类标志支撑结构竖向边缘至车行道路面边缘的最小侧向安全距离，应符合表4-9规定，如图4-10示例。

表4-9　标志及支撑结构边缘距车行道路面边缘的最小侧向安全距离

标志或支撑结构所在部位		中央分隔带			路侧分隔带或人行道		
道路设计速度/（km/h）		>60	60	<60	>60	60	<60
最小侧向安全距离/m	机动车道	0.5	0.25	0.25	0.5	0.25	0.25
	非机动车道	—	—	—	0.25	0.25	0.25

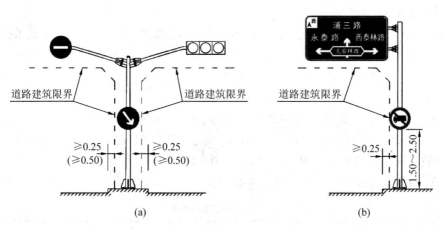

图4-10　标志及支撑结构边缘距车行道路面边缘的最小侧向安全距离(单位：m)

(a)中央分隔带部位路侧　(b)分隔带或人行道部位

2）纵向位置

驾驶人在读取标志信息时要经历对标志的发现、认读、理解和行动等过程，在判读标志并采取相应行动的过程中需要花费一定的时间，行驶一定的距离。因此，在确定标志的纵向设置位置时，一般要考虑驾驶人的行动特性。

如图4-11所示，标志S为路侧安装，设置在高速公路出口匝道的起点附近。通常，行驶过程中，驾驶人在视认点A处已发现标志S，在B点开始读取标志的信息，到C点可以把标志内容完全读完，这段距离称为读标志距离 l。读完标志后，应做出采取行动的判断，这段距离称为判断距离 j。然后，开始行动。这时，车辆已行驶到点D，从行动点D到行动完成点F（该点一般在出口匝道的分岔部、交叉路口或危险点等）的距离称为行动距离 L。驾驶人在这段距离内必须安全顺畅地完成必要动作，如变换车道、改变方向、减速或停车等。

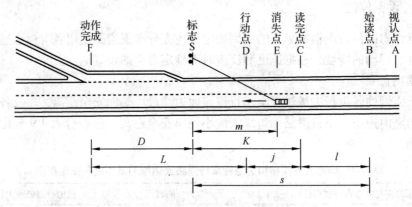

图4-11　标志的认读过程

从点B到标志S的距离，称为视认距离 s，从C点到标志S的距离称为读完后到标志的距离 K。如果该距离 K 比消失距离 m 要短，这就意味着不能从容读完标志，在C点到消失距离范围内，驾驶人就不能准确判读标志内容。因此，标志的设置地点必须满足 $K > m$ 的要求。

读完点C到标志S的距离 K，可根据标志的设置条件和文字大小按下式求得：

$$K = f(h^*) \qquad (4\text{-}1)$$

$$h^* = K_1 K_2 K_3 h \qquad (4\text{-}2)$$

$$f(h^*) = 5.67h^* \qquad (4\text{-}3)$$

式中：h^* 为有效文字高度；h 为实际文字高度；K_1 为文种修正系数，对于9画以内的汉字，$K_1 = 0.6$，笔画超过9画时 $K_1 = 0.5$，对于拉丁字母 $K_1 = 1.2$；K_2 为汉字复杂性修正系数，汉字的笔画少于10时 $K_2 = 1$，10～15画时 $K_2 = 0.9$，超过15画时 $K_2 = 0.85$；K_3 为行车速度修正系数，按表4-10选取。

表4-10　行车速度修正系数 K_3 值

道路设计速度 /(km/h)	徒步	20	30	40	50	60	70	80	90	100
K_3	1	0.96	0.94	0.91	0.89	0.87	0.85	0.82	0.79	0.77

4.1.4.5 设置角度

标志的安装应视实际情况调整其水平或俯仰角度，使其版面垂直于行车方向，并符合下列要求：

（1）标志安装应减少对驾驶人的眩光；

（2）标志安装角度宜根据设置位置，道路的平、竖曲线线形进行调整；

（3）路侧标志应与车道中心线垂直或成一定角度，如图4-12（a）所示，其中指路和警告标志0°~10°，禁令和指示标志为0°~45°；

（4）道路上方的标志应与道路中心线垂直并与道路垂直线成0°~10°俯角（β），如图4-12（b）所示。

（5）立柱应保持垂直，其倾斜度不应大于立柱高度的0.5%，且不允许向车行道一侧倾斜。

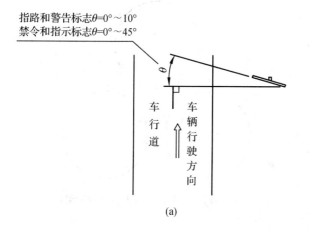
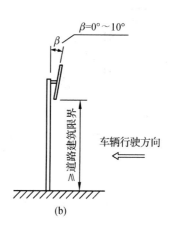

图4-12　标志安装角度
（a）路侧标志　（b）行车道上方标志

4.1.4.6 交通标志的并设

（1）同一地点需要设置两种以上标志或者已设有交通标志的地点需新设标志时，可以安装在一根标志杆上，但不应超过4种。

（2）多块标志在一根杆上并设时，应按警告、禁令、指示的其顺序，先上后下、先左后右排列。具体排列顺序为：警告标志，限速标志，禁止通行，禁止驶入标志，禁止超车、禁止调头、禁止转弯标志，限重、限高标志，禁停、禁鸣标志，指示行驶方向和行驶车道标志，单向行驶标志，机、非专用道标志，停车场标志，人行横道标志，指路标志。

（3）内容相近的标志设在同一根杆上时，应左右分开。有辅助标志的主标志和无辅助标志的标志并设时，原则上应左右分开。

（4）必须单独设置的标志：解除限制速度标志、解除禁止超车标志、线形诱导标志、分（合）流诱导标志、干路先行标志、会车先行标志、会车让行标志、停车让行标志、减速让行标志。

（5）有辅助标志的主标志与没有辅助标志的标志并设时，应如图4-13所示安装。辅助标志须安装在被说明的主标志下缘，只对该标志起说明作用。主标志下方的辅助标志的下端，距地高为200~250cm，两侧距路缘石≥250cm。当需要两种以上内容对主标志进行说明时，可采用组合形式，但组合的内容不应多于3种。

（6）标志板与标志板之间安装间距应不大于2cm，如图4-14所示。在立柱两侧分别安装标志板时，其横向间距为立柱直径的1~3倍，如图4-13（a）所示。标志分别安装在同一根悬臂式标杆的悬臂部分和立柱上时，安装间距不受此限。

（7）当两个同向单设标志的间距小于50m时，宜将标志合并设置。

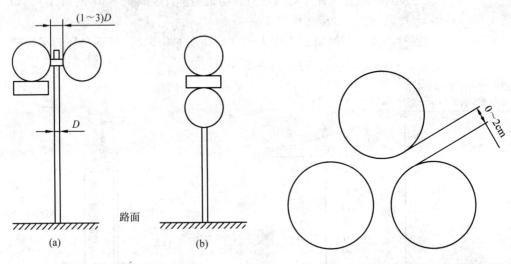

图4-13   主标志与辅助标志并设   图4-14   标志板与标志板之间安装间距

4.1.5   交通标志的构造

4.1.5.1   交通标志板

（1）标志应采用逆反射材料制作版面，也可以根据地形、日照情况，采用主动发光式或安装照明设备。主动发光标志和照明式标志在夜间均应具有150m以上的视认距离，其材料及制作要求及标志版面在白天和夜间的颜色应满足现行国家标准的规定。

（2）标志底板可采用铝合金板、薄钢板、合成树脂板材（如塑料、硬质聚氯乙烯板材或玻璃钢等）制作，板材相关指标及制作应符合现行国家标准的规定。在保证视认性前提下，标志板可分块制作，现场拼装。大型标志的板面结构（底板面积≥9m²），宜采用挤压成型的铝合金型材铝合金板拼装而成。推荐的挤压成型标志底板断面如图4-15所示。

（3）标志板背面应选用美观大方的颜色，铝合金板可采用原色。

（4）标志板厚度参照表4-11选择。挤压成型铝合金板的厚度按图4-15的规定执行。

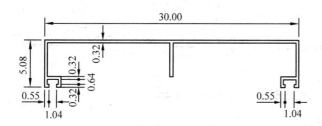 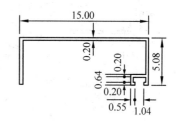

图4-15　挤压成型标志底板断面图（单位：cm）

表4-11　标志板最小厚度　　　　mm

标　志　名　称		铝合金板	合成树脂板
指示标志	小型	1.5	3.0
	大型	2.0	4.0
禁令标志	小型	1.5	3.0
	大型	2.0	4.0
警告标志	小型	1.5	3.0
	大型	2.0	4.0
指路标志	小型	2.0～3.0	4.0
	大型	3.0～3.5	5.0
辅助标志		1.5	3.0

注：①标志板面面积≥9m时应视为大型标志板。
　　②指示、禁令、警告标志包括多标志同一版面布置的情况。

一般结构的标志板，应采用型铝、型钢等滑槽加固，以方便与立柱连接。标志板的加固方式可参考图4-16选择使用。标志板的卷边加固形式可参考图4-17选择使用。

4.1.5.2　标志支撑件

标志支撑件可选用钢管、型钢、八角形钢柱或钢桁架，也可根据需要采用铝合金型材、合成材料、钢筋混凝土等材料制作，临时性的也可用木柱。钢柱应进行防腐处理，钢管顶端应加柱帽。标志柱的选择还应考虑与基础的连接方式。

钢制立柱、横梁、法兰盘及各种连接件，可采用热浸镀锌。立柱、横梁、法兰盘的镀锌量为550g/m²，紧固件为350g/m²。标志基础采用的水泥混凝土强度等级应大于等于C25。

各种标志立柱的断面尺寸、连接方式、基础大小等，应根据设置地点的风力、板面大小及支撑方式由计算确定。

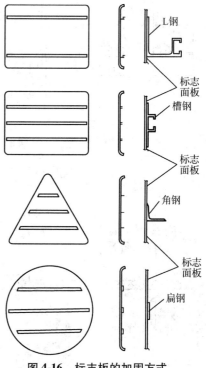

图4-16　标志板的加固方式

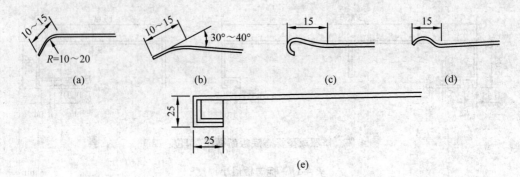

图 4-17　标志板卷边形式(单位：cm)

4.1.5.3　标志各结构件的连接

标志由底板、反光材料、滑槽、支撑件、基础和紧固件组成，各组成部件应牢固、防腐、耐用，紧固件应通用。标志板和立柱的连接应根据板面大小、拼接方式选用多种方法。在设计连接部件时，应考虑安装方便、连接牢固、板面平整。标志板和立柱的连接方法，可参考图 4-18。标志板的拼接方法可参考图 4-19。

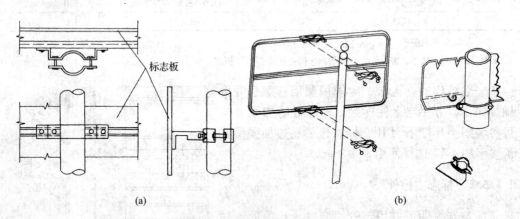

图 4-18　标志板和立柱的连接

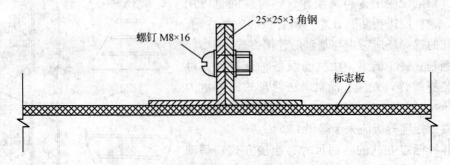

图 4-19　标志板拼接设计图(单位：mm)

4.1.6 交通标志的结构设计

交通标志在结构设计时,应该充分考虑到其在承受荷载时的力学强度、刚度和稳定性。同时,由于交通标志作为道路构造物,在进行结构设计时,还要兼顾其对道路美化所起的作用,尽量使其结构坚实美观,与道路沿线环境相协调。

交通标志的结构设计主要包括以下几方面的内容:

(1)载荷的计算与组合。

(2)立柱与横梁的设计和强度验算。

(3)立柱与横梁的变形验算。

(4)立柱与横梁的连接螺栓、立柱与基础的地脚螺栓的设计与强度验算。

(5)基础的设计与验算。

4.1.6.1 基本假设

(1)交通标志所受外荷载主要为风载,假设风载方向与标志板平面垂直。

(2)假设双柱式标志两立柱分别承受一半的风载,据此双柱式标志的计算可简化为单柱式的形式。

(3)悬臂式标志的横梁多于一根时,假设风载由各横梁平均承担,对于双悬臂标志,假设两标志板板面相同。

(4)对于门架式标志,假设其所受荷载关于其中心线对称。

(5)标志基础:标志的混凝土基础埋置深度较小(一般小于3m),假设基础四周土的摩阻力和弹性抗力忽略不计。

4.1.6.2 交通标志结构设计计算

交通标志所受的载荷包括永久载荷和可变载荷两部分,其中,永久载荷为交通标志的自重,可变载荷主要为风载。

1)荷载的计算与组合

(1)标志板所受的风载可按式(4-4)计算。

$$F_{wb} = \gamma_0 \gamma_Q \left[\left(\frac{1}{2} \rho C V^2 \right) \sum_{i=1}^{n} (W_{bi} \times H_{bi}) \right] / 1000 \tag{4-4}$$

式中:F_{wb} 为标志板所受的风载,kN;γ_0 为结构重要性系数,取 1.0;γ_Q 为可变载荷(主要为风载)分项系数,采用 1.4;ρ 为空气密度,一般取 1.2258N·s²·m⁻⁴;C 为风力系数,标志板 $C = 1.2$;V 为风速,应选用当地比较空旷平坦地面上离地 10m 高,统计所得的 30 年一遇 10min 平均最大风速值,V 值不得小于 20m/s;n 为标志板的数量;W_{bi} 为第 i 块标志板的宽度,m;H_{bi} 为第 i 块标志板的高度,m。

(2)立柱(横梁)所受的风载按式(4-5)计算。

$$F_{wp} = \gamma_0 \gamma_Q \left[\left(\frac{1}{2} \rho C V^2 \right) \sum_{i=1}^{n} (W_p \times H_{pn}) \right] / 1000 \tag{4-5}$$

式中:F_{wp} 为单根立柱(横梁)所受的风载,kN;C 为风力系数,圆管形立柱 $C = 0.8$,

薄壁矩形立柱 $C = 1.4$,其他型钢及组合型立柱 $C = 1.3$; n 为标志板的数量; W_p 为立柱(横梁)的迎风面宽度,m; H_{pn} 为立柱(横梁)的迎风面高度,m,注意应扣除被标志板遮挡的部分;其他参数意义同前。

2) 立柱(横梁)的设计与强度验算

(1)立柱式、双悬臂式标志的立柱设计与验算   立柱在这类结构中承受横向力作用,在其横截面上将产生正应力和剪应力,应分别进行验算。另外,还应对处于复杂应力状态下的危险点进行验算,然后根据形状改变比能理论(第四强度理论),建立强度条件。

(2)悬臂式标志的横梁设计与验算   与立柱相比,横梁在设计与验算时,还应考虑其自重(永久荷载)的影响,由于重力与风力作用方向不同,因此应对其进行组合或叠加。

相应地,横梁根部所承受的剪力也有两个,一个是由风载引起(Q_w),一个是由自重引起(Q_G),由于不同方向、不同力产生的最大剪应力值或同一位置由不同力产生的剪应力值有一定差距,因此在进行验算时,应取其最大值。

横梁根部危险点的位置与立柱相同,在计算危险点的正应力和剪应力时,应注意作用力的组合或叠加,最后根据第四强度理论建立强度条件。

(3)单悬臂式标志的立柱设计与验算   单悬臂式标志的立柱根部受到 2 个力和 3 个力矩的作用,如图 4-20 所示。

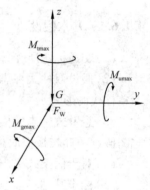

图 4-20   单悬臂标志立柱根部受力

风力为

$$F_w = F_{wb} + F_{wp} + F_{wbp} \times n_{beam} \tag{4-6}$$

重力为

$$G = \gamma_0 \gamma_G \left[\sum_{i=1}^{n_w} (W_{bi} \times H_{bi} \times T_{bi} \times u_{bi}) + H_{hp} \times n_{beam} \times u_h + H_p \times u_p \right] \tag{4-7}$$

由风载引起的弯矩为

$$M_{wmax} = F_{wb} \times \left[H_p - \left(\sum_{i=1}^{n_h} H_{bi} \right)/2 \right] + F_{wp} \times H_p/2 \tag{4-8}$$

由风载引起的扭矩(大小等于所有横梁根部承受的弯矩)为

$$M_{tmax} = F_{wb} \times \left[H_{hp} - \left(\sum_{i=1}^{n_w} W_{bi} \right)/2 \right] + F_{whp} \times \left[H_{hp} - \left(\sum_{i=1}^{n_w} W_{bi} \right) \right]/2 \tag{4-9}$$

由横梁和标志板自重引起的弯矩为

$$M_{gmax} = \gamma_0 \gamma_G \left\{ \sum_{i=1}^{n_w} \left[W_{bi} \times H_{bi} \times T_{bi} \times u_{bi} \times H_{hp} - W_{bi}/2 \right) \right] + H_{hp} \times n_h \times (H_{hp}/2) \times n_{beam} \right\}$$

$$\tag{4-10}$$

式(4-6)~式(4-10)中: F_{wbp} 为单根横梁所受的风载,kN; n_{beam} 为横梁的数目; T_{bi} 为第 i 块标志板的厚度,m; n_w 为沿横梁长度方向的标志板数量; u_{bi} 为第 i 块标志板的比重,kN/m^3; H_{hp} 为单根横梁长度,m; H_p 为立柱的高度,m; u_h 、 u_p 为横梁、立柱单位长度的重力，kN/m；n_h 为沿立柱高度方向的标志板数量；γ_G 为永久载荷(结构重量)分项系数，取 1.4。

一般情况下，标志立柱属于薄壁杆件。由于单悬臂标志立柱所受外力不通过截面的剪力中心，因此它将同时受到弯曲和扭转的共同作用，并且，除圆管形立柱外，其他形式的立柱受扭后，其横截面在纵轴方向不能自由地凸凹翘曲，纵向纤维有轴向变形，这种扭转称为约束扭转。此时，薄壁截面除有弯曲应力外，还将产生可以与基本应力达到相同数量级的扭转正应力和扭转剪应力。

因此，单悬臂型标志结构立柱的强度验算，分为两部分：一部分为按横力弯曲的方法进行计算，另一部分按约束扭转的薄壁杆件理论计算(圆管形立柱除外)，然后将结果进行叠加。

(4)门架式标志的立柱与横梁的设计与验算　由于门架的各杆轴线均在同一平面内并根据有关假设，风载垂直于该平面。因此，平面刚架将承受垂直于门架平面的剪力和扭矩。由于该结构为三次超静定，采用力学方法进行内力计算。

门架式标志的结构形式较多，以图 4-21 所示双横梁双立柱形式的门架为例，在恒载作用下，门架的任截面上将只产生绕门架法线方向的弯矩和门架平面内的轴力、剪力；在风载作用下，门架的任一截面上只有 3 种内力：绕位于门架平面内的主轴的弯矩、垂直于门架一平面的剪力和扭矩。根据结构的对称性，分别选择图 4-21(a)、(b)为基本结构，采用力法进行计算。

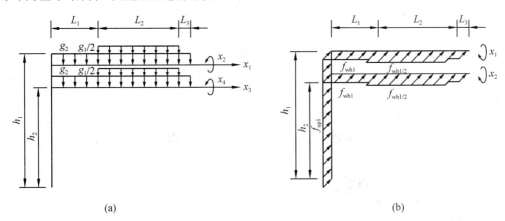

图 4-21　单悬臂标志立柱根部受力

(a)双横梁门架受力图　(b)双横梁门架受力图

内力求出后，即可按叠加法求得各横梁和立柱的弯矩、扭矩和剪力等内力，然后再根据前述方法进行横梁和立柱的设计与验算。

3)立柱(横梁)的变形验算

根据经验，按照强度条件设计的标志和立柱或横梁截面往往过于单薄，此时，刚度条件可能起控制作用。因此，对于各类交通标志的结构，构件的变形验算是必不可少的，这也是其有别于其他土建结构物的一个显著特点。对于悬臂式和门架式的标志，由于在自重作用下，横梁会自然下垂，因此变形的验算也可为横梁预拱度的设计提供依据。

在工程实践中，立柱或横梁的挠度容许值通常用容许的挠度与其跨长比值 (v/H_p) 作为标准。土建工程方面，v/H_p 的值常限制在 $1/1000 \sim 1/100$ 范围内，根据标志结构的具体特点，v/H_p 的值在 $1/150 \sim 1/100$ 范围内选择，既能满足基本使用要求，又不致过分提高造价。

立柱或横梁的变形验算，可分别求得每项荷载单独作用下梁的挠度 v 和转角 θ，然后按照叠加原理进行叠加。

4）立柱与横梁的连接螺栓、立柱与基础的地脚螺栓的设计与强度验算

作为连接件的普通连接螺栓和地脚螺栓均将承受拉力的作用。应使其所承受的最大拉力满足承载力设计值的要求。

（1）柱式、双悬臂式标志立柱与基础的连接 立柱根部承受轴心力（自重）和力矩（由风载引起的弯矩）的作用，应使

$$N_{max} \leqslant N_t^b \tag{4-11}$$

式中：N_{max} 为单个地脚螺栓所承受的最大拉力值；N_t^b 为单个地脚螺栓的承载力设计值。

（2）悬臂式标志立柱与横梁的连接 横梁根部承受由水平方向的风载引起的剪力和弯矩、由垂直方向的重力引起的剪力和弯矩，不同方向的剪力和弯矩经组合后。应满足：

$$\sqrt{\left(\frac{N_V}{N_V^b}\right)^2 + \left(\frac{N_{max}}{N_t^b}\right)^2} \leqslant 1 \tag{4-12}$$

$$N_V \leqslant N_c^b \tag{4-13}$$

式中：N_V 为每个普通螺栓所承受的剪力平均值；N_V^b 为每个普通螺栓按受剪计算的承载力设计值；N_{max} 为每个普通螺栓所承受的最大拉力值；N_t^b 为每个普通螺栓的承载力设计值；N_c^b 为每个普通螺栓按承压计算的承载力设计值。

（3）单悬臂式标志立柱与基础、门架式标志立柱与横梁和立柱与基础的连接 单悬臂式标志立柱与基础连接处、门架式标志立柱与横梁以及立柱与基础连接处将承受由水平方向的风载引起的剪力和弯矩及扭矩、由垂直方向的重力引起的轴心力和弯矩，应满足的强度条件同式(4-12)、式(4-13)，但应计扭矩的影响。

5）基础的设计与验算

（1）基础的设置位置 交通标志的基础，一般设置在压实度良好的土路堤或三角地带，当所处位置不宜设基础时，也可以设置在挖方路段的碎落台或大型桥梁上。

（2）基础设计 交通标志的基础，埋深一般小于 3m，属于浅基础，可以设计成不必配置受力钢筋的刚性基础；位于桥梁上的标志，应通过计算配置必要的受力钢筋；当刚性基础过于庞大或标志位置处于土质不良地段时，可以考虑设计桩基础。

（3）基础的验算 包括以下 4 个方面计算：

①基底应力计算。确定基础的埋置深度和构造尺寸后，先根据最不利情况下的荷载组合计算基底的应力，应尽量避免基底出现负应力（基底负应力面积不大于全部面积的 $1/4$），否则应考虑基底应力的重分布。基底发生的应力不超过地基持力层的强度，即地基容许承载力。

②基底合力偏心距验算。基底合力偏心距应不超过基底的核心半径，使基底应力尽可能分布比较均匀，以免基底两侧应力相差过大，基础产生较大的不均匀沉降。

③基底倾覆稳定性验算。应使抗倾覆稳定系数大于 1.3。

④基础滑动稳定性验算。应使抗滑动稳定系数大于 1.3。

4.2　道路交通标线设计

道路交通标线是交通安全设施的重要组成部分，是由标划于路面上的各种线条、箭头、文字、立面标记、突起路标和轮廓标等所构成的交通安全设施。它的作用是管制和引导交通，可以与标志配合使用，也可单独使用。

4.2.1　交通标线的分类

(1)道路交通标线按设置方式可分为以下 3 类：

①纵向标线。沿道路行车方向设置的标线。

②横向标线。与道路行车方向成角度设置的标线。

③其他标线。字符标记或其他形式标线。

(2)道路交通标线按功能可分为以下 3 类：

①指示标线。指示车行道、行车方向、路面边缘、人行道等设施的标线。

②禁止标线。告示道路交通的禁行、禁止、限制等特殊规定，车辆驾驶人及行人需严格遵守的标线。

③警告标线。促使车辆驾驶人及行人了解道路上的特殊情况，提高警觉，准备防范应变措施的标线。

(3)道路交通标线按形态可分为以下 4 类：

①线条。标划于路面、缘石或立面上的实线或虚线。

②字符标记。标划于路面上的文字、数字及各种图形符号。

③突起路标。安装于路面上用于标示车道分界、边缘、分合流、弯道、危险路段、路宽变化、路面障碍物位置的反光或不反光体。

④路边线轮廓标。安装于道路两侧，用以指示道路的方向、车行道边界轮廓的反光柱(或片)。

(4)道路交通标线的标划区分如下：

①白色虚线。划于路段中时，用以分隔同向行驶的交通流或作为行车安全距离识别线；划于路口时，用以引导车辆行进。

②白色实线。划于路段中时，用以分隔同向行驶的机动车和非机动车，或指示车行道的边缘；设于路口时，可用作导向车道线或停止线。

③黄色虚线。划于路段中时，用以分隔对向行驶的交通流。划于路侧或缘石上时，用以禁止车辆长时在路边停放。

④黄色实线。划于路段中时，用以分隔对向行驶的交通流；划于路侧或缘石上时，用以禁止车辆长时或临时在路边停放。

⑤双白虚线。划于路口时，作为减速让行线；设于路段中时，作为行车方向随时间改变的可变车道线。

⑥双黄实线。划于路段中时，用以分隔对向行驶的交通流。

⑦黄色虚实线。划于路段中时，用以分隔对向行驶的交通流。黄色实线一侧禁止车辆超车、跨越或回转，黄色虚线一侧在保证安全的情况下准许车辆超车、跨越或回转。

⑧双白实线。划于路口时，作为停车让行线。

4.2.1.1 指示标线

指示标线用于指示道路上各交通主体机动车、非机动车、行人各自通行的位置和方向。按设置方式指示标线可分为以下几类：

（1）纵向标线 可跨越对向车行道分界线、同向车行道分界线、潮汐车道线、车行道边缘线、待行区线、路口导向线、导向车道线。

（2）横向标线 人行横道线、车距确认线。

（3）其他标线 道路出入口标线、停车位标线、停靠站标线、减速丘标线、导向箭头、路面文字标记、路面图形标记。

4.2.1.2 禁止标线

禁止标线用于限制道路使用者必须严格遵守的通行准则，各行其道，注意道路交通安全，以准备防范应对措施。

禁止标线按设置方式可分为：纵向禁止标线、横向禁止标线和其他禁止标线 3 种类别。

纵向禁止标线按功能可分为禁止跨越对向车行道分界线、禁止跨越同向车行道分界线和禁止停车线 3 类。

横向禁止标线按功能可分为停止线、停车让行线和减速让行线 3 类。

其他禁止标线按功能可分为非机动车禁驶区标线、导流线、网状线、专用车道线和禁止掉头（转弯）线 5 类。

4.2.1.3 警告标线

警告标线用于促使车辆驾驶人及行人了解道路上的特殊情况，提高警觉，准备防范应变措施的标线。

警告标线按设置方式可分为纵向标线、横向标线和其他标线三大类。

纵向标线包括路面（车行道）宽度渐变标线、接近障碍物标线和铁路平交道口标线。

横向标线包括减速标线。

其他标线包括立面标记和实体标记。

4.2.2　交通标线的基本要求

4.2.2.1　一般规定

城市道路交通标线应由施划或安装于城市道路上的各种线条、箭头、文字、图案及立面标记、突起路标和轮廓标等交通安全设施所构成，向道路使用者传递有关道路交通的规则、警告、指引等信息。

交通标线设置应遵循下列原则：

(1)应符合道路设计要求，充分体现道路总体设计的意图。

(2)应与交通实际运行特点相适应，有利于道路交通的安全与畅通。

(3)应与交通标志设置配合使用，相互协调，相互补充。

(4)应遵循适当设置的原则，避免出现传递信息过量或不足的情况出现。

(5)应与周边其他交通设施表达的信息相匹配，避免出现传递的交通信息矛盾。

(6)应合理有效地对交叉口进行渠化，提高交叉口的通行能力。

(7)应保证交通标线在使用期间的可视性，及时对交通标线进行维护。

4.2.2.2　交通标线的基本要素

(1)交通标线的颜色主要为白色和黄色：黄色表示重要提示，传达禁止、限制、警告等信息，主要用来分隔对向车道；白色表示提示，传达重要的提示信息，主要用来分隔同向车道；为表达一些特殊意义，采用的颜色还包括红色、蓝色、黑色及橙色。

(2)交通标线的线型可分为虚线和实线，虚线表示可穿越，实线表示禁止穿越。

(3)交通标线的宽度大小表示标线的强调程度和重要性，标线越宽，提示道路使用者应该特别注意。

4.2.2.3　交通标线的材料要求

(1)用于施划道路交通标线的涂料，应符合下列要求：

①良好的抗滑性能，不低于所在道路路面的抗滑要求，保证行车安全。

②良好的耐磨性能，保证正常的使用寿命。

③良好的可视性，具备良好的反射能力，保证白天和夜晚都有良好的能见度。

④干燥时间短，操作简单，利于施工。

⑤良好的环保性能。

(2)城市快速路、主干路应采用反光标线，次干路、支路及其他道路可根据需要采用反光标线。

(3)在规定的使用期限内，标线不应出现明显的变色。道路交通标线颜色的色度性能应符合相关的规定。

(4)标线的厚度根据其种类、设置位置及施工工艺，应符合表4-12的要求。

表4-12 标线的厚度   mm

序号	标线种类	标线厚度	备 注
1	溶剂型	0.3~0.8	湿膜
2	热熔普通型	0.7~2.5	干膜
3	热熔突起型	3~7	干膜。若有基线，基线厚度为1~2
4	双组分	0.4~2.5	干膜
5	水性	0.3~0.8	湿膜
6	树脂防滑型	4~5	骨材粒径2.0~3.3
7	预成型标线带标线	0.3~2.5	

4.2.3 典型交通标线的设计

4.2.3.1 可跨越对向车行道分界线

1）一般规定

（1）可跨越对向车行道分界线用于分隔对向行驶的交通流，准许车辆越线超车或转弯。

（2）可跨越对向车行道分界线采用黄色虚线，线宽15cm，线段及间隔长度分别为4m和6m。

2）设置条件

（1）双向两车道道路，车行道宽度≥6m，在满足超车视距，交通量较小的一般平直路段，应施划可跨越对向车行道分界线。

（2）双向非机动车道专用道，宽度≥5m时，应施划可跨越对向车行道分界线。

3）设置方法

可跨越对向车行道分界线应设置在双向车道的几何分界线上，设置示例如图4-22所示。

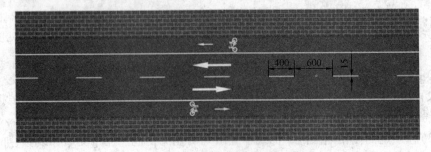

图4-22 可跨越对向车行道分界线

4.2.3.2 可跨越同向车行道分界线

1）一般规定

（1）可跨越同向车行道分界线，用于分隔同向行驶的交通流，标识车辆行驶通道位置，准许车辆短时越线、变换车道行驶。

（2）可跨越同向车行道分界线采用白色虚线，线宽 10cm 或 15cm，当设计速度 ≥60km/h，线段及间隔长度分别为 6m 和 9m；当设计速度 <60km/h，线段及间隔长度分别为 2m 和 4m。

2）设置条件

同向行驶有两条或两条以上机动车道，在准许车辆越线变换车道行驶时，应施划可跨越同向车行道分界线。

3）设置方法

可跨越同向车行道分界线应设置在同向行驶的车行道分界线上。设置示例如图 4-23 所示。

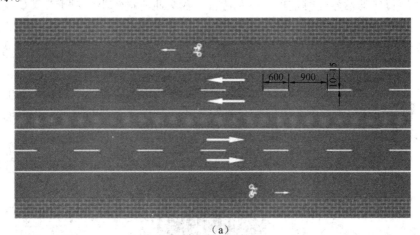

（a）

（b）

图 4-23　可跨越对向车行道分界线
（a）设计速度≥60km/h　（b）设计速度<60km/h

4.2.3.3 待行区线

1）一般规定

（1）待行区线用于指示车辆提前进入交叉口待行区域等待的位置。按功能，待行区线主要包括左弯待转区，直行待行区。左弯待转区指示左转车辆在本方向直行放行时段提前进入交叉口左弯待转区等候位置。直行待行区指示直行车辆在横向放行左转弯时段提前进入交叉口直行待行区等候位置。

（2）待行区线采用白色虚线，线宽15cm，虚线的线段及间隔长度均为0.5m，前端为停止线。待行区内施划的导向箭头长3m。漆划的白色文字字高150cm，字宽100cm，间距50cm。

2）设置条件

在交叉口范围较大，或者畸形路口，出口道指向不明确，且设有专用左转、直行信号和专用左转、直行导向车道，交通流量较大时，宜设置待行区线。待行区过短，或者进入等待区的信号配时过短，以及待行车辆交通流量较小，对于交叉口通行能力无明显改善时，不宜设置待行区。

3）设置方法

（1）左弯待转区的信号相位分配采用先放行本方向直行，后放行本方向左转。

（2）直行待行区的信号相位分配采用先放行横向左转，后放行本方向直行。

（3）待行区设置于专用车道前端，伸入交叉口，在有条件的地点，还可以一条车道对应多条待行车道，但不得超过对应出口道车道数。

（4）待行区的设置不得影响其他方向车辆的正常行驶。待行区线之间不得相互交叉。

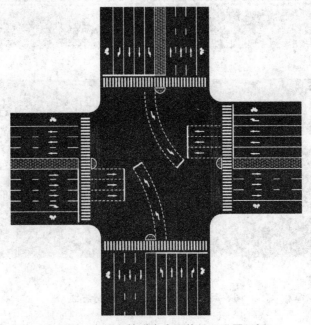

图4-24　直行左转联合应用待行区设置示例

（5）待行区内宜同时施划箭头和白色文字，箭头在起始位置和停止线前各施划一组，根据待行区长度可调整设置箭头组数，较长时可中间加设一组，较短时仅最前端设一组。文字在待行区内居中。直行待行区宜与可变电子信息牌联合使用。设置示例如图4-24所示。

4.2.3.4　导向车道线

1）一般规定

（1）导向车道线是设置于交叉口进口道的禁止跨越同向车行道分界线，指示车辆在导向车道线内不容许变换车道，并根据信息提示，按导向方向行驶。

（2）导向方向固定的车道，导向车道线采用白色实线，线宽应为10cm或15cm。导向方向可变的车道，导向车道线称之为可变导向车道线。

2）设置条件

（1）在交叉口进口道，为规范车辆在指示的导向车道内行驶，维护交通秩序，禁止车辆变换车道而引起交通混乱，应施划导向车道线。

（2）交叉口进口道随时间不同，各方向行驶的交通量有显著变化，且由于车道导向方向不及时变换导致部分车道较空，部分车道严重延误和排队，则需要根据不同时段变化车道的导向方向时，宜设置可变导向车道线。

3）设置方法

（1）导向车道线设置于交叉口进口道各导向车道两侧。

（2）导向车道线的长度由交叉口车辆排队长度、几何线形、交叉口间距、交通管理需要综合确定。宜为15~70m。

（3）可变导向车道线应配合可变车道行驶方向标志使用，在其内部不应设置导向箭头。且长度应不小于其他导向车道线的设置长度，设置示例如图4-25所示。

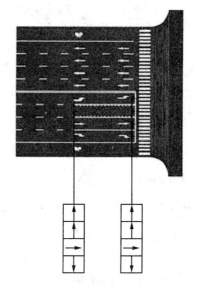

图4-25　路口可变导向车道线设置示例

4.2.3.5　人行横道线

1）一般规定

（1）人行横道线用于指示准许行人横穿道路的位置，并提醒机动车驾驶人减速或停车避让行人。

（2）人行横道线采用白色平行粗实线，线宽40cm或45cm，线间隔一般为60cm，最大不应超过80cm。人行横道宽度3~8m，以1m为一级加宽。

2）设置条件

下列情况下，无过街人行天桥或地道等其他过街设施时，应设置人行横道线：

（1）平面交叉口。

（2）支路上的大型公共建筑、卖场超市、学校、幼儿园、医院、养老院、地铁站门口前。

（3）路段上，路侧有出入口或人流集中区域，高峰小时横穿道路人流量大、集中的位置。

人行过街通道满足设置间距要求。主干路人行过街通道间距≤400m，次干路人行过街通道间距≤350m，支路人行过街通道间距≤250m。人行过街通道的设置间距宜采用表4-13中的数值。

表4-13　人行过街通道设置间距　　　　　　　　　　　　　　　　m

道路所处区域	人行过街设施间距	道路所处区域	人行过街设施间距
城市商业区	100～150	城市中心区	150～300
城市边缘区	250～350	郊　区	500～800

3）设置方法

人行横道线通常与道路中心线垂直，特殊情况下，与中心线夹角不宜小于60°或大于120°，其条纹应与道路中心线平行。实际中尽量使车辆车轮穿过标线的间隔部分，减少车轮对标线的磨损，并可根据车行道宽度调整线间隔距离，车道数较多时，线间隔取高值，最大不应超过80cm。行人过街交通量特别大的路口，可并列设置两道人行横道线，使斑马线虚实段相互交错，并辅以方向箭头指示行人靠左右分道过街。设置示例如图4-26所示。

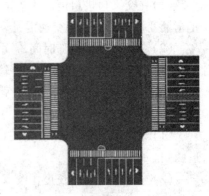

图4-26　人行横道过街设计示例

人行横道线位置应灵活，尽量靠近交叉口设置，选择人行横穿的最短距离，并考虑几个方向人行横道的连续性，并与路侧人行步道上的无障碍坡道出口相对，两端应避开电线杆、灯杆、广告牌、树木、草坪等影响行人正常行走的永久性设施。

4.2.3.6　道路出入口标线

1）一般规定

（1）出入口标线用于引导驶入驶出车辆的运行轨迹。

（2）出入口标线由纵向标线和三角地带标线组成。标线采用白色。三角地带导流线的斜线均偏向行驶方向，鼻端箭头对着车辆前进方向。

2）设置条件

连续流路段，车辆由不同地点驶入同一路段或同一路段驶出至不同地点时，设置出入口标线。在交叉口处或同一路段的同一方向的车道增加缩减均采用导流线设置。

3）设置方法

快速路主线与匝道之间的出入口标线按下列方法设置：

（1）单车道匝道驶入主线时，设置示例如图4-27～图4-29所示。

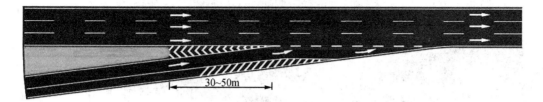

图 4-27 单车道匝道直接式驶入主线

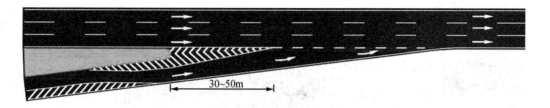

图 4-28 单车道匝道设置偏置加宽直接式驶入主线

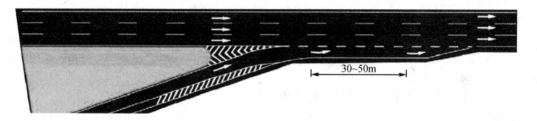

图 4-29 单车道匝道平行式驶入主线

（2）单车道匝道驶出主线时，设置示例如图 4-30、图 4-31 所示。

图 4-30 单车道匝道直接式驶出主线

图 4-31 单车道匝道平行式驶出主线

（3）双车道匝道驶入主线时，设置示例如图 4-32、图 4-33 所示。

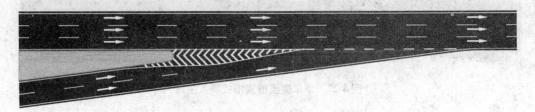

图 4-32　双车道匝道直接式驶入主线

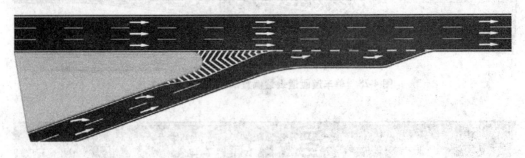

图 4-33　双车道匝道平行式驶入主线

（4）双车道匝道驶出主线时，设置示例如图 4-34、图 4-35 所示。

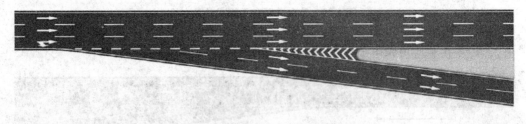

图 4-34　双车道匝道直接式驶出主线

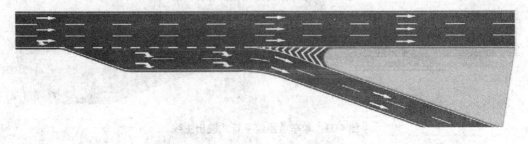

图 4-35　双车道匝道平行式驶出主线

4.3 交通信号设施设计

经过调查统计发现,将城市道路相互连接起来构成道路交通网的城市道路平面交叉口,是造成车流中断、事故增多、延误严重的问题所在,是城市交通运输的瓶颈。一般而言,交叉口的通行能力要低于路段的通行能力,因此如何利用交通信号控制保障交叉口的交通安全和充分发挥交叉口的通行效率,引起了人们的高度关注。交通信号设施设计是交通管理设施设计中非常重要的一项内容。

4.3.1 交通信号的基本概念

交通信号的作用是分配给互相冲突的交通流以有效的通行权,使交通流运行安全和延迟最少。绿灯是通行信号,面对绿灯的车辆可以直行、左转弯和右转弯,除非另有一种标志禁止某一种转向。左右转弯车辆都必须让合法的、正在路口内行驶的车辆和过人行横道的行人优先通过。红灯是禁行信号,因为在可见光中红光的电磁波最长,易于为人们在较远距离外辨认,为保证交通安全,所以采用红灯为禁行信号。面对红灯的车辆必须在交叉路口的停车线后停车。黄灯是警告信号,面对黄灯的车辆不能越过停车线,但车辆已十分接近停车线而不能安全停车时,可以进入交叉路口。有的国家规定黄灯只能单独出现,有的规定黄灯可以与红灯同时出现,前者是警告信号,后者是预告信号。有些国家的人行横道灯也采用红黄绿三色信号灯,其中黄灯是警告行人这时不宜穿越马路。

在某种情况下,为了分离各种不同方向的交通流并对其提供独立的通行时间,可以用带箭头的灯来代替普通的绿信号灯。箭头信号灯有两种,一种是单独的绿箭头信号灯,面对这种信号灯的车辆只可沿着绿箭头所指示的方向行驶;另一种是带红灯的绿箭头信号灯,面对这种信号灯的车辆在不妨碍那些合法地在人行横道上行走的行人和正在合法地通过交叉路口的车辆通行的情况下,可以沿着箭头指示的方向行驶。

有的国家还采用一种闪动的交通信号灯,分黄闪灯、红闪灯和绿闪左转弯(靠右行驶的国家为右转弯)箭头信号灯三种。面对黄闪灯的车辆可以小心地通过交叉路口,面对红闪灯的车辆不得通行,面对绿闪左转弯或右转弯箭头信号灯的车辆除了可以直行之外还可以左转弯或右转弯。

目前,安装在交叉路口的交通信号灯多为自动控制的信号灯,有的是固定周期,有的是变周期。用信号灯控制一个交叉口交通的方式称为点控制;将一条道路上几个交叉口的信号灯联系起来,协调运转,这种控制交通的方式称为线控制;用计算机控制几条道路上的若干个交叉口的信号灯,使之协调运转,这种方式称为面控制。

4.3.2 交通信号设计基础知识

交通信号控制是指利用交通信号灯,对道路上运行的车辆和行人进行指挥。交通信号控制也可以描述为:以交通信号控制模型为基础,通过合理控制路口信号灯的灯色变化,以达到减少交通拥挤与堵塞、保证城市道路通畅和避免发生交通事故等目的。其中，交通信号控制模型是描述交通性能指标(延误时间、停车次数等)随交通信号控制参数(信号周期、绿信比和信号相位差)、交通环境(车道饱和流量等)、交通流状况(交通流量、车队离散性等)等因素变化的数学关系式，它是交通信号控制理论的研究对象，也是交通工程学科赖以生存和发展的基础。

4.3.2.1　交通信号与交通信号灯

交通信号是指在道路上向车辆和行人发出通行或停止的具有法律效力的灯色信息，主要分为指挥灯信号、车道灯信号和人行横道灯信号。交通信号灯则是指由红色、黄色、绿色的灯色按顺序排列组合而成的显示交通信号的装置。世界各国对交通信号灯各种灯色的含义都有明确规定，其规定基本相同。我国对交通信号灯的具体规定简述如下：

1)指挥灯信号

(1)绿灯亮时，准许车辆、行人通行，但转弯的车辆不准妨碍直行的车辆和被放行的行人通行。

(2)黄灯亮时，不准车辆、行人通行，但已越过停止线的车辆和已进入人行横道的行人，可以继续通行。

(3)红灯亮时，不准车辆、行人通行。

(4)绿色箭头灯亮时，准许车辆按箭头所示方向通行。

(5)黄灯闪烁时，车辆、行人须在确保安全的原则下通行。

2)车道灯信号

(1)绿色箭头灯亮时，本车道准许车辆通行。

(2)红色叉形灯亮时，本车道不准车辆通行。

3)人行横道灯信号

(1)绿灯亮时，准许行人通过人行横道。

(2)绿灯闪烁时，不准行人进入人行横道，但已进入人行横道的，可以继续通行。

(3)红灯亮时，不准行人进入人行横道。

4.3.2.2　交通信号控制的设置依据

实际上，并非所有的平面交叉路口都需要安装交通信号灯、设置交通信号控制。实践证明，在某些不宜设置交通信号控制的路口实施交通信号控制，反而会带来不良的控制效果。因此，平面交叉路口采用何种控制方式是一个有必要仔细研究的问题，需要引起设计者的足够重视。

平面交叉路口采用的控制方式主要有以下 4 种：停车让路控制、减速让路控制、信号控制和交通警察指挥控制。停车让路控制与减速让路控制是利用特定的交通标志对通过路口的支路车辆进行通行控制；信号控制是利用交通信号灯对通过路口的各个方向的车辆和行人进行通行控制；交通警察指挥控制则是通过交通警察在路口的现场指挥对通过路口的各个方向的车辆和行人进行通行控制。

停车让路控制要求支路车辆驾驶人必须在停止线以外停车观望，确认安全后，才可以通行。停车让路控制主要应用于以下一些情况：

（1）支路上的交通流量大大低于干道上的交通流量。

（2）从支路上的车辆来看，视距、视野不太良好。

（3）干道上的交通流复杂，车道多或是转弯车辆多。在采用这种控制方式的路口处，支路进口应有明显的"停"的交通标志。

减速让路控制要求支路车辆驾驶人应减速让行，观察干道行车情况，在确保干道车辆优先的前提下，认为安全时方可续行。减速让路控制主要应用在支路进口视线良好且主干道交通流量不大的交叉路口。在采用这种控制方式的路口处，支路进口应有明显的"让"的交通标志。

交通警察指挥控制要求驶入交叉口的车辆按照交通警察的指挥手势依次通行。与交通信号控制方式相比，交通警察指挥控制是一种较为原始的交通控制方式，但由于我国交叉口处的人车混行现象十分突出，城市居民的交通意识十分淡薄，许多驾驶人与行人在交叉口处对信号灯和交通标志根本不予理睬，随意行驶与横穿马路，因此交通警察指挥控制仍是一种非常有效的控制方式。交通警察指挥控制有利于对突发性事件的处理，对于暂时性交通流波动的出现具有很好的疏导作用。交通警察指挥控制主要应用于以下一些特殊情况：

（1）交通信号系统发生故障。

（2）交叉口发生交通事故，出现严重交通堵塞。

（3）大型活动或道路施工期间。

4.3.2.3 设置交通信号控制的利弊

停车让路控制与减速让路控制是保证主要道路车辆行驶通畅的两种主路优先控制方式；交通信号控制则是保证所有道路车辆依次获得交叉口通行权的控制方式，主路车辆与次路车辆分时享有交叉口的通行权。

如果次要道路上的车辆较多，此时合理地将停车/减速让路控制设置为交通信号控制，便可以使得主要道路与次要道路上的车辆连续紧凑地通过交叉口，从而增大整个交叉口的通行能力、改善次要道路上的通车、减少次要道路上车辆的停车与延误。如果次要道路上的车辆很少，此时不合理地将停车/减速让路控制设置为交通信号控制，则会因少量的次要道路车辆而给主要道路车辆增加许多不必要的红灯时间，从而大大增加主要道路上车辆的停车与延误，降低路口的利用率，甚至容易在交通量较低的交叉口上（或是交通量较低的时段内）诱发交通事故，这是因为当主要道路上遇红灯而停车的驾驶人在相当长的时间内并未看到次要道路上有车通行，就往往会引起故意或无意的闯红灯事件，从而诱发交通事故。

值得注意的是，交通信号控制的主要功能是在道路车辆相交叉处分配车辆通行权，使不同类型、不同方向的交通流有序高效地通过交叉路口，而并非是一种交通安全措施。当然，合理设置、正确设计的交通控制信号是可以兼有改善交通安全的效果的，但这只是交通信号控制主要目标的一个副产品。

4.3.2.4   设置交通信号控制的依据标准

设置交通信号控制虽有上述理论依据，但目前尚未总结出一套公认有效的计算方法。由于世界各国的交通条件与驾驶人心理存在一定的差异，各国需要根据上述理论依据，在充分考虑各自的交通实际状况后，制定出各自的交通信号控制设置标准。我国的 GB 14886—2006《道路交通信号灯设置与安装规范》对信号灯的安装就做出了如下规定：

（1）当进入同一交叉口高峰小时及 12h 交通流量超过表 4-14 所列数值及有特别要求的交叉口可设置机动车道信号灯。

（2）设置机动车道信号灯的交叉口，当道路具有机动车、非机动车分道线且道路宽度大于 15m 时，应设置非机动车道信号灯。

（3）设置机动车道信号灯的交叉口，当通过人行横道的行人高峰小时流量超过500 人次时，应设置人行横道信号灯。

（4）实现分道控制的交叉口应设置车道信号灯。

（5）每年发生人身伤害事故 5 次以上的交叉口。

表 4-14   交叉口设置信号灯的交通流量标准   pcu/h

主要道路宽度/m	主要道路交通流量		次要道路交通流量	
	高峰小时	12h	高峰小时	12h
<10	750	8000	350	3800
	800	9000	270	2100
	1200	13000	190	2000
>10	900	10000	390	4100
	1000	12000	300	2800
	1400	15000	210	2200
	1800	20000	150	1500

注：①表中交通流量按小客车计算，其他类型的车辆应折算为小客车当量。

②12h 交通流量为 7:00 ~ 19:00 的交通流量。

③单位中的"pcu"为交通量。

4.3.2.5   交通控制的分类

城市交通控制有多种方式，其分类也有很多种。从不同的角度看有不同的划分方式。

1）按控制策略分类

按控制策略的不同可分为以下三种类型：

（1）定时控制   交通信号按事先设定的配时方案运行，配时的依据是交通量的历史数据。一天内只用一个配时方案的称为单时段定时控制，一天内不同时段选用不同配时方案的称为多时段定时控制。定时控制方法是目前使用最广的一种交通控制方式,它比较适用于车流量规律变化、车流量较大(甚至接近于饱和状态)的路口。但由于其配时方案根据交通调查的历史数据得到,而且一经确定就维持不变,直到下次重新调整,因此,这种方式不能适应交通流的随机变化,因而其控制效果较差。

(2)感应控制 感应信号控制没有固定的周期,其工作原理为在感应信号控制的进口,均设有车辆检测器,当某一信号相位开始启亮绿灯,感应信号控制器内预先设置一个"初始绿灯时间"。到初始绿灯时间结束时,增加一个预置的时间间隔,在此时间间隔内若没有后续车辆到达,则立即更换相位;若检测到有后续车辆到达,则每检测到一辆车,就从检测到车辆的时刻起,绿灯相位延长一个预置的"单位绿灯延长时间"。绿灯一直可以延长到一个预置的"最大绿灯时间"。当相位绿灯时间延长到最大值时,即使检测器仍然检测到有来车,也要中断此相位的通行权,转换信号相位。感应式信号控制根据检测器设置的不同又可以分为半感应控制和全感应控制。只在交叉口部分进道口上设置检测器的感应控制称为半感应控制,在交叉口全部进道口上都设置检测器的称为全感应控制。感应控制方法由于可根据交通的变化来调节信号的配时方案,因此比定时控制方法有更好的控制效果,特别适用于交通量随时间变化大且不规则、主次相位车流量相差较大的路口。感应控制方法存在的缺陷在于,感应控制只根据绿灯相位是否有车辆到达而做出决策,而不能综合其他红灯相位的车辆到达情况进行决策,因此它无法真正响应各相位的交通需求,也就不能使车辆的总延误最小。

(3)自适应控制 连续测量交通流,将其与希望的动态特性进行比较,利用差值以改变系统的可调参数或产生一个控制,从而保证不论环境如何变化,均可使控制效果达到最优。自适应控制系统有两类,即配时参数实时选择系统和实时交通状况模拟系统。配时参数选择系统是在系统投入运行之前,拟定一套配时参数与交通量等级的对照关系,即针对不同等级的交通量,选择相应最佳的配时参数组合。将这套事先拟定的配时参数与交通量对应组合关系存储于中央控制计算机中。中央控制计算机则通过设在各个交叉口的车辆检测器反馈的车流通过量数据,自动选择合适的配时参数,并根据所选定的配时参数组合实行对路网交通信号的实时控制。实时交通状况模拟系统不需要事先存储任何既定的配时方案,也不需要事先确定一套配时参数与交通量的对应选择关系。它是依靠贮存于中央计算机的某种交通数学模型,对反馈回来的实时交通数据进行分析,并对配时参数作优化调整。配时参数的优化是以综合目标函数(延误时间、停车次数、拥挤程度及油耗等)的预测值为依据的。因此,它可以保证整个路网在任何时段都在最佳配时方案控制下运行。从总体来看,自适应系统的控制在很大程度上依赖于交通流数据的实时检测,因此系统对交通检测设备和交通数据传输设备的精度和可靠性要求很高。与定时系统相比,自适应控制系统的设备配置复杂得多,建设投资要高很多。

2)按控制结构分类

按控制结构可分为集中控制、分散控制和递阶控制。分述如下:

(1)在集中控制中,控制中心直接控制每个子系统,每个子系统只能得到整个系统的部分信息,控制目标相互独立。其优点是系统的运行有效性较高,便于分析和设计；但若中心有故障，则整个系统将瘫痪。

（2）在分散控制中，控制中心控制若干分散控制器。每个分散控制器控制一个独立的控制目标，即具体的子系统，此类结构的优点在于局部故障不至于影响整个系统，但全局协调运行较困难。

（3）在递阶控制中，当系统由若干个可分的相互关联的子系统构成，可将系统的所有决策单元按照一定优先级和从属关系递阶排列，同一级各单元受到上一级的干预，同时又对下一级单元施加影响。此类结构的优点是全局和局部控制器性能都较高，灵活性和可靠性好。

3）按照控制方式分类

按控制方式可分为方案选择和方案生成。

（1）方案选择式控制是在控制系统中存储适合各种交通流状况的多套配时方案，控制系统根据检测器送来的实时交通流、占有率等数据从方案库中选出一套控制信号灯的动作。这种控制方式在线计算量小，执行速度快，但由于存储的方案数总是有限，因而只能找到比较适合当时交通流状况的配时方案，而不是最优的。

（2）方案生成式控制能根据每个控制周期交通流的变动情况，自动进行信号周期、绿信比、相位差（甚至是相序）等控制参数的优化计算。此种控制方式在线计算量增大，但适应交通流变化的能力大大增强，能实现基于某个目标函数下的最优控制。方案生成式控制有多种形式，如自寻优控制、最优控制等。

4）按控制范围的不同分类

按控制范围的不同可以分为点控、线控和面控。

（1）点控　单点交叉口交通信号控制，通常简称为"点控制"。点控方式适用于相邻信号机间距较远、线控无多大效果时；或因各相位交通需求变动显着，其交叉口的周期长和绿信比的独立控制比线控更有效的情况。单路口的交通信号控制是最基本的交通控制形式，也是线控和面控系统的基础，其目的是通过合理的信号配时，消除或减少各向交通流的冲突点，同时使车辆和行人的总延误最小。单路口的交通信号控制主要分为定时控制、感应控制、实时自适应控制等，其中定时控制和感应控制是基本的交通控制方法。

（2）线控　线控方式是将一条主干道的一连串交叉路口作为控制对象。它要考虑这一连串交叉路口的交通流状况，并对其进行协调控制。

（3）面控　面控方式是将城市中某个区域中的所有信号化交叉路口作为控制对象，其控制方案相互协调，使得在该区域内某种指标，如总的停车次数、旅行时间、耗油量等最小。

由于任何一个交叉路口都处于整个城市交通网的大环境中，所以为了能够提高整个交通网络的通行能力，今后交叉口研究方向将趋向于多路口协调控制，即线控和面控。未来的交通信号控制仍然是点、线、面控制并存的形式。对于中小城市，仍将是点、线控制相结合的控制方式。对于大型城市，大多将采用网络控制方式。智能交通系统将是今后研究的热点。

4.3.2.6 交通信号控制参数

1) 时间参数

(1) 信号周期　信号周期是指信号灯色按设定的相位顺序显示一周所需的时间，即一个循环内各控制步伐的步长之和，用 C 表示。信号周期是决定交通信号控制效果优劣的关键控制参数。倘若信号周期取得太短，则难以保证各个方向的车辆顺利通过路口，导致车辆在路口频繁停车、路口的利用率下降；倘若信号周期取得太长，则会导致司机等待时间过长，大大增加车辆的延误时间。一般而言，对于交通量较小、相位(一个十字路口的两个方向的直行和左转都完成后所用的时间)数较少的小型路口，信号周期取值在 70s 左右；对于交通量较大、相位数较多的大型路口，信号周期取值则在 180s 左右。

(2) 绿信比　绿信比是指一个信号周期内某信号相位的有效绿灯时间与信号周期的比值，用 λ 表示。其表达式为

$$\lambda = \frac{t_{FG}}{C} \tag{4-14}$$

式中：t_{FG} 为有效绿灯时间。

某信号相位的有效绿灯时间是指将一个信号周期内该信号相位能够利用的通行时间折算为被理想利用时所对应的绿灯时长。有效绿灯时间与最大放行车流率(饱和流量)的乘积应等于通行时间内最多可以通过的车辆数。有效绿灯时间等于绿灯时间与黄灯时间之和减去部分损失时间，也等于绿灯时间与前损失时间之差再加上后补偿时间(后补偿时间等于黄灯时间减去后损失时间)。

$$\begin{aligned} t_{EG} &= t_G + t_Y - t_L \\ &= t_G - t_{FL} + t_{BC} \\ &= t_G - t_{FL} + t_Y - t_{BL} \end{aligned} \tag{4-15}$$

式中：t_G 为绿灯时间；t_Y 为黄灯时间；t_L 为部分损失时间；t_{FL} 为前损失时间；t_{BC} 为后补偿时间；t_{BL} 为后损失时间。

部分损失时间是指由于交通安全及车流运行特性等原因，在相位可以通行的时间段内没有交通流运行或未被充分利用的时间。部分损失时间由前损失时间和后损失时间两部分组成。前损失时间是指绿灯初期，由于排队车辆需要起动加速、驶出率较低所造成的损失时间。在绿灯初期车流量由小变大，由零逐渐上升到最大放行车流率。后损失时间是指绿灯时间结束时，黄灯期间停车线后的部分车辆已不许越过停车线所造成的损失时间。后补偿时间是指绿灯时间结束时，黄灯初期已越过停车线的车辆可以继续通行所带来的补偿时间。后损失时间与后补偿时间之和等于黄灯时间，恰恰也正反映了黄灯的过渡性与"两面性"。在黄灯期间车流量由大变小，由最大放行车流率逐渐下降到零。

绿信比是进行信号配时设计最关键的时间参数，它对于疏散交通流、减少车辆在交叉口的等待时间与停车次数都起着举足轻重的作用。某一信号相位的绿信比越大则越有利于该信号相位车辆的通行，但却不利于其他信号相位车辆的通行，这是因为所

有信号相位的绿信比之和必须小于 1。

（3）最短绿灯显示时间 最短绿灯显示时间是指对各信号相位规定的最低绿灯时间限值，用 G_m 表示。规定最短绿灯显示时间主要是为了保证车辆行车安全。如果绿灯信号持续时间过短，停车线后面已经起动并正在加速的车辆会来不及刹车或者使得驾驶人不得不在缺乏思想准备的情况下急刹车，这都是相当危险的，很容易酿成交通事故。

在定时信号控制交叉口，需要根据历史交通量数据确定一个周期内可能到达的排队车辆数，从而决定最短绿灯显示时间的长短；在感应式信号控制交叉口，则需要根据停车线与车辆检测器之间可以容纳的车辆数确定最短绿灯显示时间的长短。

（4）绿灯间隔时间 绿灯间隔时间是指一个相位绿灯结束到下一相位绿灯开始的这中间一段时间间隔，用 I 表示。设置绿灯间隔时间主要是为了确保已通过停车线驶入路口的车辆，均能在下一相位的首车到达冲突点之前安全通过冲突点，驶出交叉口。绿灯间隔时间，即相位过渡时间，通常表现为黄灯时间或黄灯时间加上全红时间。全红是指路口所有方向均显示红色信号灯，全红时间是为了保证相位切换时不同方向行驶车辆不发生冲突、清除交叉口内剩余车辆所用时间。

为了避免前一相位最后驶入路口的车辆与后一相位最先驶入路口的车辆在路口发生冲突，要求它们驶入路口的时刻之间必须存在一个末首车辆实际时间间隔，这个时间间隔由基本间隔时间和附加路口腾空时间两部分构成。其中，基本间隔时间是由车辆的差异性和运动特性决定的时间量，一般取值为 $2 \sim 3s$；附加路口腾空时间则是由路口特性决定的时间量，其长短大体上可以根据两股冲突车流分别从各自停车线到达同一冲突点所需行驶时间差来确定。在定时控制中，绿灯间隔时间可取为末首车辆实际时间间隔；而在感应控制中，如果在停车线前埋设了检测线圈，则该线圈可以测量到前一相位最后车辆离开停车线与前一相位绿灯结束之间的时间差，从而可以得到绿灯间隔的可压缩时间，因此此时的绿灯间隔时间可取为末首车辆实际时间间隔与绿灯间隔可压缩时间之差，从而提高路口的通行能力。

（5）损失时间 损失时间是指由于交通安全及车流运行特性等原因，在整个相位时间段内没有交通流运行或未被充分利用的时间，用 l 表示。损失时间等于绿灯显示时间与绿灯间隔时间之和减去有效绿灯时间，等于绿灯间隔时间与后补偿时间之差加上前损失时间，也等于部分损失时间与全红时间之和。

$$
\begin{aligned}
l &= t_G + I - t_{EG} \\
&= I - t_{BC} + t_{FL} \\
&= t_G + I - (t_G + t_Y - t_L) \\
&= t_L + t_R
\end{aligned}
\tag{4-16}
$$

式中：t_R 为全红时间。

对于一个信号周期而言，总的损失时间是指所有关键车流在其信号相位中的损失时间之和，用 L 表示。而关键车流是指那些能够对整个交叉口的通行能力和信号配时设计起决定作用的车流，即在一个信号相位中交通需求最大的那股车流。交叉口总的绿信比是指所有关键车流的绿信比之和，即所有关键车流的有效绿灯时间总和与信号周期之比值，可以用式(4-17)表示。

$$\sum_{k=1}^{n} \lambda_k = \frac{C - L}{C} \tag{4-17}$$

利用图 4-36 可以直观地反映以上各时间参数及其相互关系。

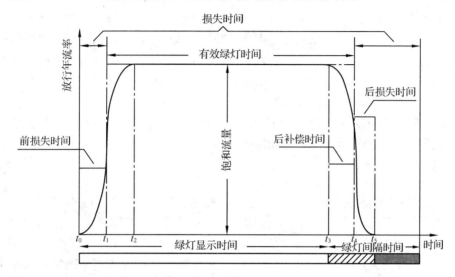

图 4-36　获得通行权的车流在其相位期间通过交叉口的流量图示

图中，t_0 对应绿灯启亮时刻，t_2 对应放行车流率达到饱和流量的时刻，t_3 对应黄灯启亮时刻，t_5 对应红灯启亮时刻。在 $t_0 \sim t_2$ 时间段，即放行车流率未达到饱和流量期间，放行车流率曲线与时间轴围成的面积等于该时间段内通过交叉口的车辆数，可以等效于以饱和流量放行时在 $t_1 \sim t_2$ 时间段内通过交叉口的车辆数，即等于以 $t_1 \sim t_2$ 为底边、以饱和流量为高所构成的虚线框的面积，因此图中 $t_0 \sim t_1$ 的线段长为前损失时间。类似可以推知 $t_3 \sim t_4$ 的线段长为后补偿时间，$t_4 \sim t_5$ 的线段长为后损失时间。

2）交通流参数

（1）交通流量　交通流量是指单位时间内到达道路某一截面的车辆或行人数量，用 q 表示。到达交叉口的交通流量是指单位时间内到达停车线的车辆数，其主要取决于交叉口上游的驶入交通流量，以及车流在路段上行驶的离散特性。交通流量通常随时间随机变化，且变化规律比较复杂，既包括规律性的变化，也包括非规律性的变化，换而言之，交通流量在不同的时间段内将围绕某一平均值上下波动。

（2）饱和流量　饱和流量是指单位时间内车辆通过交叉口停车线的最大流量，即排队车辆加速到正常行驶速度时，单位时间内通过停车线的稳定车流量，用 S 表示。饱和流量取决于道路条件、车流状况以及配时方案，但与配时信号的长短基本无关。具体而言，影响道路饱和流量大小的道路条件主要有车道的宽度、车道的坡度，影响道路饱和流量大小的车流状况，主要有大车混入率、转弯车流的比率、车道的功能，影响道路饱和流量大小的配时方案主要指信号相位的设置情况。

饱和流量值应尽量通过现场实地观测求得，但在某些情况下，尤其是在设计一个新的交叉口时，由于无法使用实测的方法求得饱和流量值，此时可以使用一些公式或图表来近似求取道路的饱和流量值。常用的计算方法有韦伯斯特法、阿克塞立科法、折算系数法、停车线法、冲突点法等。交叉口进口饱和流率的基本单元是车道饱和流率，是一条进口道在一次连续的绿灯时间内，能够连续通过停车线的折算为小轿车的最大车道数，用符号 s 表示，单位为"辆/（绿灯小时·车道数）"。

饱和流率的影响因素：车道饱和流率与道路条件、交通条件、渠化条件、信号条件、环境条件等有关系。道路条件是指车道宽度、车道坡度、转弯半径、时距等；交通条件是指车辆组成、车流分布、行人与自行车交通量等；区划条件是指机动车与非机动车的隔离、专用车道的设置等；信号条件是指相位组成；环境条件是指交叉口所处的地区是市区中心或非市区中心等。

（3）饱和流率的测量　车道饱和流率可以由实地观测求得。通常的计算方法是由测得的饱和车头时距换算为车道饱和流率，即

$$s = \frac{3600}{h_0} \tag{4-18}$$

式中：s 为车道饱和流率，辆/h；h_0 为饱和车头时距，s。

（4）车头时距的观测　在信号控制交叉口的进口道处，车辆在红灯期间受阻，在车道上排队。当信号变为绿灯时，车队开始起动。为测定车头时距，现设定一个观测线（一般停车线设为观测线）。当车辆通过观测线时，可以观测到车辆之间的车头时距：第一个车头时距指绿灯启亮时刻至第一辆车尾通过观测线所经历的时间，s；第二个车头时距指第一辆至第二辆车尾之间通过观测线所经历的时间，s。在绿灯启亮时刻，队列中第一个车的驾驶人对此作出反应，启动并加速驶离车道。这样，第一个车头时距占用较多的绿灯时间。队列中第二辆车通过观测线时，其车速比第一个车速高，第二个车头时距仍然比较长，但比第一个车头时距短。如此观测下去，每一个车头时距都比前一个短一些。当观测了几辆车后，并由于不存在起动反应和加速效应，这时后续车队均速行驶，并保持稳定的车头时距。在第 n 辆车之后出现了稳定的平均车头时距 h_0，即车道饱和车头时距。前 n 辆车的车头时距 h_i 均大于 h_0，两者的差值为 t_i，即

$$h_i = h_0 + t_i \tag{4-19}$$

式中：h_i 为第 i 个车头时距，s；h_0 为饱和车头时距，s；t_i 为第 i 个车头时距增量，s，$i = 1, 2, 3, \cdots, n$。

式（4-19）中，t_i 表示第 i 辆车由于起动反应和加速效应而多占用的绿灯时间，故又是第 i 辆车的损失时间。随着 i 由 1 增加至 n，此损失时间，即车头时距增量值 t_i 逐渐减少。前 n 辆车的起动损失时间之和就是绿灯信号时段的前损失时间 l_i，即

$$l_i = \sum t_i \tag{4-20}$$

式中：l_i 为绿灯信号时段前损失时间，s；t_i 为第 i 辆车的起动损失时间，s。

车道饱和流率与前损失时间的确定，如图 4-37 所示。设 $n = 5$，图 4-37 中短斜线分别表示前 5 辆车中每辆车的放行流率（离开率）a_i，$a_i = 3600/h_i$。图中一条长直斜线，其斜率为饱和流率 s，$s = 3600/h_0$，与横坐标相交处得到绿灯信号时段的前损失时间 l_i。

在测定饱和车头时距时，应选择有足够长队列的情况，使在绿灯信号时段内能观测到队列车辆持续放行。在观测时，通常放过开始的几辆车，从第 5 辆车通过观测线开始计时。

按上述公式求车道饱和流率：

从第 5 辆车通过观测线开始计时，一直到第 12 辆车通过观测线为止，共计时 14.54s，即共有（12 − 5）辆车通过观测线，共持续 14.54s，故得到饱和时距 h_0：

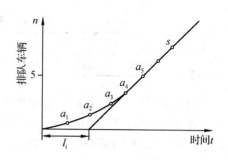

图 4-37　车道饱和流率与前损失时间的关系
s. 饱和流率　a. 放行流率　l_i. 前损失时间

$$h_0 = \frac{14.54}{12 - 5} = 2.08 \tag{4-21}$$

对某交叉口的每个进口道采取视频车头时距观测。

采取的数据见表 4-15、表 4-16 所列，h_0 为每个进口的平均车头时距。

通过对每个进口道车头时距的观测求得各进口道饱和流率，见表 4-17 所列。

表 4-15　各进口到采集的车头时距

东直		东左		西直		西左	
时间/s	样本	时间/s	样本	时间/s	样本	时间/s	样本
10.16	5	9.69	4	5.41	3	7.49	4
21.28	10	10.57	5	4.29	2	9.02	4
7.50	4	5.63	3	5.80	3	7.79	3
10.71	5	11.35	6	4.03	2	9.12	4
5.72	4	10.76	5	7.31	4	10.67	6
8.96	5	8.72	4	12.71	6	8.93	5
h_0	1.857	h_0	2.074	h_0	1.973	h_0	1.906

表 4-16　各进口到采集的车头时距

南直		南左		北直		北左	
时间/s	样本	时间/s	样本	时间/s	样本	时间/s	样本
5.83	3	6.6	3	4.82	2	2.09	1
9.79	4	3.9	3	5.16	3	10.52	4
9.32	4	4.4	2	7.54	2	5.19	3
10.02	5	3.5	1	7.69	3	1.97	1
13.41	7	9.68	4	11.03	3	4.4	2
16.8	6	8.27	6	6.942	6	9.936	6
h_0	2.240	h_0	1.851	h_0	1.812	h_0	1.89

表 4-17　各类进口道饱和流率　　　　　　　　　　　　　　辆/h

车道	东直	东左	西直	西左	南直	南左	北直	北左
s	1938	1735	1824	1888	1607	1945	1987	1901

（5）通行能力　通行能力是指在现有道路条件和交通管制下，车辆以能够接受的行车速度行驶时，单位时间内一条道路或道路某一截面所能通过的最大车辆数，用 Q 表示。其中，"现有道路条件"主要是指道路的饱和流量，"交通管制"主要是指交叉口的绿信比配置，而"能够接受的行车速度"对应于饱和流率。通行能力与饱和流量、绿信比之间的关系可以用式（4-22）表示。

$$Q = S\lambda = S \cdot \frac{t_{FG}}{C} \tag{4-22}$$

由式（4-22）可以看出，交叉口各方向入口道的通行能力是随其绿信比的变化而变化的，是一个可以调节的参量，具有十分重要的实际意义。加大交叉口某信号相位的绿信比也就是加大该信号相位所对应的放行车道的通行能力，使其在单位时间内能够通过更多数量的车辆，然而值得注意的是，某一信号相位绿信比的增加势必造成其他信号相位绿信比的下降，从而导致其他信号相位所对应的放行车道的通行能力相应下降。

（6）车道交通流量比　车道交通流量比是指道路的实际流量与饱和流量之比，用 y 表示。

$$y = \frac{q}{S} \tag{4-23}$$

由式（4-23）可以看出，车道交通流量比是一个几乎不随信号配时影响的交通参量，它在一定程度上反映了道路的拥挤状况，是进行信号配时设计的一个重要依据。

（7）临界车道组交通流量比　临界车道组交通流量比又称相位交通流量比，是指某信号相位中车道交通流量比的最大值，即关键车流的交通流量比。将信号周期内所有相位所对应的关键车流的交通流量比累加，即为交叉口的总交通流量比，用 Y 表示。交叉口的总交通流量比与临界车道组交通流量比是影响信号配时设计的两个重要因素，前者将决定信号周期大小的选取，后者则决定各相位绿灯时间的合理分配。

（8）饱和度　道路的饱和度是指道路的实际流量与通行能力之比，用 x 表示：

$$x = \frac{q}{Q} = \frac{q}{S} \cdot \frac{C}{t_{EG}} = \frac{y}{\lambda} \tag{4-24}$$

从式（4-24）可以看出：①当道路具有足够的通行能力即 $Q > q$ 时，其饱和度 $x < 1$；当道路不具有足够的通行能力即 $Q \leqslant q$ 时，其饱和度 $x \geqslant 1$。兼顾到路口通行效率与绿灯时间利用率，通常在交叉口的实际设计工作中为各条道路设置相应的可以接受的最大饱和度限值，又称饱和度实用限值，用 x_p 表示。x_p 一般设置在 0.9 左右。实践表明，当饱和度 x 保持在 0.8 ~ 0.9 之间时，交叉口可以获得较好的运行条件；当交叉口的饱和度接近 1 时，交叉口的实际通行条件将迅速恶化。②加大交叉口某信号相位的绿信比也就是降低该信号相位所对应的放行车道的饱和度。当然，某一信号相位绿信比的增加势必造成其他信号相位绿信比的下降，从而将会导致其他信号相位所对应

的放行车道的饱和度相应上升。因此，研究整个交叉口的总饱和度很关键。

交叉口的总饱和度是指饱和程度最高的相位所达到的饱和度值，而并非各相位饱和度之和，用 X 表示。对于某一确定的信号周期，当调节各个信号相位的绿信比使得各股关键车流具有相等的饱和度时，交叉口的总饱和度将达到最小值，此时式(4-25)成立。

$$X = x_1 = \frac{y_1}{\lambda_1} = x_2 = \frac{y_2}{\lambda_2} = \cdots = x_n = \frac{y_n}{\lambda_n} = \frac{\sum\limits_{k=1}^{n} y_k}{\sum\limits_{k=1}^{n} \lambda_k} = \frac{Y}{\dfrac{C-L}{C}} \tag{4-25}$$

式中：x_1，x_2，$\cdots$，x_n 分别表示各关键车流的饱和度。从交叉口总饱和度的定义可以推知，如果交叉口总的绿信比小于交叉口的总交通流量比，则说明该交叉口的总饱和度必将大于1，不具备足够的通行能力。

3）性能指标参数

（1）延误时间　车辆的延误时间是指车辆在受阻情况下通过交叉口所需时间与正常行驶同样距离所需时间之差。

由于单位时间段内到达交叉口的车辆数和车辆到达交叉口的时间间隔是随机变化的，因此，在每个信号周期内总有一部分车辆在到达交叉口停车线之前将受到红灯信号的阻滞，行驶速度降低，甚至被迫停车等待，并在等候一段时间后通过起动加速，逐渐穿过交叉口。图4-38描述了车辆在到达停车线前由于受到红灯信号的影响，逐渐减速停车，并在等待一段时间后，加速起动通过交叉口的全过程。

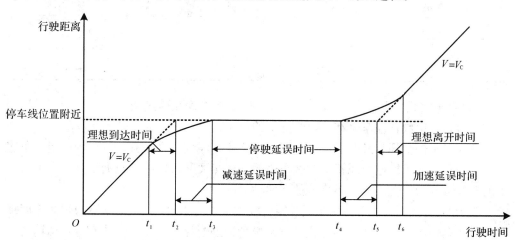

图 4-38　交叉口受阻滞车辆的行驶时间—距离图示

图中，t_1 对应车辆受红灯信号影响开始减速的时刻，t_2 对应车辆若不受红灯信号影响正常行驶到停车位置的时刻，t_3 对应车辆经过减速实际行驶到停车位置的时刻，t_4 对应车辆起动加速的时刻，t_6 对应车辆加速到正常行驶速度的时刻。可以看出，在 t_1 至 t_3 时间段，车辆处于减速运动过程，t_1 至 t_2 线段长等于车辆以正常行驶速度从开始减速的位置行驶到停车位置所需的时间，t_2 至 t_3 线段长即为车辆减速延误时间；在 t_4 至 t_6 时间段，车辆处于加速运动过程，t_5 至 t_6 线段长等于车辆以正常行驶速度从开始加速的位置行驶到车辆加速到正常行驶速度的位置所需的时间，t_4 至 t_5 线段长即为车辆加速延误时间。在 t_3 至 t_4 时间段，车辆处于停车等待状态，t_3 至 t_4 线段长即为车辆停驶延误时间。由车辆延误时间的定义可知，车辆通过交叉口的延误时间将由"减速延误时间""停驶延误时间"与"加速延误时间"三部分构成，可以用图中 t_2 至 t_5 的总线段长表示。假设车辆的平均加速度为 $\pm a$，车辆的平均行驶速度为 V_c，那么在交叉路口受信号控制影响而被迫停车的车辆的平均减速延误时间与平均加速延误时间之和 $d_h = \dfrac{V_c}{2a} + \dfrac{V_c}{2a} = \dfrac{V_c}{a}$，又称平均车辆一次完全停车所对应的"减速—加速延误时间"。

交叉口总的延误时间是指所有通过交叉口的车辆的延误时间之和，用 D 表示；交叉口的平均延误时间则是指通过交叉口的车辆的延误时间平均值，用 d 表示。交叉口的平均延误时间是一个评价交叉口运行效果和衡量交叉口服务水平的重要指标，具有十分重要的参考意义。

服务水平是指司机和乘客对道路交通运行所要求达到的服务质量标准。美国将服务水平划分为 A、B、C、D、E、F 共6个等级。考察服务水平的因素主要有：①表征车辆行驶受阻情况的延误时间与停车次数；②车辆的行驶速度与行程速度；③车辆行驶的自由度；④行车的安全性；⑤行车的舒适性与方便性；⑥行车方面的经济性。其中交叉口平均延误时间的大小与交叉口服务水平的高低关系最为密切。美国给出了服务水平和平均延误时间的对照表，见表4-18所列。

表4-18　服务水平与平均延误时间关系对照表　　　　　　　　　　　s

服务水平等级	平均延误时间	服务水平等级	平均延误时间
A	<5.0	D	25.1~40.0
B	5.1~15.0	E	40.1~60.0
C	15.1~25.0	F	>60.0

（2）停车次数　车辆的停车次数（停车率）是指车辆在通过交叉路口时受信号控制影响而停车的次数，即车辆在受阻情况下的停车程度，用 h 表示。值得注意的是，并非所有受阻车辆受到交叉路口信号阻滞时都会完全停顿下来，有部分车辆可能在车速尚未降到0之前又加速至原正常行驶车速而驶离交叉路口。因此根据车辆在受阻情况下的停车可分为完全停车与不完全停车两种。

图4-39表示了3种不同的车辆受阻行驶情况。对于情况（a），车辆的行驶速度降为0后，车辆经过一段时间的停止等待，再加速通过路口；对于情况（b），车辆的行驶速度刚降为0，又立即加速通过路口；对于情况（c），车辆的行驶速度未降为0，就又加速通过路口。我们把（a）、（b）两种情况称为一次完全停车，把情况（c）称为一次不完全停车。

从图4-39可以看出，判断受阻车辆是否构成一次完全停车可以通过比较车辆的延误时间与平均车辆一次完全停车所对应的"减速—加速延误时间"的大小来确定，即只要满足 $d \geq d_h$，受阻车辆就构成一次完全停车。对于 $d < d_h$ 的情况，虽然受阻车辆可能没有完全停顿下来，但由于车辆也受到了一定程度的阻滞，构成了一次不完全

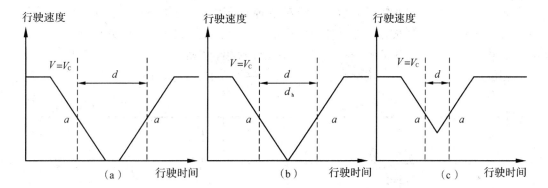

图 4-39　完全停车与不完全停车

停车,故应将其折算为"一定程度"的停车,折算系数为 d/d_h。因此,车辆延误时间与停车次数之间的相关关系可以用式(4-26)表示。

$$h = \begin{cases} 1, & d \geqslant d_h; \\ \dfrac{d}{d_h}, & d < d_h。 \end{cases} \qquad (4\text{-}26)$$

交叉口总的停车次数是指所有通过交叉口的车辆的停车次数之和,用 H 表示;交叉口的平均停车次数则是指通过交叉口的车辆的停车次数平均值,用 h 表示。平均停车次数也是一个衡量信号控制效果好坏的重要性能指标。减少停车次数可以减少燃油消耗、减小车辆轮胎和机械磨损、减轻汽车尾气污染、降低司机和乘客的不舒适程度,同时确保交叉口的行车安全。

值得注意的是,对于一辆车而言,其延误时间越小,则停车次数也越小;而对于一个交叉口而言,其总的延误时间越小,其总的停车次数未必越小。这是完全由式(4-26)所决定的。因此交叉口的平均延误时间与交叉口的平均停车次数之间既存在一定的关联性,也存在一定的差异性,可以作为两个相对独立的性能指标来评价交通控制系统运行的优劣。

在交通信号控制所涉及的基本概念当中,通行能力、饱和度、延误时间和停车次数是反映车辆通过交叉口时动态特性和进行交叉口信号配时设计的 4 个基本参数。交通信号控制的目标就是要寻求较大的通行能力、较低的饱和度,从而使得通过交叉口的全部车辆总延误时间最短或停车次数最少。

4.3.2.7　信号相位

在交通控制中,为了避免平面各交叉口上各个方向交通流之间的冲突,通常采用分时通行的方法,即在一个周期的某一个时间段,交叉口上某一支或几支交通流具有通行权,而与之冲突的其他交通流不能通行。在一个周期内,平面交叉口上某一支或几支交通流所获得的通行权称为信号相位。确定哪个信号相位方案是对信号轮流给某些方向的车辆或行人分配通行权顺序确定的,即相位是在一个信号周期内,安排了若干种控制状态,并合理地安排了这些控制状态的显示次序。信号控制机按设定的相位

方案，轮流开放不同的信号显示，轮流对各向车辆和行人给予通行权。在信号控制交
叉口，其每一种控制状态，即对各进口道不同方向所显示的不同灯色的组合，称为一
个信号相位。所有这些信号相位及其顺序统称为相位(相位方案)，一般有两相位和
多相位。相位方案常用相位图来表示，如图 4-40 所示。该图所表示的是最基本的相
位方案。

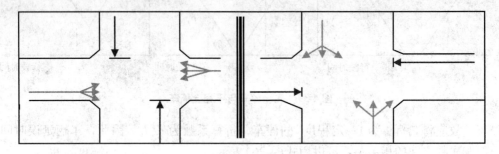

图 4-40　两相位图

我们知道，两相位控制即在同一方向左转与直行车在同一相位中放行。但是在实
际中左转车与对向直行车之间会存在严重的相互争抢道的现象。随之而来的交通事故
频发。当然左转车在此时有"通行权"，但无"先行权"。左转车应负一定的责任。为
减少交通事故的发生、提高车辆通行安全性，有必要在左转车达到一定数量时采用多
相位控制。即给出专用左转车道和专用相位。给左转车以"先行权"，以确保车辆通
行的安全性。在信号交叉口的配时设计中，由于左转流量对交叉口运行的影响较大，
所以在许多情况下，相位数、相位类型、相位次序等常常是要依据左转流量的要求来
确定的。根据相位的设置是否允许左转车流与其他车流发生冲突，可以将相位分成允
许冲突相位和保护转弯相位两类。

1)三相位方案

对于东西两侧进口道左转车都相当多时可以考虑用三相位信号配时方案，如图
4-41 所示。其配时方案中各进口道不同方向的信号灯色组合为：第一相位是对东左、
东直、右转和西左、西直、右转车流放绿灯，第二相位是北左、北直和右转，第三相
位是南左、南直和右转。在这个相位中东左和西左转的相位就是保护转弯相位，而南
北方向都是单放，所以没有冲突也没有允许冲突相位。

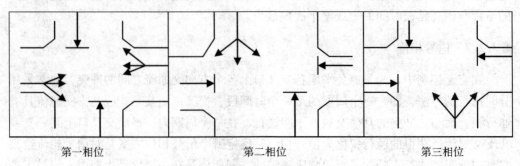

第一相位　　　　　　　　　　第二相位　　　　　　　　　　第三相位

图 4-41　三相位图

2) 传统四相位控制方案

信号相位设计方案如图 4-42 所示，通常在设置左转专用车道和专用直行车道的交叉口采用。多数大型十字交叉口使用这种相位设计模式。许多学者对此进行过深入探讨，相关理论已相当成熟。这种信号控制方案不存在搭接相位，在某一相位开始时同时获得通行权，并在该相位结束时同时终止通行权。通行时间依据"相位等饱和度"原则进行分配，事实上，这种信号配时方法只能实现各个相位的关键车道组之间的等饱和度。当同一相位中的车道组饱和度不均衡时，关键车道组需要较长的通行时间，而其他车道组可能早已放行完毕，造成通行时间的浪费。经调查，北京市很多交叉口都存在这类问题。

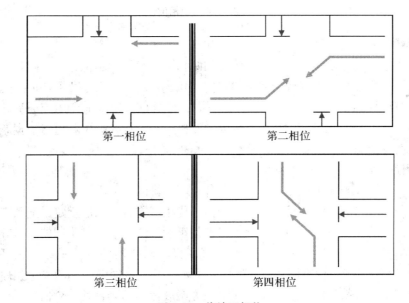

图 4-42　传统四相位

3) 单口四相位控制方案

单口四相位方案如图 4-43 所示，该相位方案也可在没有设置左转专用车道的交叉口处采用。单口四相位控制方案也采用"相位等饱和度"原则进行信号配时，信号周期时长及信号相位有效绿灯时间利用率的确定方法与传统四相位信号控制方案相同。单口四相位方案对每一个进口分别设置一个相位，同一进口的左转和直行车辆利用同一个相位通行，一个进口放行完毕再放行下一个进口。当进口设置左转专用车道时，这种控制方案在交叉口的每个进口左转和直行的饱和度相等时最优。缺点是关键车道组的通行时间会产生浪费，不能够充分利用交叉口的通行能力。

在交通流量较大时(一般饱和度达到 70% 以上)，尤其是左转车达到一定数量时采用多相位控制无疑会减少车辆相互之间的冲突，提高安全性。可是如果在流量适中时也采用多相位控制，会由于周期延长，车辆总延误、油耗、污染等相应增加，不利于提高道路的利用效率，造成了一定程度上的浪费，所以产生了两相位与多相位之间何时切换的问题。

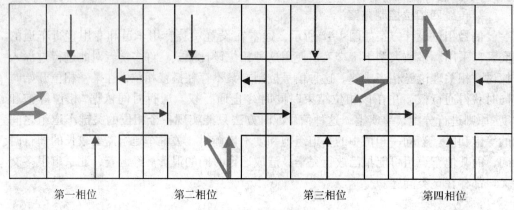

第一相位   第二相位   第三相位   第四相位

图 4-43   单口四相位

4）最优信号相位方案

信号相位方案是多种类型的，如传统的两相位方案、三相位方案、四相位方案直到最多的八相位方案，还有特殊的叠加相位、T形交叉口相位方案等。根据交叉口进口交通分布规律，结合交叉口车道功能的不同，分析每种形式适合的交通流、道路状况，选择最优的相位方案。机动车相位兼顾非机动车、行人相位，道路较宽条件下采用行人二次过街相位。

5）相序优化

通过比较计算既定相位方案下，计算各个相位排队车辆不同放行次序的交叉口延误大小，找出延误最小的放行次序方案即为最优相序方案。相序规定了交叉口处相冲突相位的转换顺序。不同的相序对交叉口处的车辆延误的影响是不同的。研究不同交通状态下信号相序的确定方法，使车辆通过交叉口时受阻滞程度最小。相序组织过程：根据交叉口各个相位不同放行次序的计算延误，选出延误最小的一个相序方案即为最优相序组织方案。然后按最优相序组织方案放行车辆，直到一个信号周期放行完成；下一周期还执行这一时段的最优相位相序方案，直到这一时段末，交叉口所有方向显示红灯3s，进行相邻时段相位转换，然后开始执行下一时段的最优相序组织方案，放行交叉口车辆，如此反复执行下去。根据不同交通目的选择交叉口相序优化函数的性能指标，如延误、尾气排放量、停车率等。采用延误为交叉口相序优化目标。

由于信号灯在时间上周期性地为不同的车道组分配通行权，使各车道组的交通流周期性地停驶。在各周期中，不同流向的交通流具有不同的运行特性：

（1）直行车流   当信号显示为绿灯时，经过短暂的反应时间后，红灯期间内积累的排队车辆依次起动，鱼贯通过停车线。开始通过的几秒内，由于车辆从原来静止的状态逐步加速到正常行驶状态，因此，交通流的流率变化很快；之后，车队速度保持正常行驶状态，交通流则保持以饱和流率通过停车线。在绿灯结束后的黄灯时间内或者是绿灯闪烁期间，由于部分车辆采取了制动措施，通过交叉口的流量由饱和流率逐渐下降。红灯期间，达到停车线的车辆停车等候绿灯，随后达到的车辆则在车队末尾排队等候。

（2）左转车流   按照车道功能不同，左转车流可分为左直混行、左转专用和左直右混行车流。其中，左转专用车流除了在交叉口中需要运行更长的距离外，其他运行特性类似于直行车流；不管是左直混行还是左直右混行，这样的车道功能划分都将使左转车流受到同向直行车的干扰。由于共用一条车道，各流向交通流在通过停车线时，其平均车头时距大于只有单一交通流的车道。此时，如果信号相位还为不同流向交通流分配了不同的通行时间，将导致有效通行时间的减少。如在左直混行车道中，左转车流处于红灯，停车线前停驶的左转车其后的直行车也不能通过。按照信号控制条件的不同，左转车流可分为许可型和保护型左转车流。许可型左转车流只能在绿灯期间出现以下情况之一时才能通过：①对向直行车未到达冲突点之前；②在冲突点附近等待对向直行车流中出现允许穿越的车头时距；③信号相位转换间隔。当左转交通需求较大时，个别左转车辆可能会贸然插入对向直行车流。可见，许可型左转车流可能受对向直行车流的干扰，保护型左转车流，通常配合以专用的左转车道，此时，保护型左转车流的运行特性类似于直行车道。如果左转车流仍然使用共用车道，保护型左转车流也可能受到直行车辆甚至右转车辆的干扰。事实上，基于以上运行特性，信号交叉口的设计中往往将车道功能的划分和信号控制条件进行协调设计，以保证各车道组交通流的高效运行。

（3）右转车流　当右转交通量较小时，通常不控制右转车辆的通行，可以在右转车道上连续通行；如果与其他流向车流共用车道，则可能被直行车辆甚至左转车辆阻挡而不能通过。当右转交通量达到一定程度时，设置右转专用道和信号相位，给右转车辆分配通行时间和空间，否则它将影响对向左转车流、左侧引道的直行车流以及相关的自行车、行人。

（4）自行车和行人　随着近些年我国经济的迅速发展，机动化程度不断加强。在我国公路中，信号交叉口中自行车和行人的数量有下降的趋势。因此，本教材不再将信号交叉口的自行车和行人作为一种独立的交通流来处理，而只做简单地分析，将其作为信号交叉口内机动车流的影响因素。实际上，即使在采用保护型左转专用信号，自行车流也会与对向直行机动车流，以及左侧引道的行人流发生冲突；在许可型左转信号，只要左转车穿越对向直行车，也会对其左侧引道的行人流产生影响。同样的，右转车流会影响同向直行的自行车流和右侧同向的行人流。

4.3.2.8　关键车道

交叉口有多个进口道，每个进口道又有着一条或多条车道。对于交叉口信号配时的确定而言，不是所有的进口车道都起着决定作用，只有部分车道的交通需求起着决定作用，这就是关键车道。把关键车道作为确定信号配时的依据。

根据车流通行的特点，进口道可分为：直行车道、合用车道和转弯专用车道。直行相位总是处于保护相位，而转弯流向可能处于保护相位，许可相位或二者的结合相位。

对于每一个信号相位，均有两方向的车道放行，而每一个车道有其各自的流量比，取其中流率比值高的车道，作为各自相位的关键车道。

4.3.3 单点信号控制方式

尽管从整体控制效果上来看，包含多个交叉口在内的干道协调控制与区域协调控制应比各个交叉口的单点控制更具优势，但针对影响我国城市交叉口信号控制的关键因素，结合道路交通控制理论的发展状况，点控方式还是应当引起足够的重视。首先，我国城市交叉口的情况较为复杂，混合交通流十分严重，路口之间间距较大、相互影响不甚明显，路口适宜采用点控方式；其次，点控方式是路口交通信号控制的基本控制形式，是实现线控与面控的基础；再次，点控具有设备简单、投资最省、维护方便等优点和现实意义；再次，点控的研究正在逐步深入，利用现代智能控制技术已取得引人关注的研究成果。

4.3.3.1 单交叉口信号控制方式

单交叉口信号控制根据控制策略的不同主要可以分为：定时控制方式、感应控制方式与智能控制方式。

定时控制具有工作稳定可靠，便于协调相邻交叉口的交通信号，设施成本较低，安装、维护方便等优点，适用于车流量规律变化、车流量较大（甚至接近饱和状态）的情况，然而其也存在灵活性差，不适应于交通流迅速变化的缺点。

感应控制是根据车辆检测器检测到的交叉口交通流状况，使交叉口各个方向的信号显示时间适应于交通需求的控制方式。感应控制对车辆随机到达的适应性较大，可使车辆在停车线前尽可能少地停车，从而达到保证交通畅通的效果。感应控制实时性较好、适应性较强，适用于车流量变化大而不规则、主次相位车流量相差较大、需要降低主干道干扰的情况，然而存在协调性差、不易实现联机控制的缺点。例如，对于检测线圈埋设在次干道的半感应控制，次干道的车辆可能会影响到主干道的绿波协调控制。

智能控制是一种具有学习、抽象、推理、决策等功能，并能根据环境的变化作出恰当适应性反应的控制技术，其中基于某些控制规则的模糊控制，具有较强的实时性、鲁棒性和独立性，设计简单实用，便于结合人的思维与经验，为交通信号控制提供了另一条切实可行的途径。但是，智能控制的控制策略较为复杂，需要配套相应的检测装置。

4.3.3.2 定时信号控制方案设计

单个交叉口定时信号配时设计内容主要包括：确定多段式信号配时的时段划分、配时时段内的设计交通量、交叉口车道渠化与交通信号相位方案、信号周期时长、各相位信号绿信比，以及性能指标的计算与服务水平的评估。

交通控制信号配时的最终目的是得到优化的信号配时参数：交通信号相位及相序、信号周期时长、各相位信号绿信比等。交通信号控制方案既要保证能在实际应用中取得良好效果，又要必须考虑各种实际条件的约束。在对交叉口进行定时信号配时设计时，存在两种设计思路：①先对各项参数进行优化，再根据实际约束条件与服务水平要求进行校核，如果不符合约束条件与服务水平要求，则需要对配时参数甚至是交叉口车道渠化与交通信号相位方案进行相应的优化调整；②先列出各项实际约束条件，再结合这些约束条件进行各项参数的寻优。前一种思路得出的最终结果可能并非最优，但是计算方法简便；后一种思路得出的结果更加科学，但寻优过程较为复杂，适合于应用计算机软件进行计算。考虑到只是对单交叉口定时信号配时设计原理进行阐述，因此下面以前一种思路为例，介绍定时信号控制方案的设计流程。

4.3.3.3　定时信号配时设计流程

交叉口定时信号配时设计流程如图4-44所示。在信号配时设计过程中，需要不断对设计方案进行论证，通过性能指标计算与实地交通调查，对信号控制方案进行修改和完善。

例如，当总的相位交通流量比 Y 较大时，说明进口道车道数目太少，通行能力无法满足实际流量的需求，此时需要考虑增加进口道车道数目，并重新划分车道功能（ $Y = \dfrac{q}{S}$ ， Y 较大说明 S 较小，难以满足实际流量的需求）。实际上，图4-44中对 $Y \leqslant 0.9$ 的限制等效于对各向车流提出了饱和度 $x_1 < 0.9$ 的要求，读者可以尝试加以证明。

1）多段式信号配时的时段划分

经研究发现，绝大部分交叉口一天中的交通量将按时间段规律变化。因此，为使信号配时能适应各个时段的不同交通量，提高交叉口的通行效率，各时段的信号配时方案应按所对应的设计交通量分别优化计算确定。时段划分可视实际情况分为：早高峰时段、午高峰时段、晚高峰时段、早低峰时段、午低峰时段、晚低峰时段等。

2）设计交通量的确定

各时段、各进口道、各流向的设计交通量需要分别计算确定，对于某一交叉口的第 i 时段、第 j 进口道、第 k 流向的车流，其设计交通量 q_{dijk} 可以用式（4-27）计算。

$$q_{dijk} = 4 \times q_{ijk15\min} \tag{4-27}$$

式中： $q_{ijk15\min}$ 为实测到的第 i 时段、第 j 进口道、第 k 流向车流的高峰小时中最高15min的流率。

当无高峰小时中最高15min的流率实测数据时，可按式（4-28）进行估算。

$$q_{dijk} = \frac{q_{ijk}}{(PHF)_{ijk}} \tag{4-28}$$

式中： q_{ijk} 为第 i 时段、第 j 进口道、第 k 流向车流的高峰小时交通量；（ PHF ）$_{ijk}$ 为折算系数，对于主要进口道可取0.75，对于次要进口道可取0.8。

4.3.3.4　车道渠化方案与信号相位方案的设计

1）车道渠化方案设计

在设计交叉口进口道时，应根据进口道各向车流的设计交通量确定各流向的车道数。在进口道车道数较少的情况下，应避免为流量较小的右转（或左转）车流设置右转（或左转）专用车道，可采用直右（或直左）合用车道，以提高进口道的利用率。此

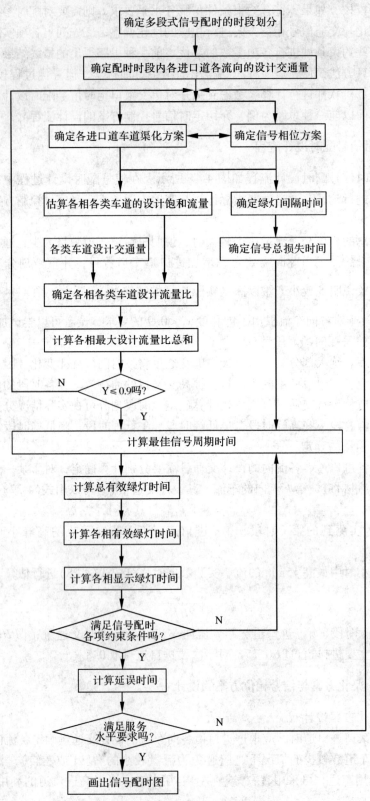

图 4-44　定时信号配时设计流程

外，由于车辆在交叉口行驶的速度较低，因此交叉口进口道的宽度可略小于路段上车道的宽度，一般情况下可取 3.0～3.25m。

在设计交叉口出口道时，应注意与信号相位设计同时考虑，最好保证在同一相位中，进口道数目与出口道数目匹配。在某一相位中，如果通行车流所对应的进口道车道数大于其出口道车道数，则可能引起交叉口内的车辆拥挤，降低交叉口的通行效率；如果通行车流所对应的进口道车道数远小于其出口道车道数，则某些车道的利用率将偏低，车道功能的划分明显缺乏合理性。

2) 信号相位方案设计

交叉口信号相位方案需要设计者以交叉口特征及其交通流运行状况为基础，在综合考虑交通流运行效率、交叉口交通安全以及交通参与者交通心理等因素后，进行精心细致地设计。信号相位方案设计虽然不拘泥于某些定式，但可以参照以下几条准则：①信号相位必须同进口道车道渠化（即车道功能划分）同时设计。例如，当进口道较宽、左转车辆较多、需设左转专用相位时，应当设置左转专用车道；当进口道较窄、无左转专用车道时，则不能设置左转专用相位。②有左转专用车道且平均每个信号周期内有 3 辆以上的左转车辆到达时，宜设置左转专用相位。③在同一信号相位中，各相关进口道左转车每周期平均到达量相近时，宜采用双向左转专用相位（对向左转车流一起放行），否则宜采用单向左转专用相位（对向左转车流分别放行）。④当信号相位中出现不均衡车流时，可以通过合理设置搭接车流（相当于设置交通信号的早断与滞后），最大程度地提高交叉口的运行效率。

对于新建交叉口，在缺乏交通量数据的情况下，对车道功能划分应先采用试用方案，然后根据通车后实际各流向的交通流量调整车道划分及信号相位方案。对于新建十字交叉口，建议先选取表 4-19 所列的试用方案。

表 4-19　新建十字交叉口建议试用车道划分方案

进口车道数	车道划分方案	信号相对方案	进口车道数	车道划分方案	信号相对方案
5		四相位	3		四相位
4		四相位	2		二相位

4.3.3.5　信号周期时长的计算

信号交叉口的实际通行能力，以及车辆通过交叉口时受阻滞程度，都直接受配时方案影响。因此，改善配时设计方法，设法寻求一个最优配时方案便成了提高交叉口运行效率的关键。

信号配时的主要设计参数有信号周期时长与各相位的绿信比，此外对于实行干道协调控制和区域协调控制的多交叉口，相邻交叉口之间的相位差也是一个相当重要的控制参数。其中，信号周期时长的选取是配时方案设计的关键所在，它既决定了关键车流的判定，进而影响到各相位绿信比的分配，又是协调控制的指挥棒，对协调控制效果产生关键作用。在正常情况下，适当增大信号周期时长，可以提高整个交叉口的通行能力、降低车辆平均停车次数，但却会使车辆平均延误时间有所增加，因此信号周期时长的选取应建立在设计者的期望控制效果之上。下面针对几种不同的期望控制效果，介绍其相应的信号周期时长计算公式。

1）最短信号周期时长

就满足交叉口通行能力要求而言，信号周期时长的选择有一个最起码的底限，即信号周期时长无论如何都不能低于这个限值，否则将不能满足通行能力的要求。我们把上述最低限值称为最短信号周期时长。在理想情况下，当交叉口的信号周期运行最短信号周期时长时，一个周期内到达交叉口的车辆将恰好在一个周期内被放行完，既无滞留车辆，也无富余绿灯时间。因此，最短信号周期 C_m 应当恰好等于一个周期内全部关键车流总的绿灯损失时间加上对应到达车辆以各自进口道饱和流量放行通过交叉口所需时间之和，即

$$C_m = L + \frac{q_1 C_m}{S_1} + \frac{q_2 C_m}{S_2} + \cdots + \frac{q_n C_m}{S_n} \tag{4-29}$$

由式（4-29）整理可得

$$C_m = \frac{L}{1 - \sum\limits_{i=1}^{n} \frac{q_i}{S_i}} = \frac{L}{1 - \sum\limits_{i=1}^{n} y_i} = \frac{L}{1 - Y} \tag{4-30}$$

式中：L 为全部关键车流总的绿灯损失时间；Y 为全部关键车流总的交通流量比。

2）韦氏最佳信号周期时长

如果采用最短信号周期时长作为交叉口信号控制周期，交叉口的饱和度将保持为1，随机平均延误时间将显著增加，控制效果很不理想；如果交叉口信号周期过长，均衡相位平均延误时间将会随之增长，控制效果也不尽人意。故必存在一个最佳信号周期时长，使得关键车流平均延误时间达到最小。韦伯斯特（以下称韦氏）经过理论推导，得到了以交叉口关键车流平均延误时间最小为目标的最佳信号周期时长计算公式，因而将之命名为韦氏最佳信号周期时长。

显然，韦氏最佳信号周期时长对应于交叉口处于未饱和交通状态，故由稳态理论可知，交叉口关键车流平均延误时间 d 可用式（4-31）表示。

$$d = \frac{\sum\limits_{i=1}^{n} (d_i q_i C)}{\sum\limits_{i=1}^{n} (q_i C)} = \frac{\sum\limits_{i=1}^{n} \left\{ \left[\frac{C(1-\lambda_i)^2}{2(1-y_i)} + \frac{x_i^2}{2q_i(1-x_i)} \right] q_i \right\}}{\sum\limits_{i=1}^{n} q_i} \tag{4-31}$$

式中：d_i 为第 i 股关键车流所对应的车辆平均延误时间；q_i 为第 i 股关键车流所对应的车辆到达率。

将交叉口关键车流平均延误时间 d 的计算公式对信号周期 C 求导，并令一阶导数 $\frac{\mathrm{d}d}{\mathrm{d}C} = 0$，便可得到韦氏最佳信号周期的理论计算公式。值得注意的是，$\sum\limits_{i=1}^{n} \lambda_i = \frac{C-L}{C}$，要求"关键车流平均延误时间最小"等价于要求"各关键车流的饱和度相等"，

即 $\dfrac{y_j}{\lambda_j} = x_j = x_k = \dfrac{y_k}{\lambda_k} \Leftrightarrow \dfrac{\lambda_j}{\lambda_k} = \dfrac{y_j}{y_k}$，故 $\lambda_j = \dfrac{y_j}{Y} \cdot \dfrac{C-L}{C}$。可以看出，$\dfrac{\mathrm{d}\lambda_j}{\mathrm{d}C} = \dfrac{y_j}{Y} \cdot \dfrac{L}{C^2}$，$\lambda_j$ 与信号周期 C 也存在一定关系。

经过反复近似计算，得到韦氏最佳信号周期时长的简化公式为

$$C_0 = \frac{1.5L + 5}{1 - Y} \tag{4-32}$$

3）阿氏最佳信号周期时长

阿氏（阿克赛力克）最佳信号周期时长 C_0 是将关键车流平均停车次数和延误时间合在一起作为评定配时方案的综合指标，对应于综合指标最小的信号周期时长。综合指标 P 可表示为

$$P = d + K \times h \tag{4-33}$$

式中：K 为关键车流平均停车次数 h 的加权系数，又称停车补偿系数。

经过研究发现，系数 K 的取值具有相当明确的实际意义，例如，要使燃油消耗量最少，K 的取值应为 0.4；要使运营费用最少，K 的取值应为 0.2；要使关键车流总延误时间最少，K 的取值应为 0；要使关键车流总排队长度最小，K 的取值应为 -0.3。

同理，将交叉口关键车流综合指标 P 的计算公式对信号周期 C 求导，并令一阶导数 $\dfrac{\mathrm{d}P}{\mathrm{d}C} = 0$，便可得到阿氏最佳信号周期的理论计算公式。经过近似计算，得到阿氏最佳信号周期时长的简化公式为：

$$C_0 = \frac{(1.4 + K)L + 6}{1 - Y} \tag{4-34}$$

由式（4-34）可以看出，K 值越大，信号周期越长，较长的信号周期有利于减少停车次数，减少燃油消耗量以及尾气污染；K 值越小，信号周期越短，较短的信号周期有利于减少延误时间，减少车辆排队长度。然而，由于阿氏最佳信号周期时长 C_0 只对关键车流有利，因此采用比阿氏最佳信号周期稍短一点的时间作为实际信号周期，有利于减少非关键车流的延误时间和过街行人的受阻延误。

4）实用信号周期时长

实用信号周期 C_p 是保证所有车道饱和度均低于其饱和度实用限值 x_p 的信号周期时长。可以推导出

$$C_p = \frac{L}{1 - \sum\limits_{i=1}^{n} \lambda_{0i}} = \frac{L}{1 - U} \tag{4-35}$$

式中：λ_{0i} 为满足第 i 股关键车流饱和度低于其饱和度实用限值 x_{pi} 时，第 i 股关键车流所要求的最小绿信比；U 为满足所有关键车流饱和度均低于其饱和度实用限值时，交叉口所要求的总的最小绿信比。

由式（4-35）可知，只要 $\sum\limits_{i=1}^{n} \lambda_{0i} < 1$，则总存在信号周期 $C(C \geqslant C_p)$ 和一组 λ_i，使

得 $\lambda_i \geqslant \lambda_{0i}$，$x_i \leqslant x_{pi}$；倘若 $\sum\limits_{i=1}^{n} \lambda_{0i} \geqslant 1$，则无论信号周期取为何值都无法使得所有车道饱和度均低于其饱和度实用限值 x_p。此外，不难理解，最短信号周期 C_m 其实就是 $x_p = 1$ 时，实用信号周期 C_p 的一个特例而已。

从上述介绍的几种信号周期计算公式可知，在实际配时设计中，设计者需要根据所采用的控制对策和预期达到的控制目标来确定相应的信号周期时长计算方法。然而，一种更普遍的做法是在阿氏最佳信号周期（相对较大）与实用信号周期（相对较小）之间，选择一个合适的中间值作为信号周期时长。

4.3.3.6 相位绿灯时间的计算

相位绿灯时间的分配通常是以平均车辆阻滞延误最小为原则，按照这一原则，要求各股关键车流的饱和度应大致相等，相位绿信比与相位交通流量比应大致成正比，即

$$\frac{\lambda_j}{y_j} = \frac{\lambda_k}{y_k} \tag{4-36}$$

由式（4-36）进一步推导得

$$t_{EGj} = \sum_{i=1}^{n} t_{EGi} \cdot \frac{y_j}{\sum\limits_{i=1}^{n} y_i} = (C - L) \cdot \frac{y_j}{\sum\limits_{i=1}^{n} y_i} \tag{4-37}$$

相位绿灯时间的分配也可以参照饱和度实用限值进行，此时相位绿信比将与满足该相位通行能力要求所必要的绿信比成比例，即

$$\frac{\lambda_j}{\lambda_{0j}} = \frac{\lambda_k}{\lambda_{0k}} \tag{4-38}$$

式中：$\lambda_{0j} = \dfrac{y_j}{x_{pj}}$；$\lambda_{0k} = \dfrac{y_k}{x_{pk}}$。由式（4-38）进一步推导得

$$t_{EGj} = \sum_{i=1}^{n} t_{EGi} \cdot \frac{\lambda_{0j}}{\sum\limits_{i=1}^{n} \lambda_{0i}} = (C - L) \cdot \frac{\dfrac{y_j}{x_{pj}}}{\sum\limits_{i=1}^{n} \dfrac{y_i}{x_{pi}}} \tag{4-39}$$

由式（4-15）可知，第 i 个相位的绿灯显示时间 t_{Gi} 为

$$t_{Gi} = t_{EGi} - t_{Yi} + t_{Li} \tag{4-40}$$

4.3.3.7 交通信号的早断与滞后

针对路口的具体交通流状况进行合理的信号相位设计，既要考虑减少冲突、防止碰撞、避免堵塞，又要考虑减少设备投入、提高通行效率。因此合理设计信号相位是路口信号控制的关键之一。例如，倘若在不需要设置左转专用相位的路口设置了左转专用相位，就会导致既增加了设备投入（左转车道灯）又降低了路口通行效率。

在信号相位设计中，左转车流对相位的划分起着非常重要的作用，也是信号相位设计的重点难点。左转车流对信号相位的划分可以采用如下策略：当左转车辆较少时

（左转车辆可以利用直行车辆之间的空当左转），不需要为左转车辆提供专用相位；当左转车辆较多时（左转车辆仅利用直行车辆之间的空当左转比较困难，容易引发车辆堵塞），需要为左转车辆提供专用相位（必须有左转专用车道）；当单方向的左转车辆较多又不足以专设左转信号相位时，可以采用一种交通信号早断与滞后的设计方法，间接为左转车辆提供专用相位。归纳起来如表4-20所示。

表4-20　左转车流车道相位设置表

车流状况	车道设置	相位设置
双向左转车辆较少	双向左转合用车道	无须左转专用相位
双向左转车辆较多	双向左转专用车道	左转专用相位
单向左转车辆较多	单向左转专用车道	信号早断或滞后

相位信号的早断是指将相位的绿灯时间划分为两个阶段，先放行与具有较大左转车流的方向相对的直行车流，再放行较大左转车流。相位信号的滞后是指将相位的绿灯时间划分为两个阶段，先放行较大左转车流，再放行与具有较大左转车流的方向相对的直行车流。交通信号的早断与滞后的使用条件：①单向左转车辆较多；②增设双向左转专用车道、设置左转专用信号相位不合算；③左转车辆不能利用对向直行车辆之间的空当全部驶离交叉口。

图4-45所示的信号相位设计方案就是一个信号早断的例子。该十字交叉口采用东—西，南—北两相位控制方式。在此，东进口左转车流量较大，西进口左转车流量较小，对于东—西相位而言，信号相位要划分为两个阶段，先放行西进口的各向车流和东进口的直行、右转车流，然后禁止西进口的各向车流，只允许东进口的各向车流通行。

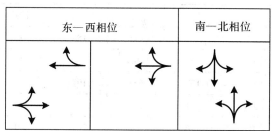

东—西相位		南—北相位

图4-45　信号早断相位设计方案

可以看出，交通信号的早断与滞后实质上就是一种包含搭接车流的信号相位设计方法。因此，东—西相位的关键车流既可能为东进口的直行、右转车流，也可能是由西进口车流与东进口的左转车流组合而成，将根据其所要求的必要相位时间的对比结果而定。假设各股车流对饱和度的要求相同，并忽略损失时间对关键车流判定产生的影响，则关键车流可以只根据车流的交通流量比的对比结果来判定。东—西相总的交通流量比 y_{EW} 为

$$y_{EW} = \max\{y_{ESR}, y_W + y_{EL}\} \tag{4-41}$$

式中：y_{ESR} 为东进口直行、右转车流交通流量比；y_W 为西进口车流交通流量比；y_{EL}

为东进口左转车流交通流量比。

4.3.3.8 信号配时设计举例

1) 数据采集

本节主要对包头市钢铁大街幸福路的交叉口进行工作日时的高峰小时进行信号配时。该交叉口是东西方向为双向8车道，有1个左转专用车道、2个直行车道和1个右转专用车道。南北方向为双向6车道，有1个左转专用车道、1个直行车道和1个直行右转合用车道，如图4-46所示。

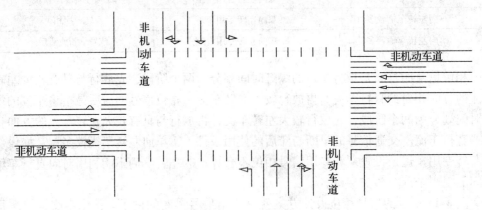

图4-46 交叉口渠化图

数据观测是从7：00～19：00以5min为基准通过视频采取一天每个相位的流量，数据见表4-21所列。

表4-21 各相位流量表   pcu/h

时间	北左	北直	东左	东直	南左	南直	西左	西直
7：00	303	285	107	471	156	292	122	506
8：00	318	323	159	693	197	320	162	774
9：00	309	332	157	653	192	344	233	742
10：00	300	347	171	674	163	369	232	756
11：00	298	348	176	657	202	339	243	666
12：00	222	293	131	479	130	293	172	505
13：00	192	216	76	293	75	212	83	344
14：00	236	290	113	449	150	307	240	499
15：00	296	342	181	703	176	361	238	706
16：00	300	326	158	635	152	312	233	673
17：00	288	351	185	719	210	364	213	669
18：00	287	356	163	736	184	359	192	665
19：00	241	323	129	468	113	292	113	410

通过采取的数据绘制流量—时间曲线，如图4-47所示。根据绘制的流量—时间曲线图，选取交通量最高的两个小时，作为高峰小时进行信号配时，分别是10:00 ~ 11:00 和17:00 ~ 18:00。

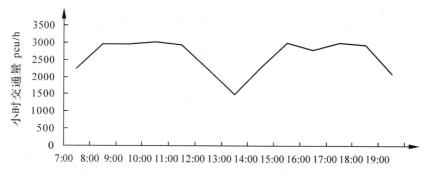

图4-47 时间间隔为1h的交通量

由以上高峰小时各进口道的流量得表4-22所列数据。

表4-22 高峰小时各进道口各流向的交通量

进口道		10:00 ~ 11:00	17:00 ~ 18:00
西进口道	左转	238	203
	直行	711	667
东进口道	左转	174	174
	直行	666	728
北进口道	左转	299	288
	直行	348	354
南进口道	左转	183	197
	直行	354	312

2）确定关键车道

该交叉口有4个信号相位：东西方向直行和右转是1个相位，左转和右转是1个相位，南北方向直行和右转是1个相位，左转和右转是1个相位，如图4-48所示。

（1）10:00 ~ 11:00 段关键车道 图4-48（a）是东西方向的直行和右转合用相位，西进口道的直行的小时交通量 q_1 为711辆，饱和流率为1824辆/h，东进口道的直行小时交通量为 q_2 为666辆，饱和流率为1938辆/h，故可计算出流率比分别是 $q_1/S = 711/(2 \times 1824) = 0.19$，$q_2/S = 666/(2 \times 1938) = 0.17$，该相位的关键车道是西进口道直行车道。

图4-48（b）是东西方向的左转专用车道和右转合用相位，设西进口道的左转的小时交通量 q_3 为238辆，饱和流率为1888辆/h，东进口道的左转小时交通量为 q_4 为174辆，饱和流率为1735辆/h，故可计算出流率比分别是 $q_3/S = 238/1888 = 0.13$，$q_4/S = 174/1735 = 0.10$，该相位的关键车道是西进口道左转车道。

图4-48（c）中南进口道的直行的小时交通量为 q_5 为354辆，饱和流率为1607辆/h，

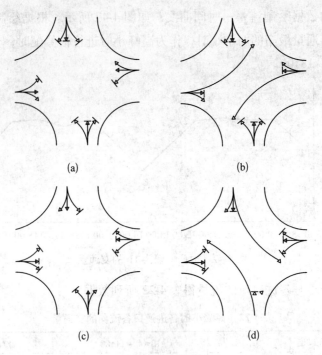

图 4-48   相位图

北进口道的直行小时交通量 q_6 为 348 辆，饱和流率为 1987 辆/h，故可计算出流率比分别是 $q_5/S = 354/1607 = 0.22$，$q_6/S = 348/1987 = 0.18$。该相位的关键车道是南进口道直行车道。

图 4-48(d) 中的南进口道的左转的小时交通量 q_7 为 183 辆，饱和流率为 1945 辆/h，北进口道的左转小时交通量 q_8 为 299 辆，饱和流率为 1901 辆/h，故可计算出流率比分别是 $q_7/S = 183/1945 = 0.09$，$q_8/S = 299/1901 = 0.16$，该相位的关键车道是北进口道左转车道。

综上所述，该交叉口关键车道为西直、西左、南直。北左为关键车道的组合。

(2) 17:00 ~ 18:00 段关键车道   如上所求，确定 17:00 ~ 18:00 间的关键车道也用同样的方法。

图 4-48(a) 中西进口道的直行的小时交通量 q_1 为 667 辆，饱和流率为 1824 辆/h，东进口道的直行小时交通量 q_2 为 728 辆，饱和流率为 1938 辆/h，故可计算出流率比分别是 $q_1/S = 667/(2 \times 1824) = 0.18$，$q_1/S = 728/(2 \times 1938) = 0.19$，该相位的关键车道是东进口道直行车道。

图 4-48(b) 中的西进口道的左转的小时交通量 q_3 为 203 辆，饱和流率为 1888 辆/h，东进口道的左转小时交通量 q_4 为 147 辆，饱和流率为 1735 辆/h，故可计算出流率比分别是 $q_3/S = 203/1888 = 0.11$，$q_4/S = 147/1735 = 0.08$。该相位的关键车道是西进口道左转车道。

图 4-48(c) 是南北方向的直行和右转合用相位，设南进口道的直行的小时交通量 q_5 为 354 辆，饱和流率为 1607 辆/h，北进口道的直行小时交通量 q_6 为 312 辆，饱和

流率为 1987 辆/h，故可计算出流率比分别是 $q_5/S = 354/1607 = 0.22$，$q_6/S = 312/1987 = 0.16$。该相位的关键车道是南进口道直行车道。

图 4-48(d) 是南北方向的左转专用车道和右转合用相位，设南进口道的左转的小时交通量 q_7 为 288 辆，饱和流率为 1945 辆/h，北进口道的左转小时交通量 q_8 为 197 辆，饱和流率为 1901 辆/h，故可计算出流率比分别是 $q_7/S = 288/1945 = 0.15$，$q_8/S = 197/1901 = 0.10$。该相位的关键车道是南进口道左转车道。

该交叉口关键车道为东直、西左、南直、南左关键车道的组合。

3）配时计算的步骤

(1) 10:00 ~ 11:00 段信号配时：

① 估算交叉口每个进口道的车流量和饱和流量。已知西直、西左、南直、北左进口道的交通流量分别为 711 辆/h、238 辆/h、354 辆/h、299 辆/h，饱和流率分别是 1824 辆/h、1888 辆/h、1607 辆/h、1901 辆/h，采用四相信信号控制。

② 求每个车道的流量比，并为每个相位选择值。关键车流量比

$$y_1 = q_1/S = 711/(2 \times 1824) = 0.19 \qquad y_2 = q_2/S = 238/1888 = 0.13$$
$$y_3 = q_3/S = 354/1607 = 0.22 \qquad y_4 = q_4/S = 299/1901 = 0.16$$

③ 将各相位的值相加得到整个交叉口的值。总交通流率比为

$$Y = y_1 + y_2 + y_3 + y_4 = 0.19 + 0.13 + 0.22 + 0.16 = 0.70 < 0.9$$

分配系数

$$K_1 = y_1/Y = 0.19/0.70 = 0.27 \qquad K_2 = y_2/Y = 0.13/0.70 = 0.19$$
$$K_3 = y_3/Y = 0.22/0.70 = 0.31 \qquad K_4 = y_4/Y = 0.16/0.70 = 0.23$$

④ 确定路口总损失时间。每相信部分损失时间（前损失时间和后损失时间之和）为 $t_1 = 3s$，黄灯时间取为 $t_Y = 3s$ 全红时间为 $t_r = 2s$。

$$L = n(t_1 + t_r) = 4 \times (3 + 2) = 20s$$

⑤ 利用周期计算公式计算周期时间。

$$C_0 = \frac{1.5L + 5}{1 - Y} = \frac{1.5 \times 20 + 5}{1 - 0.70} = 116.6s \approx 117s$$

⑥ 用周期时间减去总损失时间得到可利用的有效绿灯时间，并将这一时间按各值的比例分配给各个相位。

周期有效绿灯时间为

$$T_{EG} = C_0 - L = (117 - 20)s = 97s$$

各相位有效绿灯时间

$$T_{EG1} = T_{EG} \times (y_1/Y) = 97 \times K_1 = 26.1s \approx 26s$$
$$T_{EG2} = T_{EG} \times (y_2/Y) = 97 \times K_2 = 18.4s \approx 18s$$
$$T_{EG3} = T_{EG} \times (y_3/Y) = 97 \times K_3 = 30.0s \approx 30s$$
$$T_{EG4} = T_{EG} \times (y_4/Y) = 97 \times K_4 = 22.3s \approx 22s$$

周期绿信比为

$$U = T_{EG}/C_0 = 97/117 = 0.83$$

绿信比分配：

第1相位：$u_1 = K_1 \times 0.83 = 0.22$；第2相位：$u_2 = K_2 \times 0.83 = 0.16$；
第3相位：$u_3 = K_3 \times 0.83 = 0.26$；第4相位：$u_4 = K_4 \times 0.83 = 0.19$。

⑦ 计算各相位的绿灯显示时间：

$t_{G1} = t_{EG1} - t_Y + t_L = 26 - 3 + 3 = 26s$；$t_{G2} = t_{EG2} - t_Y + t_L = (18 - 3 + 3)s = 18s$；
$t_{G3} = t_{EG3} - t_Y + t_L = 30 - 3 + 3 = 30s$；$t_{G4} = t_{EG4} - t_Y + t_L = (22 - 3 + 3)s = 22s$。

故定时控制配时方案为

第1相位：绿灯26s，黄灯3s，全红2s；第2相位：绿灯18s，黄灯3s，全红2s；
第3相位：绿灯30s，黄灯3s，全红2s；第4相位：绿灯22s，黄灯3s，全红2s。

周期长：$(26 + 3 + 2 + 18 + 3 + 2 + 30 + 3 + 2 + 22 + 3 + 2)s = 116s$；

⑧ 相位配时图如图4-49所示。

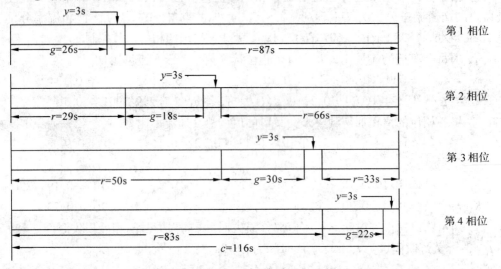

图4-49 配时图

(2) 18:00 ~ 19:00 段信号配时：

① 估算交叉口每个进口道的车流量和饱和流量。该交叉口关键车道为东直、西左、南直、南左关键车道的组合。已知东直、西左、南直、南左进口道的交通流量：分别为728、203、354、298（辆/h），饱和流率分别是1938、1888、1607、1945（辆/h），采用四相位信号控制。

② 求每个车道的流率比，并为每个相位选择值。关键车流率比为

$y_1 = q_1/S = 728/(2 \times 1938) = 0.19$；$y_2 = q_2/S = 203/1888 = 0.11$；
$y_3 = q_3/S = 354/1607 = 0.22$；$y_4 = q_4/S = 298/1945 = 0.15$。

③ 将各相位的值相加得到整个交叉口的值。总交通流率比为

$$Y = y_1 + y_2 + y_3 + y_4 = 0.19 + 0.11 + 0.22 + 0.15 = 0.67 < 0.9$$

分配系数为

$K_1 = y_1/Y = 0.19/0.67 = 0.28$；　　　　$K_2 = y_2/Y = 0.11/0.67 = 0.16$；
$K_3 = y_3/Y = 0.22/0.67 = 0.33$；　　　　$K_4 = y_4/Y = 0.15/0.67 = 0.22$。

④ 确定路口总损失时间。每相信部分损失时间（前损失时间和后损失时间之和）

为 $t_1 = 3s$，黄灯时间取为 $t_Y = 3s$ 全红时间为 $t_r = 2s$；

$$L = n(t_1 + t_r) = 4 \times (3 + 2)s = 20s$$

⑤ 利用周期计算公式计算周期时间。

$$C_0 = \frac{1.5L + 5}{1 - Y} = \frac{1.5 \times 20 + 5}{1 - 0.67} = 106s$$

⑥ 用周期时间减去总损失时间得到可利用的有效绿灯时间，并将这一时间按各值的比例分配给各个相位。

总有效绿灯时间为

$$T_{EG} = C_0 - L = (106 - 20) = 86s$$

各相位有效绿灯时间为

$T_{EG1} = T_{EG} \times (y_1/Y) = 86 \times K_1 = 24s$；$T_{EG2} = T_{EG} \times (y_2/Y) = 86 \times K_2 = 14s$；
$T_{EG3} = T_{EG} \times (y_3/Y) = 86 \times K_3 = 28s$；$T_{EG4} = T_{EG} \times (y_4/Y) = 86 \times K_4 = 19s$。

周期绿信比为

$$U = T_{EG}/C_0 = 86/106 = 0.81$$

绿信比分配为

第1相位：$u_1 = K_1 \times 0.81 = 0.23$；第2相位：$u_2 = K_2 \times 0.81 = 0.13$；
第3相位：$u_3 = K_3 \times 0.81 = 0.27$；第4相位：$u_4 = K_4 \times 0.81 = 0.18$。

⑦ 计算各相位的绿灯显示时间：

$t_{G1} = t_{EG1} - t_Y + t_L = 24 - 3 + 3 = 24s$；$t_{G2} = t_{EG2} - t_Y + t_L = 14 - 3 + 3 = 14s$；
$t_{G3} = t_{EG3} - t_Y + t_L = 28 - 3 + 3 = 28s$；$t_{G4} = t_{EG4} - t_Y + t_L = 19 - 3 + 3 = 19s$。

故定时控制配时方案为

第1相位：绿灯24s，黄灯3s，全红2s；第2相位：绿灯14s，黄灯3s，全红2s；
第3相位：绿灯28s，黄灯3s，全红2s；第4相位：绿灯19s，黄灯3s，全红2s。
周期长：$(24 + 3 + 2 + 14 + 3 + 2 + 28 + 3 + 2 + 19 + 3 + 2)s = 105s$

⑧ 相位配时图如图4-50所示。

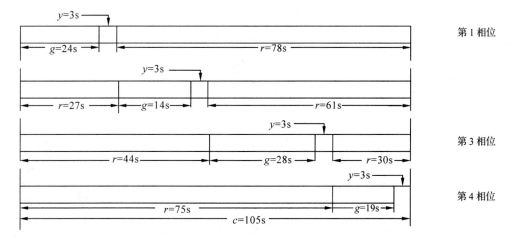

图4-50　配时图

本章小结

交通管理设施设计是交通工程设施设计重要的组成部分。随着城市交通的发展，对道路交通管理设施的要求越来越高，交通管理设施设计也显得尤为重要。本章主要依据城市道路交通标志和标线设置规范以及交通信号设计的相关基础理论，针对交通管理设施设计中的几大部分进行了详细的讲解。

思考题

1. 交通标线设置的一般性规定有哪些？
2. 定时信号设计的流程？
3. 针对左转车相位设计的方案有哪些？

参考文献

［1］中华人民共和国住房与城乡建设部. 城市道路交通标志和标线设置规范［S］. 北京：中国建筑工业出版社，2009.

［2］美国交通研究委员会. 道路通行能力手册［M］. 北京：人民交通出版社，2007.

［3］翟润平，周彤梅，刘广平. 道路交通控制原理及应用［M］. 北京：中国人民公安大学出版社，2011.

［4］袁振洲，魏丽英，谷利远. 道路交通管理与控制［M］. 北京：人民交通出版社，2007.

［5］吴兵，李晔，杨佩昆，史其信. 交通管理与控制［M］. 4 版. 北京：人民交通出版社，2009.

［6］周蔚吾. 道路交通信号灯控制设置技术手册［M］. 北京：知识产权出版社，2009.

［7］徐晓慧，王德章. 道路交通控制教程［M］. 北京：中国人民公安大学出版社，2011.

第 5 章
静态交通设施设计

[本章提要]

交通现象是由动态交通和静态交通共同组成的。静态交通是整个交通大体系中的一个重要的组成部分。本章主要介绍机动车停车场设计、非机动车停车场设计及公共交通场站设计等相关知识。要求了解静态交通设施概念类型，掌握机动车停车场设计，了解非机动车停车场设计，熟悉公共交通场站设计，同时学生可以结合设计手册等资料进行停车场设计。

5.1　概述

静态交通是由公共交通车辆为乘客上下车的停车、货运车辆为装卸货物的停车、小客车和自行车等在交通出行中的停车等行为构成的一个总的概念，虽然停车目的各异、时间长短不同，但其都为静态交通。静态交通设施包括停车场、汽车站、加油站、保养场、修理厂等设施。静态交通设施设计以需求预测为依据，结合土地利用性质，确定设施的规模及总体布局；而就设施的具体设计而言，需要以车辆的静态、动态指标，如车型的外廓尺寸、最小转弯半径、行驶性能及荷载等为依据。

5.1.1　机动车性能分析

5.1.1.1　静态指标分析

车辆的外廓尺寸是静态交通设施设计的基本依据，图5-1以小汽车为例，给出了机动车外廓尺寸图示，表5-1给出了部分国家典型轿车基本外廓尺寸，设计时可采用标准车型尺寸进行计算。

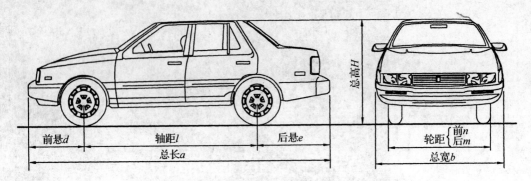

图5-1　机动车外廓尺寸示意图

表5-1　各国小轿车基本尺寸

国名	车名	Y	a	b	H	l	n	m	d	e	h	β_1	β_2	r
中	上海 SH760A	5	4.86	1.77	1.59	2.83	1.45	1.48	0.79	1.14	0.16	32	18	5.6
德	桑塔纳 LX	5	4.55	1.89	1.41	2.55					0.13			5.4
中	红旗 CA110A	8	5.98	1.99	1.63	3.72	1.58	1.55	0.92	1.35	0.16	27	18	7.5
德	奥迪	5	4.80	1.82	1.44	2.69	1.47	1.47			0.15			5.8
日	丰田 1600	5	4.20	1.57	1.40	2.43	1.30	1.29	0.75	1.00	0.18	32	17	4.8
法	标致	5	4.80	1.69	1.55	2.90	1.42	1.36			0.17			
法	雷诺	5	4.24	1.65	1.45	2.65	1.43	1.29			0.12			
德	奔驰 450SEL	7	5.06	1.87	1.43	2.96	1.52	1.50			0.14			5.9
德	奔驰 200	5	4.68	1.77	1.44	2.75	1.45	1.44			0.17			5.5
英	奥斯汀 1100	4	3.72	1.53	1.34	2.37	1.30	1.29			0.16			
美	雪弗兰	5	5.61	2.02	1.38	3.08	1.59	1.59			0.14	30	21	
意	菲亚特	5	4.75	1.81	1.44	2.72	1.47	1.47			0.13			
俄	伏尔加 M-21B	5	4.83	1.80	1.62	2.70	1.41	1.42						6.3
波	波罗乃兹	5	4.58	1.38	1.38									5.4

注：设计时可采用标准车型尺寸：长4.90m，宽1.80m，高1.60m。其中 Y 为座位数，人；a 为全长，m；b 为总宽，m；H 为总高，m；l 为轴距，m；n 为前轮距，m；m 为后轮距，m；d 为前悬，m；e 为后悬，m；h 为最小离地高度，m；β_1 为接近角，°；β_2 为离去角，°；r 为最小转弯半径，m。

5.1.1.2　动态指标分析

1)汽车回转半径

静态交通设施必须保证车辆直行、转向、倒退等操作所必需的空间尺寸，其中，影响最大的是车辆的转向操作。汽车在弯道上行驶，其前后轮及其前后突出部分的回转轨迹将随着转弯半径的变化而变化。为保证车辆在弯道上行驶时不致碰撞其他车辆或车库的墙、柱等，其弯道宽度应按计算要求进行加宽。

(1)计算方法　图5-2为汽车回转半径计算示意图，有

$$r = \sqrt{r_1^2 - l^2} - \frac{(b+n)}{2} \tag{5-1}$$

$$R = \sqrt{(l+d)^2 + (r+b)^2} \tag{5-2}$$

$$G = r_1 - \sqrt{r_1^2 - l^2} \tag{5-3}$$

$$r_2 = r - y \tag{5-4}$$

$$R_0 = R + x \tag{5-5}$$

$$W = R_0 - r_2 \tag{5-6}$$

式中：r 为汽车环形内半径；R 为汽车环行外半径；G 为前后轮半径差；W 为环道最小宽度；R_0 为环道外半径；r_2 为环道内半径；r_1 为汽车最小转弯半径；x 为汽车环形时外侧安全距离，最小取 250mm；y 为汽车环形时内侧安全距离，最小取 250mm。

（2）汽车回转最小半径　根据汽车回转半径公式及设计车型的外轮廓尺寸，可以计算得到不同设计车型的车库内汽车最小转弯半径，如表5-2 所列。

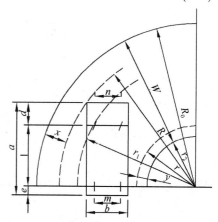

图5-2　汽车回转半径示意图

表5-2　车库内车的最小转弯半径

车　　型	微型车	小型车	轻型车	中型车	大型车	铰接车
最小转弯半径/m	4.50	6.00	6.50～8.00	8.00～10.00	10.50～12.00	10.50～12.50

2）回转及倒向场地

（1）通道宽度计算方法　通道是连接停车泊位与停车场出入口的场内道路，其宽度取决于车型、停放角度和停发方式，应根据一定设计车型的转弯半径等有关参数，用公式法或几何作图法求出不同停发方式下通道的最小宽度。根据停发方式的不同，通道宽度计算可分为前进停车、后退发车与后退停车、前进发车两种情况。

①前进停车、后退发车。通道宽度计算图示见图5-3。

$$W_d = R_e + Z - \sin\alpha \left[(r+b)\cos\alpha + e - L_r \right] \tag{5-7}$$

$$L_r = e + \sqrt{(R+S)^2 - (r+b+c)^2} - (c+b)\cos\alpha \tag{5-8}$$

$$R_e = \sqrt{(r+b)^2 + e^2} \tag{5-9}$$

式中：W_d 为通车道宽度；R_e 为汽车回转中心至汽车后外角的水平距离；Z 为行驶车辆与停放车辆或墙之间的安全距离，可取 0.5～1.0m；S 为出入口处与临车的安全距离，可取 0.3m；c 为车与车的间距，可取 0.6m；α 为汽车停车角度，适用于 60°～90° 范围内，$\alpha \leq 45°$ 时，可用作图求通道宽度。

②后退停车、前进发车。通道宽度计算图示见图5-4。

$$W_d = R + Z - \sin\alpha\left[(r + b)\cos\alpha + (a - e) - L_r\right] \tag{5-10}$$

其中

$$L_r = (a - e) - \sqrt{(r - S)^2 - (r - c)^2} + (c + b)\cos\alpha \tag{5-11}$$

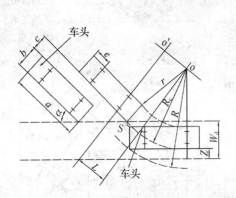 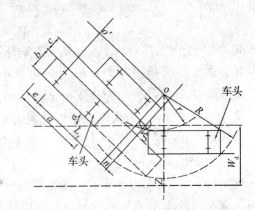

图5-3 前进停车、后退发车通道宽度计算图示 **图5-4 后退停车、前进发车通道宽度计算图示**

　　(2)汽车回转场地　汽车在不同形式的场地条件会采取不同形式的回转操作，相应的回转场地尺寸可采取公式、几何作图法或者两者结合方法得到。其常见条件下汽车回转所要求的场地尺寸如图5-5所示。

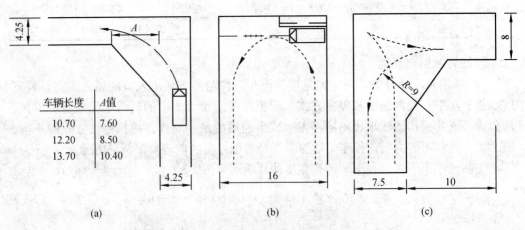

图5-5 不同条件下的回转场地要求(单位：m)
(a)拐角转向　(b)狭窄场地回转　(c)狭窄拐角回转

　　(3)汽车倒向场地　汽车在不同形式的场地条件下会采取不同行驶的倒向操作，如先后退再前进、先前进再后退等。相应的倒向场地尺寸可采取公式、几何作图法或者两者结合方法得到。其常见通道或进出口条件下汽车回转所要求的场地尺寸如图5-6所示。

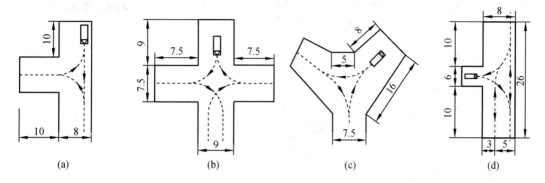

图5-6 不同条件下的倒向场地要求(单位: m)

（a)丁字形 （b)十字形 （c)Y字形 （d)带狭门的Y字形

5.1.2 静态交通设施类型

静态交通是由公共交通车辆为乘客上下车的停车、货运车辆为装卸货物的停车、小客车和自行车等在交通出行中的停车等行为构成的一个总的概念，虽然停车目的各异、时间长短不同，但其都为静态交通。静态交通设施包括停车场、汽车站、加油站、保养场、修理厂等设施。

（1)停车场指的是供停放车辆使用的场地。停车场的主要任务是保管停放车辆。

（2)汽车站是公路运输部门重要基层单位之一，专门办理客、货运输业务，组织和调度车辆运行。它可分为客运站和货运站。

（3)加油站指为汽车和其他机动车辆服务的、零售汽油和机油的补充站，一般为添加燃料油、润滑油等，如汽车加油站。

（4)保养场是为车辆进行保养的场地。

（5)汽车修理厂是专门修理汽车和总成的单位，一般设置在汽车站内部，也有是单独企业。汽车修理的基本方法可分为：就车修理和总成互换修理。就车修理是在修理时对车上拆下的总成、组合件及零件，凡能修复的，经修复后全部装回原车。总成互换修理法是除车架和本身外，其余总成、组合件、零件都可利用备品库中的备用品进行换装。

5.2 机动车停车场设计

机动车停车场设计是静态交通设施设计的重要组成部分。随着我国经济的发展，居民出行需求的迅速增加，机动车保有量和使用效率也随之增长，会带来停车难等一系列交通问题。目前，国内外许多大、中城市的车辆停车泊位需求量迅速上升与落后的停车设施之间的供需矛盾问题尤为突出。因此，选址合理布局的停车场有利于缓解交通拥堵。

机动车停车场规划应与城市总体规划及综合规划相协调，根据城市的用地性质、居民出行特征等指标综合考虑城市社会、经济以及政策的发展趋势，运用相关数学模型进行停车需求预测，选择适宜的地点规划适宜的机动车停车场，以满足未来停车需求增长趋势，缓解突出区域的停车矛盾。

5.2.1　停车场类型

1）按停车场地所处位置划分

（1）路边（路内）停车场　是指在道路用地控制线（红线）内划定的供车辆停放的场地，包括车行道边缘、公路路肩、城市道路路边、较宽隔离带或利用高架路、立交桥下的空间等。路边（路内）停车场多采用标志或标线规定出范围，但划定这些停车用地要视交通情况而定。

（2）路外停车场　是指道路用地控制线以外专辟的停车场，包括停车库、停车楼和各类大型公共建筑附设的停车场。这类停车场一般由停车泊位、通道、停车出入口、计时收费以及其他附属设施组成。

2）按停车车型划分

（1）机动车停车场　机动车停车场主要是指汽车停车场，可分为小汽车停车场、公共汽车停车场、货运汽车停车场、出租车停车场等。

（2）非机动车停车场　非机动车停车场是指各种类型的自行车停车场，以及助力车、人力车等停车场。

3）按停车场的服务功能（对象）划分

（1）社会公共停车场　是指服务于各类出行活动过程中为车辆提供的公共停车场所，通常规划设置在城市的商业活动、公共交通换乘站及城市出入口附近。

（2）配建停车场　是指各类型公用建筑设施（如宾馆、商场、火车站、影剧院、体育场馆等）与住宅配套建设的停车场所，主要为该类设施业务活动出行者和住户提供停车服务。

（3）专用停车场　是指机关、企事业单位建设的停车场，如城市公交汽车（电车）公司、公路客货运枢纽站等，其专用停车泊位只为其内部车辆服务。

4）按空间位置划分

（1）地面停车场　地面停车场指布置在地面的露天停车场。

（2）汽车库　汽车库又可分为停车楼和地下汽车库。此外，根据与地面建筑的关系，汽车库还可以分为单建式和附建式两种。其中，单建式汽车库是指独立的停车楼或地面上没有建筑物的地下汽车库；附建式汽车库是利用地面上多层或高层建筑物及其裙房的地下室或（和）地面上底部的若干楼层布置的专用汽车库。

5）按管理方式分类

（1）免费停车场　多见于平面停车场，如住宅区或商业区的路上或路边停车场，大型公用设施如商场、饭店等的配建停车场。

（2）限时停车场　指限时车辆的停泊时间，并辅以适当的处罚措施，这种方法能够有效地提高停车场的车位周转率。限时停车场通常设有限时装置，由泊车者自行启用，交通警察或执勤人员负责来往监视。

（3）限时免费停车场　是在限时泊车的基础上辅以收费的管理措施。不超过限定时间的泊车者，享有免费的优惠；超过限定时间者如需继续停车，则支付一定的停车费用。这种方法不仅能保持停车场较高的利用率，也能保持较高的车位周转率。

(4)收费停车场 无论泊车时间长短，均收取停车费用。通常采用两种收费方式，即计时收费和不计时收费。前者每车位的收费标准随泊车时间的长短而变化；后者无泊车时间限制，每车位的收费标准相同。

(5)指定停车场 是指通过标志牌或地面标识指明专供某类人员或是某种性质车辆停放的停车场所。这种方式在国外较为常见，一般分为两种：一种是指明临时性停车，如接送客人的出租车临时停车位，装卸货物停车或是传递邮件的临时停车位；另一种是为照顾残疾人、老年人以及医护人员等停车而设置的指定车位。

5.2.2 停车需求及特性分析

停车需求是指在一定的停车区域内，特定时间间隔的停车吸引量，是由于驾驶者处于各种目的，在停车设施中停放车辆的要求引起的。

停车需求及特性分析是城市停车设施系统规划的重要内容，也是指定停车场设施建设方案及停车管理制度的重要基础。停车需求及特性分析是在停车设施调查与分析的基础上，对停车系统的现状进行全面分析，掌握其发展的规律，运用科学的方法进行停车场规划设计。

5.2.2.1 停车需求的波动性

停车需求的波动性是指停车需求具有随时间(月、日、小时)停车服务对象波动的特性。其中，月波动性是指一年之内各个月份之间的波动性。日波动性是指各个日期之间的波动性，如大型公共活动客流高峰期主要集中在国家法定节假日、双休日、学生假期、会展初期、会展末期以及天气条件较好的日期；客流低峰一般出现在正常工作日、天气条件较差的月份。小时波动性是指一天之内各个小时之间的波动性。

5.2.2.2 停车时间特性

停车时间特性是指停车场服务对象的停车时间长短分布特性。停车实际停车时间是衡量停车场交通负荷与周转效率的基本指标之一；停车时间是反映城市中心区停车设施供求关系的另一指标。长时停车会造成车位周转率降低，因而使停车需求上升，反之，短时停车可以使车位有较高的车位周转率，因而使停车需求下降。其分布与停车目的、停放点土地使用、车辆的性质、停车费率等因素有关。确定平均停车时间和停车时间范围，有助于制定合理的收费标准。

对停车时间进行调查与分析，发现停车时间服从负指数分布。约80%的车辆停放时间为0.5~3.0h。随着城区规模的增大，平均停车时间显著增加，并且停车时间分布偏向长时停车。表5-3所列为美国和我国的台湾、上海等学者按不同出行目的分类的停放时间统计。

表 5-3   按出行目的分类的停放时间   h

城市人口/万人	出 行 目 的			各类停放时间的平均值
	购物	个人私事	工作	
1 ~ 2.5	0.5	0.4	3.5	1.3
2.5 ~ 5	0.6	0.5	3.7	1.2
5 ~ 10	0.6	0.8	3.3	1.2
10 ~ 25	1.3	0.9	4.3	2.1
25 ~ 50	1.3	1.0	5.0	2.7
50 ~ 100	1.5	1.7	5.9	3.0
>100	1.1	1.1	5.6	3.0

由表 5-3 可以看出,一般来说,停车者在城市市区的停车时间具有以下特点:在城市中心区,停车时间随城市规模的增大而延长。调查数据表明:3h 以下的短时停车在小城市中所占的比例高于大城市;在不同目的的停车者中,上班停车时间最长,一般在 3h 以上,而购物、办事及其他目的的停车时间较短,一般不超过 2h。

5.2.2.3   停车目的

停车目的是指车主停放车辆后的活动目的,包括上班、购物、娱乐、公务等。了解停车目的对合理规划与管理停车场很有利。

5.2.2.4   停车场服务半径

停车场服务半径又称步行距离,是指停车者将车停放在中心区停车场后,步行到其目的地的距离。它是反映停车者在使用中心区停车设施时的一个行为指标,用以反映停车场布设的合理程度,是停车场规划的重要控制因素之一。其特点是:

(1)停车者的步行距离随城市规模的增大而加长。在北美 5 万 ~ 10 万人口的小城市平均步行距离为 110m,人口 100 万以上的大城市平均步行距离为 170m。

(2)停车者在中心区的步行距离因其出行目的和停车时间长短而异。一般来说,停车时间越长,停车者愿意付出的步行距离也越长。

(3)不论城市规模大小,出行者目的如何,出行者在中心区停车后,存在一个最大步行距离,停车者不会把车停放在距其目的地远于这一最大步行距离的停车场。一般停车者能承受的最大步行距离为 400 ~ 500m。

5.2.3   停车场设计

5.2.3.1   停车场选址

停车场在城市中的布局应当综合考虑城市分区的功能和城市道路网的特征等因素。

停车场选址应当考虑以下问题:

1）服务半径

由于是步行，停车者希望这段距离越短越好。国内外研究表明，停车者的步行时间以 5~6min，距离 200m 以内，最大不超过 400~500m。

2）停车场的可达性

这里指停车者通过城市路网达到停车场的难易程度。停车场的可达性越好，被停车者使用的可能性越大。

3）建设费用

指包括建筑费用，征地拆迁费用以及环保等费用。它和停车场的使用效率一起，在很大程度上决定着停车场的社会经济效益。

4）与城市规划的协调性

与城市规划的协调性指在停车场的使用年限内，与所在地区的城市规划和交通规划相适应。

5）保护城市文化、古建筑和景观

未来满足旅游交通的需求，应当在城市内名胜古迹、郊区风景旅游点附近设置。但是，考虑到城市文化、古建筑以及景观的保护等问题，停车场的选址应当距离被保护对象具有适当的距离。

6）公共空间的有效利用

充分利用公共设施（如公园、广场等）的地下空间，可以既有效利用了空间，又有效地解决了城市景观的问题。

上述有些因素相互影响、相互制约，因此，在应用时必须根据城市条件、当前的主要矛盾，有针对性地取舍。

例如，在发达国家（如日本、法国）较多地采取在公共设施的地下建设停车场的做法。这样做的结果必然加大了停车场的建设费用，对于发展中国家很难普遍采用。

5.2.3.2 设计车型

一般选用停车使用比例最大的车型作为设计标准，我国有几百种车型，根据车型的外廓尺寸，归并成微型汽车、小型汽车、中型汽车、大型汽车和铰接车 5 类，将设计车型定位为小型汽车。机动车停车场车位配建指标就是以小型汽车为计算当量。在设计时，应将其他类型车辆泊位数乘以换算系数换算成当量车型泊位数，以当量车型泊位数核算车位总指标。表5-4 给出了不同车型的外廓尺寸和换算关系。

表5-4 停车场设计车型外廓尺寸和换算系数

车辆类型	各类车型外廓尺寸/m			车辆换算系数
	总长	总宽	总高	
微型汽车	3.20	1.60	1.80	0.70
小型汽车	5.00	1.80	1.60	1.00
中型汽车	8.70	2.50	4.00	2.00
大型汽车	12.00	2.50	4.00	2.50
铰接车	18.00	2.50	4.00	3.50

5.2.3.3　停放方式

机动车的停放方式有平行式、垂直式、斜列式3种。停放方式不同，所要求的通道宽度、单位停车面积也不同。

1）平行式停车

车辆平行于通行道的方向停放，如图5-7所示。这种方式的特点是：所需停车带较窄，驶出车辆方便、迅速，但占地最长，单位长度内停放的车辆数最少。

2）垂直式停车

车辆垂直于通行道的方向停放，如图5-8所示。此种方式的特点是：单位宽度内停放的车辆数最多，用地比较紧凑，但停车带占地较宽，且在进出停车位时，需要倒车一次，因而要求通道至少有两个车道宽。布置时可两边停车，合用中间一条通道。

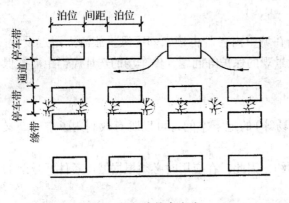

图5-7　平行式停车方式

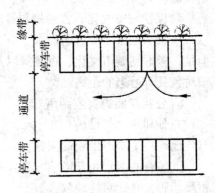

图5-8　垂直式停车方式

3）斜列式停车

车辆与通道成一定角度停放，如图5-9所示。此种方式一般按30°、45°、60°三种角度停放。其特点是：停车带的宽度随车身长度和停放角度不同而异，适宜于场地受限制时采用。这种方式车辆出入及停车均较方便，故有利于迅速停置和疏散。其缺点是：单位停车面积比垂直停放方式要多，特别是30°角停放，用地最多，故较少采用。

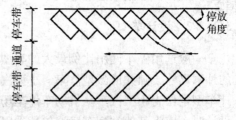

图5-9　斜列式停车方式

以上3种停放方式各有优缺点，选用何种方式布置，则应根据停车场的性质、疏散要求和用地条件等因素综合考虑。目前我国一些城市较多采用平行式和垂直式两种停车方式。

5.2.3.4　停发方式

停发方式即车辆进出停车位的方式。如图5-10所示，停发方式通常有3种，即前进式停车、后退式发车；后退式停车、前进式发车；前进式停车、前进式发车。其

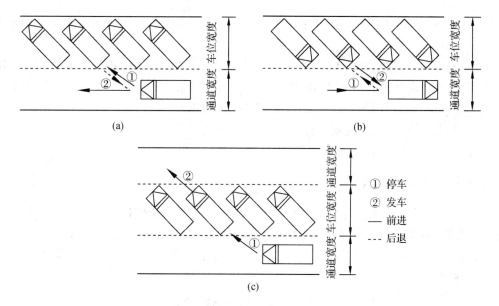

图 5-10　车辆的停发方式

（a）前进式停车、后退式发车　　（b）后退式停车、前进式发车　　（c）前进式停车、前进式发车

中，后退式停车、前进式发车，发车迅速方便，占地也不多，采用得较多。

5.2.3.5　通道

通道形式的确定要综合停车场位置、出入口位置、停车位布置等因素确定，图 5-11 为几种常见的通道形式。通道宽度按设计车型、停放方式查表 5-5 确定。通道的数量要保证一组连接的停车位不超过 50 个，各组之间无通道时，应留出不小于 6m 的防火道。

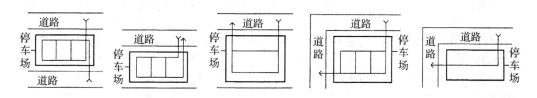

图 5-11　常见的通道形式

5.2.3.6　出入口

（1）公用停车场的停车区距所服务的公共建筑出入口的距离宜采用 50～100m。对于风景名胜区，当考虑到环境保护需要或用地受限制时，距主要入口可增至 150～250m；对于医院、疗养院、学校、公共图书馆与居住区，为保持环境宁静，减少交通噪声和空气污染的影响，应使停车场与这类建筑物之间保持一定距离。

（2）停车场的出入口不宜设在主干路上，可设在次干路或支路上并远离交叉口；不应设在人行横道、公共交通停靠站以及桥隧引道处。出入口的缘石转弯曲线切点距铁路道口的最外侧钢轨外缘应不小于 30m，距人行天桥应不小于 50m，距离交叉路口需大于 80m。

（3）停车场泊位数大于 50 个时，出入口不得少于 2 个；泊位数大于 500 个时，出入口不得少于 3 个；出入口之间的净距需大于 10m。条件困难或泊位数小于 50 辆时，可设一个出入口，但其进出通道的宽度宜采用 9～10m。

（4）双向行驶出入口宽度不得小于 7m，单向行驶的不小于 5m。

（5）出入口应退后红线 10m 以外，应有良好的视野。

5.2.3.7　停车场面积规划

在规划阶段，可根据单位停车面积和规划泊位数来初步估计停车场用地面积；在设计阶段，可按使用和管理要求、预估停车数量和车型、停放方式、停发方式，确定停车场面积。《停车场规划设计规则（试行）》规定各种停车方式所对应的设计参数如表 5-5 所列。

表 5-5　机动车停车场设计参数

停车方式		垂直通道方向的停车带宽/m					平行通道方向的停车带长/m					通道宽/m					单位停车面积/m²				
		I	II	III	IV	V	I	II	III	IV	V	I	II	III	IV	V	I	II	III	IV	V
平行式	前进停车	2.6	2.8	3.5	3.5	3.5	5.2	7.0	12.7	16.0	22.0	3.0	4.0	4.5	4.5	5.0	21.3	33.6	73.0	92.0	132.0
斜列式	30° 前进停车	3.2	4.2	6.4	8.0	11.0	5.2	2.6	7.0	7.0	7.0	3.0	4.0	5.0	5.8	6.0	24.4	34.7	62.3	76.1	78.0
	45° 前进停车	3.9	5.2	8.1	10.4	14.7	3.7	4.0	4.9	4.9	4.9	3.0	4.0	6.0	6.8	7.0	20.0	28.8	64.4	67.5	89.2
	60° 前进停车	4.3	5.9	9.3	12.1	17.3	3.0	3.2	4.0	4.0	4.0		4.0	7.0	9.5	10.0	18.9	26.9	53.2	67.4	89.2
	60° 后退停车	4.3	5.9	9.3	12.1	17.3	3.0	3.2	4.0	4.0	4.0	3.5	4.5	6.5	7.3	8.0	18.2	26.1	50.2	62.9	85.2
垂直式	前进停车	4.2	6.0	9.7	13.0	19.0	2.6	2.8	3.5	3.5	3.6	6.0	9.5	10.0	13.0	19.0	18.7	30.1	51.5	68.3	99.8
	后退停车	4.2	6.0	9.7	13.0	19.0	2.6	2.8	3.5	3.5	3.5	4.2	4.5	6.5	13.0	19.0	16.4	25.2	50.8	68.3	99.8

注：表中 I 类指微型汽车，II 类指小型汽车，III 类指中型汽车，IV 类指大型汽车，V 类指铰接车。

5.2.3.8　停车场平面综合布置

当停车场面积较大、泊位与出入口较多时，为了便于停车场的使用、管理和疏散，通常要进行平面综合布置，特别是针对既定位置和形状的场地，合理的平面布局对于场内车流的运行和土地源的有效利用，显得尤为重要。

在城市道路中，常将路外停车场布置在与道路毗邻而又在车行道以外的专用场地上。图 5-12～图 5-14 为常见的 3 种停车场布置形式。

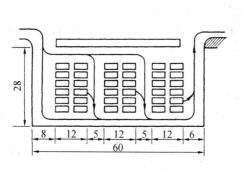

图 5-12　平行式停放布置(单位：m)

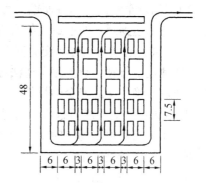

图 5-13　垂直式停放布置(单位：m)

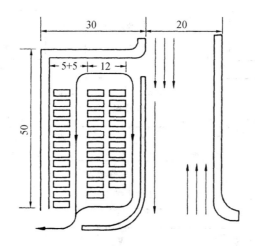

图 5-14　道路转角处垂直布置(单位：m)

5.2.3.9　停车诱导设施设计

1)停车诱导系统的意义

停车场诱导系统，又称停车诱导系统，是通过交通信息显示板、无线通信设备等方式向驾驶人提供停车场的位置、使用状况、诱导路线、交通管制以及交通拥堵状况的系统。

停车诱导系统对于提高停车设备使用率、减少由于寻找停车场而产生的道路交通量、减少为了停车而造成的等待时间、提高整个交通系统的效率等有着极其重要的作用。

1971 年德国亚琛市建立了被认为最早的停车诱导系统，这些诱导系统所提供的信息以停车场的使用状况、车位数以及停车场的位置等为主。我国北京市于 2001 年起先后在王府井、北京站、西单等地区建立了停车诱导系统，开始了我国停车诱导系统的新时代。

2)停车诱导系统的目的

停车诱导系统的目的可以归纳为：

（1）提高行车者的使用方便性　为驾驶人提供停车场使用状况的简明信息，引导驾驶人顺畅的达到距目的地最近的有剩余停车位停车场。

（2）促进交通顺畅、确保交通安全　通过提高现有停车场的使用效率，减少停车等待排队和迂回行驶，减少路车违法停车，从而达到减少道路交通障碍，最终实现畅通的交通流，确保交通安全的目的。

（3）改善停车场的经营条件　通过及时向驾驶人提供停车场的使用状况信息，化解由于停车需求和停车场在时空上分布不均所产生的问题，提高停车场的使用率，为高效率经营停车场创造条件。

（4）增加商业区域的经济活力　通过建立停车场诱导系统，形成商业区域"安全、便利、舒适"的形象，从而能够诱增更多的驾驶者，达到提高商业区域活力的目的。

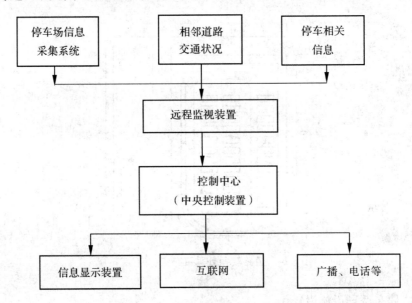

图 5-15　停车诱导系统的基本结构

3）停车诱导系统的组成

停车诱导系统由信息采集系统、信息处理系统、信息传递系统以及信息发布系统等子系统组成，基本结构如图 5-15 所示。其大致工作原理是空车位采集控制器采集停车场内所有剩余空车位数，经控制中心计算机处理后，由数据传输设备传到路边引导显示牌（包括停车场名称、占用情况、方位等）。各部分的作用如下：

（1）信息采集系统　通过远程监控装置、传感装置，采集对象区域内各个停车场相关信息，包括停车场名称、位置、停车空位，停车场的类型、服务水平和管理费用等。根据对象区域的大小，还可以通过其他的智能交通系统获得停车场集散道路的交通信息，如是否拥堵等，为停车者提供更全面的交通信息。此类信息可以通过人工现场计数、运用摄像机计数及布设车辆感应器等方式采集。

①人工现场计数。人工现场计数适用于规模比较小的停车场，在每个出入口设一个计数员（小规模停车场一般设 2~3 个出入口），手工记录出入车辆数，输入且向控

制中心传递相应数据。这种方式需要人员较多，随着技术进步，自动化程度提高，人工现场计数方式逐渐被替代。

②运用摄像机计数。采用摄像机录入方式将录入图像传入监控器，由监控人员查看并记录或运用自动识别器自动识别并记录，这种方式可用于较大的停车场，需要人员较少。

③布设车辆感应器。可利用栏杆机或车辆检测线圈的信号，在每个出入口设置车辆检测传感器，利用这些传感器对进出停车场的车辆计数并自动记录输入数据，完成信息采集。

(2)信息处理系统　信息处理系统将采集到的停车场使用状况以及周边道路信息，加工处理成向驾驶人提供的适当形式的信息，如停车场的剩余车位情况、采集道路是否拥堵等信息。这个过程首先收集各停车场的实时数据，用所有驶入车的数量减去所有驶出车的数量得到停车场内部车辆数，与数据库中的停车场容量比较，得到停车场空车位数。另一方面，把每个停车泊位的输入数据与数据库中的数据比较就可以得出每个停车泊位的占有或空闲状态。然后根据实际需要将这些状态信息转换为文字、颜色、图像或声音信号，同时也产生相应的信号，传输给可变信息板等媒体。另外，信息处理系统还担负着存储停车场信息、停车场使用情况的日周变化的模式等任务。这个信息处理系统可以和其他的ITS控制中心共用，便于信息整合、系统维护和降低造价等特点。

(3)信息传输系统　通信传输的基本任务是保证"信息流"在特定的传媒中畅通，做到快速、及时、准确。在公路通信传输系统中，通常混合使用市话电缆、数字光缆、数字微波3种手段传输。

停车场诱导系统的信息传输分为从各个停车场向控制中心传递停车场使用情况的信息和从控制中心向信息发布装置传递信息两个阶段。信息传递根据传送方式的不同分为有线和无线两种。有线传送可以通过专用双绞线、同轴电缆、光缆等，也可以通过电话线、有线电视传输线等。

(4)信息发布　将控制中心处理过的信息，从周边地区向中心地带分为若干个层次发布出来。通常，停车诱导系统是通过控制中心，随时将各个停车场的使用状况(停车位的满空信息等)在可变显示板上以视觉的方式或通过广播以听觉的方式向驾驶人提供。也可以利用互联网等方式发布，未来可以作为ITS一部分，将停车场信息和其他信息实时显示在车载显示系统。

5.3　公共交通场站设计

5.3.1　公共交通场站种类

公交通场站根据中间停靠站服务对象与服务功能，可分为停靠站、一般终点站、服务性终点站、枢纽站、总站和停车场、维修保养场以及培训场地和附属生活设施。实际上，一处场站往往同时具备多个功能而形成综合场站。

1)中间停靠站

公交线路中间站一般有路边停靠站和港湾式停靠站两种形式。站台长度由停靠线路和高峰时段停靠车辆数确定。

路边停靠站用站牌确定停站位置，也可以采用标线固定停靠站位。为保证公交车辆出站便利，可在车站前方设置禁停标线。路边停靠站一般上、下行错开，但不宜超过50m。如果道路宽度大于22m，可以不错开。如果有停廊，长度为1.5~2倍车长，宽度不小于1.2m。路边停靠站可以用划分线路的方式规定站位和优先进入行车道。

停车站选址应充分考虑乘客上下车和换成方便，选择在客流集散点附近。一般停靠站应纳入城市道路、交通工程项目统一规划建设，在规划上不要求预留用地。

主要交通性干道要求建港湾式停靠站，以减小对动态交通的影响。港湾式停靠站的规模由公共汽车乘客需求量决定，香港现行的标准是港湾通道不小于21m×6m，以便超越停候车及消防作业。港湾式停靠站有深港湾式和浅港湾式两种，其区别在于站位是否占用行车道。

2)一般终点站

一般终点站指1~2条线路的首站或末站。首、末站规模依据服务车辆数决定：车辆数大于50辆为大型站；26~50辆为中型站；少于26辆为小型站。

公交首、末站应配置司售人员休息室、停靠泊位、候车站台、行车道(回车道)、蓄车位和绿化面积，其建设规模根据所服务的车辆数确定，用地面积可按每辆车30~100m²控制。终点站必须有标志明显、严格分离的出入口。1条线路首、末站布置2~3个泊车位。1个候客站台宽度不小于2.0m，长度不小于50m。

按照公交车辆夜间全部进场停放的要求，首末站只考虑线路运营必需的停车位和蓄车位，无须考虑夜间公交车辆停放面积。

3)服务性终点站

服务性终点站是一种将车辆掉头、公共汽车停放与上下客、旅客候车和调度用房等多种设施合在一起的小型站场，需要容纳若干条线路。

服务性终点站通常为2~4条线路提供终点作业服务，其发车港湾通道一般不超过4条，最小用地要求为2000m²。

服务性终点站通常由停车坪、回车道(兼站内行车道)、生产调度及生活性建筑、候车廊、简单维修位及绿地等组成。设施与用地规模应根据营运线路所配营运车辆数量、线路多少及站的等级确定。服务性终点站用地面积按标准车90~100m²计，另外加回车道、候车廊等面积，绿化用地按全站面积的15%控制。

4)枢纽站

枢纽站为3条以上主要公交线的首、末站，或与其他重要交通设施的交汇处可建公交枢纽站。多条公交线路交汇处也应设公交枢纽站。

枢纽站一般至少要设置4条发车通道，其中至少有一条要加宽，以便超车。同时还应设置调度室、用餐与停车区及其他辅助设施。枢纽站每标准车用地120m²。

5)公交总站

公交车总站有两类：一类具备客运服务功能，通常设在城区人流集散点和主要的运输枢纽，便于为就业、购物或娱乐活动提供服务，提供与其他交通方式的换乘；另一类总站除客运服务功能外，还兼具管理指挥功能，与停车场、维修厂等形成大型公交综合场站，一般用地 4hm² 以上。

　　6）公交停车场与保养场

　　公交停车场用于公交车辆下班后停放及进行低级保养和小修的场地，停车场规划用地每标准车为 150m²。

5.3.2　公交场站设计

5.3.2.1　公交停车站设计一般规定

　　（1）公交停靠站候车站台的高度宜取 15～20cm；站台的宽度应取 2.0m，改建及综合治理交叉口，当条件受限制时，最小宽度不应小于 1.25m。

　　（2）为区分公交停靠站的停车范围，在公交停靠站车道与相邻通车车道间，应设置专用标线。一辆公交车停车长度以 15～20m 为宜。

　　（3）新建交叉口，公交停靠站车道宽度为 3.0m；改建或治理交叉口，受条件限制时，最窄不能小于 2.75m；相邻通行车道宽度不应小于 3.25m。

　　（4）人行道宽度确有多余时，可压缩人行道设置公交停靠站；人行道的剩余宽度应保证大于行人交通正常通行所需的宽度，最小宽度不宜小于 2.50m，必要时可在停靠站局部范围内拓宽道路红线。

5.3.2.2　停靠站形式选择

　　（1）在快速路和主干路及郊区的双车道道路上，公交停靠站不应占用车行道，应采用港湾式布置；市区的港湾式停靠站长度，应至少有两个停车位。对主干路而言，如果两侧路网比较发达，可以考虑结合附近大型交通集散点将公交站点设置在相邻支路上。

　　（2）符合以下情况时，应设置港湾式停靠站：

　　①机非混行的道路，且机动车只有一车道，非机动车的流量较大，人行道宽度≥7.0m 时。

　　②机非混行的道路，高峰期间机动车、非机动车交通饱和度皆大于 0.6，且人行道宽度≥7.0m 时，可设外凸式港湾停靠站。

　　③机动车专用道路，外侧流量较大（不小于该车道通行能力一半），且外侧机动车道宽度加人行道宽度≥8.25m 时。

　　④沿分隔带设置的公交停靠站，最外侧机动车道宽度加分隔带宽度≥7.0m 时，应设置成港湾式停靠站。

5.3.2.3　公交站点布置方式

　　1）直线式公交停靠站

　　直线式公交停靠站是传统的公交停靠站设置方式，它直接将公交停车区设置在机

动车道上，如图 5-16 所示，

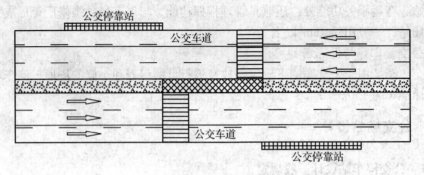

图 5-16 直线式公交停靠站模式

2）港湾式公交停靠站

港湾式停靠站是指在公交停靠站处将道路适当拓宽，将公交车辆的停靠位置设置在正常行驶的车道之外，以减少公交车辆停靠时形成的交通瓶颈对其他车辆的影响，保证路段车辆的正常运行。

（1）沿人行道边设置的站台　沿人行道边设置的站台应用得比较普遍，其构造简单，只需在人行道上辟出一定的用地作为站台，如图 5-17 所示。站台高度最好不小于 30cm，并予以铺砌。此类站台对乘客上下车最安全，但公交车辆进出站时与非机动车相互影响较大。

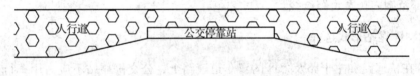

图 5-17 人行道边设置公交停靠站模式

（2）借用非机车道和人行道设置的站台　该方式是利用人行道多余宽度在机动车道与非机动车道间设置港湾式公交停靠站，如图 5-17 所示。当人行道较宽时，可利用人行道多余宽度在机动车道与非机动车道间设置港湾式公交停靠站，如图 5-18 所示。

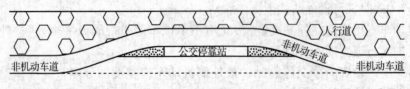

图 5-18 借用非机车道和人行道设置港湾式公交停靠站

（3）沿分隔带设置的站台　有机非分隔带且其有不小于 4m 的路段，可以沿机非分隔带设置全港湾式公交停靠站，如图 5-19 所示。全港湾式公交停靠站是一种比较

完善的公交停靠站设置形式，公交车辆停靠时不会形成瓶颈路段。当机非分隔带宽度
小于4m，而人行道有多余宽度时，港湾式停靠站设置方法如图5-20所示。沿分隔带
设置的站台对非机动车影响较小，只有上下乘客穿行非机动车道的影响。但对最外侧
机动车道的通行能力影响较大。为使乘客上下车和候车方便、安全，分隔带至少应有
1m加宽。

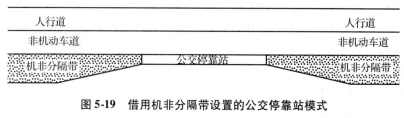

图5-19   借用机非分隔带设置的公交停靠站模式

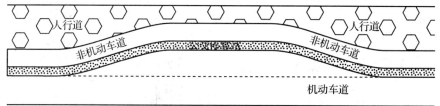

图5-20   借用机非分隔带设置的公交停靠站模式

5.3.2.4   公交停车场设计

公交车停车场主要包括供公交车停放的场地和其他必要设施。在用地和其他条件
便利的情况下，可以按规定设置低级保养和小修作业设施及场地，以及工作与生活
区。按照这个标准，公交车停车场主要分为以下两种：

1）简易公交车停车场

在市区，特别是中心地区，公交线路密
集又不能提供专门的用地来建设功能较齐全
的专门公交车停车场。这时可以采用其他难
以利用的空间来设置简易公交车停车场。例
如在高架路下，立交桥下设置栅栏、看守亭
等设施，解决一部分公交车的停车问题。

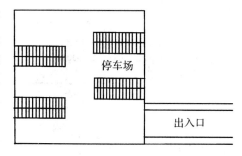

图5-21   简易型公交停车场

简易型公交车停车场是在用地面积很紧
张的情况下，只具有供公交车下班后停放的
功能，简易型公交车停车场如图5-21所示。

2）综合公交车停车场

在城边或其他用地许可的地区，可以建设大型的公交停车场。公交车停车场的功
能是为公交车提供合理的停放空间，不仅保证足够的停放空间，而且应当保证公交车
辆在停放饱和的情况下，每辆车仍可自由出入而不受前后左右所停车辆的影响。并且
在条件方便和有需要的情况下，进行低级保养和小修作业。

公交车停车场主要设施包括停车坪(库)、洗车台(间)、试车道、场区道路、防冻防滑设施等。无轨电车公交车停车场增设线网和专路供电设施，距整流站较远时，应建小型单机组整流站。

综合型公交车停车场如图5-22所示，停车场除了具有供公交车下班后的停车功能，还具有供司售人员休息、住宿，管理人员办公及公交车低级保养、小修等功能。

根据CJJ 15—1987《城市公共交通站、场、厂设计规范》，公交场站的标准如下：规范第2.1.12条，首末站的规划用地面积宜按每辆标准车用地90~100m² 计算，另加回车道、候车廊用地(约20m标准车)。综合考虑，首末站(枢纽站)平均用地为110~120m²/标准车，其停车坪按照营运车辆全部车位面积的60%计算。规范第3.2.3条，停车场的规划用地宜按每辆标准车用地150m²计算。如天津市停车场及保养场面积为150~200m²/标准车，南京市停车场(修理厂)用地为150m²/标准车，而深圳仅有70~90m²/标准车，由于用地紧张，很多城市都在保证基本用途的基础上缩减公交场站的用地面积，以节约城市的使用空间。

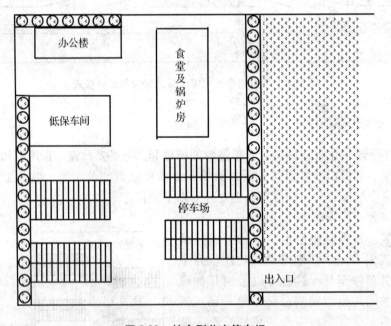

图5-22   综合型公交停车场

本章小结

本章主要介绍机动车停车场设计、非机动车停车场设计及公共交通场站设计等相关知识。静态交通设施设计以需求预测为依据，结合土地利用性质，确定设施的规模及总体布局；设施的具体设计需要以车辆的静态、动态指标为依据，如设计车型的外廓尺寸、最小转弯半径、行驶性能及荷载等，确定设施的细部结构及尺寸。本章要求结合停车场设计手册，能够进行停车场设计。

思考题

1. 机动车停车场服务半径为多少？

2. 机动车停车场方式有哪些? 停车场类型有哪些?

3. 停车诱导的目的是什么?

4. 进行现场调查,统计所在城市的公交站点布置方式。

5. 运用本章内容及文献知识,结合实地的机动车停车调查或非机动车或公交车停车调查,根据现有统计信息,设计其停车场站。

参考文献

[1] 孟祥海,李洪萍. 交通工程设施设计[M]. 哈尔滨:哈尔滨工业大学出版社,2008.

[2] 王文卿. 城市汽车停车场(库)设计手册[M]. 北京:中国建筑工业出版社,2002.

[3] 陈小鸿. 城市客运交通系统[M]. 上海:同济大学出版社,2008.

[4] 王炜. 交通规划[M]. 北京:人民交通出版社,2007.

[5] 美国城市土地利用学会. 国外停车场设计[M]. 钟声,舒平,汪丽君,译. 北京:知识产权出版社,中国水利水电出版社,2002.

[6] 徐吉谦,陈学武. 交通工程总论[M]. 北京:人民交通出版社,2008.

[7] 关宏志,刘晓明. 停车场规划设计与管理[M]. 北京:人民交通出版社,2003.

[8] 郭学琴. 城市公共停车场规划研究[D]. 北京:北京交通大学,2006.

[9] 姜攀. 大城市自行车交通规划研究[D]. 西安:长安大学,2007.

[10] 王耀斌,李世武. 胡明城市停车场的规划与设计[J]. 吉林工业大学自然科学学报,2001,31(3):98-101.

[11] 蔡全凯. 城市常规公交场站规划研究[D]. 南京:东南大学,2007.

第6章
道路收费设施设计

[本章提要]

道路收费设施是高速公路系统重要的子系统之一。本章主要介绍道路收费设施的相关知识。要求了解：道路收费设施的相关定义和作用；了解道路收费设施的原则和目标；熟悉收费系统的定义、分类和构成；重点掌握电子收费系统和联网收费系统的设计；熟练掌握收费站和收费广场的设计。

6.1　概述

从行为科学角度分析，驾车者在选择出行路径和出发时间时，往往只考虑自己能感知或者说自己将付出的成本。当道路的通行能力充足时，这种"自私"的行为不会影响到其他人的出行，对道路中其他使用者的影响较小。但是，当交通流量接近通行能力时，拥挤程度上升，道路上任何新增加一个出行单位都会使系统中所有成员利益受损，会使交通系统拥挤不堪，直到瘫痪。在无法采用技术手段改变交通系统的混乱情况时，最好的办法是采用经济手段。对拥挤路段的使用者收费，付费的人还可以在原来的路上和时段行驶，不想付费的人选择其他路或改变出发时间，从而使道路网络的使用达到最优。另外，在道路网还不发达的时候，政府需要建设足够的道路供可能发生的交通需求或者已经发生的交通使用。为筹集资金，政府鼓励资金持有者或者采用借款的方式建设道路，而作为投资回收的保证措施之一就是向使用该条道路的驾驶人收取通行费。因此，征收车辆通行费，用以偿还贷款，补偿道路交通基础设施建设所耗巨额资金，维持养护管理费用支出，是当今世界上多数国家发展道路交通的通用做法，也是近年来我国各地自行摸索并得到国家明确肯定的行为。车辆通行费的征收及收费制度的逐步完善，给道路交通的发展注入了新的生机和活力，具有十分重要的意义。

6.1.1 道路收费设施定义与作用

6.1.1.1 道路收费设施定义

1）定义

收费道路是指为偿还道路工程建设贷款、筹集道路运营养护费用或以道路建设作为商业投资目的，对过往车辆征收通行费的道路。

收取过往车辆通行费的一切交通设施，称为收费设施，包括土建工程和机电工程设施。

2）国内外收费道路的现状

目前大规模的收费系统主要存在于高速公路和城市中心区，所以收费道路的现状主要体现在高速公路和城市中心区收费系统。

面对高速公路建设的巨额费用负担，世界上许多国家的政府不得不采用贷款修路的方式，营运后通过收取通行费和汽油税来偿还贷款和维持道路系统的日常通行，我国也同样采用了这种方法来募集建设高速公路所需的资金。

我国高速公路最早开始于台湾地区，基隆到高雄的高速公路全长 370km，交通工程设施先进，控制系统和收费系统完善，其投资来源是利用亚行贷款、发行公债、征收汽车燃料税，总投资达 12 亿美元。

我国大陆自 20 世纪 80 年代中后期开始修建高速公路，修建的已超过了 9 万 km，大部分高速公路均采用设置收费站的方式收取通行费。收费系统也从最初全盘引进国外系统到逐步采用国内集成商提供的自制设备，收费系统的造价也比以往有了大幅度的下降。为了更好地管理高速公路和方便道路使用者，高速公路联网收费也在国内各省份大面积实施，江苏、浙江、吉林等部分省市的联网收费也有部分建成，不停车收费（电子收费系统）也被多家用户所青睐，正在试验或者正式应用。我国的收费系统的发展开始逐步走向成熟。

德国、英国、瑞士等国的高速公路建设和管理费用全都由政府负担，高速公路全部实行不收费制度。英国只有一部分特殊的桥梁收取过桥费。德国统一以来为尽快改善原东德的交通状况，也有部分高速公路开始收取通行费来弥补国家高速公路建设资金的不足。

日本的高速公路是由日本道路公团、首都高速公路公团等半官半民式的公司投资建设和管理的，全线实行收取通行费的原则，这也是日本高速公路发展迅速的一个主要原因。

美国、法国、意大利等国家，部分高速公路收取通行费，收费公路的比例不尽相同。美国州际高速公路的建设费用，联邦政府负担 90%，州政府负担 10%。因此绝大部分道路不收通行费，只有一部分投资费用较高的路段、特殊的桥梁和隧道设施收取通行费，在美国收费高速公路仅万余千米。美国用收取汽油税的方法来部分补偿高速公路建设费用的不足。

法国、意大利等国家，收费高速公路占绝大部分。法国有 80% ~ 90% 的高速公路是由政府批准的高速公路特许公司投资修建和管理，这些道路要靠收取道路通行费来回收投资和支付日常管理费用，但收费率一般是由政府根据国家经济情况与公司协商确定和调整，只有 10% ~ 20% 的城市高速公路、城市间高速公路、连接主要港口及战略目的干线高速公路是由政府投资修建的，这些道路是不收费的。

发达国家建设高速公路的历史较长，已形成一整套完善的收费系统，很多成果在收费系统中得到了充分的应用。

6.1.1.2　道路收费设施作用

设立道路收费设施的主要目的在于向过往车辆收取通行费，其作用具体表现在：

1）为道路建设、发展筹集资金

随着我国大力发展市场经济，国民经济以前所未有的高速度发展。在发展市场经济的同时带来商品的大量流通，商品的大量流通又对交通运输产生巨大的需求。从公路运输方面看，关键在于修建更多、等级更高的道路，来适应日益增长的车辆需要。公路建设，特别是高等级公路的建设，需要筹集巨额的资金。我国现阶段正处在经济发展的初期，道路建设面临着资金相对短缺的问题，解决这个问题，必须从多渠道出发。所以，大量建设收费道路，在国家财政相对紧张的现阶段，有着十分重要的现实意义。

2）为道路养护、运营管理筹集资金

随着公路建设的不断发展，公路通车里程不断增长，需要投入大量资金，用以对道路进行维修养护，或者经营管理。在这种情况下，以传统的养路费、车辆购置附加费，加上国家财政拨款等方式对通车道路进行养护、维修、管理，存在着资金有限的困难。因此，"谁用路，谁出钱"的道路收费方式，便成为道路养护、运营管理资金的重要来源。1990 年末，阿根廷政府因无力承担国家公路的维修而将 10000 多千米的双车道或 3 车道的国有公路私有化，他们对这些公路进行维修和改造，使之达到一个较高的水准，再转变为收费道路。

3）为道路规划、建设和管理提供交通量基础数据

道路规划、建设的一般程序是：路网规划、立项、项目预可行性研究、项目可行性研究、项目初步设计、项目施工图设计、施工、竣工验收并交付使用，如图 6-1 所示。所有这些过程，都需要道路交通量的观测和预测资料。其次，道路建成以后，如果需要对道路进行控制管理，如养护人员的配置、服务设施的设置、路政人员的配置、收费人员的配置等，都需要道路的交通量资料。道路收费设施，除了能够对过往车辆征收通行费外，还是进行交通调查的有力工具。开放式收费站，实际上是一个不间断的交通量长期观测站，从收费统计的数据，可以得出道路交通量的时间分布特性；封闭式收费站，可得出道路沿线地区的 OD（起止点）交通量，以及各车型车辆的平均行驶距离。这些数据可用于交通量预测，也可以作为交通评价、管理，道路运营分析，融资、贷款分析的依据。

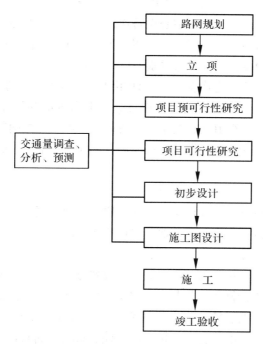

图 6-1 道路规划、建设的一般程序图

4）作为道路交通管理的辅助手段

开放式收费站，可作为交通警察设卡查车的地点。对于封闭式收费系统，可以通过开放和关闭入口收费车道，对道路，特别是对高等级道路的主线交通流量进行调节，实现匝道控制功能。同时，在入口车道，还能够有效限制行人、非机动车及慢速车辆进入高等级道路，避免混合交通的形成及干扰。设置于收费站的闭路电视，也可以作为交通管理的辅助工具。

6.1.2 收费设施设计原则与目标

6.1.2.1 收费设施设计原则

道路收费设施的设计，应遵循如下原则：

1）**满足道路收费功能的要求**

设立道路收费设施的主要目的，在于对道路过往车辆征收通行费，为道路建设、发展、养护、运营等筹集资金，或者用于偿还道路建设贷款。因此，一切道路收费设施的设计，首先应满足收费使用功能的要求。所有设施，无论是土建设施还是机电设施，都必须直接或间接为道路收费服务。

2）**形成一个完整的收费系统**

现代化收费设施通过计算机联网的方式，将收费车道、收费站、收费中心连接成一个计算机网络系统。在进行道路收费设施的设计时，应保证收费系统的完整性。例如，对于封闭式半自动收费系统，必须在道路的起、讫点，以及道路所有互通立交的

费管理机构、收费站、收费中心、收费设备、收费人员和收费对象等共同组成的系统。

6.2.1.2 收费系统分类

根据不同的收费制式、收费方式、是否停车等可对收费系统进行分类。

1) 按收费制式分

收费制式是道路收费系统的基本体制,收费制式决定了道路收费系统的建设规模、建设位置、收费流程。收费制式与收费区域有关,根据区域面积的不同,分为均一式、开放式、封闭式和混合式 4 种系统。

(1) 均一式 收费站设在主线或各匝道入(出)口,按车型一次性征收固定通行费。车辆缴费上路后,可以在公路上自由行驶,不受阻拦地在任何出口驶离收费公路。其优点同开放式相似,但设站多,工作人员多;道路费额对用户不可能完全合理。它适用出入口较多的城市近郊道路。

(2) 开放式 对于距离较长,立交间距较大的收费道路,在其主线上按一定间距设置路障式收费站,按过往车辆的类型进行收费。这种收费制式较为简单,对收费道路互通立交的出入口匝道没有控制,故称为开放式系统。

广义上开放式收费对用户来说不完全合理,如车辆行驶距离不同,却征收相同费额。开放式收费站主要设置在主线上,其通过率将直接影响主线交通流状态。因此,开放式收费系统设计时要充分考虑道路主线与匝道的交通流分布、收费站点设置和路费额合理等问题。

(3) 封闭式 根据车辆类别和行驶里程数征收通行费,它适用于城间和环城道路。封闭式收费必须知道车辆的道路入口和出口信息。车辆进入道路,在入口处领取通行券,出口时按车型、出入口之间距离和通行费率计算通行费。收费站必须建立在所有匝道及管辖路段的端点主线上。由于整条公路所有出入口被收费站完全封闭,可以控制车辆进入,故此种道路又称封闭式道路。

封闭式收费的最大优点是收费合理,无漏收、多收,但系统相对复杂,投资大,建设周期长,管理难度大。为了及时回收建设资金,还本付息,我国大部分经营型道路均采用全封闭式收费。封闭式收费系统设计的关键是:充分而准确地预测交通流变化趋势及其分布,尽可能合理设置收费站点与收费车道,有效地划分系统结构和采用与交通量相适应的收费方式。

(4) 混合式 混合式是均一式和开放式的混合形式,其基本出发点是将两者的优点结合起来,形成一种新型的、简单有效的收费制式,用在中长距离的收费高速公路上。

混合式是将中长距离高速公路分成几个区段,每段 30~50km,每区段可能包含一处或多处互通立交,收费站设在全线所有入口处,另外在相邻区段之间设主线路障式收费站。混合式系统采用单一因素(车型)的收费标准,但各站(尤其是主线各站)因控制里程不等可选用不同的费率。

均一式、开放式、封闭式和混合式 4 种收费制式各有其自身的特点,下面将从几个方面对上述 4 种收费制式进行定性比较，包括：收费效率与运营费用、收费站建造（占地面积）成本、收费管理难易、扩（增）建收费站的困难程度、道路使用者付费的原则、行驶里程计算、短程交通管理、疏解短途交通、对主线交通影响、对非高速公路交通影响、防止贪污以及交通安全性等。比较结果见表 6-1 所列。

表 6-1 各种收费制式比较表

项 目	开放式	均一式	封闭式	混合式
收费效率	高	高	最低	较低
运营费用	最低	高	最高	较高
建造成本	最低	高	最高	低
管理困难度	最容易	难	最难	容易
立交增建困难度	最容易	难	最难	略难
使用者付费	不完全	完全	完全	完全
依行程里程计费	不完全	最差	最佳	佳
对地区交通的影响	甚微	严重（上）/甚微（下）	严重	局部严重（上）/甚微（下）
对主线交通的影响	最严重	甚微（上）/严重（下）	甚微	严重

2）按收费方式分

根据收费方式，或者说人工参与的程度，可以将道路收费系统分为人工、半自动和全自动收费系统。

（1）人工收费系统　人工收费系统不需要或基本上不使用电子和机械设备，适用于均一式、开放式和封闭式 3 种收费制式。对于封闭式人工收费系统，由收费员在入口处发放印有入口地址的通行券，出口处的收费员根据收回的通行券计算车辆行驶里程，并按车型、车种收费，再发出收费凭证（发票）。其最大优点是基本上使用人工，不需要任何设备投资；缺点是容易产生误差和作弊行为，效率低。当收费车道数量较多、收费站规模较大时，收费员劳动强度大，车辆服务时间长，交通干扰大。对于资金有困难且开通初期交通量较小的收费道路，特别是采用均一式和开放式收费系统的道路，通过加强对收费人员的教育和管理，可作为过渡期收费方式。

（2）半自动收费系统　部分收费工作由电子机械设备完成，部分由人工完成，其主要有两种：①人工判别车型、人工收费，计算机完成统计及控制工作；②人工收费，计算机完成统计、监控和车型判别工作。

半自动收费系统，采用计算机等机械电子设备完成收费的计算、统计和监视工作，能有效地防止收费员作弊，减轻收费员的劳动强度，收费效率较人工系统有较大提高。半自动收费系统，在世界上各个地区应用多年，技术上十分成熟。我国幅员辽阔，道路交通量中过境和出入境交通量所占的比例较大，因此，半自动收费方式十分适合现阶段我国国情。目前我国已开通的高速公路，如广深高速公路、广州北环高速公路、沈大高速公路、京石高速公路、济青高速公路、太旧高速公路、沪宁高速公路等都采用半自动收费系统。

（3）全自动收费系统　利用自动化电子和机械设备，完成收费、统计和监控工作，人工只处理系统故障和维持收费管理秩序。

全自动收费系统，又称电子收费系统，是20世纪90年代以来在国外被广泛应用的开放式收费系统，国内目前已经实施的有广东省佛山市开通的"路路通"过桥电子收费系统。这种现代化收费系统基本上不需要人工，收费效率高，一条电子收费车道相当于8~12条半自动收费车道的通行能力，即使是为了便于管理而在车道上安装自动栏杆，一条电子全自动收费车道也相当于6~8条半自动收费车道的通行能力。电子收费系统服务水平高，对道路特别是高等级道路的交通干扰小，车辆能够以40~120km/h速度（理论上可高于120km/h的速度）通过收费车道，驾驶人几乎感觉不到收费站的存在。全自动收费系统代表着当今最先进的收费技术，也是未来的发展趋向，有着广阔的发展前景。全自动收费系统是一个复杂的计算机系统，需要大量的高技术设备，投资大，这也是其主要缺点。我国广州北环高速公路，正着手引进封闭式全自动收费系统。

各种收费方式都有自己的特点和适用范围，下面从缴费等候延误成本、征费率、投资成本、作业成本和实施困难度等5个方面对不同收费方式进行定性分析比较，具体结果如表6-2所列。

表6-2　各种收费方式比较表

项　目	人工收费方式	半自动收费方式	全自动收费方式
缴费等候延误	大	小	无
征费率	低	高	最高
投资成本	最低	高	高
作业成本	低	高	低
实施困难度	最小	小	初期较大

3）按是否停车分

根据车辆是否需要停车，可将收费系统分为一般收费系统和不停车收费系统。

6.2.2　半自动收费系统设计

半自动收费方式是指收费工作由人和机器相互配合，共同完成的收费方式，它通过使用计算机、电子收费设备、交通控制和显示设施来代替人工收费方式操作的一部分工作。半自动收费系统设计包括计算机网络设计、硬件设计、计算机软件设计及系统图表设计。

6.2.2.1　系统构成

广义的道路收费系统由收费政策、法规，收费标准，收费管理机构，收费人员，收费对象，付款方式，收费车道、站、中心，银行后台等组成，如图6-2所示。

我国道路对车辆收费的政策依据是1988年由交通部、财政部、国家物价局颁布的道路收费规定。制定收费标准的原则："应按桥梁、隧道、公路长度、还款额度、收费期限、交通量大小、车辆负担能力和便利通行等因素综合考虑定出合适的

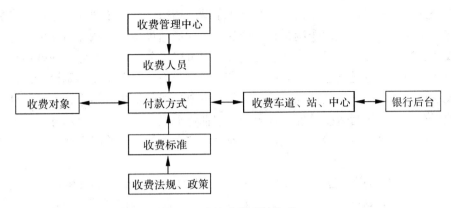

图6-2　广义收费系统构成

标准。"

收费对象为过往车辆，按地区差别可分为国外车、港澳车和国内车；按车辆所属及服务性质分为：一般车、军警车、公务车(包括政府公务车和公司免费车)；按车型分为：摩托车、小型车、中型车、大型车和特大车5个档次。货车以吨位为划分标准，客车则以座位数分类。国内各地区、各道路营运公司对车辆分类标准目前不完全一致。

付款方式包括：现金、预付款、信用卡和银行转账。现金以人民币为主，广东沿海地区也收港币。

收费款均交于中国人民银行和各商业银行，如中国工商银行、广东发展银行、中国建设银行、光大银行、农村信用合作社等。

收费车道、收费站、收费中心构成狭义的收费系统，包括土建工程和机电工程两部分。

现代道路收费系统的机电工程可以看作是一个由计算机硬件、软件和机械电子设备组成的计算机网络系统。它包括收费车道子系统、收费站计算机子系统、收费站收费监视与控制子系统、收费中心计算机子系统、通信子系统、供电子系统和辅助设施子系统。收费车道子系统包括车道控制器和收费车道附属设备。对于封闭式收费系统，收费车道包括入口收费车道和出口收费车道。一般的道路收费系统，由收费车道、收费站、收费中心组成二级计算机网络系统。整个系统自上而下采用主从方式，收费中心定时轮询收费站，收费站定时或实时从收费车道获取信息。收费站是收费系统的基本工作单元，收费车道具有独立工作能力，当上一级计算机发生故障或线路故障时，收费车道仍然能够独立运转，故障排除以后，中断的信息能及时恢复传送。

6.2.2.2　收费系统的计算机网络设计

1) 计算机网络的基本知识

计算机网络是以硬件、软件、信息等资源的共享和信息的交换为目的，将分散在不同地理位置的计算机、终端、外围设备等通过通信线路互相连接起来，并配备相应的网络软件，以实现资源共享。

一个计算机网络可分成通信子网和资源子网。通信子网的主要功能是进行数据传输、交换及通信控制；通信子网又分为传输介质和通信设备。传输介质既可以是专用的双绞线、同轴电缆、光缆、微波、卫星等，也可以是公用通信线路，如电话线、出租电缆等。通信设备是指通信处理机、传输线路、交换设备和调制解调设备，以及用于卫星通信的地面站、微波站等。资源子网的主要功能是提供网络中共享的硬件、软件和数据资源，并进行数据处理。资源子网包括计算机和终端设备两部分。

计算机网络的线路连接方式包括一点连接和多点连接。计算机网络按拓扑结构可分为：

（1）星形网络　以一台计算机为中心，呈放射状连接若干终端或微机，该网络可以将微机与中心计算机连接起来，分享主机资源。微机本身也可带若干台终端。

（2）环形网络　构成的信息传输线路是一个封闭的环，环中每个结点有一个站和中继转发器，主计算机通过访问信箱与站相连。

（3）总线网络　总线网络应用最多的是以太网（Ethernet），通信线路采用同轴电缆（或光缆），各计算机或直接联网设备都经收发器连到电缆上。以太网发送信息设有固定方向，采用广播方式，广播方式采用单一的通信信道，这个信道为网中机器所共享。

（4）分布网络　网络各结点之间有多条路径相通，当某一局部出现故障不会造成全网络瘫痪，是理想的远程网络。

按照通信距离和用途分类，计算机通信网络通常分为3种：局域网（LAN）、广域网（又称远程网络）（WAN）和城域网（MAN）。

2）收费系统计算机网络设计

典型的收费系统计算机网络由收费车道、收费站和收费中心组成三级网络，整个系统自上而下采用主从方式，信息逐级上传。一般来说，可以将收费站到收费车道组建成一个局域网，收费中心到各收费站组建成一个远程网络。

在进行收费系统计算机网络设计时，首先应对该道路的等级、交通量、收费制式、收费方式、网络传输数据量、可靠性要求、实时要求等进行分析；其次，本着消除传输瓶颈，全面提高可靠性和性能价格比的原则，对该系统网络所采用技术的先进性、可移植性、升级扩充能力、人机交换界面的亲和性、易操作易维护性进行反复比选和论证。

收费系统的计算机网络设计一般应遵循如下的原则：

（1）符合国际开放式（Client/Server）标准，包括操作系统标准、图形界面标准等。

（2）符合TCP/IP网络通信标准。

（3）真正的分布式系统，功能按结点分布，数据库也按结点分布，任一结点可独立运作。

（4）网络具有合理的拓扑结构，采用星形或簇形互联。

（5）所有节点计算机装载多任务操作系统。

（6）在线远方能诊断用户系统的运行情况。

（7）友好的人机界面，易于操作和管理。

(8)在生命周期内操作系统能向上、向下兼容。

(9)符合工业标准的结构化布线系统。

6.2.2.3 收费系统的硬件设计

1)收费车道系统设计

车道收费系统是整个收费的前端,主要包括车道计算机、交通控制等设备,其通过车道收费控制软件,实现这些设备有机地整合。具有安全管理、车型判断、收费管理、设备控制(车道灯、挡车器、测流线圈、金额显示、语音报价、字符叠加)、设备状态检测、数据传输控制、数据存储等功能。能够快速、准确地完成各种收费业务,杜绝收费过程的舞弊行为,同时保证车辆高效率通行。

车道收费系统按照收费工作逻辑流程,集中控制所有的车道设备。车辆到来时,车道控制机接受收费员的操作,显示收费金额,并进行语音报价,同时通过字符叠加卡将金额叠加到监视图像上供监控人员参考;收费完成后,挡车器升起,车辆通行;车辆通过测流线圈后,栏杆自动放下。对免费车、月票车及特殊情况自动抓拍图像,并将图像数据上传到站服务器。

车道收费系统采用基于Socket(套接字)的数据传输技术,能够动态监测网络通信的工作状态,使车道收费系统的运行具有很强的独立性,实现网络工作环境和单机工作环境的动态切换。切换过程对操作人员是隐含的,不会影响车道收费系统的正常运行,保证车道的最大工作效率。当管理站计算机系统出现故障或车道和收费站之间通信线路出现故障时,车道收费系统可以立即检测到故障的出现,停止数据上传,将收费数据储存于车道计算机;当故障排除后,车道收费系统可以自动恢复数据上传。

2)收费站系统设计

高速公路收费站收费系统由收费车道子系统、收费站子系统、收费中心子系统和清算中心子系统组成,结构如图6-3所示。各收费站、收费中心和清算中心各自组成一个局域网,再通过广域网连接起来。各收费站子系统、收费中心子系统和清算中心子系统都由服务器、客户机、打印机和网络设备组成,如图6-4所示。

6.2.2.4 收费系统的计算机软件设计

1)系统软件的分类及设计

软件系统按其功能划分为:平台软件、应用软件、网络及通信软件等。

(1)平台软件 必须选用经过认证、标准成熟、功能完善的平台操作系统,并根据收费中心、收费站、收费车道不同的功能和操作要求选择相应的底层软件。数据库管理软件可采用:Sybase、Oracle、FoxPro等。

编程语言:采用C语言、FoxPro等移植性好、功能强、易阅读的编程语言。

(2)应用软件 所有应用软件界面应汉化,人机交换界面尽可能采用图形界面形式,要求美观、易操作管理。应用软件包括:收费车道系统应用软件、收费站系统应用软件和收费中心系统应用软件。

收费车道计算机的主要作用是控制车道读写设备及车道附属设备。不同的收费方

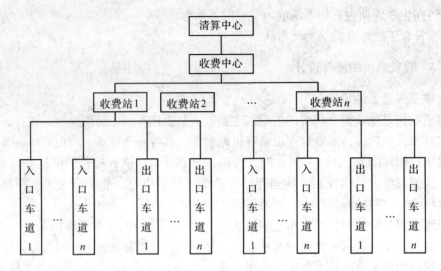

图6-3   收费站系统结构图

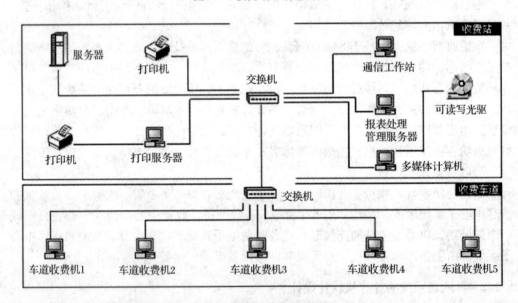

图6-4   收费站收费网络结构

式采用不同的读写设备，它由读写控制器和读写头（如磁头、微波天线、红外线发射头）等组成。车道附属设备包括自动栏杆、信号灯、费额显示器、数据打印机等。

收费车道系统应用软件一般包括：系统管理模块、收费员操作管理模块、数据传输模块、基本输入输出模块、读写设备管理模块等几个模块。

收费站系统应用软件主要包括：数据存储处理模块，统计、检索、制表模块，车道监视模块，系统管理模块，编程开发及工具模块，数据录入模块，防病毒软件等。

收费中心系统应用软件包括：数据存储处理模块，统计、检索、制表和打印模块，系统参数调整模块，系统自检模块，编程应用及工具模块，通行券、储值卡、电子标签和身份卡等后台管理模块，银行结算及黑白名单管理模块防病毒软件等等。

（3）网络及通信软件　网络及通信软件包括：整体网络管理软件、横向网络（内部局域网）软件、纵向通信软件、网络防病毒软件等。

①整体网络管理软件。整体网络管理软件的设计，应该做到：

a. 支持多种网络操作系统如 UNIX、Windows NT、DOS/Windows、OS/2、Netware、Solaris 或其他开放式网络平台；

b. 软件为系统每个部分提供定时或在线备份及存取；

c. 支持多种新型存储系统；

d. 支持台式微机及服务器等硬件设备；

e. 提供档案资料恢复和完善的密级账户；

f. 支持 UPS 安全值守工作；

g. 监控网络运行及文档处理情况；

h. 在线远方诊断用户系统运行情况；

i. 很好的中文人机交互界面；

j. 网络工具齐全，便于对整体网络系统进行协调管理等。

②横向网络软件。横向网络软件设计要求为：

a. 符合国际开放式网络操作系统标准及图形界面标准；

b. 软件易于移植、扩充和维护；

c. 实现收费中心或收费站的各项网络业务职能；

d. 实现通信计算机和监控计算机之间的通信；

e. 操作界面必须汉化，且尽量采用图形界面等。

③纵向通信软件。纵向通信软件的一般要求为：

a. 支持远程用户；

b. 易于修改其应用模块以满足不同的要求；

c. 内设安全检查功能，防止数据被盗用、篡改；

d. 能在常用的计算机硬件和网络上运行；

e. 容许用户使用其他桌面软件等。

2）系统软件总体设计原则

（1）普遍性　软件设计应考虑收费过程中出现的种种特殊情况，符合中国各地区具体的道路收费特点。

（2）准确性　系统软件的设计应保证每一次收费都能正确进行，并且具有准确的记录。

（3）安全可靠性　系统软件设计应具有较高的可靠性，具有防止各种危害系统行为的能力，如保密性、防病毒能力、数据多重备份等。

（4）可扩充性　增加新的车道、收费站、新的设备，或增加新的业务功能，系统软件仍然能够正常运行。

（5）高效率　具有较高的处理收费、通信和监控能力，服务水平高。

（6）可维护性　系统具有自检功能，具备多种工具。

（7）通用性　符合国际上多种操作系统界面标准及人机交互界面标准，网络为开放式系统，能在常用的计算机硬件或网络上运行。

（8）友好界面　软件应具有友好人机交互界面，且应该汉化。

（9）国产化　软件设计尽可能在国内进行，所采用的技术在国内有足够的技术支持。

（10）设备无关性　保证今后对设备升级时，不会降低系统性能。

6.2.2.5　收费设备选用的原则与要求

在选择收费设备之前，应确定系统的几个原则性问题：①收费制式；②收费方式；③付款方式；④车型分类；⑤收费介质；⑥收费站数及收费车道数，收费站分布范围及收费站的形式；⑦设计年限；⑧各未来年预测交通量。

对选用的收费设备的基本要求：①收费准确；②高效率；③交通干扰少；④服务水平高；⑤减少收费作弊和漏洞；⑥系统整体的全天候运行；⑦便于运营管理等。

6.2.2.6　系统图表设计

图表设计是收费系统设计的重要组成部分，系统图表包括车道图表、收费站和收费中心图表。

1）车道图表

车道图表只适用于人工和半自动收费系统，主要包括：

（1）收费员工作界面，显示、提示收费员进行操作，并计算收费款项。

（2）车道设备工作界面，显示车道设备工作状态。

（3）发票。

（4）工作记录表，显示每班收费员的工作记录，包括当班时间通过本车道车辆分车型与车种数量、公务免费车分车型数量、收费款项、正常操作比例等内容。

（5）车道设备运行和维护界面，显示车道设备自检结果、故障类型、通信状况。

2）收费站和收费中心图表

收费站和中心图表一般由6部分组成：系统管理图表、人员及工作管理图表、收费介质管理图表、交通量管理图表、财务管理图表、运营管理图表。

（1）系统管理图表　系统管理图表主要包括：

①总平面图显示该收费道路影响区域的路网分布，该道路走向、线型、服务区等；

②各收费站平面详图显示站房、车道、车道编码、设备分布等；

③运行时间表显示各收费站之间的行驶距离、平均行驶时间、最小行驶时间、最长行驶时间。

（2）人员管理及工作图表　人员管理及工作图表包括：

①营运公司组织机构图；

②各部门、各收费站人员组成，一览表显示各部门（站）组成人员的类型、数量；

③各级人员职能、操作权限及权限代码一览表；

④公司人员一览表，包括部门、姓名、年龄、职务等项；

⑤收费员班次列表显示并能够查询、打印收费员和督导员的班次安排，每一班次的班次类型(正常收费、设备维修)、起始时间、交通量、收入、钱袋号等；

⑥班次明细记录为每一收费员每一班次收费的详细记录，主要是分车型、车种的收入，免费车、冲卡车等各种事件，各种操作分类明细表；

⑦收费员劳动技术水平统计表显示各收费站的各收费员在指定时期内的工作强度和劳动技术水平，具体包括工作时间、处理各种车流量和差错率等。

(3)收费介质管理图表 收费介质管理图表包括：

①本道路所用收费介质一览表；

②身份卡编码表；

③通行券的编码表；

④储值卡编码表；

⑤不停车车载应答器编码表；

⑥身份卡管理表显示卡号、持卡人、姓名、部门、权限；

⑦身份卡使用情况一览表，显示持卡人员的操作时间、操作对象、操作内容；

⑧储值卡管理表显示各储值卡使用者的信息，包括卡号、使用单位(个人)名称、车牌号、发卡日期、银行账户等内容；

⑨储值卡使用记录表显示某选定卡的个人资料(同上)及在一定时间段内的操作记录，包括金额、银行转账存款记录、通过车道名称、行驶里程、收费扣款记录等；

⑩储值卡黑名单；

⑪车载应答器管理表；

⑫车载应答器使用记录表；

⑬车载应答器黑名单。

(4)交通量管理图表 交通量管理图表包括：

①OD 交通量：

a. 各收费站之间____车种____车型____日(周/月/年)OD 交通量；

b. 各收费站之间____日(周/月/年)OD 交通量；

c. 各收费站____日(周/月/年)OD 交通量(同时计算其 AADT，MADT)；

d. 各收费站之间的流量流向图。

②车次：

a. 本收费道路历年(各月/各日)分车型、车种车次和总车次；

b. 总车次时间分布曲线。

③断面车流量：

a. ____收费站____车道分车型小时(日/周/月/年)交通量；

b. ____收费站出口(入口)分车型小时(日/周/月/年)交通量；

c. ____路段各向分车型小时(日/周/月/年)断面交通量；

d. ____小时(日/周/月/年)各路段分车型断面交通量。

④行驶时间和速度：

各收费站之间____小时(日/周/月)分车型平均行驶时间或平均行驶速度。

⑤车型、车种统计：

全线(____路段/____收费站)____日(周/月/年)各车种比例图。

(5)财务管理图表　财务管理图表包括：

①收费员缴款单记录表统计并显示收费员在指定时间段内的交班缴款记录，内容包括：站号、时间、收费员工号、姓名、钱袋号、本班次收费员处理的分车种分车型交通量、应收款项、实收款、差额等；

②收费一览表显示选定收费站或整条收费道路在指定时间段内(____小时、日、周、月、年)分车型、车种收入；

③收费站(或全线)的交通量和收入对比及两者的时间分布曲线图；

④各收费站____日(周/月/年)早中晚三班收入表；

⑤分段收入自动查账表显示指定时间段内各路段分车型、车种行驶里程和收入。

(6)营运管理图表　营运管理图表包括：

①营运情况统计表显示全线或某一收费站各时间段内的营运情况，包括时间、全线或某一收费站不停车的总车次、各种收费介质(如通行券、储值卡、定额票等)的收费车次及其百分比、冲卡车车次及百分比、免费车车次及百分比等；

②营运情况统计表(空间分布)显示某一选定时间段及全线各站的营运情况；

③选定时间段内各站分车型分车种收入及车次对照表；

④全线或某一收费站每天(周/月/年)分车型、分车种的车次及收入对照表；

⑤有争议的免费车及冲卡车记录表显示有争议的免费车、冲卡车的出口名称、时间、车种、车型、车道、驾驶人姓名、车牌号、处理结果等信息。

6.2.3　电子收费系统设计

为了解决半自动收费系统(MTC)存在的问题，为道路使用者和运营管理者提供更便捷的交费、收费方式，电子不停车收费系统(ETC)应运而生。ETC作为全自动收费方式在高速公路上的应用，具有一系列优点，目前已成为国际上正在努力推广并开发的一种新型电子全自动收费技术。

6.2.3.1　电子收费系统概念与组成

1)ETC的概念

电子收费系统(Electronic Toll Collection System)，又称不停车收费系统，简称ETC系统。利用专用短程微波通信技术(Dedicated Short Range Communication, DSRC)，通过收费车道或路侧单元(RUS)与车载单元(OBU)的信息交换，自动识别车辆(Automatic Vehicle Identification, AVI)技术，采用电子支付方式，自动完成车辆通行费扣除的全自动收费方式。简单地讲，就是指车辆在正常行驶速度情况下通过收费口时，收费口的收费设备自动对其完成收费的全部操作过程。

2)ETC系统的组成

ETC系统主要由ETC收费车道、收费站管理系统、ETC管理中心、专业银行、车道控制器、费额显示器、自动栏杆机、车辆检测器及传输网络组成。不停车收费系统采用专用短程通信技术。

控制系统是电子不停车收费系统的核心，是一个重要的前端控制系统。主要由车辆检测系统(Automatic Vehicle Detection，AVD)、车辆自动识别系统、辅助装置等组成。其主要功能是：按车道操作流程准确工作，负责对系统收费信息的采集、处理和通行能力的实时控制，并按照一定的规则整理成数据文件实时上传给收费站管理系统，以及接收收费站下传的系统运行参数；对车道设备进行管理与控制，使其做出必要的反应，并具有设备状态自检功能；当通信中断时具有后备独立工作能力等。

AVD 系统是电子不停车收费系统中用于检测是否有车辆经过的各种装置的总称。检测是否有车辆经过的目的是为了给系统的流程操作提供触发或启动信号，如对车辆流程的判断，启动摄像机拍照等。车辆自动识别系统，完成车辆身份参数的快速自动识别，该装置通过天线短程通信(DSRC)与车载电子标签实现高速资料转换，使系统可在极短时间内做出反应，因而车辆通过收费口时，可以不停车快速通过。它由车载单元 OBU(On-Board Unit，也称电子标签)、路侧控制单元 RSU(Road Side Unit)和数据处理单元 PDU(Processing Data Unit)组成。车载单元存有车辆的标识码和其他有关车辆属性的数据，当车辆进入 RSU 的识别区时，能将这些数据传送给 RSU，起到车辆身份证的作用；同时，也可接受、记录由 RSU 发送的有关数据。数据处理单元 PDU 接收 RSU 返回的有关数据，对车辆身份进行验证并进行相关的计算和控制的操作，通过 RSU 给 OBU 返回有关数据。

6.2.3.2　电子收费系统的形式

目前不停车收费的方式主要有两种：记账式自动收费和 IC 卡扣除式自动收费。

1)记账式自动收费系统

记账式自动收费系统主要是由收费口站台设备和电子 IC 卡组成。其收费过程是：当持有 IC 卡(贴在车前挡风玻璃上)的车辆通过收费口时，IC 卡被站台设备激活，将卡内的卡号、车类、车号等信息发送给站台设备，站台计算机收到数据信息进行验证后，将该车的通过时间、地点、收费金额等信息做一条记录，以供事后在该 IC 卡的车辆账户上扣除收费金额，这样就完成了一次不停车自动收费过程。

记账式自动收费需传送的信息量少，误码率低，可用于较高车速，站台设备比较简单，且通行费通过银行结账，不直接与客户发生经济纠葛，与顾客矛盾少。采用定期的统一付款方式，一般不会有透支或无资金支付的顾虑。

2)IC 卡扣除式自动收费系统

IC 卡扣除式自动收费系统主要由站台设备、车载 POS 机和电子 IC 卡组成。其收费过程是：当装有 POS 机且机内插有 IC 资金卡的车辆驶进收费口时，收费口站台设备通过第一区域天线发出微波信号，唤醒车载 POS 机，让 POS 机将其 POS 机号、车类、IC 卡号、卡内资金等信息发送给站台设备，站台计算机对数据验证合法后，通知车载 POS 机在 IC 卡上扣除费用，当车载 POS 机完成扣款，车辆进入第二通信区时，站台设备接受 POS 机送回扣除成功与否的信息，若发回信息是扣除成功，则控制站台设备将车辆经过时间、地点、收费金额等信息做一条记录作为结账依据，完成一次自动收费过程。

IC 卡扣除式自动收费方式由于需要进行实时扣除款项，来回通信的数据比较多，站台设备比较复杂、要求高，还需要车载 POS 机等设备，投资大。

6.2.3.3 电子收费系统的系统构成

ETC 系统包括站级子系统和车道级子系统两部分，其中车道级子系统负责实现 ETC 车道的电子不停车收费，站级子系统负责后台的 ETC 交易数据服务、运营参数管理以及系统运行监控，并通过数据接口软件，在站级实现 ETC 系统与联网收费系统的数据处理工作。

在各个设备中，电子标签读写天线通过 RS-232 串行线接到位于收费亭的车道计算机上，读写天线与车载电子标签之间的信息交换由应用程序直接控制；其他设备，如自动栏杆、费额显示器、车道通行灯、车辆检测器等设备通过车道控制器与车道计算机连接；视频信号通过字符叠加器叠加在过车信息后传递到收费站的监视器上。ETC 车道系统构成图如图 6-5 所示。

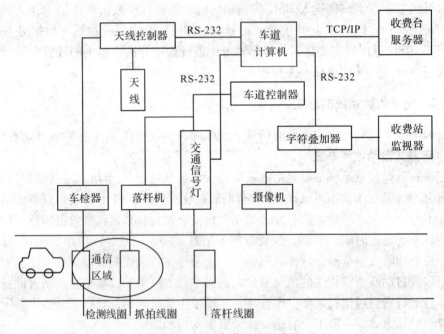

图 6-5 ETC 车道系统构成图

6.2.3.4 电子收费工作流程

高速公路收费的特点是不仅要按照车型分类标准收费，而且按照出入口的距离标准进行收费。各种类型的不停车收费系统的收费过程基本相同，其原理是在车辆上安装一种标识卡，在 ETC 收费车道上安装有车载标识卡的读写设备，当车辆进入 ETC 收费车道时，标识卡以微波通信方式与该车道的天线进行双向数据交换，从卡上读取车牌号、车型等数据，如需要也可向车载标识卡上写入信息，系统根据读取的信息，识别车辆合法与否，进行数据处理，计算收费金额，并从其账户上扣除相应金额，记录交易数据，控制车道外部设备等，具体流程为：

（1）后台系统初始化车载标识卡，将车牌号、车型、收费率等数据写入标识卡，并发放给客户，建立有关客户档案。

（2）车辆进入 ETC 收费车道，感应天线激活线圈，进而激活微波天线，读取标识卡上的信息，并传送给车道控制机进行核查。

（3）如为合法车辆，则进行收费交易，依据后台系统完成清算，通行灯将会变绿，显示收费额和余额，车辆通过，记录数据。

（4）如为非法车辆，车道控制机触发报警信号，同时控制自动栏杆下落，关闭车道，车道摄像机进行图像抓拍，车辆进行人为处理。

6.2.3.5　电子收费系统的硬件设计

电子收费系统主要由车道控制系统、收费站管理系统、收费中心管理系统、中央结算系统及传输网络组成。根据分工和作用范围的不同，ETC 又分为前台系统和后台系统。后台系统主要由中央结算服务器等高性能服务器组成；前台系统又称车道控制系统，包括车道控制机(上位机)、路侧单元，车载单元和辅助设备(包括摄像机、信号灯、自动栏杆、地感线圈、显示屏等)。车道控制机可由装有专用管理软件的 PC 构成，负责对功能模块的控制、数据的存储和与上级服务器的通信。其硬件设备示意图如图 6-6 所示。

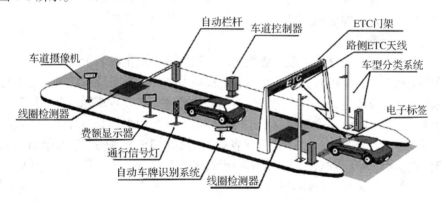

图 6-6　ETC 收费系统硬件示意图

6.2.3.6　电子收费系统软件设计

电子收费与其他收费最主要的区别是增加了车道微波通信系统，借助电子标签、路侧单元的无线通信，完成了不停车收费。ETC 系统主要由车道控制系统、收费站管理系统、收费中心管理系统、中央结算系统以及金融机构组成。各个系统单元按功能不同又分成多个子系统，其硬件构成如图 6-7 所示。

1）中央结算系统

中央结算系统是电子收费系统的最高管理层，负责管辖范围内所有收费站管理系统的运行状态监控、车辆信息管理、过车记录管理、客户与业主的计费信息处理，并

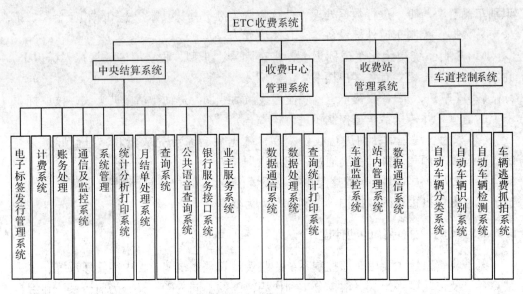

图 6-7　ETC 功能单元构成

与承办银行计算机通信，执行账务结算，如电子标签发放和管理，处理每日、每月、每年收费记录，计算电子标签客户扣款金额及各收费路段或桥的收入金额，提供给客户、业主和政府管理部门的查询服务等。

中央结算系统要预留扩展的应用软件接口，方便将来系统的扩充，如增加与其他承办银行的接口，增加如停车场、加油站等其他增值业务接口。

2）收费中心管理系统

收费中心管理系统是为了便于业主管理而设置的。业主在若干路段上设置光纤网络，配置控制中心、专用服务器和软件，形成收费中心管理系统。此系统可以对其下属收费站进行有效监控，并收集这些收费站的收费数据、违章车辆信息数据等；将数据进行分类汇总，适时向中央结算系统传递。同时接收中央结算系统向下分发的信息数据，并转发到下级收费站。传输的信息数据包括（但不限于）：收费原始数据、违章车辆信息、黑名单、灰名单、费率表、设备操作信息等。

3）收费站管理系统

收费站管理系统与站内若干个车道控制系统组成局域网，并通过网络与收费中心或结算中心连接。主要负责对车道过往车辆的收费处理，各个车道控制系统的管理，收费站管理系统自身的监控，对现场实时记录的数据（如收费数据、违章车辆信息数据和监测数据）进行分类和汇总，并适时向收费中心管理系统传递。

4）车道控制系统

车道控制系统是 ETC 系统中最前端的系统。它控制路侧单元与车载单元进行读写通信；根据车辆信息控制辅助装置，如自动提栏、报警装置的开启；负责生成和收集 ETC 系统的收费原始数据信息，并上传到收费站管理系统或收费中心管理系统。

6.2.3.7 电子收费系统的关键技术

1) RFID 技术

RFID(射频识别)是一种非接触式的自动识别技术,它通过射频信号自动识别目标对象并获取相关数据,识别工作无须人工干预,可工作于各种恶劣环境。RFID 技术技可识别高速运动物体并可同时识别多个标签,操作快捷方便。

短距离射频产品不怕油渍、灰尘污染等恶劣的环境,可在这样的环境中替代条码,例如用在工厂的流水线上跟踪物体。

长距射频产品多用于交通上,识别距离可达几十米,如自动收费或识别车辆身份等。RFID 解决方案是 RFID 技术供应商针对行业发展特点制定的,可根据不同企业的实际要求"量身定做"。RFID 解决方案可按照行业进行分类,如物流、防伪防盗、身份识别、资产管理、动物管理、快捷支付等。

2) RFID 的组成及工作原理

RFID 系统因应用不同其组成会有所不同,但基本都由电子标签(Tag)、阅读器(Reader)和数据交换与管理系统(Processor)三大部分组成。电子标签(或称射频卡、应答器等),其签内存有一定格式的电子数据,常以此作为识别物品的标识性信息。应用中将电子标签附在待识别的物体上,作为识别物品的电子标记。电子标签由耦合元件及芯片组成,其中芯片包含带加密逻辑、存储器等相关电路。存储器容量为几比特到几十比特,可以存储永久性数据和非永久性数据。永久性数据可以是标签序列号,用来作为标签的唯一身份标识,不能更改。非永久性数据写在电可擦可编程只读存储器(EEPROM)等可重写的存储器内,用来存储用户数据。电子标签具有智能读写和加密通信的功能,它是通过无线电波与阅读器进行数据交换;阅读器,有时也被称为查询器、读写器或读出装置,主要由高频模块、控制模块、天线及与计算机连接的通信接口(如 RS-232、RS-485、RJ-45 等)组成。阅读器可将主机的读写命令传送到电子标签,将电子标签返回的数据解密后送到主机。数据交换与管理系统主要完成数据信息的存储及管理,对标签进行读写控制等。

RFID 系统的工作原理如下:阅读器将要发送的信号,经编码后加载在某一频率的载波信号上由天线向外发送,进入阅读器工作区域的电子标签接收此脉冲信号,标签内芯片中的有关电路对此信号进行解调、解码、解密,然后对命令请求、密码、权限等进行判断。若为读命令,控制逻辑电路则从存储器中读取有关信息,经加密、编码、调制后通过电子标签内天线再发送给阅读器,阅读器对接收到的信号进行解调、解码、解密后送至中央信息系统进行有关数据处理;若为修改信息的写命令,有关控制逻辑引起的内部电荷泵提升工作电压,提供 EEPROM 中的内容进行改写,若经判断其对应的密码和权限不符,则返回出错信息。

3) RFID 的工作频段

对一个 RFID 系统来说,它的工作频段是指读写器通过天线发送、接收并识别的标签信号频率范围。为了使射频识别系统工作时不对其他无线电服务造成干扰或削弱,特别是应保证射频识别系统不会干扰附近的无线电广播和电视广播、移动的无线电服务、航运和航空用无线电服务和移动电话等。射频识别系统工作频率的选择要顾及其他无线电服务，不能对其服务造成干扰和影响。因而通常只能使用特别为工业、科学和医疗(Industrial Scientific Medical, ISM) 应用而保留的频率范围，这些频率范围在世界范围内是统一划分的。除了 ISM 频率外，在 135kHz 以下的整个频率范围也是可用的(北美洲、南美洲、日本可小于 400kHz)，因为这里可以用较大的磁场强度工作，特别适用于电感耦合的射频识别系统。因此，对射频识别系统来说，最主要的频率是 0 ~ 135kHz，以及 ISM 频率 6.78MHz、13.56MHz、27.125MHz、40.68MHz、433.92MHz 、869.0MHz、860 ~ 960MHz、2.45GHz、5.8GHz 以及 24.125GHz。

根据 RFID 系统的工作频率不同，RFID 标签可以分为低频(LF)、高频(HF)、超高频(UHF)和微波等不同种类。

(1)低频标签，典型的工作频率为 125kHz、134.2kHz。低频标签一般为无源标签，其工作能量通过电感耦合方式从阅读器耦合线圈的辐射近场中获得。

(2)高频标签，典型的工作频率为 13.56MHz。因其工作原理与低频标签完全相同，也采用电感耦合方式工作。

(3)超高频与微波频段的射频标签简称为微波射频标签，其典型工作频率有433.92MHz、915MHz、2.45GHz、5.8GHz。微波射频标签可分为有源标签与无源标签 2 类。标签与阅读器之间的耦合方式为电磁耦合方式。

4)RFID 技术标准

目前，RFID 还未形成统一的全球化标准，依然处于多种标准并存的局面，但随着全球物流行业 RFID 大规模应用的开始，RFID 标准的统一已经得到业界的广泛认同。RFID 系统主要由数据采集和后台数据库网络应用系统两大部分组成。目前已经发布或者是正在制定中的标准主要是与数据采集相关的，其中包括电子标签与读写器之间的空气接口、读写器与计算机之间的数据交换协议、RFID 标签与读写器的性能和一致性测试规范以及 RFID 标签的数据内容编码标准等。后台数据库网络应用系统目前并没有形成正式的国际标准，只有少数产业联盟制定了一些规范，现阶段还在不断演变中。

RFID 标准争夺的核心主要在 RFID 标签的数据内容编码标准这一领域。目前，形成了五大标准组织(EP Global、AIM Global、ISO、UID、IP-X) 分别代表了国际上不同国家的利益。其中 EPC Global (Electronic Product Code Global，全球产品电子代码管理中心)是由北美 UCC 产品统一编码组织和欧洲 EAN 产品标准组织联合成立，在全球拥有上百家成员，得到了零售巨头沃尔玛，制造业巨头强生、宝洁等跨国公司的支持，同时由美国 IBM 公司、微软、Auto-ID Lab 等进行技术研究支持。因此，EPC global 是目前全球实力最强的 RFID 标准组织。

6.2.4 联网收费系统设计

随着国内高速公路建设的进行，高速公路网络即将形成。但是高速公路路网形成后，传统的由各公司独立收费的管理方式，势必造成高速公路主线收费站较多，使在高速公路上行驶的车辆多次停车交费，给道路使用者带来极大的不便，且降低了高速公路运营效率，给社会造成一种到处设卡收费的恶劣印象。为保证高速公路畅通、提高服务质量，利用日益成熟的计算机网络和通信技术，建设现代化的通信、收费、监控系统，实现高速公路联网收费，增强高等级公路交通服务能力，提高收费、养护、路政和交通科学管理水平，促进文明行业建设，更好地发挥高等级公路的社会经济效益，成为高速公路路网发展的必然结果。

6.2.4.1 联网收费的范围

1）省内区域联网收费

省内区域联网收费是将省（自治区、直辖市）内收费高速公路网分解成若干个区域，区域内实行联网收费。

2）省域联网收费

省域联网收费是将省（自治区、直辖市）内全部（或大部分）收费高速公路联网收费，仅在省界处建主线收费站。

3）省际联网收费

省际联网收费是指各省、自治区、直辖市的收费高速公路统一联网收费。

6.2.4.2 联网收费的一般规定与技术要求

由于各高速公路的建设时期、设备、投资者等不同，导致路段收费系统的技术标准不统一。如果要实现联网收费，必须满足以下一般规定与技术要求：

1）统一的车型、车种

由于各路段公司都是根据自己的利益制定车型、车种分类标准，要实现联网收费，各路段的车型、车种分类标准要统一。

2）统一的付款方式

联网收费需要做到付款方式统一，通行券统一；如果使用预付方式，需要统一发售和管理预付卡的机构。

3）统一的信息格式

收费信息格式统一是联网收费能否实现的基本前提，非接触式 IC 卡的编号，收费中心、收费站、收费车道编号，非接触式 IC 卡数据记录格式和通信系统传输格式必须统一。

4）完善的硬件设备/软件

由于各高速公路的建设者、管理者不同，要实现联网收费必须统一非接触式 IC 卡的读写设备，硬件的指标必须统一，收费软件中必须加入 IC 卡管理模块等。

5）统一的规章制度

对于车型不符、无现金、回头车、无卡车、军车、紧急车、公务车、车队、违章车等异常车的处理执行统一的规章制度，以方便联网管理。

6.2.4.3 联网收费系统的总体规划

（1）收费制式 一般采用封闭式。

（2）通行券（卡）的选择　一般条件下宜选择多次重复使用的非接触式 IC 卡。

（3）收费方式　以半自动收费方式为主。

（4）付款方式　付款方式以现金为主。

（5）车型分类与识别　主要采用人工判别方法。

（6）收费标准的制定　由各项目（路段）收费单位按照《中华人民共和国公路法》第63 条的规定提出各自项目（路段）的收费标准，报省（自治区、直辖市）级交通主管部门会同同级物价行政主管部门审查批准。

6.2.4.4　联网收费系统的总体框架与功能需求

1）联网收费系统的总体框架

根据不同的高速公路收费管理体制和联网收费范围的大小，收费系统总体构成可分为如下所述的 3 种基本模式。

（1）省际联网收费系统总体框架　省际联网收费系统总体框架结构是由省际联网收费结算中心、省（自治区、直辖市）收费总中心、路段收费中心、收费站这 4 级组成，其总体框架结构如图 6-8 所示。

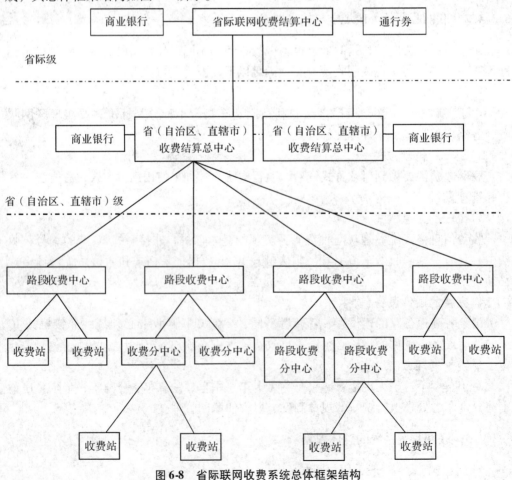

图 6-8　省际联网收费系统总体框架结构

（2）省域联网收费系统总体框架　省域联网收费系统总体框架结构是由省（自治区、直辖市）收费结算中心、路段收费中心收费站 3 级组成，如图 6-9 所示。

（3）省内区域联网收费总体框架　省内区域联网收费系统总体框架结构如图 6-10 所示。

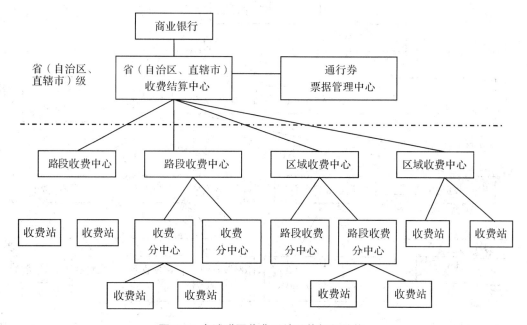

图 6-9　省域联网收费系统总体框架结构

2）联网收费系统各组成的功能

（1）收费结算中心的功能

①基本功能：

a. 制定和下传联网收费系统运行参数（费率表、时间同步、系统设置参数等）；

b. 接收收费站上传的收费交易原始数据和通行费拆分数据；

c. 接收收费中心上传的收费交易统计数据；

d. 通行费的拆分与结算或校核；

e. 对每一笔通行费进行拆分和结算，与指定银行进行账目信息交换；

f. 结算与账务分割；

g. 通行费拆分与结算结果数据下传给各收费中心；

h. 联网收费系统操作、维修人员权限的管理；

i. 票证（收据、定额票）的管理；

j. 数据库、系统维护，网络管理；

k. 汇总、统计和生成收费、管理和交通等报表（时间段、班次、日、月、年）；

l. 数据存储、备份和安全保护；

m. 通信网络的统一管理。

②扩展功能：

a. 非接触 IC 卡的管理；IC 卡通行券的发行、配送、使用监控管理。

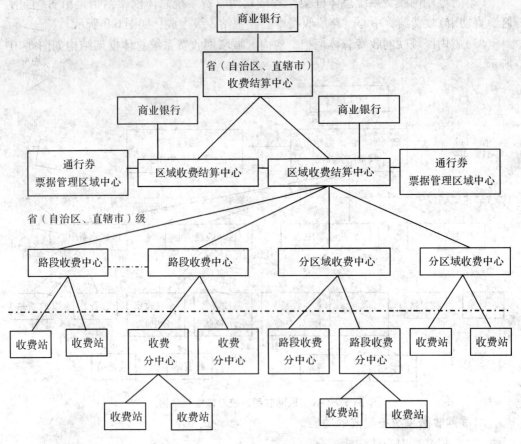

图 6-10   省内联网收费系统总体框架结构

b. 预付卡：

·预付卡黑名单的管理；

·与预付卡发行商业银行进行数据交换；

·预付卡收费金额的账务分割。

c. 电子不停车收费：

·电子标签黑名单的管理；

·与电子标签发行商业银行进行数据交换；

·电子不停车收费金额的账务分割；

·客户服务(销售、安装、维修管理、资料查询)。

d. Internet 网站(物理隔离并脱机运行)：

·客户服务(资料查询、网上购电子标签等)；

·省收费结算中心信息发布。

e. 抓拍图像处理系统：

·图像文档的查核、备份；

·打印违章车辆图像。

（2）收费中心的主要功能

①基本功能：

a. 接收和下传联网收费系统运行参数（费率表、黑名单、同步时钟、系统设备参数等）；

b. 收集管辖区内每一收费站上传的数据与资料；

c. 处理收集到的数据与资料，形成各种统计报表和屏幕显示；

d. 上传有关数据和资料给省收费结算中心；

e. 票证（收据、定额票）的管理；

f. 联网收费系统中操作、维修人员权限的管理；

g. 数据库、系统维护、网络管理等；

h. 数据、资料的存储、备份和安全保护；

i. 通行费的拆分（如果采用的话）。

②扩展功能：

a. 非接触 IC 卡的管理（封闭式收费系统）：

·非接触 IC 卡的调配；

·非接触 IC 卡的查询与流向跟踪等。

b. 抓拍图像的管理：

·图像文档的查核、备份；

·打印违章车辆的图像。

（3）收费站主要功能

①基本功能：

a. 轮询所有收费车道，实时采集收费车道每一条原始数据；

b. 对收费车道的运行状况实施实时检测与监视，具有故障自动检测功能；

c. 向收费中心/收费结算中心传输收费业务数据（收入、交通、管理）；

d. 接收收费中心下传的系统运行参数（费率表、同步时钟、系统设置参数等）；

e. 收费员录入班次的收费额；

f. 值班员录入欠（罚）款和银行缴款数据；

g. 票证（收据、定额票）的管理；

h. 通行费的拆分（如果采用的话）。

②扩展功能：

a. 非接触 IC 卡的管理（封闭式收费系统）：

·非接触 IC 卡站内调配；

·非接触 IC 卡流失管理。

b. 抓拍图像的采集与管理：

·图像文档的生成与上传（需要高速率专用通信系统支持）；

·图像文档的备份、查核与打印。

（4）人工半自动收费车道的功能

①按车道操作流程正确工作，并将收费处理数据实时上传收费站计算机系统；

②接收收费站下传的系统运行参数(同步时钟、费率表、黑名单和系统设置参数等);

③对车道设备的管理与控制,具有设备状态自检功能;

④可保存一个时间段的收费数据,可降级使用,但不丢失数据;

⑤通信中断时,具有后备独立工作能力;

⑥为车辆提供控制信息等;

⑦将各种违章报警信号实时传送到收费站控制室(可选)。

6.2.4.5　联网收费系统软件平台

联网收费系统的软件比较多,软件的选择和应用应保证系统的安全、可靠、易维护、可持续发展,所以在选择联网收费系统软件时,应注意该软件是否符合联网收费系统的这些要求。下面简单介绍目前应用较广的一些软件和收费系统专用软件应具备的特征。

1)收费系统操作系统平台

操作系统的选择是联网收费系统建设的一个关键,系统的应用软件应随操作系统选择的不同需要进行不同的设计。可以选用 Windows NT、UNIX 和 Linux 等系统。

2)收费系统数据库管理系统平台

数据库平台的选择和数据库设计是收费结算系统的一个重要环节,它在很大程度上决定了系统数据传输的安全性。其选型原则:支持分布式处理,支持客户/服务器体系结构;支持高性能的并发控制和联机事务处理;支持国际互联协议和局域网协议;支持标准 SQL;支持可变元的二进制存取及相应的多媒体开发工具;支持 Cluster 系统,并能自动实现任务均衡和任务切换;支持 SMP 系统;支持 PowerBuilder、Delphi、Visual C + + 等开发工具。

3)网管软件和应用软件开发工具

网管软件应具备以下功能:

(1)网络维护功能　网络监控、测试、报警、供电、故障处理与修复。

(2)日常管理功能　通过收集通信量及设备利用率等方面数据,经分析后做出相应控制,优化网络运作和提高资源利用率。

应用软件采用界面友好、便于升级的高级语言编制,目前比较流行且具备良好发展前景的商用软件有:PowerBuilder、Delphi、Visual C + + 、Infomix-4GL 等。

4)联网收费系统的专用软件组成

联网收费系统的专用软件一般是由专业的软件公司组织开发的,其功能和特点在不同的联网区域有一些在地域和习惯上的区别,然而无论在什么地域使用,其总体的特征和组成大致类似,下面为联网收费系统专业软件组成模块的介绍,可能在具体应用中有所区别:

(1)收费结算中心的软件模块组成

①数据收集子系统;

②结算子系统;

③流通 IC 卡管理子系统；

④储值 IC 卡管理子系统；

⑤报表子系统；

⑥银行接口子系统；

⑦系统维护子系统；

⑧系统管理子系统；

⑨综合业务统计查询子系统；

⑩票据管理子系统；

⑪公共服务子系统；

⑫远程访问服务子系统。

(2)收费管理分中心的软件模块组成

①数据接收子系统；

②数据上传子系统；

③流通 IC 卡管理子系统；

④储值 IC 卡管理子系统；

⑤报表子系统；

⑥综合业务统计查询子系统；

⑦票据管理子系统；

⑧抓拍图像管理子系统；

⑨系统维护子系统；

⑩系统管理子系统。

(3)收费站的软件模块组成

①车道数据采集子系统；

②数据上传子系统；

③流通 IC 卡管理子系统；

④储值 IC 卡管理子系统(选用)；

⑤车道管理子系统；

⑥闭路电视监视系统；

⑦报表子系统；

⑧综合业务统计查询子系统；

⑨票据管理子系统；

⑩抓拍图像管理子系统；

⑪系统维护子系统；

⑫系统管理子系统。

6.2.4.6 联网收费拆分结算模式

1)拆分结算原则

拆分结算原则在联网收费模式下，收取的通行费不再是单一路段的通行费，而是车辆所经过的收费路网内所有路段通行费的总和。建议建立独立的联网收费结算管理机构，即联网收费结算管理中心，以准确及时地完成对车辆通行费的计算、拆分、结算、划拨等工作。通行费的拆分结算必须遵循以下的原则。

(1)在公平、公正、公开的原则下，确定统一的通行费计算方式，对通过的每一车辆收取通行费。

(2)确定公平合理的拆分、结算原则，准确、合理地反映各收费公路经营管理单位的实际收益。

(3)确立统一的结算模式，实施有效的数据采集管理、清算账户管理、资金收缴和划拨管理，保障结算工作顺利地实施。

2)通行费的征收

(1)征收依据　公路联网收费通行费的征收依据是车辆行驶路径和各路段针对不同收费车型确定的收费标准。

①费额表。为完成联网收费车辆通行费的征收，联网收费结算管理中心应严格按照各路段经审查批准的收费标准，制定收费路网内统一的通行费费额表，费额表需下达到路网内每个收费站的每个出口车道。在制定联网收费的费额表时，应严格按照各个路段收费标准，根据不同的收费车型、收费额，通过叠加计算，最终确定路网内每一个入口收费站与出口收费站之间应征收的车辆通行费。

②多义性路径通行费的征收。通常，车辆行驶路径可按照车辆进入收费路网的入口收费站和驶离的出口收费站进行判断。但在同样的入口和出口，出现多个选择路径(多义性路径)时，按照路径识别方法解决路径的确认问题。路径识别问题在车辆通行费征收阶段，通常采用的方法有最短路径法、出口确认法、标识站法。在没有实施"自动路径识别技术"的情况下，推荐按照最短路径法为优先选用原则征收车辆通行费。

(2)征收计算方法　车辆通行费的征收计算是直接在收费站的出口车道完成的。出口车道根据车辆所执行的通行券(卡)上记载的入口地址以及路径识别解决方案(在路径出现多义性的情况下)，确定车辆行驶的收费路径，按照确定的收费车型，依据统一费额表，计算车辆行驶各个路段应征收通行费的总费额。

3)拆分结算模式

(1)多义性路径的拆分结算方法　对于联网收费路径(多义性路径)识别问题的拆分结算方法，目前主要有：抽样调查法、交通量分配法、协商法等。一般情况下，建议采用协商法或基于抽样调查法、交通量分配法、协商法等基础上的复合拆分结算方法。如果选用标识站法解决路径识别问题，车辆通行费的拆分结算则可以按照车辆经过实际路径进行精确地拆分结算。

(2)拆分结算模式的分类　联网收费通行费的拆分结算有多种模式。根据拆分数据是否集中，可分为集中式拆分结算模式、分布式拆分结算模式(包括车道拆分、双重拆分结算模式)两种。

集中式拆分结算模式是收费车道逐级将结算日的全部收费数据在规定的时间上传到联网收费结算管理中心，通行费的处理、拆分、结算由联网收费结算管理中心集中负责，各收费公路经营管理单位及其下级收费系统不再拆分结算通行费。

分布式拆分结算模式(包括车道拆分、双重拆分结算模式)是通行费的拆分地点选在收费车道(或者在收费站，或者在路段收费分中心)，对每一笔通行费收入进行拆分后，与原始收费数据一起上传至联网收费结算管理中心并由其验证。双重拆分结算模式是指路段收费分中心、联网收费结算管理中心系统两级系统独立地完成每一笔通行费拆分，由联网收费结算管理中心比对拆分、结算结果是否一致以进一步确定拆分结算的准确性。

此外，根据通行费资金的上缴和划拨方式，通行费拆分结算模式可分为全额划拨、差额划拨两种模式。全额划拨模式是收费路网内的每个收费站将结算日的通行费资金在规定的时间内足额上缴由联网收费结算管理中心指定的银行账户内，联网收费结算管理中心在收到所有收费站的通行费资金、收费数据后，进行统一的拆分、结算，然后划拨给收费公路经营管理单位的银行账户。差额划拨模式收费路网内的每个收费站其结算日的通行费资金存在各自的银行账户下，只是将收费数据、拆分数据上传至联网收费结算管理中心，由联网收费结算管理中心进行汇总校核，然后在各收费公路经营管理单位之间进行通行费差额划拨。

(3)拆分结算模式的选用　集中式拆分结算、分布式拆分结算模式，以及全额划拨、差额划拨模式可以有不同的组合，形成不同的拆分结算模式。各省、自治区、直辖市或收费路网的联网收费结算管理中心可以根据具体情况因地制宜的选用。一般情况下，宜采用集中式拆分结算、全额划拨模式的技术方案。

6.2.4.7 联网收费数据安全防护

1)可靠性措施

结算主机系统采用双机热备份工作方式，网络通信链路拟采用备份的多种传输媒介组成的多路由制，分别复接到主/备用设备。为保证数据不丢失，应用软件设计时，考虑系统软件出现故障时的处理。在数据库之前，首先检测数据库服务器是否允许插入数据，若不允许，则等一定时间，再试一次，直到允许数据插入并成功返回为止；若数据等待超时，必须进行数据入库清算异常处理。系统对本身网络节点和通信设备、网络用户进行实时的状态或操作权限监控和管理的功能，建立了网管系统。

2)安全措施

建立3级安全机制：网络安全级、计算机安全级、用户安全级。网络安全：建立与Internet互联网安全隔离机制，设置防火墙；访问权限：由各级网管中心统一管理，限制网络中的计算机互访；用户访问：建立用户级的安全访问级别、访问权限。

对于系统故障，将建立网络设备、服务器的备份工作方式，网络故障发生后，可以继续工作或者故障恢复后，数据可以恢复。对于数据安全，可以考虑采用数据加密传输措施。最后，应该建立网络防病毒机制，防止病毒对系统的破坏。

6.3 收费站收费广场的设计

收费站设计包括土建工程与机电工程两部分。土建工程包括收费车道、收费岛、收费广场、收费广场配套设施(收费雨棚、地下通道、收费站房、安全设施、路基路面等);机电工程包括收费车道设备、收费站计算机系统、供电子系统、通信子系统、收费监控系统与机电系统的接地和保护。

6.3.1   收费站类型

根据收费制式的不同,收费系统可分为:均一式、开放式和封闭式。相应地,收费站也可以分为3类:均一式、开放式和封闭式,如图6-11所示。

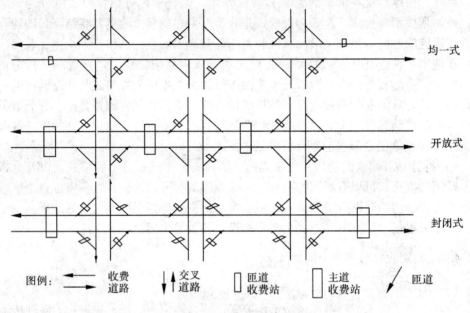

图6-11   收费站类型

1)均一式

收费站设置在收费道路的各个入口处(包括主线两端入口和各互通立交入口),而出口和匝道出口不设收费站。

2)开放式

收费站设置在收费道路的主线上,距离较长的收费道路在主线上每隔一定间距设置路障式收费站,双向皆设有收费车道。

3)封闭式

收费站设置在主线的起、终点和立交的出入口匝道上。根据收费车道、站房和设备集中的程度可分为:分散式、集中式和组合式。

(1)分散式   在互通的各个转向象限上都设有收费站。分散式的优点是车辆不需绕行,缺点是人员、设备、服务设施分散,投资大,管理不便,在实际中较少使用。

(2)集中式   整个互通只存在一个收费站。集中式的优点是便于集中管理,集中布置与收费站配套的设备、人员、服务设施。缺点是所有出入收费道路的车辆都要通过绕行集中在一起,容易引起交通堵塞,车辆相对绕行距离长,互通通行能力较低。

(3)组合式   介于分散式和集中式之间。组合式的优点是根据实际情况,将两个以上象限相邻的收费站集中在一起，但仍有多于一个收费站的布置形式，即局部集中，车辆绕行距离适中。缺点是人员、设备、服务设施仍然分开，不能集中于一处。

图6-12所示为3种封闭式收费站的布置方式。

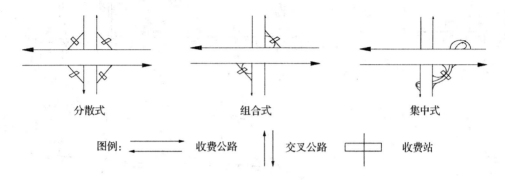

图例：——→ 收费公路　‖ 交叉公路　▭ 收费站

图6-12　封闭式收费站布置方式

由于分散的每个收费站每天都要安排收费人员，配备相应的收费设备和收费站服务设施，投资费用和管理费用较大。因此，相对而言，集中式收费站比较合理。

实现集中封闭式收费站的方法是在收费道路与其相交道路的交叉口的适当距离处设一联络线，使联络线分别与收费道路、相交道路形成三肢立交，如图6-13所示。

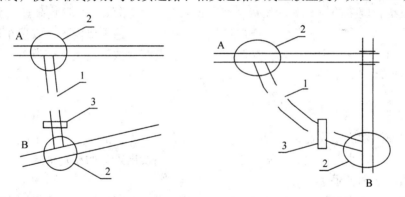

图6-13　收费道路设置立交的方法
1. 联络线　2. 三肢立交　3. 收费站
A. 收费道路　B. 交叉道路

联络线两端的三肢立交可供选择的形式有：

①喇叭形立交，只建一个构造物，最为经济。

②Y形立交，驶出、驶入运行皆最流畅，最适宜于转向交通量大的情况，道路一侧空间受到限制时多采用。须建二层桥三处或二层桥一处，造价较高。

③双子叶形，造型美观，只需修建一个构造物，但主线驶出车辆需通过环形匝道。

常见的集中式收费站布置形式如图6-14所示。

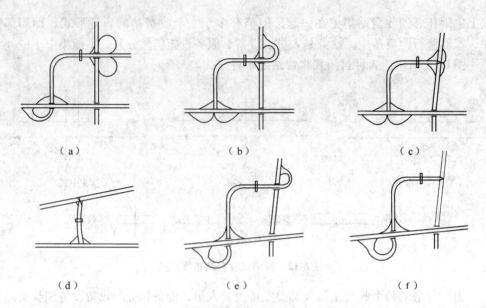

（a）   （b）   （c）

（d）   （e）   （f）

图 6-14   常见的集中式收费站布置形式

6.3.2   收费通道数的计算

车道运行较多的情况下，收费站有可能形成一个"瓶颈"而影响高速公路上车辆的运行。因此，合理设置收费车道数量是收费系统设计的重要内容。收费车道数量一般根据随机排队论原理来计算，在此情况下，收费车道数量决定于交道量、收费需要的服务时间和服务水平及出入口的布置形式等因素。

6.3.2.1   影响收费通道数的因素

收费车道数决定收费站的规模、收费设备和收费人员的多少。确定收费车道数的因素包括：设计小时交通量、服务水平、服务时间及出入口的布置形式。

1）设计小时交通量

交通量具有随时间变化和出现高峰小时的特点，工程设计上为了保证道路在设计年限内满足大多数小时车流能顺利通过，不造成严重的交通阻塞，同时避免建成后车流量低、投资效益不高，因此要选择适当的小时交通量作为设计小时交通量。根据美国研究认为第 30 位最高小时交通量最为合适。所谓第 30 位最高小时交通量（DHV）就是将一年中测得的 8760h 交通量，从大到小按序排列，排在第 30 位的那个小时交通量。第 30 位小时交通量与年平均日交通量的比值十分稳定。故设计小时交通量：

$$DHV = AADT \times K \times D \tag{6-1}$$

式中：AADT 为规划年度的年平均日交通量，辆/天；K 为设计小时交通量系数，一般取值 $K = 0.12 \sim 0.14$，并可参照表 6-3 和表 6-4 确定。DHV 为设计小时交通量；D 为方向不均匀系数，一般取值 $D = 0.6$，取值范围 $0.55 \sim 0.65$，主线终点采用 0.7，旅游点采用 0.75。

表 6-3 全国 K 值参考表

远景设计年限的 AADT /(辆/d)	气候区号					
	一	二	三	四	五	六
≤1500	0.136	0.142	0.136	0.136	0.128	0.144
3000	0.133	0.139	0.133	0.133	0.125	0.141
5000	0.129	0.135	0.129	0.129	0.121	0.137
7000	0.125	0.131	0.125	0.125	0.117	0.133
9000	0.121	0.127	0.121	0.121	0.113	0.129
≥10000	0.119	0.125	0.119	0.119	0.111	0.127

注：若采用的 AADT 在表列两相邻值之间时可按内插法计算 K 值。

表 6-4 全国气候分区表

气候区号	省、自治区、直辖市、特区
一	北京、天津、河北、山西、内蒙古
二	辽宁、吉林、黑龙江
三	上海、江苏、山东、安徽、浙江、江西、福建
四	河南、湖北、湖南、广东、广西、海南 、香港、澳门
五	四川、贵州、云南、西藏、重庆
六	陕西、宁夏、甘肃、青海、新疆
待定	台湾

2) 服务时间

服务时间是指收费员对一辆通过收费车道的车辆完成一次完整收费过程所用的平均时间。它包括收费员对一辆车收费和开票据的平均时间(自动收费系统为车载应答器同车道读写设备完成一次完整数据交换所需的平均时间)和车辆通过收费车道所需的运行平均时间。服务时间的长短取决于收费员的熟练程度、收费制式、收费方式、车种、车型等因素。根据实测得出，服务时间服从负指数分布。收费服务时间见表 6-5 所列。表中括号内数值在大型车辆比率达 30% 以上时采用。对于封闭式半自动收费系统，一般采用入口 6s、出口 14s 进行计算。

表 6-5 收费服务时间   s

开放式、均一式、混合式	封闭式	
	入口	出口
8(10)	6(8)	14(16)

3) 服务水平

不同国家对收费车道的服务水平有不同的评价方法。日本一般采用每一车道平均等待(或者排队)的车辆数进行评价，原则上规定为 1 辆；由于地形条件及其他原因，采用此值有困难时，在不妨碍交通的情况下，可采用其他数值。美国的收费车道一般包括不找钱的自动收费系统和找钱开收据的人工收费系统，其收费站估测的服务水平见表6-6所列。

表6-6 收费站的估测服务水平(缓和长度483m)

服务水平	交织段速度 /(km/h)	排队的车辆数/辆		服务时间/s	
		自动	人工	自动	人工
A	≥88	0	0	5	7.5
B	≥80	≤1	≤1	5	7.5
C	≥72	≤3	≤2.2	5	7.5
D	≥64	≤10	≤8	5	7.5
E	≥56	≤18	≤17	5	7.5
F	≥48	≤20	≤18	5	7.5

6.3.2.2 收费通道数的计算

1)单停式

(1)设计交通量。采用设计小时交通量 DHV，按下式计算：

$$\text{DHV} = K_{30} \times D \times \text{AADT} \tag{6-2}$$

式中：K_{30} 为第30位小时交通量系数，可从表6-3选取。

(2)单收费车道的通行能力，按下式计算：

$$C = \frac{3600}{W(y) + T} \tag{6-3}$$

式中：C 为单收费车道的通行能力；$W(y)$ 为标准车服务时间；T 为标准车离开时间。

(3)收费车道数计算：

$$K = \frac{\text{DHV}}{C} \tag{6-4}$$

按照以上公式，计算出不同车道数、不同服务时间下，可完成交费并通过车辆数见表6-7。

表6-7 车道数与 DHV 关系表 辆

车道数	服务时间/s											
	6		8		10		14		18		20	
	单车道平均等待车数											
	1.0	3.0	1.0	3.0	1.0	3.0	1.0	3.0	1.0	3.0	1.0	3.0
1	300	450	230	340	180	270	130	190	100	150	90	140
2	850	1040	640	780	510	620	360	440	280	350	250	310
3	1420	1630	1070	1230	850	980	610	700	480	550	430	490
4	2000	2230	1500	1670	1200	1340	860	960	670	740	600	670
5	2590	2830	1940	2120	1550	1700	1110	1210	860	940	780	850

（续）

车道数	服务时间/s										
	6		8		10		14		18		20	
	单车道平均等待车数										
	1.0	3.0	1.0	3.0	1.0	3.0	1.0	3.0	1.0	3.0	1.0	3.0
6	3180	3430	2380	2570	1910	2060	1360	1470	1060	1140	950	1030
7	3770	4020	2830	3020	2260	2410	1620	1720	1260	1340	1130	1210
8	4360	4630	3270	3470	2620	2780	1870	1980	1450	1540	1310	1390
9	4960	5220	3720	3920	2980	3130	2130	2240	1650	1740	1490	1570
10	5560	5820	4170	4370	3330	3490	2380	2490	1850	1940	1670	1750
11	6150	6420	4610	4820	3690	3850	2640	2750	2050	2140	1850	1930
12	6740	7020	5050	5270	4040	4210	2890	3010	2250	2340	2020	2110
13	7340	7620	5510	5720	4400	4570	3150	3270	2450	2540	2200	2290
14	7940	8220	5954	6170	4760	4930	3400	3520	2650	2740	2380	2470
15	8530	8820	6400	6620	5120	5290	3660	3780	2840	2940	2560	2650

6.3.3 收费站收费广场的设计

收费广场设置于收费岛前后，其功能在于供车辆加、减速缓冲过渡和等待缴费。广场的线型设计必须能使车辆顺利进入任何车道，应有足够的车辆等候缴费空间以及车辆行驶回正常车道的汇合空间。

6.3.3.1 收费广场的设计原则

在目前普遍采用的收费技术限制下，车辆都要在收费站停下来交费，这样收费站与道路应保持安全畅通的要求是相互抵触的。因此在设计收费广场时应注意以下原则：

（1）收费广场不得成为安全方面的障碍。互通立交匝道上的收费广场不能影响主线上的交通；若在高速公路主线上设置路障式收费广场，应在2km、1km和500m以外设立醒目的预告标志。另外，应尽量避免将收费广场设置在容易超速的凹形曲线底部；在收费广场车辆行驶范围内，除收费岛及前方缓冲物之外不应出现任何障碍物。

（2）收费广场不应成为交通的"瓶颈"。为此，收费广场要备有足够的收费车道数和停车空间供交通高峰期使用。此外，如果从匝道收费广场出口到连接道路的距离较短，则可能由于交叉口的交通不畅使滞留车辆越过收费广场而影响主线交通，所以高峰期间的车辆驻留容量和交叉口通行容量都应是充足的。

（3）收费广场应尽量设置在平坦且为直线的路段上，保证车辆停车和起动安全容易、收费方便，同时，要给收费作业人员提供一个安全、舒适的环境。

（4）收费广场的设计要适应收费业务和交通管理业务的要求。一般应在收费制式和系统方案（包括设备）确定之后，按其工艺要求进行一次设计、分期施工，做好土建预留、预埋工作，并留有扩展余地。

6.3.3.2 收费广场的设计一般规定

（1）收费广场的建设，原则上不应影响干线交通运行。收费广场应设置在通视良好，通风、易排水、环境优美、易于运营管理和交通生活便利的地点。

（2）收费广场应尽可能设置在平坦的直线路段。不得设置在易超速的凹形竖曲线的底部或长下坡路段的下方。

（3）收费广场设置应满足收费业务和管理业务的要求。

（4）主线收费广场距特大桥、隧道应大于1km。

（5）"两省一站"的收费广场不宜设置在边界附近，其位置应综合工程投资、景观、管理和生活条件等多方面因素进行比选后确定。

（6）分期修建的收费场区，其收费广场路基、收费天棚、地下通道（地下管道）等必须一次建设到位，而其他配套设施、收费设备等可按公路开通后第5年预测远景交通量计算配置。

6.3.3.3 收费广场设计标准

（1）收费广场应优先设置在直线路段。主线收费广场采用的最小平曲线半径宜大于或等于表6-8中的一般值，特殊情况方可采用表列极限值。匝道收费广场采用的平曲线半径一般应大于200m。

表6-8　主线收费广场设计技术指标

计算行车速度/（km/h）		120	100	80	60	40
最小平曲线半径/m	一般值	2000	1500	1100	500	250
	极限值	1500	1000	700	350	200
最小竖曲线半径/m	凸形 一般值	45000	25000	12000	6000	2000
	凸形 极限值	23000	15000	6000	3000	1500
	凹形 一般值	16000	12000	8000	4000	3000
	凹形 极限值	12000	8000	4000	2000	1500

（2）主线收费广场采用的竖曲线半径宜大于或等于表6-8中一般值的要求，特殊情况方可采用表列极限值。匝道收费广场采用的竖曲线半径一般应大于800m，特殊情况下也不得低于700m。

（3）收费广场中心线两侧各50m的范围，设计车速大于80km/h的主线收费站广场中心线两侧各100m的范围，纵坡原则上不得大于2.0%，特殊情况下也不得大于3.0%。

（4）收费广场的横坡标准值为1.5%，最大值为2.0%。

（5）收费广场必须采用钢筋混凝土路面。路面设计及施工按JTG D40—2011《公路水泥混凝土路面设计规范》执行。

（6）收费广场钢筋混凝土路面的铺设范围：主线收费站为收费广场中心线两侧各

50~150m，推荐值100m以上；匝道收费站为收费广场中心线两侧各30~100m，推荐值50m以上。钢筋混凝土路面的宽度与广场中心线所需宽度同宽，两端往路基标准宽度过渡，如图6-15所示，并应满足表6-9要求。线形过渡应平滑、圆顺，不得使车辆行驶轨迹过于勉强。

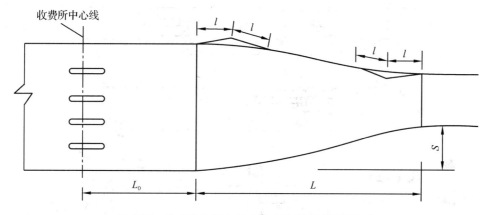

图6-15　从收费广场向标准宽度路段过渡的渐变段

L_0. 广场钢筋混凝土路面长度　　L. 广场过渡长度

S. 广场过渡宽度　　l. 端部转角切线长度

表6-9　收费广场过渡段要素表

过渡要素		L_0/m	S/L	l/m
推荐值	主线	100	1/7~1/6	10
	匝道	50	1/5~1/4	
一般值	主线	50~150	1/8~1/5	5~20
	匝道	30~100	1/7~1/3	

6.3.3.4　收费广场设计的主要内容

1）出入口布置形式的选择

收费站出入口的布置可以归纳为4种基本的形式，如图6-16所示，分别为：①单停式；②卫星式；③双停式；④往复变向共用车道。

2）收费通道设计

（1）人工收费通道　收费通道的标准宽度规定为3.20m，条件受限制时可采用3.00m，每方向右侧最外侧通道作为超大型车及维护施工车辆的通道，其标准宽度采用4.75m，条件受限制时可采用4.00m。

（2）ETC收费通道

①宽度。车道宽度与汽车宽度、汽车行驶速度、交通量、交通组成等因素有关。设计车辆规定的最大宽度为2.5m，为定值。根据日本等国的研究资料，计算行车速度大于等于100km/h时，车道宽度应为3.7m；计算行车速度小于100km/h为3.5m。考虑我国载重汽车所占比例大、车型繁杂、车速不一、低等级公路均为混合交通等特

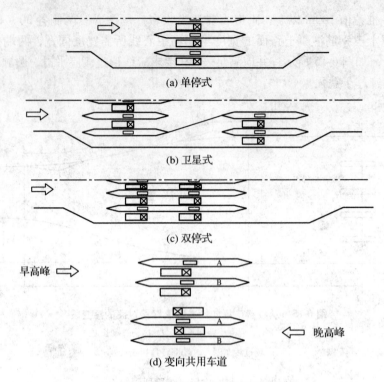

(a) 单停式

(b) 卫星式

(c) 双停式

早高峰

A
B

A
B

晚高峰

(d) 变向共用车道

图 6-16　收费车道的基本形式布置方式

点，针对各级公路设定的计算行车速度、交通量、交通组成及以往工程经验，交通部制定了各级公路行车道宽度值。

由于 ETC 车道内，车辆是在行驶过程中完成收费的，因此 ETC 车道的理论宽度与主线一条行车道的宽度保持一致时，对驾驶人产生的不良影响将会最小。根据《公路路线设计规范》，高速公路、一级公路的一条行车道的设计宽度为 3.75m。所以，一般情况下，一条 ETC 车道的宽度取为 3.75m，对于收费广场用地紧张地区可减少到 3.5m。

②长度。ETC 车道的设计长度是指 ETC 车道中 ETC 识别装置至车道电动栏杆的距离。由于 ETC 车道内车辆在行驶过程中完成收费，所以对于车道的长度的确定可以参照道路交通标志中警告标志的视认距离的设计方法和停车视距的计算方法来确定。其计算公式如下：

$$S_{\mathrm{s}} = l_1 + S_{\mathrm{T}} + l_0 = \frac{vt}{3.6} + \frac{kv^2}{254(\varphi \pm i)} + l_0 \tag{6-5}$$

式中：l_1 为制动反应时间的行走距离（空驶距离）；S_{T} 为制动距离；l_0 为安全距离（5m）；v 为计算行车速度（40km/h）；t 为反应时间（1.0～2.0s）；k 为安全系数（1.2～1.4）；φ 为路面摩阻因数（0.4）；i 为道路的纵坡度。

3）收费岛设计

收费岛分为岛头、岛尾和岛身 3 部分，岛身的中轴线位置应与广场道路中心线重合，收费岛的主要尺寸如表 6-10 所列。

表6-10 收费岛主要尺寸

主要尺寸		长度/m	宽度/m	岛面高度/m
主线收费站	一般值	36.00	2.20	0.20
	变化值	28.00 ~ 36.00	2.00 ~ 2.40	0.15 ~ 0.30
匝道收费站	一般值	28.00	2.20	0.20
	变化值	18.00 ~ 36.00	2.00 ~ 2.40	0.15 ~ 0.30
严寒地区或特殊情况	一般值	36.00(28.00)	2.60	0.20
	变化值	15.00 ~ 36.00	2.00 ~ 2.70	0.15 ~ 0.30

收费岛岛头(迎来车方向)应设计成流线型,高度在1.2m以下,长度不超过9m。收费岛岛尾设计成流线型,岛尾高出岛身,也可与岛身同高,长度不超过3.3m。在收费岛收费亭的两侧应设置防撞护栏,其前方设置防撞立柱,收费岛示意如图6-17所示。

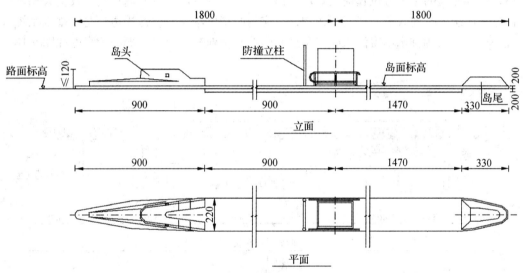

图6-17 收费岛示意图(单位:cm)

4)收费亭设计

高速公路上使用的收费亭应按交通行业标准 JT/T 422—2000《公路收费亭》的有关规定执行。收费亭的外形尺寸如表6-11所列。当收费岛宽度发生变化时,收费亭宽度应相应改变,其变化的原则是保持收费岛侧外缘与收费亭之间距大于等于0.30m。收费窗口应推移灵活可靠,无卡滞现象。收费亭玻璃窗应具有安全性强、隔热效果好和防霜、防凝水、防结冰的功能,保证收费员通视良好。

表6-11 收费亭外形尺寸 m

外形尺寸	一般值		变化值	
	单向亭	双向亭	单向亭	双向亭
长度	2.60	3.6(4.0)	2.40 ~ 2.80	3.60 ~ 4.40
宽度	1.60	1.60	1.40 ~ 1.90	1.40 ~ 1.90
高度	2.50	2.50	2.40 ~ 2.60	2.40 ~ 2.60

5) 收费天棚设计

收费天棚的总长度原则上与广场宽度保持一致并能覆盖广场最外侧超车道。天棚宽度按表6-12确定，其最小值为14.00m。一般情况下天棚的投影面积应大于收费岛长度与收费广场宽度之积的60%为宜，以保证良好的防雨、防晒效果。收费天棚的净高应大于5.00m。收费天棚正立面造型宜简洁明快、实用、庄严

表6-12　收费天棚宽度参考值

地　区	宽度/m
一般地区	16～18
沿海地区	18～20
大型广场	20～24

大方，体现当地建筑风格，具有时代气息。天棚顶部应布设视觉良好的站址名称以利司机明了所处位置。收费天棚上不宜设置广告标牌，避免分散司机注意力。天棚立柱的数量应尽量减少，立柱断面尺寸不得过大，中间立柱一般情况下应小于0.40m。在宽度方向的柱距宜大于10m，以保证收费员和司机通视良好。在收费天棚正立面的前后，收费通道的正上方位置应设置通行信号灯，天棚下部设置照明灯具。收费天棚屋面排水应统一排向收费广场路基边沟，并应与收费广场及站房区周边公路的排水系统统一设计。天棚排水不得流入收费车道而影响收费业务。收费天棚的示意图如图6-18所示。

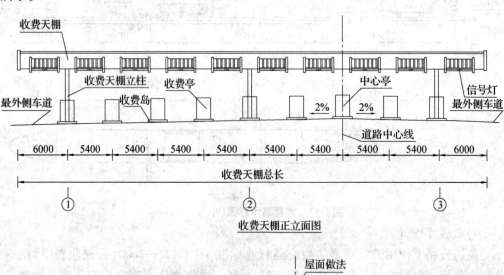

收费天棚正立面图

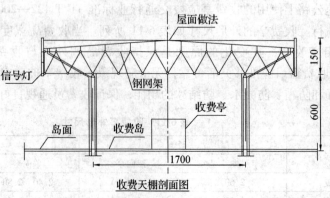

收费天棚剖面图

图6-18　收费天棚(单位：cm)

6) 地下通道设计

我国 JTG D20—2006《公路路线设计规范》规定：交通特别繁忙，收费车道多的收费站，应设置地下通道。地下通道的一端通向收费站房，每一个收费岛设置一个出入阶梯。

地下通道由主通道、主出入口和分出入口构成。主通道净宽不少于 1.80m，分上、下两层，并应采用活动吊顶分隔。上层两边应设置电缆支架或电缆管箱，净空高度在 0.30~0.60m 之间，并预留向各收费岛的出线孔（槽）。下层为人行通道，净高应不低于 2.0m。

主出入口应布置在站房区为宜，如有条件将其设置为进收费站房一楼更好。

分出入口布置在各收费岛上或每间隔一条收费岛设置一处，且位于收费亭的后部，即收费岛尾一侧，如图 6-19 所示。分出入口的形式应方便收费员出入收费亭和上下主通道，可采用直通式或回转式。分出入口净宽宜大于 0.70m。

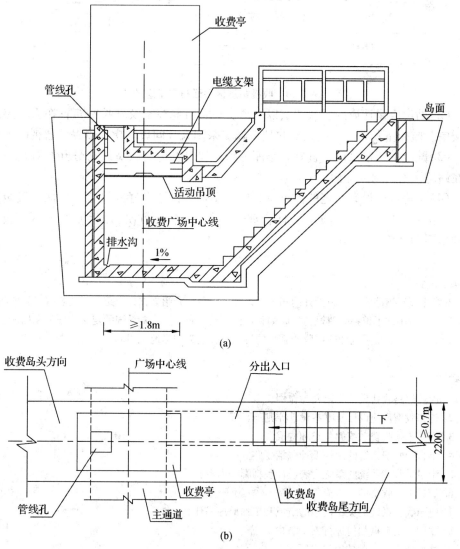

图 6-19 地下通道分出入口示意图

（a）立面　（b）平面

7) 收费站房设计

(1) 收费站房宜布置在广场出口一侧，靠近收费广场，且使监控室与广场中心线有较大夹角 (30°~60°)，如图 6-20 所示，利于观察和控制广场及收费通道的工作情况。站房与广场边缘的间距应大于 15m，在此范围内不得修建永久性建筑。

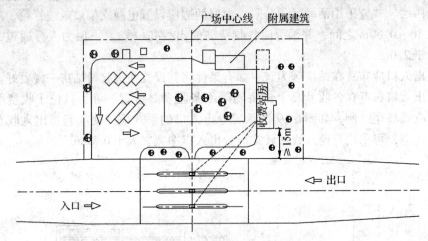

图 6-20　收费站房区平面布置示意图

(2) 站房应设计成两层或两层以上楼房，且将监控室及站长室布置在第 2 层或以上楼层。监控室及站长室应正对收费广场，采用大开间玻璃窗，以保证通视。

(3) 配电房、水泵房、食堂、车库等附属建筑物应与收费站房分开布置，一般设置在站房区的后部或侧面。

(4) 站房区应设有一定的停车位和出入车道，设置良好的绿化、环保及安全等设施，使出入站房区的工作车辆流向合理，安全、顺畅、方便。大型收费站区宜设置必要的生活和文体活动场所。

本章小结

本章主要对道路收费设施设计的相关知识进行了总体介绍。首先介绍了道路收费设施的相关定义和作用，并阐述了道路收费设施的原则和目标；然后介绍了收费系统的定义、分类和构成；最后重点介绍了电子收费系统和联网收费系统的设计，并较为详尽地说明如何设计收费站和收费广场。

思考题

1. 简述道路收费设施的定义与作用。
2. 道路收费设施设计有哪些设计原则与目标？
3. 简述道路收费系统的分类和构成。
4. 半自动收费系统的硬件设计包括哪些方面？
5. 半自动收费系统的系统图表设计包括哪些内容？
6. 简述电子收费的工作流程。
7. 电子收费系统的关键技术的组成和工作原理是什么？
8. 联网收费数据如何进行安全防护？
9. 影响收费通道数的因素有哪些？

10. 简述收费站的类型和收费站出入口的布置形式。

参考文献

[1] 赵军辉. 射频识别技术与应用[M]. 北京：机械工业出版社，2008.

[2] 严宝杰. 交通调查与分析[M]. 北京：人民交通出版社，1994.

[3] 李江. 交通工程学[M]. 北京：人民交通出版社，2002.

[4] 李晔. 交通管理与控制[M]. 北京：人民交通出版社，2009.

[5] 中华人民共和国交通部. 高速公路联网收费暂行技术要求[M]. 北京：人民交通出版社，2000.

[6] 翁小雄. 高速公路机电系统[M]. 北京：人民交通出版社，2000.

[7] 刘伟铭，等. 高速公路收费系统理论与方法[M]. 北京：人民交通出版社，2000.

[8] 高速公路从书编委会. 高速公路交通工程及沿线设施[M]. 北京：人民交通出版社，1999.

[9] 中国公路学会《交通工程手册》编委会. 交通工程手册[M]. 北京：人民交通出版社，1998.

[10] 郗恩崇. 高速公路管理学[M]. 北京：人民交通出版社，2001.

[11] 黄锡伟，朱秀昌. 宽带通信网络[M]. 北京：人民邮电出版社，1998.

第 7 章
道路服务设施设计

[本章提要]

所谓道路服务设施是指设置在高速公路、汽车专用公路上为使用者提供服务的服务区。服务项目少的称为停车区或停车休息区，总体又称服务区。服务区服务项目包括为驾驶人、乘客提供途中休息、餐饮、购物等；对车辆进行加油、加水、保养、维修等业务。

7.1 概述

高速公路的"封闭性"保证了行车速度快、通行能力大、交通事故少，从而体现了高速公路的高效、安全、节时、舒适的优越性。但另一方面，它却人为地阻隔了车辆和乘客与外界的联系，给部分车辆和乘客带来了不便和困难。乘客和驾驶人在旅途中的食宿、购物、通信、汽车的维修等，都直接与社会联系，接受社会服务，因而需要借助于高速公路内部的有关服务设施。

在高速公路整个管理系统中，服务设施和路政管理、养护管理、收费管理、交通安全管理系统一样，也是其重要的组成部分。其目的是保证高速公路在全天候条件下，使交通运输能获得高速、畅通。它以高质量、热情周到、讲究信誉的服务，使旅客比在一般公路上更容易得到干净、卫生的食品和安静、舒适的休息场所，使车辆加油和维修更迅速、安全、方便，从而消除驾驶人和乘客的后顾之忧，增加道路使用者的安全感和舒适感。

车辆在高速公路上高速行驶，驾驶人必须高度集中精力，所以很容易产生疲劳而发生交通事故，同时，长时间、长距离和高速行驶使车辆很容易出现故障。根据有关单位在北京地区的调查，车况差的国产货车平均 850km 就抛锚一次。另外根据统计，西安至临潼高速公路（无服务设施）的交通事故中有

70%以上与驾驶人的长途疲劳驾驶、精力分散有关；机械故障的车辆占24%。所以高速公路服务区的设置使长途车辆及时得到燃料和检修，使驾驶人有良好的休息、就餐场所，保证驾驶人能集中注意力驾驶车辆安全行驶。

7.1.1 道路服务设施的分类

根据道路服务设施功能要求，道路交通服务设施分为停车区与服务区。

7.1.1.1 停车区

停车区是指为满足驾驶人心理、生理上的要求，以解除长途行驶而造成的疲劳和紧张，而设置的最小限度的服务设施。通常设有停车场、绿化园地、公共厕所、商店及其他一些管理设施。

原则上所有的停车区都需要设置公共厕所，商店的设置可根据具体情况而定。一般在停车区不设置加油站，但是当服务区的间隔较长或由于其他特殊条件而必需时，可以设置。

7.1.1.2 服务区

服务区是指能基本满足人和车辆所需的服务设施，具备停车场、园地、公共厕所（包括残疾人用厕所）、免费休息室及营业性设施。如餐饮、加油站、商店等服务机能的休息设施。

根据服务区里设施的安排以及面积的大小可以划分为两类：

（1）A类服务区　设置有最完善的服务功能，除设有停车场、园地、公共厕所（包括残疾人用的厕所）、免费休息所、营业餐厅、加油站、汽车维修站、小卖部等服务设施，并适当的设置住宿设施。还可以根据服务区所处的地理位置和路段情况，设置医疗、救助等服务设施。

A类服务区主要设置在重要性较高、交通流量较大的骨干高速公路上。A类服务区用地面积大，建筑面积也大，停车位比较多，各种设施规模都较大。根据国内经验和高速公路建设的实际情况，A类服务区一侧停车位（折算为大型车位）在80以上，用地面积在60~120亩[*]，建筑面积为6500~8500m^2。

（2）B类服务区　设置有基本的服务功能，即设有停车场、园地、公共厕所（包括残疾人用的厕所）、免费休息所、快餐厅、小卖部等。B类服务区设置在A类服务区之间，用地面积、建筑面积较大，停车位较多。B类服务区一侧停车位（折算为大型车位）在50以上，用地面积为60~80亩，建筑面积为5500~6500m^2。

7.1.2 道路服务设施的组成要素

服务区内的主要服务设施以停车场、餐厅、加油站为主，其他附属设施的选取布局与当地环境、地形条件以及经济发展状况有关。

---

[*]　1亩≈666.67m^2。

集中式停车使双向服务区合并，应修建立交通道和较长匝道。由于上下行车辆、人员集中于公路一侧，修建相关服务设施时应考虑一定规模。

2）餐饮的位置

餐厅是乘员集中的场所，应考虑与停车场的相对位置，同时要注意环境舒适，一般有外向型、内向型、平行型 3 种布置。

（1）外向型　在餐厅和高速公路之间布置停车场、加油站等其他服务设施。这种布置适用于服务区外侧有较为开阔的田园、山野、森林等风景秀丽的地带，旅客在用餐的同时，可以欣赏室外

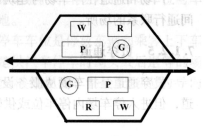

图7-3　外向型服务区

美丽的景色，使人心旷神怡，解除旅途的疲劳，如图7-3所示。

（2）内向型　餐厅与高速公路相邻，餐厅的另一侧布置停车场和加油站等其他服务设施。这种布置适用于服务区周围环境比较封闭，旅客无法向外远眺的情况，如深挖地段或四周为乡镇街道等。京石高速公路望都服务区属于这种类型，餐厅与主线相邻，如图7-4所示。

（3）平行型　餐厅和停车场、加油站等服务设施都与高速公路相邻，沿高速公路方向作长条形布置。这种布置方式用于地势狭长和山区的地段，如图7-5所示。

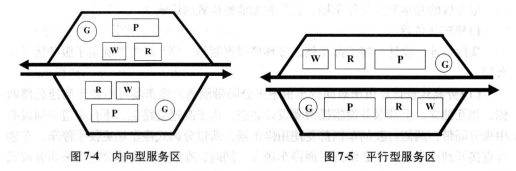

图7-4　内向型服务区　　　　　　　图7-5　平行型服务区

外向型的服务区便于停车，且旅客进入服务区可避开嘈杂的汽车声的干扰，以便在安静的环境中得到较好的休息从而更快的缓解疲劳。同时，因餐厅离高速公路较远，有时还有花台、树木等绿化带的隔离，减少了尘土的污染，使乘客能得到较干净卫生的食品。因而，一般都采取外向型的方案。只有在地形条件受到限制时，才采用内向型的方案。

3）加油站位置

加油站设置的最基本原则是尽量远离餐厅，以避免相互干扰和火警。服务区常见的设置有入口型、出口型、中间型 3 类。

（1）入口型　加油站布置在服务区的入口处，车辆已进入服务区立刻就可以进行加油，如图7-6所示。

这种类型的设置便于车辆的加油，但是当交通量较大时容易产生排队进入服务区，干扰匝道。

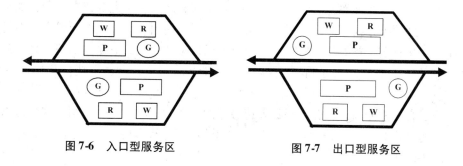

图 7-6　入口型服务区　　　　图 7-7　出口型服务区

（2）出口型　加油站布置在服务区的出口处，车辆在休息后出服务区时再加油，如图 7-7 所示。

这种类型的设置有利于场区的合理布局、交通流畅，更好的保障行人和行车的安全。

（3）中间型　加油站布置在入口和出口之间，使用起来比较灵活。

在高速公路服务区中，加油站所处的位置 3 种形式都有，例如沈大高速公路景象、熊岳服务区，加油站设在进口处；甘泉、营口等其他服务区，加油站设在出口处；京石高速公路涿州服务区，加油站一侧在进口处，另一侧在出口处；望都服务区的加油站设在进口处；京津塘高速公路马驹桥服务区的加油站设在停车场的中间。加油站设在出口处有利于场区合理布局、交通流畅及行人与行车的安全。加油站设在入口处，则更便于这些车辆加油。但是，当加油的车辆比较多的时候，就会在服务区入口处排队，妨碍匝道上车辆的行驶。

由于停车场、餐厅、加油站、公共厕所等主要设施的布置与地形、地貌、沿线自然特征、土地利用、投资费用及管理条件等因素有关，实际上服务区的形式是通过对各种因素的综合分析和比较，并且按照上述不同分类进行组合来确定的。

7.2.1.2　服务区常见形式

1）分离式外向型

分离式外向型是最常见的一种形式。沈大、京津唐、京沈、石安等高速公路全部服务区均采用这种形式。沪宁高速公路的黄栗墅、仙人山、窦庄、芳茂山服务区，津唐高速公路的唐山南服务区，杭甬高速公路的三江、梁辉服务区和福厦高速公路的泉厦段朴里服务区也采用分离式外向型。

2）分离式平行型

分离式平行型所有服务设施设计与分离外向型相同，仅仅平面布置存在差异。注意的问题是平行型服务区加油站应与休息厅分设停车场两边。沪宁高速公路梅村服务区、京津塘高速马驹桥服务区和京石高速公路望都服务区都采用这种形式。

3）分离式餐厅单侧集中型

这种形式适合于高速公路一侧场地比较狭窄的情况，如图 7-8 所示。餐厅可以建在另一侧，旅客通过地下通道进入另一侧餐厅用餐。为了节省投资和场地也可以在路两边建设商店和快餐厅，旅馆和餐厅等集中建在一侧，例如京石高速公路涿州服务区和望都服务区就是此种类型。沪宁高速公路两个服务区的客房也都建在一侧，如阳澄湖服务区。这种服务区还适用于某一侧景观优美，对使用者有较强的吸引力，而另一侧场地条件又有限，餐厅、休息室等设施只可以采用外向型的情况。如沪宁高速公路阳澄湖服务区就属于这种情况，因收费及管理上的需要，上、下线的停车场应分隔开。

另外还有一种分离式，餐厅建在高速公路的上空，两侧可共同使用，这样可以充分利用高速公路的空间。餐厅造型可以设计得尽量完美，以作为高速公路的一种标示，如图7-9所示。

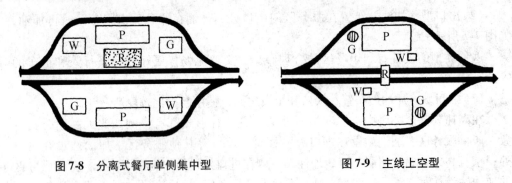

图7-8　分离式餐厅单侧集中型　　　　　图7-9　主线上空型

另有一种中央集聚型，服务区设在当中，高速公路到这里分成左右两侧供汽车行驶。

以上两种形式的服务区在国外经常遇到，只是由于造价高，占地面积大，在我国目前采用并不多。

考虑地形、投资状况、就餐平均人数等因素，我国分离式服务区常将餐厅集中于道路一侧，对面旅客能通过专门地下人行道进入集中的就餐点。

分离式服务区是目前国内最流行的一类，具体设施分布各具特色，除上述3种之外，根据实际需要还有许多其他布局。

7.2.2　服务区布设原则与一般要求

7.2.2.1　服务区布设原则

服务系统的性质和任务决定了它的建设必须围绕以人为本、可持续发展的原则，主要包括：

（1）服务系统应该给人们带来方便、快捷的出行方式和运输方式。

（2）服务系统选址要与城市和公路网规划相结合，符合总体规划布局。

（3）服务系统的选址应不与城市和公路沿线用地性质发生大的矛盾。

（4）服务系统中的各个子系统应合理配合和连接。

（5）服务系统的布局与城市性质、规划、地形以及高速公路所经路段有关，应根据具体条件合理布局，力保其服务范围最有效和合理。

（6）服务系统拟定地址应具有必要的水、电源、消防以及排污等条件，不应选择在地质条件复杂的地带。

7.2.2.2 服务区布设的一般要求

针对服务区布置时应该考虑到的有关土地利用及其他方面的因素，服务区布设时应满足以下几个方面的要求。

1) 服务区位置

服务区位置主要考虑与城市位置及距离，道路交通性质与景观，道路主线线型。

2) 休息设施地点应具备的条件

(1) 自然环境条件　能创造与车内截然不同的环境，能利用景观资源，能有效识别设施。

(2) 建设维修管理条件　建设难易，上、下行线间的距离，供电、给排水与上下班、物资供应等，有无发展余地。

(3) 交通技术条件　与主线线型相适应，引导标志能适当设置，与其他设施合用问题，设置间距问题。

3) 设置间距

服务区设置间距为 50km，最大不得超过 100km；当两相邻服务区的间距小于 50km 时，一般可在其间设置一处停车区；当两相邻服务区的间距大于 50km 时，一般可在其间设置 2 处或 3 处停车区。相邻两处服务设施(服务区与停车区或停车区与停车区之间)的间距可在 15～25km 之间，最大不超过 30km。

4) 服务设施的征地面积

服务设施的征地面积(单侧)：大型综合性服务区不得大于 10.0hm^2，一般性服务区为 4.0～6.7hm^2。停车区为 1.0～2.4hm^2，最大不超过 3.4hm^2。停车场及区内道路的面积不应小于整个场区用地面积的 60%。

国家及省干线公路应设置加油站，并配置厕所及一定的停车场等设施。

加油站的间距宜为 40～50km，征地面积一般为 0.4～1.0hm^2，最大不得超过 2.0hm^2。

7.2.3 服务区的设计规模

对于服务区、停车场规模的确定，我国至今还没有明确和统一的规定。目前大多数是参考 1986 年《日本高速公路设计要领》(修订版)中的有关规定进行设计。按照该设计要领的规定，决定服务区、停车场规模的基本要素是停车车位数，并以此为基础，计算出服务区其他各种设施的规模。从其建筑规模及计算结果上看，较符合我国国内大客车数量较多的国情。

在决定总体规模时，首先是根据主线交通量与休息设施的利用率计算出停车车位数。然后算出与停车车位数有关的其他设施的规模。

1) 停车车位数量的计算

服务区的设计交通量是以服务区投入运营后 10 年的交通量(Q_{10})为设计交通量，以运营后 15 年的交通量作为征地的规模控制。停车区在规划时主要解决位置的选择及总体规模的确定。决定停车区规模的基本要素是停车场的计划容量,即停车车位数。

$$服务区一侧设计交通量 = 一年中第 35 顺位前后的交通量$$
$$= 假日服务系数 \times Q_{10} \times \frac{1}{2}$$

$$停车车位数 = 设计交通量 \times 车型比 \times 停车率 \times 高峰率/周转率$$

式中:假日服务系数为从平均日交通量求 1 年 365d 中第 35 顺位左右交通量的系数;停车率 = 停留车辆数(辆/d)/过往交通量(辆/d);高峰率 = 高峰时停留车辆数(辆/d)/停放车辆数(辆/d);周转率 = 1/平均停留时间(h)。

作为设计交通量,以往是采用通车 10 年后的平均日交通量(AADT),对于比 AADT 大的交通量,是以通车后 10 年的增长率(约 1.7 倍)予以弥补。但从理论上来说,对通车 10 年后比 AADT 大的交通量,一年内有 100~150d 是不能提供服务工作的。因此考虑了相当于 365d 中 90%,约 330d 能保证提供服务的系数。假日服务系数见表 7-1 所列。

表 7-1 假日服务系数

年平均日交通量 Q (双向,辆/d)	服务系数
$0 < Q \leqslant 25000$	1.40
$25000 < Q \leqslant 50000$	$1.65 - Q \times 10^{-5}$
$Q > 50000$	1.15

以往考虑假日服务系数时,认为最好是按照每个休息设施进行推算,标准采用 1.3,在风景区、大城市附近采用 1.4。近年来通过国外资料论证认为服务系数与交通量有密切关系。因此,应采取与交通量联系起来的方法决定假日服务系数。

随着休息设施的种类与位置的不同,其停车率、高峰率、周转率也有所不同。因此,在能够推算出交通量是某种程度的车种构成时,分别按不同车种的停车率、高峰率、周转率计算出不同车种所需要的停车车位数,分为小型车与大型车的车位数,然后再合计。

当车辆种类组成不明确或为小规模的休息设施时,可按合计交通量计算停车车位数,然后用简便的方法将停车车位数按 1:3 左右的比例分成大型车和小型车的车位数。

不同车种的停车率、高峰率、周转率采用表 7-2 数值。

表 7-2 不同车种的停车率、高峰率、周转率

设施种类	车种	停车率	高峰率	周转率
服务区	小型车	0.175	0.10	2.4
	大型公共汽车	0.25	0.25	3.0
	大型载重车	0.125	0.075	2.0
停车区	小型车	0.10	0.10	4.0
	大型公共汽车	0.10	0.25	4.0
	大型载重车	0.125	0.10	3.0

表7-2是以日本4条路线休息设施的调查结果为基础，从经验中求得的。新建、改建等工程获得停留率等实际数值时，可用实际数值决定停车车位数。著名风景胜地或大城市近郊的服务区停车率有上升的趋势：如沪宁高速公路服务区根据实际观测大型车停车率为0.14，周转率为2.4，高峰率为0.1；小型车停放率为0.23，周转率为3.0，高峰率为0.1。

高速公路服务区的规模需要通过计算、分析确定，现结合河北省津保高速公路霸州服务区计算的方法步骤简述如下，供读者参考。

调查各种车型的分配及调整数如表7-3所列。

表7-3　车型分配

车型	货车	小客车	大客车	拖车、集装箱	拖拉机
调查/%	46.9	25.6	6.2	6.4	14.9
调整数/%	47.9	30.6	15.1	6.4	0

注：货车是包括大、中、小货车，调查的数据为7.9、11.7、27.3。

由OD调查得知该路段车型比例为

小客车:大客车:货车 = 30.6:15.1:(47.9 + 6.4) = 30.6:15.1:54.3

某路段一侧设计交通量经过计算为9450辆/d。

停车车位的计算：

$$小车停车位 = 9450 \times 车型比 \times 停车率 \times 高峰率/周转率$$
$$= 9450 \times 0.306 \times 0.175 \times 0.1 \times 1/2.4 = 21$$
$$大客车停车位 = 9450 \times 0.151 \times 0.25 \times 0.25 \times 1/3.0 = 29.8 = 30$$
$$货车停车位 = 9450 \times 0.479 \times 0.125 \times 0.075 \times 1/2 = 21$$
$$拖挂、集装车停车位 = 9450 \times 0.064 \times 0.125 \times 0.075 \times 1/2$$
$$= 2.8 \approx 3$$

具体计算结果列于表7-4。

表7-4　车位数计算一览表

车型	平均载客数	周转率	车位数
小客车	3.3	2.4	21
大客车	46	3	30
货车	2.1	2	21
拖挂、集装箱	2.1	2	3

2）餐厅的设计规模

按正常情况统计，每人用餐（快餐）时间为25min。餐厅的每个席位所需面积为1.5m²，厨房，仓库及办公等面积与客席所占面积相同，具体如表7-5所列。

表7-5　餐厅的规模

车　型	停车位数	载客人数	周转率	餐厅使用率	用餐人数 /(人/h)
小客车	21	3.3	2.4	0.5	83
大客车	30	46	3	0.08	331
货车	21	2.1	2	0.5	44
拖挂、集装箱	3	2.1	2	0.5	6
合计	75	—	—	—	464

注：用餐人数＝停车车位×载客人数×周转率×餐厅使用率

所需要席位：464÷60×25 人＝193 人

餐厅总建筑面积：$S = 193 \times 1.5 \times 2m^2 = 579m^2$

3）公共厕所的面积

根据调查及有关资料，使用厕所人数约占所有乘客人数的80%。

使用厕所人数 ＝ 0.80×(21×3.3×2.4＋30×46×3＋21×2.1×2＋3×2.1×2) 人/h

　　　　　　＝ 0.80×(166＋4140＋88＋13) 人/h

　　　　　　＝ 0.80×8389 人/h

　　　　　　＝ 3526 人/h

根据男厕所使用周转率为60 人/h，女厕所使用周转率为30 人/h，旅客使用大便器的人数为小便器的30%，男女上厕所的人数比例为2:1。

则得：男厕所的人数：3526×2/3 人/h＝2350 人/h

设置小便器个数：2350/60 个＝39 个

设置大便器个数：39×0.30 个＝12 个

上女厕所的人数：3526×1/3 人/h＝1175 人/h

女厕所便器个数：1175/30 个＝39 个

根据有关建筑要求及规定：男蹲位（大小便）为 $3m^2$/处，女蹲位为 $4.5m^2$/处，残疾人专用面积为 $20m^2$。

　　厕所建筑面积 $S = (39＋12)\times3＋39\times4.5＋20m^2 = 153＋176＋20$

　　　　　　　　　＝ $349m^2$

根据调查厕所面积应考虑 1.1～1.4 的系数后，厕所建筑面积采用 $412m^2$，其中男蹲位 $140m^2$（大）与 $42m^2$（小）、女蹲位 $210m^2$、残疾人专用面积 $20m^2$。

4）商店（小卖部）的面积

据有关资料调查，到服务区的人员有80%会去小卖铺，顾客在小卖铺活动所需的面积为 $2m^2$/人，旅客停留时间为2min。

所需建筑面积：4408×2÷60÷$2m^2$＝$73.5m^2$

免费休息室面积：$250m^2$

休息室及小卖铺共计：$324m^2$

5）旅馆规模计算

根据通常服务区的使用情况，每个房间平均建筑面积为 $35m^2$。此服务区内暂设

40 间客房。

$$旅馆建筑面积 = 40 \times 35 \times 1.2 \text{m}^2 = 1680 \text{m}^2$$

6）加油站、修理间面积

加油站：300m²

修理间：400m²

共计：700m²

7）其他

按照服务区设计的有关规定并结合现实情况，取服务区其他设施的建筑面积如表7-6 所列。

表 7-6　其他设施建筑面积

项目	变配电室	锅炉房	车库	职工宿舍	职工食堂	污水处理设施	合计
面积/m²	157.52	334	200	660	340	67.28	1758.8

8）合计

（1）服务区建筑面积为 9000m² × 1.1 = 9900m²，建筑指标控制在10000 m² 以内。

（2）停车场面积为（21 × 30 + 54 × 80）m² = 4950m²。

（3）院内道路及放坡等面积占面积的30%（即停车场的1.2 倍），为 4950m² × 1.2 = 5940m²。

（4）建筑物面积为 10000 m²，占总占地面积的15%（即停车场的0.6 倍），为 4950m² × 0.6 = 2970m²。

（5）绿化面积占总占地面积的30%～40%（即停车车场的1.2 倍），为 [4950 × (1 + 1.2 + 0.6 + 1.2) + (15 + 7.2 + 15) × 667] m² = 4460m²（考虑隔音带占地 12～20 亩，加减速车道占地 8 亩，公共汽车站占地15 亩）。

（6）计算结果列于表7-7。

表 7-7　服务区用地面积

项　目	建筑物	停车场	道路等	绿化	合计
面积/m²	9900	4950	5940	4460	25250

（7）根据沈大、沪宁等高速公路服务区的使用情况，位于旅游景点及靠近大城市的服务区发展客观情景，具有很大的发展潜力；在规划这类服务区时，应当考虑上述因素。

7.2.4　服务区内服务设施布设要点

7.2.4.1　汽车维修站

加油站与维修站最好是并排相邻地布置，这样的布置可以使通信室、浴室、盥洗室以及室外部分共用，能够有效地利用设施和用地，达到简化使用设施车辆路线的作用。

在布置室外的加油设施、修理场、洗车场、服务车停候场时，必须综合考虑这些设备的性能、使用频率、使用车辆的路线、消防法规等。

使用加油站同使用修理所的车辆数比例约为 10∶1，由于前者占绝大多数，所以在布置这两种设施时，应考虑这一因素。

关于加油站、维修站在服务区内的位置，一般有入口型、出口型与中间型 3 种。入口型是在休息之前检查车辆、加油，这是驾驶人一般所倾向的。从适合于交通管理的观点来说，也是本着在高速公路行驶时应当最优先进行加油与车辆的检查修理这一观念，布置在服务区的入口处，驾驶人可以更容易地看清楚设施，并根据需要进行加油和修理。在保障交通安全的同时，对营业者来说，也能起到营业广告的效果。但当使用加油站的车辆多时，服务区入口的排队车辆会妨碍匝道上车辆的行驶。与此相反，出口型是先停车，在休息之后再进行加油、修理，这是优先考虑人的生理要求的一种自然想法。在这种情况下，能够有充分的时间考虑车辆是否修理，可以在设施的出口处对车辆的情况再进行一次鉴定。

关于汽车维修站的位置有以下两种意见：

（1）一般认为汽车维修站应与加油站并排布置　这样布置便于共用通信设备、浴室、盥洗室及室外场地，提高设备和场地的利用率。但是，一定要注意按照消防规范进行设计。

（2）汽车维修站与加油站分开布置　沈大高速公路共有 6 个服务区，其中 2 个服务区的维修站建在进口、加油站建在出口，有 1 个服务区反之，其他 3 个加油站与维修站邻近建设。根据使用的经验，认为维修站设在进口、加油站设在出口为好。驾驶人进入服务区后先维修车辆．然后休息，临走时再去加油。这样，使用顺当，而且较安全，不用采取特殊的消防措施。

7.2.4.2　餐厅、旅社及商店

为车辆服务的设施与为人服务的设施原则上应是单独布置。这是为了尽量避免车流与人流的交叉，使人们休息的场所更为安全，并造成一种幽静的气氛。特别是为了防止交通肇事，在出入匝道附近避免人与车辆交叉。

餐厅、旅社和商店是供旅客就餐、休息和购物用，其设施应布置的舒适、雅致、安静、卫生，特别是要注意建筑物的造型与周围环境的协调。根据沈大高速公路服务区的营运实践，来服务区投宿的人员并非都是旅客和驾驶人，还有相当数量的旅游者、商贸人员和出差办事的干部，这些旅客和部分驾驶人往往希望入住高中档的客房，以便更好地休息以解除疲劳。因此，中低档的住宿标准已不能满足要求，有必要设置部分高档的客房。每间客房住宿人数不宜太多，一般以 2~3 人为宜，客房内要有电视机，并设置公共天线。高中档客房应配备单独沐浴设施，低档客房则配备集体沐浴设施。

商店和餐厅经销日常旅行用品、当地名优产品、土特产及各类方便食品、饮料

等。由于一般在服务区内停车时间不长，所以快餐和商店比较受欢迎。商店和餐厅外面应设置从外部可以直接与之相连接的道路和停车场，为搬运货物和工作人员上下班提供方便。餐厅、旅馆的设计标准应符合卫生防疫部门的有关规定。

1）餐厅

餐厅应包含下述各室：客室（其中包含商店）、厨房、食品仓库（包含冷藏库、室）、客用厕所、办公室、休息室、更衣室、浴室、工作人员厕所、走廊等共用部分。

餐厅布置不仅要考虑使用者的路线，同时也要考虑对从旁边便道（服务道路）运进材料（食品等）及装卸（倒车场地）的路线。客室的设计要使旅客能很好地欣赏到周围的风景。餐厅是服务区的主要设施之一，是吃饭、休息的设施，所以必须要与使用者的需要相适应。为此，进行规划时应充分注意其规模和布置，而且对周围的自然环境、气象条件等也应一起加以考虑。餐厅和公共厕所的设计均应考虑残疾者的特殊要求。

2）小卖部

据调查，到服务区的人员有80%去小卖部购物。设计时可按顾客到小卖部的所需面积为每人$2m^2$，旅客滞留时间均为2min。

7.2.4.3 公共厕所

1）公共厕所的设计原则

在休息设施中设置公共厕所是为满足长途旅行者生理上的要求。公共汽车的乘客是在短时间内很多人同时使用厕所，所以要充分考虑同时使用率的问题；同时注意设置的位置、外观的形状、内部清扫容易、维修管理简易等。例如，京石高速公路徐水服务区公共厕所不仅造型新颖，而且很注意位置的选定，并专门设置供大型公共汽车排污的污水排放井。

公共厕所的布置，原则上在大型停车场的前面，这是为公共汽车的乘客同时使用而采取的措施。公共厕所设男厕所、女厕所、男女盥洗室、仓库等。

服务区的公共厕所内必须设置残疾者专用厕所；在残疾者专用停车场与专用厕所之间的通路上，不得有障碍物。

寒冷地区的公共厕所，在入口处要设置兼做防风雪用的门厅。

公共厕所要充分做好换气和采光。另外，要选择有清洁感的材料或呈现出宽余的室内空间；要选用清扫或维修管理容易的构造。

一般地区的公共厕所入口采用从外部广场直接分别出入男、女厕所的形式。公共厕所的构造，一般为钢筋混凝土平房。

2）服务区公共厕所的标准模型

服务区公共厕所的标准规模如表7-8所列。对城市近郊或游览地等，有特殊要求的服务区，可另行设计其规模。

表7-8　公共厕所的标准规模

一侧停车车位数	便器数/个				标准面积/m²	调整系数 n	建筑面积/m²
	男(小便)	男(大便)	女	身体残疾者			
>251	50	25	45	1	350		
201～251	50	25	45	1	350		
151～200	45	20	45	1	350	1.1～1.4	400
101～150	39	12	39	1	350		
≤100	39	12	39	1	350		

7.2.4.4　园林绿化带

服务区的园林绿化带主要是供旅客散步、休息和观赏景物之用,园林绿化带的设置也可以起到美化服务区环境、减少粉尘污染的作用。

园林规划包括保护美观、美化环境、防止污染等内容,其应能够充分发挥休息设施的效果。园林内起作用的原存树木、树林和岩石等要尽量保存,有时以这些保存物为主体,确定建筑物、车道和停车场的位置,在自然景观中营造一种协调感。

1)园林规划的原则

园林规划应考虑游人能否充分利用草坪休息或饮食等,并充分考虑排水;从停车场到商店和厕所的途中,要考虑利用园地引导使用者;原有树木中的保留景现,应不影响视线和交通流;停车场与其他建筑物有高差时,在设置台阶的同时,还应考虑无障碍通行;服务区的植树率原则上以7%～15%为标准,植树以外部分用草皮或其他植物覆盖,绿覆盖率应达到40%;园地应配置在停车场、餐厅附近;外围园地的设计应使整个休息设施与外部景观协调,园地的宽度根据环境条件灵活处理;园地应能适应庇荫、引导和景观改善等各种要求,由树木和草坪组成的园地应既简单又有观赏性。

2)园林构造物的设计

设置在山坡上的人行道要居中等高度且横坡坡度在1%～2%以内,宽度原则上为1.5～3.0m。行人交会处要加宽,缘石要美观。人行道纵坡坡度应小于15%,否则应设置踏步高度为10～15cm的台阶。

设置庭园灯的目的是保证夜间行人的安全、防止犯罪,尽量减少光线照不到的地方,并与整体规划相适应。同时必须注意,不能使树影投在路面上而降低庭园灯的照明度。庭园灯的平均照明度为2～5lx,休息设施附近为5～10lx。

在休息广场,每100m²设5座以上的野外桌、长凳。休息室商店周围设置若干座凳。

服务区必备饮用水阀,但其安装地点要位于园地或广场内,中心园地或广场设置1～2座,同时要考虑冬天防冻及不会被盗和破损。

服务区要设置垃圾箱,构造要便于维修管理。垃圾箱在服务区内设置的数目应为10～20座。垃圾箱的容量采用0.1～0.3m³,同时结构上要防火、防臭、防虫。

7.2.4.5　停车场

停车场主要是指路外专用停车场设计，其主要内容为交通组织与路线和停车场组成的设计。

1) 停车场的设计原则

停车场应集中一处，避免分散设置成许多小停车场。若停车场分散设置在区域之内，在使用上就易偏于某一方，而导致其他停车场利用率降低。

停车场的布置应充分利用当地的地形，尽量减少土石方量。停车场宜设在同一标高上，如高差太大，也可考虑把停车场设置在不同的标高平面上。

当车辆穿过建筑物时，通道的净高和净宽一般应大于 4m。停车场内应考虑布置一定数量的消防设施，以确保安全。在严寒地区，停车场的布置方式应与场内的采暖设备的布置相适应。

最好是将小型车与大型车的停车场完全分开。一般将小型车布置在距餐饮等设施较近的位置，而大型车靠后。但对于小型休息设施，可采用大、小型车兼用的方法。

车辆在停车场内单向行驶，互不交叉。为便于驾驶人寻找停放车辆，停车车位应编号。

2) 停车场的坡度

为使所停放的车辆不至于滑动，停车场的坡度必须在规定的数值以内。另外，在进行停车场内的排水设计时，坡度的大小应当予以特别的注意，停车车辆的纵方向应小于 2%，横方向应小于 3%。

3) 停车场地面

混凝土整体地面是永久性地面，为停车较多时采用，有时也采用沥青路面。

4) 交通组织与路线

设计停车场时，其出入口应分开设置。若出入口为双向时，其出入口通道宽度需 7～10m。入口处应设置明确的行驶方向标志和停车位置指示牌。

为保证停车场上的交通安全与秩序，场内交通路线一般应按单向行驶路线组织交通，以尽量减少车辆的交叉冲突，最好与出入口的行驶方向一致。

通常为了便于管理，场内路面应有显著的停车标记和行车方向标志，便于驾驶人自动择空入位停放。这些标记可用彩色混凝土，黑色路面上划白色标线或涂有发光材料的划线。在大型停车场内，停车道按 10 辆汽车左右分区段，其间布置通道或绿化，以便车主找到车辆，也易组织场内交通。

对于设置在大量人流集中疏散处的大型停车场，要考虑人车分流，不仅需要在平面上分隔布置，也宜在立面上布置在不同的高度上，以免人车流动的交叉和阻塞。

如有多种交通车辆停放在一起，应减少快慢车辆(或机动车与非机动车)在出入口和通道上的交叉干扰，可以按照快车居中、慢车靠边的原则来组织行车路线，或采用分区停车与分口出入的布置方式。

5) 停车场的设计

停车场的平面由供车辆停放的停车道和供车辆行驶的通道所组成，此外还可包括绿化带。此外，停车场的设计还须进行照明布置、绿化、排水、路面结构和附属设施等方面的综合设计工作。

停车场的主要组成部分为停车道和通道。二者的宽度决定于停车方式、汽车类型与尺寸、车辆停发方式和驾驶人的技能。关于停车场的设计见第 5 章静态交通设施设计。

7.2.4.6   贯穿通道

贯穿通道原则上采用单向车道，特殊情况下采用双向车道，其宽度以表 7-9 所列值为标准。

表 7-9   贯穿车道宽度

m

类　别	车道宽度	左右侧带宽度	贯穿车道宽度
单向车道	3.50	0.50	4.50
双向车道	6.00	0.50	7.00

为了避免在贯穿车道上发生不必要的停车，贯穿车道的宽度规定为 4.5m。在设计贯穿车道时，当停车场区内有条件设计成为单独的线型时，其平面线型、纵断线型等最好以匝道的设计速度(30km/h)作为标准。

设计贯穿车道时须注意的其他事项如下：

在停车场外围行驶的主要交通最好是单向通行，在服务区中主要贯穿车道不得直接接在停车车位上，也不要直接导向休息室的出入口处。在停车区中，接着贯穿道路设置停车车位是普遍的情况，这一部分的行车宽度必须能满足停车调头所需要的宽度。

通过停车场内的贯穿车道允许采用对向车道，在停车场内可不考虑很严格的交通规则，应该有某种程度的行驶自由。为此，交通岛应尽量少设在不同速度路段的汇接处。同大型车停车场相连接的贯穿车道，最好是单向通行。

在服务区里配备有养护管理用的车辆时，为使其能够顺利工作，有必要设置上下线的联络道，附近有跨线桥或涵洞时，应尽量利用这些设施。

图 7-10 为津唐高速公路山南服务区设计图。

本章小结

本章主要介绍了服务区的组成，根据其服务范围的不同，可以分为停车场和服务区，而对于服务区来说，特别是高速公路上设置的服务区，要求其要有高质量、热情周到、讲究信誉的服务，并且使驾驶人和乘客得到卫生的食品和安静、舒适的休息场所，使车辆加油和维修更迅速、方便、安全、快捷，解除驾驶人的后顾之忧，增加道路使用者的安全感和舒适感，所以其设计的过程中每个组成部分都要全面的考虑。文中对服务区中的停车场、休息区、车辆修理、商店等的设计中，要注意和考虑的问题都作了介绍。

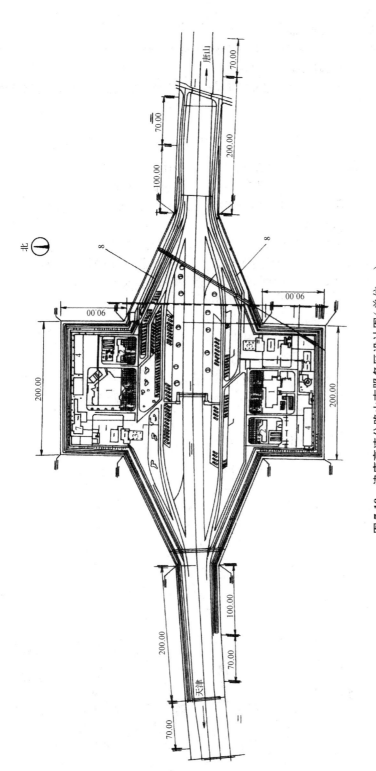

图 7-10 津唐高速公路山南服务区设计图（单位：m）

1. 服务楼 2. 公共厕所 3. 加油站 4. 修理间 5. 锅炉房 6. 变配电室 7. 职工宿舍 8. 上下线联络道

思考题

1. 道路服务设施在设计中主要考虑的要素是什么？
2. 高速公路服务区的基本形式有哪几种？各自的特点及适用条件是什么？
3. 停车区停车位的确定受到哪几方面因素的影响？
4. 针对你了解的情况，高速公路收费措施的采取对于高速公路的发展情景有什么促进和制约作用？

参考文献

[1] 王炜，过秀成. 交通工程学[M]. 南京：东南大学出版社，2011.

[2] 陆化普. 城市交通现代化管理[M]. 北京：人民交通出版社，1999.

[3] 中交第一公路勘察设计研究院. JTG D80—2006 高速公路交通工程及沿线设施设计通用规范[S]. 北京：人民交通出版社，2006.

[4] 孟祥海，李洪萍. 交通工程设施设计[M]. 哈尔滨：哈尔滨工业大学出版社，2008.

[5] 梁国华，马荣国. 交通工程设计理论与方法[M]. 北京：人民交通出版社，2008.

[6] 李俊利，过秀成. 交通工程设施设计[M]. 北京：人民交通出版社，2008.

第 8 章
交通监控系统设计

[本章提要]

　　本章主要介绍交通监控系统设计原理、方法和适用范围。要求了解交通监控系统设计的原理及计算机软件；了解监控系统的分类、运行方式；熟悉主要设备；重点掌握监控信息系统设备的选用、布设；熟练掌握交通状况检测和交通综合信息显示的原理。

8.1　概述

　　高速公路监控系统主要用于对高速公路交通流运行状态及其交通设施和环境进行检测与控制，是实现高速公路运行管理现代化的主要手段，系统目的在于保证行车安全和道路畅通，在此基础上再实现高速、舒适和环境保护等其他目标。

8.1.1　监控系统概念

　　高速公路的理想特征是"安全、快速、高效、舒适、方便"。然而，不断增长的交通需求以及拥挤、事故与污染的发生，迫使人们在标准的设计准则之外去寻求特别的解决方法——交通监控和控制。

8.1.1.1　监视

　　所谓监视，是指利用路面、路旁的数据采集检测设备和人工观察，对道路交通状况、路面、天气状况和设备工作状况等参数进行实时观察和测量。

8.1.1.2　控制

　　所谓控制就是依据监视所得到的各种数据，按照一定的模式进行分析、判断和决策，并将最终的决策结果和下达的控制命令通过通信系统传送到信息发布设备（可变信息板和可变限速标志）、收费口控制设备或匝道控制设备，以促进行车安全，提高行车效率；对于引起延误的事件，迅速响应，提供紧急服务，快速排除事件，把事件引起的延误控制到最小值，从而达到调节和控制道路交通状况的目的。

综合说来，高速公路监控系统是对高速公路交通流状态和交通环境进行监测，并根据需要对交通流进行诱导和控制，保证车辆运行畅通、减少交通事故、降低事故的危害性。

8.1.2 监控系统的功能和目标

8.1.2.1 监控系统的功能

车辆行驶高速、快捷、安全、舒适是高速公路交通的本质特征。然而偶发事件，如交通事故、车辆抛锚、货物散落和气候变化却不可避免，如果得不到及时处理，势必造成交通堵塞，给安全带来隐患。高速公路监控系统的功能就在于实时监测这种异常信息，并采取及时有效的控制措施。具体而言，其作用主要包括以下几项：

（1）实时采集交通流、道路环境和气象变化等异常信息，并及时对信息进行处理，通过可变信息板和路侧广播予以发布，提醒驾驶人注意行车安全。

（2）向道路使用者及时提供最佳行驶路线和运行速度，达到交通流的动态平衡，可通过可变情报、可变限速标志、匝道控制设备和交通 GIS 来实现。

（3）向公安、消防、医疗等救援部门和服务区、养护工区等沿线机构提供突发事件信息和有关指令，可利用业务电话和指令电话实现。

（4）机电设备运行信息监控，包括设备运行状态的显示与控制、路由之间的探测与响应、链路与传输延迟检测、设备配置参数跟踪与网管数据测试等。

8.1.2.2 监控系统的目标

高速公路应用交通监控系统对高速公路进行全面的监视和监控，对高速公路的正常运行和发挥其效益起着极为重要的作用。为此，高速公路监控系统设计的主要目的是通过对高速公路全线的交通流量检测、交通状况的监测、环境气象检测、运行状况的监视，产生控制方案，从而达到控制交通流量、改善交通环境、减少事故，以使高速公路达到较高的服务水平。具体而言，高速公路监控的主要目标如下：

（1）实时准确地检测处理道路交通流和气象等有关数据。

（2）有效监视道路交通和气候变化，及时掌握道路运营状况。

（3）及时发现和处理安全隐患，减少交通事故，降低事故的严重性。

（4）减少偶发事件、交通事故及恶劣气候对道路交通的影响。

（5）当交通量达到饱和时，对交通流进行诱导和控制，以提高路网通行能力。

通过高速公路监控系统能预测交通运行的状况，尽早发现问题，尽快解决问题，避免交通堵塞，保证交通安全，维持道路运行在某个特定的服务水平上。通过对高速公路的监视和控制来对其进行管理，特别是在保证交通安全和道路畅通等方面，维持一个较高的服务水平起着相当重要的作用。

8.1.3　监控系统的构成

根据监控系统的功能目标，监控系统可以理解为由信息采集子系统、信息提供子系统和监控中心 3 部分组成。

8.1.3.1　信息采集子系统

信息采集子系统是高速公路上设置的用来采集信息的设备和配备。

信息采集的信息主要包括如下几个方面：

（1）交通流信息　如交通量、车辆速度、车流密度、车辆占有率和车重等。交通流信息的采集装置主要是各种类型的车辆检测器。

（2）气象信息　如风力、风向、降雪、冰冻和雾区等，这些信息的检测主要靠气象检测器。

（3）道路环境信息　如路面状况、隧道内的噪声、能见有害气体浓度等。这些情况靠环境检测器检测。

（4）异常事件信息　如交通事故、车辆抛锚、物品散落、道路设施损坏和道路施工现场等。这些信息主要靠紧急电话、闭路电视、巡逻车等设备和装备进行搜集提供，也可以通过交通流信息进行辅助分析判断。

所谓信息采集系统，并非是上述各类信息采集设备完整地连成一个系统。事实上，根据高速公路情况的不同，监控系统中所应包含的信息采集设备的类型、数量、位置都会不同，但这些设备的功能都是相同的，即对原始信息进行预处理，以便得到符合系统应用要求的信息。

8.1.3.2　信息提供子系统

信息提供子系统是高速公路上设置的，用来向道路使用者提供道路交通信息和诱导控制指令的设备，以及向管理、救助部门和社会提供求助指令或道路交通信息的设施。该子系统主要包括以下几个方面。

（1）向道路使用者提供信息　如前方路段交通堵塞情况、事故告警、气象情况、道路施工情况等，这些情况常通过高速公路上的可变信息板或路侧通信系统提供。

（2）向道路使用者提供建议或控制指令　如最佳行驶路线、最佳限速车道控制信号、匝道控制信号等，这些指令常通过可变信息板、可变限速标志、车道控制标志或匝道控制设备来实现。

（3）向管理和救助部门提供信息　在发生如交通事故、车辆抛锚、道路设施损坏等情况时，向消防、急救、服务区、道路养护工区等提供有关指令或信息。这些信息常利用指令电话或业务电话提供。

（4）向社会提供信息　包括对新闻媒介和高速公路以外的道路使用者提供本条高速公路的交通信息，这些信息的提供往往通过交通广播系统或广域信息网来实现。

8.1.3.3 监控中心

监控中心是介于信息采集子系统和信息提供子系统之间的中间环节，是监控系统的核心部分。它的主要职能是信息的接收、分析、判断、预测、确定，交通异常事件的处理决策、指令发布，设备运行状态的监视和控制等。监控中心通常由计算机系统、室内显示设备和监控系统控制组成。

根据高速公路里程长短、道路路况和监控功能需求的不同，监控中心有集中式和分布式等形式。对集中式而言，一条高速公路只有一个监控中心；对于分布式而言，一条高速公路可能有一个监控中心，下辖若干个分中心，每个分中心管辖一个路段、一座大桥、一条隧道或一组匝道控制设备。对于高速公路网而言，监控系统的规模和监控中心的分散程度更大些。尽管规模和形式不同，但其基本功能是一致的，即信息分析、处理、交通控制和管理的辅助决策。

应该指出的是，高速公路监控系统应通过监控中心与外围的管理和服务机构紧密地联系起来，这样才能使监控系统真正发挥作用。当高速公路发生交通事故时，除在监控系统内及时向道路使用者和管理人员通报信息外，还应同时利用指令电话、业务电话、无线电话，通过警察、医院、抢险、养护部门及时组织救助，这样不仅可争取时效、减少伤亡、尽快恢复交通，而且可避免事故扩大、产生二次事故，从而增进安全、提高服务水平。监控系统的构成如图 8-1、图 8-2 所示。

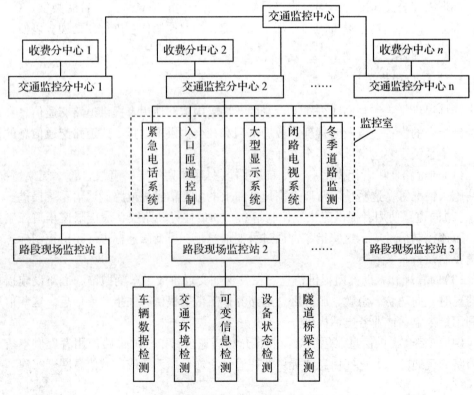

图 8-1 监控系统的构成（分布式）

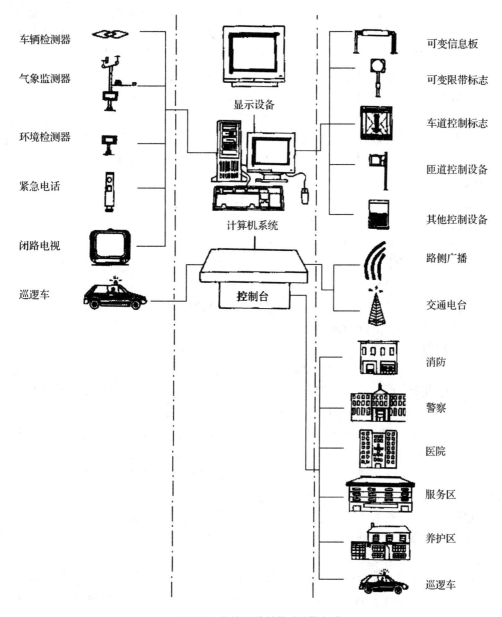

车辆检测器

气象监测器

显示设备

环境检测器

计算机系统

紧急电话

闭路电视

巡逻车

控制台

可变信息板

可变限带标志

车道控制标志

匝道控制设备

其他控制设备

路侧广播

交通电台

消防

警察

医院

服务区

养护区

巡逻车

图 8-2　监控系统的构成（集中式）

8.1.4　监控系统的分类

　　高速公路监控系统根据所辖路段的道路状况和交通状况分为多种类型，主要有主线控制、隧道控制、匝道控制、通道控制和综合控制 5 类。

　　1）主线控制

　　主线控制是高速公路主干线的交通控制。由于保证高速公路主线交通畅通是高速公路的首要目的，因此主线控制是监控系统的基本类型。

　　主线控制的监控系统主要是对主线上交通异常事件的监测和应答。交通异常事件诸如交通事故、车辆抛锚等，是偶然的和不可避免的。由于路段上交通量和通行能力的不同，在异常事故发生时，事件对交通的影响程度是不同的。在交通量不大时，主线交通畅通，即使发生异常事件，也不会发生堵塞，此时，监控系统只需一般的信息采集设备和一般的信息提供设备即可；当交通量增长到一定程度时，即使平时交通可以畅通，但发生交通异常时，监控系统的自动感知能力和迅速的应答处理能力就会减弱。因此，主线交通监控系统的规模和功能随着道路交通的具体情况有很大差异。一般而言，主线监控系统通过可变信息板、可变限速标志进行交通诱导、告警和控制。监控中心的主要职能则是对交通异常事件进行及时搜索、判断、确认和处理。

2) 隧道控制

高速公路的隧道是主线的一部分，但由于隧道的特殊性，在隧道控制系统中除具备主线控制的功能外，还应当具有其他功能，如隧道的照明控制、通风控制、火灾报警控制，以及在发生交通事故时在车道控制和交通信号控制等。因此，隧道监控系统中除具备主线控制的监控系统所具有的外场设备外，还应增加某些信息采集设备和控制设备，监控中心的分析处理功能相应也应有所增加。

在通常情况下，隧道监控系统往往作为主线控制的监控系统的一部分进行设计、建立和运转，隧道监控系统并非完全独立。

3) 匝道控制

高速公路的出入口匝道本应是自由进出的，匝道本身并没有交通控制的需求。这种需求主要来自于主线。高速公路的主线上交通量增长到接近饱和的程度，即使不发生交通异常事件，在交通高峰时段也会发生交通堵塞。这种堵塞是周期性的，持续的时间也很长，主线控制没有任何有效手段去消除，只有通过上游入口匝道的交通控制来解决。入口匝道的交通控制应适量地限制车辆进入，减少主线交通量，从而有助于主线交通堵塞的消除。当然，根据主线交通流的实时监测，及时启动匝道控制，也可以使主线上本来要发生的交通堵塞得以避免。

匝道控制有定周期控制、感应式控制、合流式控制、匝道关闭等多种方式。匝道控制系统所用设备主要有车辆检测器、交通信号控制机等。

4) 通道控制

高速公路通道是指高速公路和与其平行的相邻干线公路或城市道路的整体，这些与高速公路平行的干线公路或城市道路称为高速公路的集散道路。在很多情况下，无论是单纯的主线控制，还是具有匝道控制的主线控制，都不能缓解高速公路的堵塞情况。同时，高速公路的交通堵塞还影响到集散道路，使整个高速公路通道的运行效益严重下降。通道控制就是针对这种情况而建立的高速公路监控系统。

通道监控是带状路网的交通控制，除了主线控制和匝道控制的功能外，主要增加了车辆的路径诱导功能，因此在监控系统中将会使用更多的可变信息板。由于考虑到主线交通对集散道路的影响，高速公路出口匝道的控制也是必要的。

5) 综合控制

综合控制的监控系统是更大范围的高速公路网和城市路网的交通监控系统，其目标是实现整个路网的交通运行效果最佳。这类系统复杂程度更高，属于当代世界上许多国家竞相研究开发的智能运输系统(Intelligent Transport System，ITS)的范畴。

8.2 信息采集系统的设计

在高速公路监控系统中，监控机构用来获取信息的一切手段都属于信息采集系统的范畴。

8.2.1 信息采集系统构成与运行方式

8.2.1.1 信息采集系统的构成

信息采集子系统按照信息的性质大致可分为 3 种类型：①数据信息的采集设备，包括各种车辆检测器、气象与环境检测器等，这些设备采集的数据是监控中心进行实时分析、处理和决策的基础；②监控系统直接控制的语音和图像信息采集设备，如紧急电话和电视监视系统等，这些语音和图像信息尽管不能直接进入监控中心计算机进行分析处理，但它是监控中心进行决策的重要依据；③辅助性监测手段，如巡逻车、交通巡视用的直升机、当地的交通、气象广播等。此外，对监控中心而言还有一些信息来源，如监控外场设备反馈的状态信息、上一级监控中心下达的监控指令，高速公路交通情报等虽然也是重要的、有用的，但不属于监控系统对路况、交通状况监测范畴。因此不属于信息采集子系统之列。

8.2.1.2 系统运行方式

信息采集子系统是监控中心信息采集手段的总称，在运行时相互是独立的。

车辆检测器、气象与环境检测器都属于监控系统的外场设备，一般都有联机运行和脱机运行两种运行方式。联机运行是指检测器检测的数据通过通信系统直接上传至监控中心，由监控中心进行分析处理；脱机运行是指信息不传至监控中心，只在当地分析处理，或在检测器自身的存储器内寄存，或通过本地控制设备直接控制交通。脱机运行方式使监控系统传输发生故障时检测器降级使用成为可能，也使检测器仅仅作为交通和环境调查的工具，便携地安装在任何地方独立运行，扩大了它的应用范围。不管哪种方式，各种检测器都具有信息采集、预处理和一定时间内的存储等功能，其自身已经是一个小的子系统。

紧急电话是高速公路上司乘人员向监控中心报告事件并请求救助的设备，对监控中心而言是被动的信息采集手段。紧急电话上端主机和下端分机自身是一个完整的系统，和其他类型的电话一样，虽然居于通信系统范畴，但毕竟与监控系统密切相关，故应作为监控系统信息采集子系统的一部分。监控系统的闭路电视也是一个独立的子系统，监控中心操作人员可通过闭路电视的监视器直接观察道路上的交通运行状况，但更重要的是用来确认道路上发生的交通事件及其严重程度，从而辅助操作人员进行方案决策。

8.2.2　信息采集方法与采集设备的布设

8.2.2.1　信息采集方法

交通流量、速度、交通流密度是描述交通状态的最基本的宏观交通流参数。其采集方法有人工记数法、试验车移动调查法、摄影法和车辆检测器测定法,可以归纳为如下非自动采集技术和自动采集技术两类。

1) 宏观交通流参数的非自动采集技术

交通流量的人工记数法、试验车移动调查和摄影法都不具有自动采集的功能,属于非自动采集技术。人工记数法是在选定地点及时间,由测量人员计测和记录通过实测断面的车辆数。此方法简单易行,不需要复杂设备,但需要较多的人力;试验车移动调查法是通过在测定区间内驾车反复行驶测量求得区间内断面平均交通流量的方法;摄影法是在测定断面处路面上作标记后,对其作定时摄影,然后对照片进行处理,从而得出交通流量。此方法成本高,资料处理工作量大。非自动采集技术适用于作短期内的调查,不适合于用来满足实时的信息需求。

人工测量速度的方法包括:画线量测法,雷达测速法,光电管法,摄影法,车辆牌法,浮动车法,跟车法等。其中,画线量测法、雷达测速法、光电管法、摄影法适用于进行地点车速的测量,车辆牌照识别法、浮动车法、跟车法等适用于进行行程车速、区间平均车速的调查。这些人工测量方法均适用于作短期内的调查,不能满足实时性。

交通流密度人工调查方法主要有出入量法和摄影法。所谓出入量法,是一种测定道路上两断面间无出入交通的路段内现有的车辆数,以便计算该路段交通密度的方法。该方法适用于高速公路上立交之间无出入交通的路段。摄影法又可分地面上摄影法和航空摄影观测法。若事先已获得各种车型的车长资料,根据出入量法和摄影法的调查结果,可获得空间占有率。

2) 宏观交通流参数的自动采集技术

目前实用的自动采集技术有感应线圈检测器、超声波检测器、磁性检测器、红外线检测器、微波检测器、视频检测器等。

8.2.2.2　采集设备的布设

高速公路交通流和道路使用状态是随道路位置变化的,交通事件和事故在任何方向、车道和位置上都有可能发生。对于线路较长的公路,气象也会随路段有所不同。要获得全面真实的信息,就要在公路的各个方向、车道、横断面上采集需要的信息。作这种全面、实时监测在技术上是可以实现的,如卫星遥测、一定高度上的航空器遥测和监视等。但目前要将这些技术措施纳入常规监视显然不经济,也难于办到。目前的办法是以点代线、以点代面,采集有限点的信息,用这些点的信息估计道路的全部信息。信息采集点的选择很重要,原则上应按照信息特点选择:第一,采集点本身的信息应具有比较重要的意义;第二,该点外界干扰少,检测提供的信息精度高;第三,通过它能够相对准确地估计其他各点的信息。

在一个路段两个不同的断面上布设交通流参数采集点。两个断面分别设在基本路段两侧,如图 8-3 所示。这两处地点,或未进入分流区,或已经离开合流区。正常行驶时,车辆在车道中央基本处于直线恒速行驶状态,没有跨越车道的行动,监测误差因此较少;而且,他们距离事故高发区——匝道连接点较近,一旦出现事件,这些点的信息也能较真实地反映事件特征。

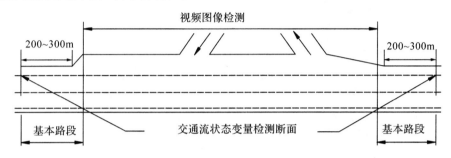

图 8-3　交通流图像信息采集点位置

交通流图像信息能够比较全面地反映交通事故的性质和速度,应在事故常发地区安装摄像机,摄取交通图像供监视用。匝道连接点的分流、合流区是交通事故的多发地带;镜头可作回转俯仰运动的摄像机常安装在此区的高杆上,以监视匝道连接点附近的交通状况。

紧急电话是紧急情况下的信息传输工具,是肇事用户用来向监控中心呼叫求援的主要设施。获取事故和处理事故应该分秒必争,因此,紧急电话的设置个数是多多益善,布设的距离越短越好,目前的做法是在道路沿线每隔 1km 设置 1 部紧急电话。

气象往往有较大地区范围内的一致性,目前大都根据线路的长短决定采集点数,并选择方便点作为气象信息采集点。

图 8-4 所示是目前常用的信息采集点布设情况,在匝道连接点附近安装 2～4 台摄像机;每一车道上安装 1 组车辆检测传感器(2 个),即每个路段每条车道上至少有 2 组车辆传感器,其他传感器的布设如图中所示。从信息采集点的布设情况看,是以

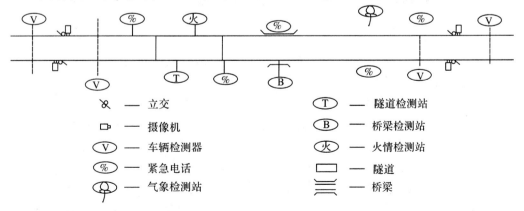

图 8-4　信息采集点布设情况

点代线,不可避免地使所采集的信息代表性不强、准确度不够(误报率较大)和滞后性(时间平均延误)较长。

8.2.3　采集设备的选用

8.2.3.1　车辆检测器

1)环形线圈检测器

(1)工作原理　环形线圈检测器是20世纪60年代开发出来的检测器,目前在交通检测系统中应用最为广泛。环形线圈检测器的主要部件为:电感环形线圈;从路边手孔到检测器电子单元之间的馈线电缆;控制机箱中的检测器电子单元。

环形线圈是一个电感元件,与电子单元构成一个调谐电子系统,电子单元通过环形线圈产生10~22kHz的频率。当车辆通过或停在环形线圈上时,改变了线圈的电感量,激发电子电路产生一个输出,从而检测到通过或停在线圈上的车辆。

(2)结构与参数:

①线圈的电感(L)。环形线圈电感的检测域可按照设计人员要求设计。将线圈的尺寸、圈数及馈线的长度合在一起计算其电感量,电感量的大小应在检测器要求范围之内。如国际电器制造业协会(National Electric Manufacturing Association, NEMA)标准规定,环形线圈的电感量在50~70μH之间可以使检测器稳定运行。

②线圈的电容(C)。在线圈与线槽之间存在寄生电容。电容的大小与线槽密封材料的介电系数成比例。如果封装材料含水或封装不完整(没有完全填满切槽),使水进入切槽,穿透线圈导体之间,电容量就会大大改变,从而使线圈终端得到的等效电感量大大变化。

大面积环形线圈上线圈绕的圈数太多,会增加线圈的电容量,降低线圈的谐振频率。由于水的影响而产生电容的变化会引起电感的变化,结果使检测器运行不稳定。

③线圈的品质因数(Q)。品质因数用来衡量一个谐振电路的好坏。品质因数值越高,谐振电路的质量越好。对环形线圈检测器而言,品质因数应大于5。如果路面和路基潮湿,则使线圈的品质因数下降、检测器单元的灵敏度减小。线圈的电容也使品质因数值下降。

2)地磁检测器

(1)工作原理　地磁检测器是一种简单、经济、耐用的检测器。检测器控头的芯是一个永久磁铁棒,棒上套有多圈密绕的漆包线圈,探头埋在行车道下。当车辆通过探头时,车辆切割磁场磁力线,在探头线圈中产生一个感应电动势,经过放大器放大产生一个脉冲输出。静止的车辆不会产生输出。对于仅要求记录来往车辆数量的场合,地磁检测器既经济又可靠。

(2)结构及安装　地磁检测器由探头和电子单元(放大器)构成。

①探头。地磁检测器的探头是用细漆包线绕成的线圈,本身不产生磁场。这种检测器是被动式的、无方向性的非补偿检测器。探头有两种类型,分别用于不同场合,一种类型安装在路面下10~30cm处,另一种类型安装在道路表面。

安装在路面以下的探头是直径 5cm、长 50cm、质量约 3.6kg 的圆柱体。安装在道路表面的探头为宽 12.5cm、长 50cm 的线圈,固定在铝盒之内。探头对大范围内的磁通变化反应灵敏,一般可覆盖 3 个车道。探头输出的信号电平应足够高,以避免由于噪声干扰而产生的错误。要求的灵敏度为:输出 0.25~1.0Hz 的正弦波时其振幅为 2mV;当输出 0.1Hz 的正弦波时振幅为 5mV。

②电子单元。地磁检测器的电子单元是一个与探头相连的可调放大器,每一频道带一个探头。放大器增益可调,以适应不同的探头。

3)电磁检测器

(1)工作原理 电磁检测器是一种特殊类型的地磁检测器,它既可以检测行进的车辆,也可以检测静止的车辆。当汽车移动时,总有一个"磁阴影"伴随,这是因为磁力线通过铁磁物质的汽车比通过空气容易,这样就减少了汽车周围的磁场强度,而加大了汽车上下的磁场强度。安装在道路表面的探头可以检测出磁场强度的增加量。当汽车以 0~160km/h 的速度行驶时,电磁检测器都可以检测出汽车的存在和通过。

电磁检测器利用地球磁场的垂直分量工作,地球磁场垂直分量必须大于 0.20e,此范围在北纬 20°到南纬 20°之间。

(2)结构及安装 典型电磁检测器的探头为圆柱体,大约为 $\Phi 2.5cm \times 10cm$。埋设时,探头垂直安放在路面的洞内,洞深为 0.3m。探头是由芯片和线包组成的类似变压器的器件。探头芯单片镀膜合金具有磁饱和特性,线包分初级和次级绕在探头芯外。

电磁检测器依据二次谐振原理运行,因此对地球环境磁场的磁扰动非常敏感。两个串联的初级线圈上加有适当频率(约 15kHz)的三角波激磁电流,两个串联的次级线圈上加有偏置电流,产生一偏置磁场以中和外部磁场。次级线圈协助产生一个二次谐波信号送到检测器的电路上。

在探头外面套有塑料护套,以预防水汽、化学物质损坏探头。如果路面柔软,竖直的探头可能会倾斜,从而影响检测器的零点。此时可加上 PVC 套管,保持探头竖直。

电子电路通常包括两个独立完整的检测频道,每一个频道可带 1~12 个探头。一个电磁检测器单元最少可以并联 12 个探头,但每一个探头的灵敏度都会下降。例如整个检测器的灵敏度为 1,如果接上 5 个探头,那么每个探头的灵敏度为检测器灵敏度的 20%。

标定的电路通过调整电子电路的运行使检测器适应探头的环境磁场。在调整检测器以前应确保在探头 6m 范围之内没有车辆及其他铁磁场物质,调整标定电路使外部磁场与检测器探头内磁场平衡。

(3)检测模式 电磁检测器有以下 4 种检测模式:

①存在输出。当车辆在探头上时,总有输出,持续时间无限。

②保持输出。每辆车离开时,输出保持预定时间(最长 56s)。

③脉冲输出。对每一车辆输出一个脉冲。车辆如果停在探头上,没有连续脉冲输出。

④延迟输出。每辆车离开后检测器输出一个脉冲，离开时间最长可达5s。

电磁检测器是主动式检测设备，没有发射磁场。因此在检测时，至少车辆的一部分要覆盖住探头。电磁检测器可以检测出两辆间距很近的车辆，因此作为计数用时，电磁检测器比环形线圈检测器要好。

但是电磁检测器的车辆边缘定位性不好，因此在监控系统中一个单独的电磁检测器很少用来测定占有率和速度。

电磁检测器非常灵敏，当一个检测器连接两个探头时(探头埋深16cm，间隔为0.9m)可以检测出1.2m长的自行车。检测器中的振荡器在品质因数值低时不工作。

(4)线圈的引入线　从路上埋设环形线圈到路边手孔之间的线圈引入线应绞成环状(用以抵消由于噪声干扰而产生的内部磁场)，大多数厂家建议每米应绞上16.5环。

(5)馈线电缆　从手孔到控制器的馈线电缆应采用屏蔽双绞线，以减少外部的电磁干扰。

(6)环形线圈的因数　线圈布设时应具有足够的因数，以保证每个线圈具有100mH的电感量。根据经验公式计算，如果线圈周长小于9m，则需绕3圈；如果线圈周长大于9m，则需绕2圈。

车辆检测器最大灵敏度是由距线圈距离最近的短路环产生的，理想的线圈应与车辆的外形一样大。例如，$1.8m \times 1.8m$的方形线圈，对一辆小车是最合适的。高底盘卡车最难检测。

环形线圈的长度不应小于环形线圈的宽度，否则将会损失灵敏度。

(7)环形线圈系统的灵敏度　环形线圈系统的灵敏度可以定义为由环形线圈终端输出的激励检测器工作的电感微波的变化，此灵敏度应等于或大于检测器的阈值。NEMA标准规定，对于3种试验车辆进入单个$1.8m \times 1.8m$的环形线圈，每个线圈绕3个环并带有30.5m长的馈线电缆的检测器，其灵敏度阈值为：

①一类(小摩托车)：0.13%($\Delta L/L$)或$0.12\mu H$(ΔL)电感变化；

②二类(大摩托车)：0.32%($\Delta L/L$)或$0.3\mu H$(ΔL)电感变化；

③三类(小汽车)：3.2%($\Delta L/L$)或$3.0\mu H$(ΔL)电感变化。

(8)检测器电子单元　检测器电子单元提供线圈所需的能量，维持监视线圈系统的运行。

自20世纪70年代以来，检测器电子单元发生了变化。最早的环形线圈电子单元是采用固定频率的晶体振荡器电子单元。这种设备有很多问题，最严重的问题是谐振频率随环境温度和湿度的变化而漂移，特别是当馈线电缆很长时，这种漂移就更明显。20世纪70年代后取而代之的是模拟相移(Analog Phase Shift)检测器，这种检测器可以自动补偿由环境变化而产生的频率漂移。

随着电子数字处理技术的发展，大多数的检测器电子单元制造商趋向于使用数字化的检测器。数字化技术使检测器更可靠、更精确。数字车辆检测器可测波形周期或频率的变化，当车辆进入检测域时，由环形线圈、导线、馈线构成的线圈系统的电感量发生了变化，从而引起周期或频率的变化。

检测器的电子数字微处理器可以得到环形线圈网络谐振频率信息,从而做出下列参数的精确测量:

①频移 $\Delta f_D / \Delta f_D$(Δf_D 为检测器振荡频率);

②周期变化 ΔT_D;

③周期变化率 $\Delta T_D / \Delta T_D$。

4)微波检测器

(1)工作原理　微波检测器由发射天线和发射接收器组成。架在门架上或路边立柱上的发射天线,对准检测区域发出微波波速。当车辆通过时,反射波速以不同的频率返回天线,检测器的发射接收器测出这种频率变化,从而测定车辆的通过或存在。微波检测器的工作频率通常是 24GHz 或 10GHz。天线通常有一倾斜角向着交通运行方向,以便在回波时产生多普勒效应。

新的远端交通微波检测器最多可同时检测 8 个检测区域的车辆存在,同时可检测交通量、车速、占有率等信息。

(2)安装　根据需要微波检测器可采用多种安装方式。

①路侧安装。路侧安装微波检测器可检测高速公路上的多个车道,检测器通过串行接口可以提供每条车道的(上行和下行)实时交通量、占有率、平均车速等信息。这种安装方式主要用于高速公路监控系统、永久或移动式交通观测站和其他停车检测场所。

②单车道上方安装。安装在高速公路门架上每一个车道中央上方,可检测确定的区域。这种方式也可用于入口匝道控制。安装在高速公路出口匝道位置时,还可以监视车辆排队,检测器可提供车辆存在和排队长度,并可将其输入到相应的信号控制器中,用于出口匝道控制。

5)超声波检测器

(1)工作原理　超声波检测器是利用反射回波原理制成的车辆检测器。

超声波检测器的探头是超声波发射接收器。探头固定安装在行车道中央上方 5m 高处,探头向下方发射超声波并接收回波的时间也是固定的。当有车辆通过时,由于车辆本身有高度,车的顶部反射超声波,探头收到回波的时间就相应变短,从而就可以区分出有无车辆。

(2)结构　超声波检测器由探头和控制机构成。超声波检测器内装压电陶瓷,在加上电压时压电陶瓷振动发出超声波,经反射罩导向后,超声波定向发射。反射检测器的检测域有两种:一种为 $0.75 \times (1 \pm 10\%)$ m,另一种为 $1.2 \times (1 \pm 10\%)$ m。超声波检测器可以作为通过型和存在型检测器,可以检测出车的数量和车的时间占有率。

(3)安装　超声波检测器探头安装在行车道中间上方 5m 处。探头可采用立杆支架式安装,也可利用已有建筑物安装。安装时应注意调整探头的水平位置,使超声波向下垂直发射以提高检测精度。

6)红外检测器

红外检测器是波束检测装置的一种,有主动和被动两种形式。

(1)主动式红外检测器　红外光是太阳光谱红光外侧的不可见电磁波,波长范围为 0.75 ~ 1000μm, 在检测和通信中常用的是近红外光, 波长在 0.8 ~ 1.6μm 之间。主动式红外检测有遮断式和反射式两类。

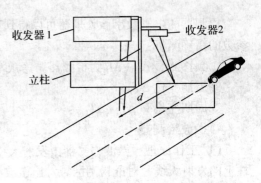

主动遮断式红外检测器的发射器和接收器分别为半导体激光器和光电二极管, 将两者对中, 水平安装在车道两边。无车通过时, 接收器接收细束线状红外光, 有信号输出; 车辆通过时, 遮断光束, 接收器无输出, 通、断转换即是对车辆的检测信号。这种设备不能检测车速、占有率等

图 8-5 主动反射式红外检测原理

变量, 常采用它在收费匝道检测通过车数和车辆前轴处车身高度(车型分类用)。

新型主动反射式红外检测的原理为(图 8-5): 在相同红外光辐射下, 反射物的大小、材料和结构不同, 反射能量不一样。车体表面反射能量大于路面(如金属与木材的反射率要比混凝土高出一倍), 接收器接收不同的反射能量成为区分车辆和道路的标志。

半导体激光器发射峰值功率为 50mW, 波长为 0.9μm 的红外光束。路面和车体表面反射的红外光, 由安装在同一个探头内的光电二极管接收。因为两者反射的辐射能不一样, 二极管输出的电流大小也不一样。沿车道方向在给定的距离 d 处装设两个探头, 此种设备就和环形线圈一样, 可检测包括车长在内的交通流参数。

浓雾、大雪和大雨等严重影响能见度的因素会降低红外检测效果。试验证明, 在能见度为 3 ~ 5m 的浓雾下, 不宜用红外方式检测车辆; 而能见度好的天气, 红外检测距离可达到 40m。

(2)被动式红外检测器 任何物体温度高于绝对零度即辐射红外光。在低照度和黑夜环境, 红外光都能使热敏和光电元件产生反应, 因此广泛应用于检测工作。被动式红外检测没有发射器, 只有接收器, 接收器感受路面和车辆以红外波长为主的辐射能量。路面和车体材料的温度和表面光洁度都不一样, 它们的辐射能不相等。现代红外测温的分辨率已达到千分之一度, 因此, 区分道路和车辆已不存在困难。

被动式红外检测情况如图 8-6 所示, 在路面相隔一定距离的地方, 以特种涂料画出两个明显的区域, 使它们在给定的环境温度下, 辐射出比较稳定的能量。在车道上方的龙门架上, 安装红外接收器分别对准这两个区域。无车时, 接收器分别感受路面两个特定区域的辐射能量; 有车通过时, 又先后感受车辆的辐射能量。能量的差异使接收器不仅分辨出车辆的存在和通过, 也能检测车速和占有率。红外成像技术还提供获得车辆长度和图像的可能性。该种检测器的特点为:

①抗干扰好, 波长 8 ~ 14μm, 能穿透

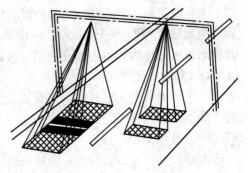

图 8-6 被动式红外检测示意图

雨雾。

②路面温度变化对检测精度无影响。

③功率消耗低，交流电约 500mW。

④有静态和动态两种形式，静态检测车辆存在和排队长度，动态检测交通量、车速和占有率。

⑤工作环境：（－40 ~ ＋700）℃，相对湿度可大于 95%。

7) 视频车辆检测器

视频车辆检测器是运用视频图像处理和计算机图形识别技术于近年开发出来的新产品，它可以取代环形线圈，进行高效益的广域视频监视并现场实时采集各种交通参数。下面以美国 Image Sensing Systems 公司研制的 Autoscope 2004 视频处理设备为例，说明视频车辆检测器的系统构成及原理。

Autoscope 2004 视频处理设备为交通工业提供了大区域跟踪及检测手段。该设备解决了地下式检测所带来的问题，并通过对机动车、自行车及行人的全景式跟踪而实现了真正的"大区域"检测。它可提供全套路口的路口检测、交通事故自动检测、公路检测及管理、公路闸道监控、车辆计数及分类、交通数据收集、转变行为分析、错误行车路线检测、交通执法、车辆队列分析以及重大事故的实时坐标等。

（1）视频处理系统构成　车辆视频检测系统主要由可带 4 台摄像机的 Autoscope 2004 视频处理单元、摄像机、计算机、通信器件等硬件及视频处理软件、服务器软件和 Windows 95 以上操作系统组成。

Autoscope 2004 机器视觉处理器根据视频输入信号和系统服务器对它的设置进行计算，产生监测点的交换数据。Autoscope 系统服务器收集各个检测点的数据并分配给应用程序，作为交通控制和交通信息的基础。

（2）视频处理原理　视频检测系统接受来自设置在路口或道路上的单色摄像机视频输入信号。在收到一个实时的交通图像时，视频处理器必须将此图像稳定，根据迅速变化的亮度调整图像，有效地清除背景，并滤掉包括阴影在内的任何非车辆的物体。由此得到的图像由空白的背景和可辨认的被跟踪物体组成。其中包括车辆、摩托车、自行车和行人。通过分析实时的连续画面，该系统能够准确地跟踪目标车辆交收集数据，其中包括行车方向、坐标位置、车速和车长。

（3）视频车辆检测器的特点　视频车辆检测器可以在（－34 ~ ＋74）℃和 95% 相对湿度下工作，视频检测设备能对车辆进行分类（按车长分 3 类），并能对车辆的以下数据进行检测：车流量/计数、时间占有率、车辆分类、车流率、车头时距、车速（平均速度）、服务水平、空间占有率、车辆密度等。它的特点为：

①功能强大。图像直观，软件控制，便于升级，易于增添检测项目。

②多道检测。一台摄像机可覆盖 6 条车道，监视长度通常为 1.5 ~ 50m；可监视交叉路口各个方向的交通；可多台同时监测 100 个以上的区域，适用于城市交叉路口的交通控制。

③使用方便。安装维修不破坏路面，小封闭车道，可重新设定，以满足不同要求。

④受环境干扰。受恶劣气候(雨、雪、雾)影响,夜间要求为路面提供足够的亮度。

8)特种检测器——车高计

(1)必要性 一些车辆装载的货物超出了高速公路限高标准,这种情况如不及时检测出,将会破坏高速公路设施,影响行车安全。

为防止上述情况发生就要能够事先检测出超高车辆,提前向其发出警告。例如在收费广场入口前装上车高计,就能防止超高车辆对收费天棚设施的破坏。

(2)工作原理 车高计探头由红外线发射器和接收器两部分构成。红外线发射器发出经过调制的红外线,由红外线接收器接收。此光束定位在高速公路限高值上,当超高车辆通过时,超高部分遮断红外光束,接收器接收不到红外光束产生报警信号输出,启动报警装置,发出报警信号。

车高计的有效检测距离在 50m 以内。当车辆以 50km/h 以下速度通过时,可以准确地检测出超高车辆。最小检测物体直径为 30mm,光轴可在 ±15% 之内调整。

(3)安装 车高计安装简单,只需在限高处前面适当距离按限高值安装检测器即可。但应注意:此距离应考虑报警信号发出后,车辆有足够的时间在限高处前停下来;还应考虑到应有适当的场地供超高车辆停下,卸下超高物品。

8.2.3.2 气象与环境检测器

除常规的气象站所用的测量温度、湿度、风速、风向、降水量等设备外,监控系统所用的气象与环境检测器还有以下几种:

1)能见度检测器

雾霾、沙尘、烟都会引起能见度下降。能见度检测器是用来检测能见度值的设备,它是按照"背景散射原理"进行工作的。检测器的一端装有红外线发射器,另一端装红外线接收器。红外线发射器发射出一束红外光束,如果空气中含有任何影响能见度的小颗粒(如水滴、沙粒等)则会产生散射,这些散射被另一端的光敏元件接收。光敏元件给出与散射光成比例的光敏电流并经放大、整形,转换成能见度参数。检测器的取样范围一般为 2~10m,检测域一般为 10m~10km。检测器的探头安装在支架上。为避免误报警,探头水平位置必须在 20cm 之内无障碍,垂直位置 3m 之内无障碍。

2)路面冰冻检测器

路面冰冻检测器通常是通过检测路的温度、湿度及含盐程度并综合分析,然后判断是否冰冻。

道路路面的冰点与路面含盐水平(含盐量)有直接关系。通常含盐量分为 4 个等级:

0 级:无盐或含弱盐;

1 级:盐的含量将使路面冰点降到 -3℃;

2 级:盐的含量将使冰点降到 -6℃;

3 级:盐的含量将使冰点降到 -10℃。

路面冰冻检测器具有测温探头、测盐探头和测干湿探头，探头用抗摩擦、抗腐蚀的环氧树脂封死，埋设在道路表面。

3）光亮度检测器

隧道光亮度检测器一般成对地设置在隧道口内外，洞外的一台测量隧道入口处的亮度；另一台测量隧道内引入段的亮度。其亮度检测值均送入控制器，转化为数字信号上传监控中心。监控中心计算机据此参数调节隧道内照明灯具，使其亮度合适。同样，对隧道出口处的亮度调节也是如此。人的眼睛对光线由暗到强较易适应，因此出口一般不再设光度计。

光亮度检测器、隧道本地控制器、监控中心计算机、配电房照明配电柜、隧道内照明灯具构成了隧道照明控制系统。

4）一氧化碳检测器

一氧化碳检测器可快速、准确、连续地自动测定给定点的一氧化碳浓度，同时将检测结果以数字形式显示出来，量程一般取 $0 \sim 300ppm$。

目前使用的一氧化碳检测器主要有两种类型：

（1）电化学检测 此种检测器将取样点过滤器与电化学传感器及电子元件装入同一箱体，为整体型电化学分析法连续测定方式。此种一氧化碳检测器价格便宜，但约两年后要花一定经费更换探头。

（2）红外检测 由一个红外发生器产生的红外线投射到隧道中，通过投射到检测器上的红外线产生一个能反映一氧化碳含量并且直读的模拟信号。此种一氧化碳检测器寿命较长，但价格也较贵，一般和能见度检测器共用一个探头。

8.2.3.3 闭路电视系统

在高速公路监控中，闭路电视监控系统（简称 CCTV 监控系统）提供了最直观、最重要的监视手段。CCTV 监控系统主要是对高速公路的交通与收费情况进行实时监控，该系统一般要在交通量密集路段、立交附近和收费广场等处设置交通监视摄像机，把相应的图像信号传到监控站进行监控，同时还要把重点监控图像通过通信系统传送到监控分中心。

CCTV 监控系统设计是一个使用要求和应用目的相互优化的过程，应以高速公路这个特定环境和对象为设计条件，按照简单、实用、可靠和兼容的原则，根据环境、光学特性及系统功能要求，选用合理的系统设备，做到协调一致、标准化和规范化。

1）系统构成

闭路电视系统一般由摄像机、视频切换器、监视器及其相应的配套设备组成。

典型的闭路电视系统由以下几部分组成：摄像机（云台、防护罩、镜头）、传输线路（包括视频控制光端机）、视频切换器、视频分配器、显示设备（监视器、大屏幕投影仪）、控制信号设备（控制信号分配器、联网控制器）、视频多窗口系统。

（1）摄像机 由于交通监控外场设备野外工作条件十分恶劣，摄像机应采用工业级。应当坚实、牢固，并具有高分辨率，无滞后、画面停滞、图像模糊、失真等现象。摄像机为模块结构，拆装容易，便于维护。现在一般采用电荷耦合器件（Charge

Coupled Device，CCD）形式，每帧扫描行数 625 行，每秒 50 帧，水平分辨率为 450 线，信噪比大于 46dB，最低照度小于 3lx。

摄像机镜头分为两种：一种为定焦镜头，一种为变焦镜头。定焦镜头常用在隧道、大桥控制中，摄像机的设置按要求全路段设置，焦距固定，光圈自动可调，焦距在 50mm 左右选择。变焦镜头常用于立交式或高速公路路段的监控，可通过缩小焦距俯视监视区域全景或放大焦距察看监视细节。变焦镜头焦距在 10 ~ 100mm 之间选择，光圈自动可调。

由于摄像机需全天候野外工作，所以对其防护罩应严格要求。防护罩除具备一般的防风雨要求外，还配备有刮水器，以便除去镜头罩外的流水和积尘。同时应具有自动调温功能，当温度太低时，有电加热器自动加热，当温度太高时，有风扇自动开启降温。

摄像机的云台应由防腐型材料构成，并应能全天候工作。云台水平转动应至少在 0° ~ 350° 之间。上下仰俯角应至少向上 30°，向下 90°。

（2）监视器　监视器是监控中心内观看摄像画面的设备，由操作台进行摄像机选择、手动自动光圈选择、云台操作、镜头操作等。

（3）视频切换器　视频切换器由基于微处理器的视频输入模块、输出模块、中央处理器（Central Processing Unit，CPU）模块和电源模块组成。系统设计采用模块结构，并为全固态。

所有切换均为垂直间隔切换，且在切换时或切换后不会产生图像滚动或线性失真、同步信号变色和色差，无须摄像机外同步信号。

2）网络功能

闭路电视系统往往是一个大型网络，其联网要达到两项基本目的：

（1）中心控制室与分中心控制室视频切换联系不受地区位置的影响。

（2）中心与分中心之间可选定主系统/卫星系统或是主副机与编码混合系统。前者主系统可经系统软件决定各卫星系统的监控范围及优先权，联网要增加联网专用传输控制器，用来传输主系统与卫星系统的两相控制信息；后者是利用编码混合器增加副控点，各区域内主副机系统大小自由决定，视频切换自由独立运作，对遥控云台的控制各区域没有先后之分。

3）摄像机的安装位置

正确地选择摄像机的安装位置是保证有效地发挥闭路电视监视效果的重要的一环，原则上摄像机应当安装在交通运行关键路段。根据经验，高速公路上的立交区段、大桥、长大隧道都是比较关键的区段。对功能更强的高速公路监控系统而言，除上述关键路段之外，在高速公路其他部位安装摄像机也是可以的。

摄像机具体的位置选择应注意下列因素：

（1）视野　在选择摄像机位置时，首先应考虑摄像机的视野范围，应避开摄像机前的障碍物，尽量减小死角范围。在无障碍物情况下，摄像机的视野范围在 1km 左右。在隧道里安装时，为了保证全线覆盖效果，一般取距离 200m 左右安装一组定焦摄像机，有时为了减小弯道的影响，距离还可以更近些。

（2）光线　在选择摄像机位置时，还要考虑光线对摄像机镜头和图像画面的影响，例如，摄像机镜头最好坐南朝北安放，以尽量避开太阳光的影响；再如，隧道内摄像机应对准行车方向安装以减少车灯眩光影响；而在隧道出口处则是另外一种情况，出口处大面积的强光使在隧道内的摄像机无法看清隧道内的车辆情况，因此应将摄像机装在洞口处，向隧道内摄取图像。

（3）通信及供电问题　由于摄像机的图像信号要从拍摄现场送出，故在选择摄像机位置时，所有这些摄像机电源、信号电缆的走线均应事先考虑，预留。

（4）维修　在选择摄像机位置时应考虑到将来维修的方便。

8.2.3.4 紧急电话系统

紧急电话是高速公路监控系统中重要的信息采集手段之一。当发生交通事故或车辆故障时，司乘人员可利用紧急电话向监控中心通报事故情况并寻求救助。

1）系统分类

紧急电话接其传输媒质、传输方式、结构材料和使用场所进行分类，具体见表8-1所列。

表 8-1　紧急电话系统分类

序号	性质	类别	备注
1	传输媒质	有线方式	铜芯电缆、光缆
		无线方式	无线电波、GSM 网
2	传输线路	二线方式	
		四线方式	
		光线方式	
3	复接方式	单机专线	
		多机复接	
4	送受话方式	话筒、扬声器	电话机手柄
		送话器、受话器	
5	分机供电方式	集中供电	由控制主机供电
		蓄电池、远程充电	
6	分机结构	箱体式、箱柱式、箱式	
7	结构材料	钢结构、玻璃钢结构	
8	应用场所	路侧用	
		隧道用	

2）系统功能

（1）有线紧急电话系统功能

①分机至主机单向呼叫、双向通话；

②分机呼叫有效，主机振铃和闪灯告警；

③主机显示器和计算机显示器自动显示呼叫分机的编号、通话日期与时间、值班

员姓名和人工键入的呼叫内容等；

④当本系统与监控系统的地图板联机时，某分机呼叫，地图板对应的分机的指示灯闪亮，通话完毕，系统自动复原，指示灯灭；

⑤计算机自动进行呼叫记录和分类统计；

⑥主机有对分机的集中供电或远程充电功能；

⑦查询和打印功能；

⑧自动录音功能；

⑨自动或人工诊断功能。

(2)无线紧急电话系统功能

①分机至主机单向呼叫，双向通话；

②分机呼叫有效，主机振铃和闪灯告警；

③主机自动显示呼叫分机的编号、通话日期与时间等；

④通话完毕后，系统复原，指示灯灭；

⑤自动录音功能；

⑥打印功能。

8.3   交通监控中心设计

监控中心通过信息采集系统收集高速公路上的各种信息，经监控中心的计算机系统分析处理，根据实际情况形成适当的控制方案，最后通过信息提供系统传达给道路使用者，以实现高速公路高速、安全、舒适的效果。同时，也使各道路管理部门对其所辖区域内的道路交通有一个全面的了解，从而增强道路运行等方面的反应能力。

8.3.1   监控中心机构位置选取

监控中心负责监视控制本区段的交通运行，因此，合理地选择监控中心的位置对于发挥监控中心的监控作用非常重要。

在选择位置时，主要考虑以下因素：

1)监控范围

监控范围指监控中心所能管辖的高速公路路段的里程或网络区域。具体负责每一段道路的监控分中心的监控范围不可过大。由于分中心肩负着具体处理交通运行的事务，如果它本身的监视控制范围过大，势必造成事情过多、难以应付的局面。通常，分中心应靠近其监视控制对象。例如，隧道、桥梁的监控分中心应位于隧道、桥梁处；高速公路路段的监控分中心应靠近交通繁忙路段和事故多发路段。一个分中心管辖范围以50km左右为宜，这无论对于信息传输、设备维护、事故处理都比较合适。

2)行政区划

各地的行政区划对高速公路管理有不同程度的影响。有的地方强调以行政区划分高速公路的管理权限，有的地方则强调统一管理，此类问题应根据当地的具体情况决定。如果以行政区划分管理高速公路，则分中心的管理范围可以是一个行政区，这样可以减少跨区管理带来的弊病；如果以某条高速公路为主统一管理，则可较为合理地划分各分中心的管辖区域，以便合理地使用设备、人力。

3）设备布设

监控中心的布局应考虑到设备的合理布设，这样可以发挥设备性能，减少通信需求，降低系统的复杂程度。例如，紧急电话系统最佳通话距离为25km，如果监控中心设置在50km路段中间，正好满足紧急电话最佳通话条件。如果中心设在50km路段一端，那么为了保证远端紧急电话的通话质量，要增加许多增音设备。再如，如果监控中心靠近通信中心，则两者之间的通信问题很容易解决，若二者相距很远，则双方都要增加一些附加设备。

4）生活方便

虽然一般监控中心有较完善的生活设施，可以满足工作人员的生活需要，但无法解决家庭生活、业余活动等一系列问题。因此，监控中心靠近城镇显然是合理的。

8.3.2　监控中心与监控分中心的功能

监控系统的监控中心系统有集中式和分布式等多种形式，其监控功能随监控系统的类型不同有所差别。但监控中心的基本功能是一致的，即信息的分析、处理、交通控制和管理的辅助决策。对于一条长50km以下的高速公路而言，一般只有一个监控中心；对于更长的高速公路而言，则设一个监控中心，同时下设若干个分中心，每个分中心管辖各自路段，监控中心对各分中心进行协调管理；对于多条高速公路组成的路网而言，则需在每条高速公路设一总中心对各监控中心进行进一步的协调管理。

8.3.2.1　监控中心的功能

监控中心管辖若干个分中心，它处于高一层的协调管理地位，其功能包括：

1）宏观监视功能

（1）监视全辖区交通运行状态。中心对全辖区交通运行状态的监视包括两个方面：①通过接收各分中心上传的交通数据、交通事故或其他异常事件的信息进行综合分析处理，判定区域内的交通运行状态，并在中心的显示设备上显示出来；②通过电视监视系统直接对关键路段或关键点进行实时监视。

（2）监视各分中心工作状态。监控中心接收各分中心的行动信息，包括当时正在执行的控制指令、发布的显示信息、采取的行动决策等。

（3）监视各分中心的系统运行状态，收集各分中心系统运行状态信息，从而了解全系统设备故障率。

（4）统计分析各类交通数据、交通事故、异常事件、处置对策的效果、设备完好率等，为进一步的宏观决策服务。

2）宏观协调控制功能

（1）交通事件的协调控制　当某一分中心所辖路段发生重大交通事故且其影响波及相邻分中心时，中心将向相应分中心下传有关信息并下达有关控制指令，如上游可变信息板的信息显示、上游匝道控制信号指令等。

（2）交通的宏观优化　在匝道监控系统、综合监控系统中，高速公路主线控制不仅要使各分中心所辖路段的交通相互协调，还要使主线、匝道、相邻的集散道路、路网的交通信号整体协调一致。此时，用于最佳路径诱导的可变信息板、最佳速度控制、可变限速标志等的控制方案将不是由分中心而是由监控中心来决定。

8.3.2.2　监控分中心的功能

一个监控分中心通常管辖 50km 左右的路段，或者管辖一个或多个隧道，或者管辖多个匝道控制系统。为保证所辖范围交通正常运行，分中心应具备以下功能：

1）信息收集功能

（1）收集车辆检测器所采集的各类实时的交通数据。

（2）收集气象检测器所采集的气象信息。由于气象的变化不像交通变化那样随机，其实时程度要小得多。

（3）收集环境检测器所采集的环境信息，如隧道内的能见度、一氧化碳浓度、路面和桥面冰冻程度等。

（4）接收和记录紧急电话的告警或求援信息。

（5）通过电视监视系统直接观察和监视路上的交通运行情况，并记录有关事件。

（6）接收并记录巡逻车或其他信息渠道报告的路上交通信息或事件。

（7）接收上一级监控中心或管理部门的指令。

（8）收集监控系统内各设备的工作状态。

2）信息分析处理功能

（1）交通运行状态的判断　根据系统规模的大小、功能的强弱、监控对象的差别，判断手段和状态的含义是不同的。手段分为人工方式和自动方式。状态包括交通的正常、异常和临界，事件的发生、保持和消除等。

（2）交通处置方案的生成　对于不同的交通状态及状态的转移，确定监控系统中控制设备或信息提供设备的指令集，如限速标志的限速值、可变信息板中显示的内容、车道标志开启、匝道信号灯的变换周期等。处置方案中也包括对交通异常事件的救援方案。

（3）系统运行状态的判断　即系统运行正常与否的实时自诊断功能。监控分中心对系统运行状态的判断除了直接对各设备工作状态处置信息进行分析外，还可以对其他信息的合理性进行综合分析，从而确定监控系统外场设备、传输，以及中心内设备等各个环节是否正常工作。

（4）信息的存储、打印及统计分析。

3）交通控制功能

交通控制功能即交通处置方案中控制设备或信息提供设备指令集的具体发布。

4）特殊控制功能

在诸如隧道监控系统等特殊路段监控系统中，监控分中心除交通监控外，还承担着其他特殊的监控任务，如通风控制、照明控制和消防控制等。

5)辅助管理功能

在异常事件的处置方案中,除设备的指令集直接下达外,还有一整套辅助的求援方案,如通知哪些部门、派出何种车辆、派出何种人员、封闭哪些道路、采取何种措施等方案的实施要靠监控系统以外的外围机构来配合。

8.3.3 监控中心的主要硬件设备

根据监控系统的功能要求,其主要硬件设备应包括综合控制台、显示设备和计算机系统。

8.3.3.1 综合控制台

综合控制台位于控制中心,根据功能应包含如下几个基本单元:

1)交通监控单元

交通监控单元是操作员进行高速公路交通监视和控制实时操作的场所,它包括计算机系统的操作终端和其他专用键盘。操作员可通过终端和专用键盘输入信息、查询信息和发布控制指令。

2)紧急电话控制单元

控制台上的紧急电话控制单元与高速公路上的紧急电话连接,它包括紧急电话控制主机、专用计算机、紧急电话送话器和专用电话。操作员接到紧急电话呼叫可通过送话器或专用电话与呼叫者对话,专用计算机可记录有关信息。

3)闭路电视控制单元

闭路电视控制器、彩色监视器、录像机等组成置于控制台的闭路电视控制单元。通过闭路电视控制设备完成下列操作:

①控制电视监视转换开关,选择监视画面;

②控制摄像机的水平、仰俯、调焦、变焦动作,以便观察局部情况;

③控制录像机录像和记录,必要时对重要画面进行录像或重放;

④闭路电视信号切换至监控中心的显示系统,以便放大观察。

综合控制台包含控制台本身及设置在控制台上各控制单元的设备。操作员通过综合控制台上的各控制单元,实施对高速公路的交通监测、控制、异常情况处理及系统的日常维护。

8.3.3.2 大型显示设备

监控中心的显示设备是指除 CCTV 监控系统的监视器和计算机显示屏之外的其他显示设备,主要包括大屏幕投影仪和大型地图板两类。显示设备的重要作用是可以将道路、交通等信息直观、形象地提供给监控操作人员,以便能够迅速、全面地掌握道路及交通运行状态。

1)大屏幕投影仪

大屏幕投影仪是动态信息综合显示装置,它包括高分辨率投影仪、大屏幕投影屏幕。

根据具体情况的不同，大屏幕投影仪可以采用前投式或背投式 2 种形式。投影仪可接收以下 3 类信号：视频信号（包括 CCTV 监控系统与录像机等的视频信号）；数字信号，即计算机等输送的数字信号（包括计算机输出的画面）；模拟信号——发自 CAD 工作站、VGA 显示卡及各种高分辨率图形板输出的模拟信号。

监控中心大屏幕显示的信息内容一般包括静态信息和动态信息两类。

（1）静态信息

①高速公路外轮廓，中央分隔带及桩号；

②管理处管理区段；

③管理中心、管理分中心图示；

④互通式立交；

⑤与高速公路相连的公路名称及走向；

⑥重要河流及大桥；

⑦沿线重要城市；

⑧外场设备布设示意。

（2）动态信息

①CCTV 监控系统、摄像机或录像机录制的动态画面；

②监控计算机输出的道路交通状况动态信息；

③监控计算机输出的救援活动、天气状况等动态信息；

④设备状态显示，如各种外场设备的正常工作显示和异常状态告警等；

⑤其他信息显示，如收费系统的有关信息等。

2）大型地图板

大型地图板是设置在监控中心用来展示监控系统所辖范围高速公路全貌的显示设备。地图板的尺寸一般很大，具体大小由系统管辖范围和监控中心房间大小而定。常有 2m×6m 的规格，通常大型地图板与 CCTV 监控系统的电视监视器构成弧形墙式屏幕，设置在综合控制台对面，以便操作员直视。

大型地图板显示的信息一般包含静态和动态两类。静态信息与上述大屏幕投影仪显示的静态信息相似，这些信息将按主次以地图形式固定在板面上；动态信息主要是交通状况信息、控制指令信息和设备状态信息。交通状况信息常以红、黄、绿光带形式表示高速公路路段交通状态正常与否，并辅以交通数据显示；控制指令信息常以文字形式有选择地显示某些设备正在执行的指令；设备状态信息常以红、绿指示灯形式在静态的地图上标示设备位置和设备的工作状态。这些静态和动态信息的纵横交叉并经美化设计将使大型地图板成为监控中心较为醒目和壮观的设施之一。

8.3.3.3　计算机硬件

（1）硬件构成监控中心的计算机系统早期多以大、中、小型计算机为主要机型，随着微型计算机技术的发展，目前在我国多以微型计算机网络的形式建立起来，这种网络的计算机系统的硬件构成相对比较简单，基本的硬件设备包括：①系统主机；②交通控制计算机；③彩色图形计算机；④通信计算机；⑤显示器、打印机等外围设备。

（2）网络中各个计算机的基本功能是：

①系统主机：负责网络操作、各进程的管理与运行，并通过远程网与监控中心上下层计算机网络进行通信。网络服务器是以数据库服务器系统主机作为系统的服务器，往往兼作储存监控系统的各有关数据。

②交通控制计算机：负责收集、分析各下层网络或外场设备上传的信息；生成打印各种报表，向各分中心或外场设备通报相应的信息。特殊情况下操作由此向各分中心或外场设备发布紧急命令。

③彩色图形计算机：负责形成要显示的彩色图形。彩色图形显示系统能够通过高清晰度显示屏显示整个高速公路的地理位置、几何形状、设备运行状态、交通运行情况等。

④通信计算机：具体负责数据通信，对外场设备上传的数据进行预处理，对中心与分中心、中心与总中心之间的远程网络信息输入进行控制。

8.3.4 计算机软件

8.3.4.1 系统支撑软件

系统支撑软件包括操作系统、数据库软件、网络管理软件和图形支撑软件。

1）操作系统

操作系统应具有多任务处理能力，可为大多数软件开发商所支持，安全标准符合NASAC2 级，并提供多级系统容错能力。

2）数据库管理

数据库具有工作组/部门级结构特性，为网络型数据库，支持开放式数据链接，数据库可存储 1 年内原始数据，单位精度为 1min。

3）网络管理软件

网络管理软件至少支持 1~15 个 CPU 结构、简单网络管理和故障排除，具备防病毒和外部防火墙功能，可使系统从一个中央文档服务器扩展为多个分类文档服务器。

4）图形支撑软件

图形支撑软件支持图形快速、动态处理，并具有一定的可移植性。

在具体进行系统支撑软件选配时，应考虑两点原则：①保证监控系统应用软件功能的实现；②保证监控近期系统与周边其他计算机系统（如收费系统）信息交换的可能性。至于今后计算机设备更新、系统升级，则往往是功能兼容的，监控系统原定功能不会受到冲击。

8.3.4.2 监控应用软件

监控应用软件一般均应包含如下模块及功能：

1) 信息收集和预处理

监控中心收集的信息包括自动输入和操作员人工输入的信息。

(1) 自动输入信息

①车辆检测器检测的交通信息，如交通流量、车速、占有率、车型、车重等。

②气象检测器的气象信息，如风力、风速、风向、温度、湿度、降水量、能见度等。

③环境检测器检测的一氧化碳浓度、路面冰冻程度等。

④设备状态信息，如车辆检测器正常与否的标示信息、可变信息状态及指令确认信息等。

⑤上一层监控中心的指令信息，如信息板的诱导指令等。

⑥其他相关系统传送的信息，如收费系统、相邻高速公路监控系统、其他公路或城市道路信息系统传入的信息。

对外场设备的信息数据采集，通信计算机通信寻呼周期为 30～60s，可调接口为 RS-232C，数据传输速率为 300～9600bit/s。

(2) 操作员人工输入的信息

①交通事件，如交通事故、交通阻塞等。

②日常事件，如道路维修、设备维修、气象状况、一般意外事件等。

③灾难事件，如塌方、火灾等。

预处理软件将对这些信息按时间、地点、性质建立数据文件或数据文库，以进一步分析处理。

2) 信息的分析处理

信息收集和预处理后的分析处理主要包括交通状态判断和交通运行分析两部分。

(1) 交通状态判断

①交通正常、阻塞或临界状态的判断。

②交通异常事件的判断，包括事故、物品散落引起的偶发性交通阻塞等。这种交通异常事件的判断往往是通过软件中的多种算法的自动检测和操作员通过电视监视的确认进行。

③状态的转移判断，即异常事件的发生或消除，交通正常变阻塞或阻塞变正常等。

(2) 交通运行分析

①从原始数据派生其他数据，如派生出高速公路的年、月、日、时交通量，高峰小时交通量，车流密度选择速度，旅行时间等。

②通行能力分析，服务水平分析等。

③监控系统经济和社会效益分析等。

3) 交通控制及其他系统控制

交通控制软件在上述交通状态判断的基础上迅速准确地提出控制方案，包括可变信息板、限速标志、车道控制标志的控制指令，匝道控制系统中的信号调节指令等。

隧道监控系统，除交通控制外还有通风、照明、消防等用于系统的控制，这些控制方案也应由控制软件及时生成。

通过监控系统和综合路网监控系统，控制方案的含义将更为广泛，除上述各类控制设备的指令外，还可能包含路网交通信号优化和实时路径诱导方案等。

在监控系统中，控制方案的发出方式往往有自动和人工两种。在正常情况和状态不变情况下，控制指令可自动发出；在异常情况和状态发生变化的情况下，控制方案一般应由操作员确认之后用人工控制的方式发出。

4）系统自检

系统中的各种外场设备都是在全天候状态下连续运行，设备的故障是难免的。监控中心的系统自检软件负责对设备的工作状态进行实时监视。发现设备故障后，自检测程序将通过用户向操作员发出告警信息。

系统的自检测方法随系统的不同而异，最简单的是根据具有自检功能的外场设备的自检信息向操作员显示，但这是不全面和不可靠的。一般应根据所接收信息的合理性进行综合判断，以确定设备、传输或中心计算机系统故障的可能部位。

5）系统的安全保护

监控系统是实时系统，其实时性反映在信息采集、控制方案生成和控制指令下达的及时性上。由于监控系统必须安全稳定地运转，监控中心软件应当具有自身安全保护的功能。这种功能主要从两方面来实现：①降级保护，即在系统某一部位出现故障时，系统其他部分能正常运转，如监控中心计算机发生故障，通信计算机或通信控制器能在一定时间内维持监控系统外场设备正常运转，通信主干线发生故障，下端各外场设备能独立工作。②数据保护，即系统及时存储所有必须寄存的信息，万一某些数据丢失，系统可以立即恢复这些数据，使系统恢复运转。

6）信息的查询、统计、打印功能

对监控系统而言，查询、统计、打印交通运行情况的报表、系统设备故障申报表、交通异常事件及处置对策的报表等都是必要的。为了管理上的需要，统计报表时间间隔可调，最小间隔为1min。

8.4 信息提供系统设计

信息提供系统向道路使用者、交通管理部门、事故救援机构等提供交通信息，诱导控制指令的一切手段都属于信息提供系统的范畴。

8.4.1 系统构成及运行方式

8.4.1.1 系统构成

信息提供子系统按照对象的不同其构成大致可分为3部分：①用来向道路使用者提供信息或指令的外场设备，如可变信息板、可变限速标志、车道控制标志、匝道控制器信号灯等；②用来向管理部门、事故救助机构提供信息或指令的指令电话或业务电话；③用来向社会公众提供道路交通信息的交通广播和公共信息网。

8.4.1.2 系统运行方式

信息提供子系统是监控中心向外提供信息的一切手段的总称，所有这些手段在运行时并非是一个整体系统，相互之间虽有联系，但运行时是相互独立的。对于信息提供子系统中的诸如可变信息板、可变限速标志、匝道控制器等外场设备而言，一般也有联机运行和脱机运行两种运行方式。

1) 联机运行

联机运行是指信息提供子系统的外场设备在监控中心集中控制下的运行模式。监控中心通过信息采集子系统的收集信息，经过分析、处理、判断决策，形成一套控制方案，然后通过信息提供子系统下达，由外场设备具体执行这套控制方案。

2) 脱机运行

脱机运行是指信息提供子系统的外场设备不受监控中心控制而独立运行的模式。如可变信息板手动显示、匝道控制系统中的定时控制、感应式控制等都属于这一类。

8.4.2 信息提供系统的功能

信息提供子系统作为高速公路监控系统的手段主要用来解决高速公路上可能出现的 5 类交通问题。

1) 周期性交通阻塞

周期性交通阻塞是交通量增长到一定程度，在高峰期固定的路段因交通流量超过通行能力时必然发生的问题。这种情况一般通过两种办法解决：①通过阻塞路段前沿的可变信息板对道路使用者发出告警信息和绕行诱导建议，通过可变限速标志限低行车速度，通过路段广播报告阻塞情况等。这些仅仅是为了让驾驶人有备无患，减少或避免因阻塞而产生的事故，它在根本上无助于消除阻塞。②匝道控制，即对前方入口匝道进行控制，用交通信号限制车辆进入，甚至关闭匝道。

2) 偶发性交通事件

偶发性交通事件是指如交通事故、车辆抛锚、道路维修等引起的偶发性交通阻塞。这种偶发事件除及时组织救援外，可通过可变信息板和限速标志告警和限速，以助于阻塞的消除和减少二次事故的发生。信息提供子系统对于这种事件的处理效果是明显的，因为偶发性阻塞清除的时间往往是偶发事件存在时间的 2~3 倍。

3) 环境问题

环境问题是指如由于大风、大雨、大雾等恶劣天气引起的交通问题，由于隧道内有害气体浓度过高引起的交通问题等，需要通过可变信息板的告警、限速标志的提示、隧道监控系统的通风控制来解决。

4) 特殊事件

特殊事件指如球赛、游行、需特殊关照的国宾车队等，这种情况需要可变标志、匝道控制系统的配合。

5) 高速公路特殊设施引起的交通问题

该类设施如主线收费站、道路称重站等，针对这些设施也需要信息提供子系统的预告、诱导或控制相配合。

8.4.3 常用的信息提供设施结构原理

8.4.3.1 可变信息板

可变信息板是用来实时发布气象变化、道路交通或其他警示信息的可擦写、可变换显示形式的大型超亮度 LED 点阵显示屏,通常被安装于横跨高速公路的龙门架上,以方便过往车辆的驾驶人观察,预知前方变通情况(如事故、施工、堵塞或行车缓慢)和天气情况(如多雾、雷电、暴雨、能见度),从而能够采取相应策略以保证安全。

可变情报显示系统由中心主控计算机、光纤传输设备、控制机驱动单元及 LED 阵列 4 部分组成。中心计算机用于中、英文信息的输入、编辑、显示及其发送。所发送的信息包括文字、图形和地址编码信息,文字、图形信息是要显示的内容,地址编码信息是要发送显示的板号。通常在控制驱动器中定义好地址,中心控制计算机发送的信息通过多串口卡、光端机和传输光缆送到控制驱动器,按照编码指定的格式动态地把信息显示于超高亮 LED 点阵板上。

8.4.3.2 可变限速标志

可变限速标志是用来发布路段准许行驶的最高速度信息。它与固定限速标志的不同在于限速值是根据道路实时交通或天气变化而随时设定,由计算机控制,超亮发光二极管阵列显示,通常立于高速公路的中央分割带、路肩外侧或桥梁引轿一侧。

可变限速标志显示的限速数据由中心计算机设定,并通过光端机和光缆送至控制驱动器,驱动 LED 有规律地发光并予以显示。与可变信息板不同的是,可变限速标志形状、大小和显示数码遵循国家标准,可视距离要求也较近(一般在 80 ~ 100m 之间),而可变信息板大小可根据现场要求而定,显示的是图形、中英文字符或数字,可视距离要求为 500m 以上。

8.4.3.3 大型显示系统

高速公路现有监控系统有多个环节还需要人为介入。人接受外界信息主要通过视觉,监控室配置大型显示系统,实时显示外场监控情况显得特别重要。目前监控中心使用的大型显示系统主要有两种:大型镶嵌式电子地图板和大屏幕投影仪。

大型地图板和大屏幕投影仪通过监控外场设备采集所需的各种信号,并在变通控制计算机里形成控制信号,在地图板上显示出来。显示内容主要包括车道状态、各种设备运行状况、车流量、车速、道路占有率和紧急电话的使用情况等,同时还可以与图形和收费计算机系统连接,显示收费与监控的图像、数据和状态等多种信息。

8.4.4 交通广播系统设计

在交通量较大或能见度较差时通过可变信息板或可变限速标志提供信息受到很大

的限制，一方面是上述系统提供的信息极其有限，另一方面是低能见度条件下驾驶人很难看清系统显示的内容。在这种情况下，利用交通广播系统可以获取道路环境信息比视觉更方便，而且不会受到气候变化的限制。

8.4.4.1   广播系统原理

以播放相同音源的广播系统为例，广播系统通用的组成框图如图 8-7 所示。

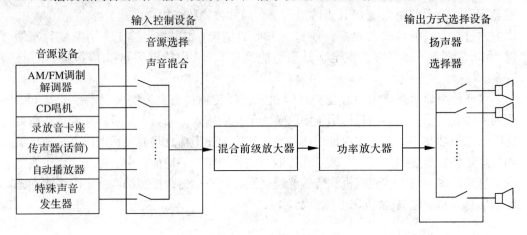

图 8-7   播放相同音源的广播系统

在音源设备中，AM/FM 调制解调器用于接收调频或调幅无线电节目；CD 唱机提供高质量的唱片音源，可定时播放或重复播放；录音卡座可反复播放，即可播放事先录制好的语音信息，也可播放音乐；传声器主要用于公共广播、播发信息或通知公告等内容；自动播放器用于紧急情况下人工或自动触发的紧急广播，它将切断原有的广播信号源，同时播放以数字集成电路合成的紧急广播内容。除此之外，在音源中还包括能发出钟声、号角声等的特殊声音发生器。

所提供的多种音源在输入控制设备级进行选择，选择方式有单一音源选择和几种音源（如音乐＋传声器）混合方式。选中输出的音源信号先经过前级放大达到功率放大器的驱动电平，并可对信号进行音量和音调控制，之后在功率放大器级被进一步放大，以额定功率输出到不同的扬声器组合，完成音源的播发。

为了实现扬声器的不同组合方式，扬声器分区选择器作为输出方式选择设备切换和控制扬声器连接面板，以控制广播的范围。扬声器除了播放同一声源外，还有不同声源的方式，即分区广播方式，如图 8-8 所示。当然，这种广播系统需要的设备较多，核心是微处理器控制的音源矩阵切换系统，它将不同的音源送往不同的功放及扬声器组合中去。

8.4.4.2   路侧交通广播系统

路侧广播系统是利用设在路肩或中央分隔带上的感应天线进行广播，广播内容是中央监控室根据采集信息由计算机编辑加工并合成的声音。它可以通过路段所设置的发射天线，对不同路段、不同车流方向播放不同的内容，因此播送的信息量大，有针

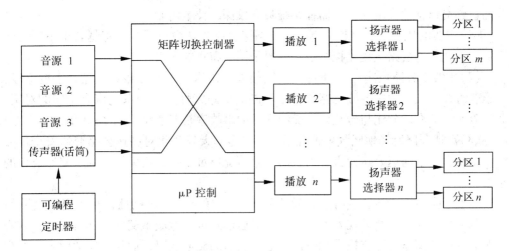

图 8-8　播放不同音源的广播系统

对性和很大的自由度，且内容可随时间和地点的
不同而变化，是对可变信息板的重要补充。

路侧广播系统主要组成部分，如图 8-9 所示。

（1）信息处理及编辑装置　将信息采集系统得
到的交通信息进行加工，按照优先程度选择应该
提供的信息内容。

（2）声音合成装置　中央监控室或终端利用大
容量的话音存储器实时地将所选择的信息转换成
声音。

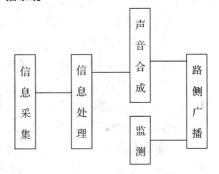

图 8-9　路侧广播系统主要组成部分

（3）检测装置　检测合成的声音，必要时可以
由播音员直接播音。

（4）路侧广播装置　由天线及发送部分组成，将中央装置的模拟话音信号变成高
频振幅调制信号从天线发射出去，供汽车收音机收听。常用的感应天线有泄露电缆、
平行双线和偶极子等。

（5）指示标志牌　在提供路侧广播系统的路段起终点预告广播的频段。

在国外已经开始采用路侧广播系统，它首先开辟在城市快速路和城间高速公路的
大城市近郊、互通立交和气候恶劣地段。

8.5　主线与匝道控制

8.5.1　主线控制

高速公路主线是相对于高速公路匝道及周边集散道路而言的，它既包含立交与立
交之间的普通路段，也包含大桥、隧道等特殊路段。保证主线交通畅通是高速公路监
控系统的基本任务，因此主线监控系统是整个高速公路监控系统的基础。高速公路主

线的道路交通特性决定了主线监控系统具有较深的技术内涵。

（1）主线的特点是里程长 有时一条高速公路长达数百千米，跨越若干不同行政区域，因此高速公路主线监控系统往往要采用分布式的多级控制。

（2）主线上各路段道路交通特性区别很大 山区、平原路段，上坡、下坡路段，弯道、直线路段，大桥、隧道路段等，不同的道路特性，监控系统应有不同的对策。研究表明，立交的分流与合流处、交织区域的事故率是普通路段的 2~3 倍。

（3）高速公路所经地区气象情况不同 恶劣的天气变化对高速公路交通安全造成严重威胁，对于高速公路而言，沿线的气象情况更难掌握，这就更增加了交通监控的难度。

（4）交通量时空分布不均 交通流量本身就有一定的随机性，对于高速公路而言，各路段交通量更会呈现差别，每天的交通模式也不像城市交通那样具有高、低峰的明显规律。高速公路监控系统不但要适应当前的交通状况，而且还要适应未来的交通状况，因此监控系统在设计时就应使其功能有所储备。

高速公路主线控制的概念涉及以下几个方面：

（1）车道使用控制 通过对车辆在使用车道的时间和空间上的限制来达到对交通流进行控制的目的，包括车道关闭、交通调节等。

（2）警告和诱导 通过给出交通运行变量限制值的方法来控制交通流称为警告，诱导是为驾驶人提供交通信息来诱导驾驶人选择合理的运行状态和行车路线，包括对行车速度、车辆间距、旅行时间和行驶路线方面的警告和诱导。

（3）优先控制 对一定种类的车辆在使用交通设施上分配优先通行权或特别使用权，如对救护车、公共汽车、合用车辆的优先控制。

主线控制实现这一目标的基本方法是：

（1）从过去的统计资料中或采用交通感应方法获得当前高速公路上交通流参量值。

（2）在当前高速公路交通流参量的基础上，判定该值在由通行能力、交通构成以及气候条件所决定的高速公路路段的交通流基本特性曲线上处于哪一部分，即依据交通流模型判断交通流运行状态。

（3）确定高速公路主线交通流控制的目标状态值及相应的控制方法，使交通流趋于目标状态。

8.5.1.1 系统构成与功能

1）系统构成

主线监控系统由信息采集子系统、信息提供子系统和监控中心 3 部分组成。信息采集子系统主要包括车辆检测器、气象检测器、紧急电话和 CCTV 监控系统；信息提供子系统主要包括可变信息板、可变限速标志和车道控制器；监控中心则往往采用一个中心和下辖的若干个分中心组成的两级模式。系统的配置规模根据道路交通特性和系统功能强弱而定，详见"监控系统外场设备规模等级划分"（见表 8-2）和"规模等级监控系统外场设备配置要求"（见表 8-3）。

表 8-2 监控系统外场设备规模等级划分

服务水平	国家高速公路网			省级及以下高速公路网		
	4 车道	6 车道	8 车道	4 车道	6 车道	8 车道
一级	A2	A2	A2	A1	A1	A2
二级	A2	A2	A3	A2	A2	A3
三级	A3	A3	A3	A3	A3	A3
四级						

表 8-3 各规模等级监控系统外场设备配置要求

设备名称		A1	A2	A3
信息发布设备	大型可变信息标志	●	●*	●**
	小型可变信息标志			
信息采集设备	车辆检测器	●	●*	●**
	能见度检测器	●	●*	●*
	气象监测器			
	事件监测器	○	○*	○**
视频监控设备	外场摄像机	●	●*	●**
其他设备	路侧有线广播系统	-	-	○
	出口诱导灯	○	●	●
	超速抓拍设备	-	-	-

注：①"●"为必选设备；"○"为可选设备；"-"为不作要求。

②"*""**"表示设备位置疏密度，分别表示重点区段、全程。重点区段是指事故多发地段、上下坡区段、气象恶劣区段等路段，针对每个设备其所指重点区段存在差异。

高速公路的隧道处于高速公路主线上，隧道监控系统除本身的特殊性外，就交通监控而言，它也属于主线监控系统的一部分，隧道监控中心可以作为主线监控中心的一个分中心而存在。

2）系统功能

可以想象，如果高速公路上的交通不出现任何问题，始终能够畅行无阻，那么监控系统就没有必要设置，因此，监控系统是针对高速公路可能出现的问题而设置的。尽管影响交通的因素很多，交通问题的表现形式也多种多样，但从交通监控的观点出发，高速公路上的交通问题可归纳为 3 类：第一类，偶发性交通异常，如交通事故、车辆抛锚等，但这种事件不影响其他车辆通行，即不造成交通阻塞；第二类，偶发性交通事件引起的交通阻塞；第三类，即使不发生异常事件，由于交通量超过通行能力而引起自然阻塞。这 3 类问题显然都是直接与交通量和路段通行能力相关的。第一类是在交通量很小时的交通现象，第二类是交通量增长到一定程度时的交通现象，第三类则是交通量接近饱和或过饱和时的交通现象。

针对上述 3 类问题，监控系统也因此分为 3 个等级，不同等级应具有不同功能。

第一级，即所谓初级规模，针对第一类问题。它的功能是只对重点路段进行交通监测，收集所辖高速公路的交通信息，可以没有控制功能。

第二级，即所谓中级规模，针对第二类问题。它的功能是在初级基础上增强监视和检测能力，对重要路段增加交通阻塞的自动检测和判断能力，并进行相应的主线交通控制。

第三级，即所谓的高级规模，针对第三类问题。它的功能在一、二级基础上进一步增强，除主线的诱导、告警、限速之外，还应辅以入口匝道的交通控制。

8.5.1.2　主线控制方式

高速公路主线监控系统的控制功能是很弱的。从设备配置上也可以看出，所谓的控制设备只不过是可变信息板、可变限速标志和可变车道控制标志，这些都属于信息提供子系统范畴。除车道控制标志外，其他均为提供告警、诱导、建议性消息，而很少提供强制性指令。高速公路本身是让车辆自由行驶而不受控制，因此监控系统控制功能并不强；但当高速公路上发生事故、遇到恶劣天气或遇到其他异常事件时，为了安全和整体的高效，对车辆进行告警、诱导和建议性的"控制"也是必要的。

主线控制方式可以是定时控制，也可以采用交通感应式控制。如果所用的控制配时和等级是根据一天的时间内的交通流变化规律预先确定好的，这种系统就称为定时主线控制。如果控制变量值是基于实时测量到的现时交通条件下的交通参量，那么这种控制就称为交通感应主线控制。定时主线控制的设备较为简单，但缺乏适应性。交通感应式主线控制设备较复杂，但采用这种方式，通常可以提高主线控制的效率。

通常采用的几种主线控制方法有：①可变速度控制；②车道关闭；③可逆车道控制；④主线调节；⑤公共汽车、合用车优先控制；⑥驾驶人信息系统。

这里主要介绍以下4种控制方法：

1）可变速度控制

可变速度控制是在高速公路主线上设置可变限速标志来限制行车速度，从而使主线上的交通流的速度能随车流密度的变化而变化，以保证交通流的均匀、稳定，同时还能提高道路通行能力。

（1）可变速度控制的主要作用　表现在以下几个方面：

①保证交通安全的前提下尽可能增加交通量。

②在交通需求小于通行能力情况下，当高速公路主线上的车辆数变化而引起交通密度变化时，可通过速度调节改善交通流的稳定性，并有助于保证达到最大交通量。

③如果交通需求大于通行能力时，可变速度控制的效果最多能延缓拥挤的出现，而不能完全避免拥挤（避免拥挤出现需要用匝道控制、通道控制等策略）。

④当发生交通拥挤时，可变速度控制通过改进高速公路上交通速度的均匀性并在高峰条件下充分地降低行车速度，可以减少尾撞事故。

⑤在非高峰交通期间作为一种提前报警系统来防止事故发生。例如在事故现场或交通障碍之前设置速度限制，以提醒驾驶人前方有危险。另外，在雨、雾、雪等特殊气候条件下，给出能保证安全行驶的速度限制值。

（2）可变速度控制的速度目标值　可变速度控制的基本原理是依据道路、交通、气候等条件对高速公路主线交通流安全高效运行的限制要求和路段交通流的流量、速度、密度的关系，确定能够允许的最大交通量下的最佳速度和最佳密度，并据此采用可变限速标志等方法对高速公路主线交通流进行速度控制。

可变速度控制的目标主要是速度指标。最佳目标速度的确定有两种方法：①经验统计法，它是根据使用可变速度控制高速公路上交通流状态的历史统计数据来确定；②数学模型法，通常来讲，交通流状态控制变量速度是其他交通流状态变量（例如交通量、密度、车头时距和占有率）的函数，根据这些变量的函数关系，加上道路、交通、气象等条件对交通流运行安全和效率的约束条件，建立变通流速度控制数学模型。可依据交通流状态和道路、气候等条件，通过修正数学模型参数，来获得各种不同交通条件下的最佳速度控制目标值。

（3）可变速度控制策略和方法　主线可变速度控制主要通过对主线上交通流的速度在空间上和时间上的分布进行控制，以保证交通流的稳定和均匀，或实现将交通流从不稳定状态、拥挤状态调控到稳定状态。可变速度控制的基本依据是实际服务水平和由实测交通状态数据确定的速度—流量关系。主线可变速度控制的目标是使主线交通流流量最大或保持在一定的服务水平上。

主线服务水平可以通过将实测的交通流状态变量值与理想的速度—流量关系特性曲线对比来确定。

在可变速度控制中所依据的动态交通流模型，不仅应能导出交通流当前所处状态类型，也应能在交通流的各种状态出现之前提前报警。

实现主线可变速度控制的方法是在主线上建立由可变限速标志组成的系统，即在主线沿线上每间隔一定距离设置一个可变限速标志。标志间隔在城市地区一般为1~2km，在乡村地区一般为2~3km。

可变限速标志系统中的每一个可变限速标志都与中央控制室相连，中央控制室将交通状况（拥挤、低速、正常）、路面条件（车道数变化、坡度、弯道、结冰、积雪）及气象条件（雾、雨、雪）的各种组合所确定的最佳速度目标值与实际测出的主线上车流速度值进行比较，判断当前车流运行状态是否符合控制目标，若不符合则将目标速度值通过可变限速标志告诉驾驶人，从而实现对主线可变速度控制。

除用可变限速标志系统外，主线可变速度控制还可利用可变信息标志、驾驶人信息系统、电子道路交通诱导和控制系统、路旁无线电广播来实现。

主线交通状况的检测可用设在主车道上的环形线圈检测器来进行，也可以用设在路旁的紧急电话作为事故发生、特殊气候等信息的来源。检测内容包括车速、车队长度、车流密度。当检测到车队的存在或车流密度过大时，可由控制中心决定速度限制的时间和速度限制值在沿线上的空间序列分布，并自动显示。

在发达国家，高速公路上使用可变速度控制的情况差别较大（西欧国家采用较多，北美国家采用较少），但都对可变速度控制方法很重视，做了许多调查，一般认为这种控制方法是有效的，主要表现在：

①明显降低了交通速度，改善了速度分布，使速度偏差控制在7~14 km/h。
②交通量增大。

③减少了交通事故频率及降低事故的严重程度。

可变速度控制存在的问题是，除非在有特别说明限速原因时，一般驾驶人不认为可变限速标志所显限速值具有约束力，因而常不遵守限速标准；另一方面是在增加关键瓶颈路段的通行能力上，可变速度控制是不成功的。

(4)主线计算机控制系统　主线可变速控制系统包括速度控制、综合速度控制和变道控制等，要实现这些功能就得把高速公路分成若干节可变速路段。由于这类系统在空间上范围较大，因而应使用微型计算机控制，以便减少传输费用和增加控制的适应性。

下面主要介绍目前西欧高速公路控制系统中所采用的典型的主线计算机控制概念。

主线计算机控制系统由局部控制器和主线控制中心构成。局部控制器是由交通检测装置、可变信息装置和气象检测装置组成，它们通过数据总线与局部控制器的控制单元相连接。局部控制器是基本独立地对 0.5~5km 长的路段交通流进行控制，将多个这样的局部控制器连接起来，形成对主线交通的控制系统。为了避免在局部控制路段上的速度显示出现不合理的跳动，将主线沿线上的各局部控制器，通过一个数据总线(AUSA - bus)用调制解调器连接起来，在这一连接链的末端(该链的长度可以达到50km 甚至更长)是一个由 Sun 计算机工作站组成的控制中心，它负责对主线沿线上各局部控制器的协调。高速公路主线计算机控制系统如图 8-10 所示。

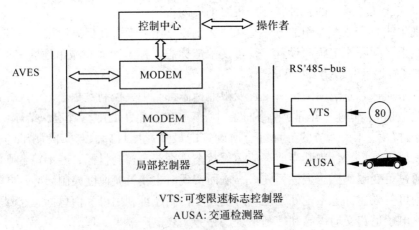

VTS:可变限速标志控制器

AUSA:交通检测器

图 8-10　高速公路控制系统的主线控制图

2)车道关闭

车道关闭是用禁止车辆进入高速公路的一个或多个主线车道的方法对主线交通流进行控制。

车道关闭的措施是采用车道控制标志，将标志置于每一车道上方。正常交通时，标志显示一个垂直向下的绿箭头"↓"。若需关闭某一车道，该车道上的绿箭头标志就改变为红叉"×"。这种车道关闭标志的使用效果随交通需求大小而变化。通常它仅适用于非高峰期低交通需求情况下的主线控制。

车道关闭视需要也可采用人工栅栏或自动栅栏等措施来实现。

国外经验表明，若将车道控制标志结合可变速度控制使用，在减少高速公路事故的发生率和严重性方面是有效果的。

作为主线控制的手段，车道关闭一般限于以下几种应用：

(1)预告下游车道堵塞　由于某车道上发生事故或有维护施工等原因使高速公路通行能力下降时，可在其上游暂时关闭该车道来改善高速公路运行效果和安全。由于瓶颈处通行能力并不因车道关闭而得到增加，所以若交通需求大于剩余车道的通行能力，车道关闭方法对改善主线交通运行状态的效果不大。

(2)改善入口匝道汇合运行　在高速公路与高速公路互通式立交处，用车道关闭来减少大交通流条件下汇合运行产生的拥挤，即改善入口匝道汇合运行。这种应用中的基本做法是，将车道控制标志设在汇合区上游的主线车道上，并在入口匝道上安装环形线圈检测器。当匝道上检测到车队时，关闭汇合区上游相应的主线车道，以保证车队顺利进入主线而不会产生汇合困难。如果匝道上没检测到车队，则开放汇合车道上游的主线车道。国外经验表明，运用关闭主线上汇合车道的方法，能减少车流汇合运行困难，但高速公路主线的交通延误有所增加。图 8-11 所示为互通式立交中某一高速公路主线与匝道汇合点的主线车道关闭控制示意图。

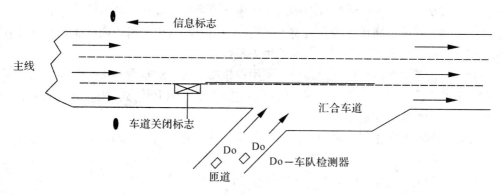

图 8-11　主线与匝道汇合点处的主线车道关闭控制示意图

(3)转移交通　当交通需求超过下游主线通行能力时，运用车道关闭控制让车流从主线转移到可替换道路上去。

(4)隧道控制　车道关闭常用于主线上对隧道的控制。如果通过检测速度和占有率发现隧道内有事故或者有非常慢速的车辆，就关闭车道禁止车辆进入隧道。隧道关闭之后，仅当在一预定时段内隧道内检测不到车辆时，才能重新开放隧道。

3)可逆车道控制

可逆车道控制又称变向车道控制。可逆车道控制的目的在于改变高速公路主线不同方向上的通行能力以适应高峰时某一方向的交通需求。在高速公路主线上恰当地使用可逆车道控制能够更经济有效地使用道路空间和通行权。当交通需求符合下列条件时，采用可逆车道控制是合理的：

(1)交通需求在方向上的不平衡具有明显的差别，例如主流方向与次流方向的交通量分别占交通量的 70% 和 30%，并且主流方向交通量超过正常情况下该方向的道路通行能力。

（2）交通需求主流与次流在方向上必须定期或不定期地经常相互转换。

（3）上述不平衡交通需求在未来若干年内会继续存在。

（4）没有其他可替代的或更经济有效的解决方向不平衡交通需求的办法，诸如利用其他道路或增加路面宽度等。

可逆车道控制有两种基本运行方式：

（1）可逆性单向通行方式　又称潮汐式单向通行，它是将一条道路上所有车道在一段时间内只向一个方向通行，在另一段时间内只向相反的方向通行。

（2）可变向车道运行　在不同时间内将道路的部分车道供不同方向的车流通行。

可逆车道控制技术是使用可移动的交通设施和可变信息标志来改变车道通行方向。这些装置可以由现场人工操作，也可由中央控制室远距离操纵。

在高速公路设计时就可以考虑采用可逆车道控制，通常把可逆车道与一般车道分开，形成三幅式车行道，并通过可变信息标志告诉驾驶人可逆车道的通行方向。

4）主线调节控制

主线调节控制是根据输入的交通需求和下游的通行能力，对经由主线入口（例如收费站、隧道或桥梁入口）进入高速公路控制路段的交通流实行一些限制的方法，使该路段下游高速公路主线能保持期望的服务水平。采用主线交通调节控制还能实现在沿高速公路主线上不同地方的交通需求之间合理地分配高速公路的通行能力，以及对载客率较高的公共汽车和合用客车给予优先通行权的目的。

除专门设置主线调节控制设施外，利用设置在主线上的收费站也是实现主线调节控制的主要手段之一，它可以在任何给定的时间内通过调节开设收费车道数来调节沿主线进入下游主线的交通流量。

交通调节控制在主线控制中一般不是常用方法，它适用于下列情况：

（1）改善高速公路隧道交通流的运行状况，避免在隧道内发生拥挤。

（2）在交通需求超过通道通行能力的地方，用入口匝道控制方法不能防止高速公路主线上发生拥挤。

（3）当高速公路主线上出现交通高峰并经常发生交通拥挤，使得某一入口匝道调节率很小时，需要提高该入口匝道的调节率。

对于（2）、（3）两种情况可在主线上接近入口匝道处设置主线调节。这样尽管不能消除主线上游的拥挤现象，但下游拥挤现象将得到缓解，也可允许该入口匝道提高调节率，让更多的车辆从该处进入下游高速公路主线上，从而保证高速公路全线更加合理。

8.5.2　匝道控制

8.5.2.1　控制原理

1）匝道控制的含义

匝道控制是高速公路交通控制的一部分。匝道控制主要是在高速公路入口匝道处设置交通信号装置，通过信号灯的周期变化，调节高速公路匝道交通量，从而减少或消除高速公路主线上的交通阻塞。

出口匝道控制在高速公路通道控制或路网的综合控制系统中也是需要的，但对一条高速公路而言，一般情况下出口匝道的交通控制则无必要，因此下文中的匝道控制仅指入口匝道控制。

2）匝道控制的原则

匝道控制的原则是限制进入高速公路的车辆，使高速公路自身的需求不超过其通行能力，在高速公路上形成并保持无中断、无阻塞的交通流。这种控制原则要使各种延误因素从高速公路转移到入口匝道，使过量的交通需求转向通道上的替代路线，或选择非高峰时间进入高速公路。一些希望使用高速公路的车辆在允许其进入高速公路以前，必须在入口匝道处等候；一些不愿等候的车辆则选择其他时间进入高速公路，或从另一个入口匝道进入；还有一些不愿等候的车辆则不使用高速公路，而采用其他运输方式，如使用公共交通车辆等。

3）匝道控制的策略

匝道控制的基本策略有两点：一是分散策略，即减少入口匝道的交通需求，把交通流量分散到其他替代路线上去；二是延迟策略，即在分散策略不可行的情况下，减少匝道交通流区域的摩擦，延迟高峰时阻塞的开始时间，以延长主线自由流的周期时间。

实施匝道控制策略，必须考虑以下条件：

（1）固有的交通模式　若由主线输入到高速公路路段上的交通流等于该路段的通行能力时，经由入口匝道进入路段所允许的车辆数与经由出口匝道离开该路段的车辆数必须相等。在没有出口匝道的路段，从理论上讲，也不允许车辆从入口匝道进入高速公路。然而在现有的高速公路上，由于在建造时未能把这种模式考虑进去，因此在许多情况下，这种固有模式通常是不可接受的。

（2）入口匝道控制的潜能　若大部分出行者是在某一区域中，仅有少量出行者离开本区域，在这种情况下匝道控制就会增加额外的通行能力。

（3）入口匝道上足够的存贮空间　入口匝道的存贮空间应保障等候车辆的排队不会导致严重影响非高速公路的交通，不会导致前沿道路阻塞。控制存贮空间一般是在匝道上、前沿道路或其他临界点的上游，在此安装排队检测器，以调节控制车辆数，避免阻塞扩展到邻近区域。

（4）各种车辆的平衡问题　匝道控制策略应对长途旅行和短途旅行的车辆都有效。

（5）公众的接受程度　公众的接受程度对于匝道控制的成功具有重要意义。匝道控制策略从总体上讲对公众有好处，但这些好处不容易被高速公路的单个用户所理解。大多数用户仅注意入口匝道信号灯所指示的延时、等候。因此在入口匝道控制系统的预报中，必须向公众说明匝道控制的目的，例如匝道控制能减少或消除严重阻塞，避免高速公路低效率运营等，使他们有一个系统效益的实际预期。必须强调在一个平衡方式中，系统是如何分配有效的通行能力，如何及时地监视运营，为何需要适当的转移，这些都是为了达到让用户受益的控制目标。

4)匝道控制的调节率

匝道控制调节率的计算依赖于使用调节，而使用调节的目的是消除高速公路上的阻塞，改善汇流运营的安全性。

(1)调节率的计算　若调节系统为了降低或消除阻塞，必须使需求小于通行能力，因此在匝道上计算调节率的依据是上游交通需求与下游通行能力的关系，即综合计算上游交通需求、匝道上希望进入高速公路的交通量、下游的通行能力及匝道上汇流的通行能力。其关键是下游高速公路路段的通行能力。调节率的公式可简化为

$$调节率 = 下游通行能力 - 上游交通需求$$

若调节系统仅作为改善汇流运营安全性的一种手段，则在特定的匝道用一个不变的最大的汇流条件设定调节率，阻止车辆群无序地进入高速公路，使车辆在接近汇流区以前，有时间进行汇流，单车进入高速公路。

(2)影响调节率的因素　包括以下 3 种因素。

①防止阻塞因素。上游需求和匝道需求的总和应小于或等于下游的通行能力。

②保障安全因素。避免追尾事故和在匝道与高速公路车流的间隙中车辆争相挤入而由车群引起的车道变换冲撞。

③把握车辆汇流时间的因素。主要包括：匝道的几何形状(等级、视距、加速车道的长度)，车辆的类型，高速公路交通流中可接受的有效间隙。

8.5.2.2　匝道控制方式

1)关闭控制

在高速公路主线交通流高峰期，关闭入口匝道是一种简单、有效的匝道控制方式。一般使用手动栏杆、自动栏杆、设置标志等方法即可控制。在入口匝道交通流产生严重波动时，关闭控制可起到适当的调节作用，但其灵活性小，限制性大，若使用不当，不仅不能充分发挥高速公路的通行能力，反而加重替代路线的负荷。因此，关闭控制的方式不被广泛采用，只在下列情况下作为应急措施使用。

(1)在入口匝道没有足够的存贮空间时，为预防等待进入高速公路的车辆队列干扰前沿道路，关闭控制可解决存贮空间不足的问题。

(2)入口匝道上游高速公路瞬间的交通需求与其通行能力相等，并且替代路线有足够的通行能力，关闭入口匝道可防止匝道下游路段的瞬间交通需求超过其通行能力。它将分散匝道上的交通需求，并转到替代路线上。即使在上游交通需求小于下游的通行能力时，允许进入高速公路的交通流率也是较低的，因此，关闭控制可防止匝道交通量的进入给主线造成妨碍和阻塞。考虑到周期性阻塞与非周期性阻塞的原因，以及交通需求与通行能力的联系，采用关闭控制方式也是预防事故的一种措施。

2)定时控制

定时控制是最简单的一种匝道控制方式，是根据实际需要和历史需求的容量关系来选择调节率的一种机械调节方式。它根据高速公路主线的交通流、汇合流和存在于匝道上交通流的观测值，确定定时信号的周期，以维持高速公路上所期望的通行能力的平衡。使用车辆检测器控制匝道上信号灯的开与关，以减少来自匝道汇入的交通

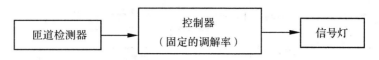

图 8-12 定时控制的基本硬件需求

量。定时控制的基本硬件需求如图 8-12 所示。

3）交通感应控制

交通感应控制与定时控制相反，它直接与高速公路主线、匝道上的交通情况相关。它是利用检测器对匝道附近交通量和匝道上的交通需求进行实时观测，确定适当的调节率。交通感应控制的基本硬件需求如图 8-13 所示。

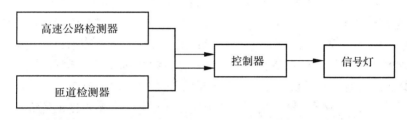

图 8-13 交通感应控制的基本硬件需求

4）自适应交通感应匝道控制

利用自适应交通感应匝道控制方式可得到从匝道—上游到下游的车辆检测器及匝道控制器检测的交通量和车辆占有率等数据，并根据这些数据的变化方式实施匝道控制。其基本方法是：首先决定下游路段是否有一个稳定的、没有阻塞的交通流。如果有，则上游检测器的运行类似于交通感应的匝道控制方式；否则下游的交通阻塞会更加限制调节率的实施。

5）间隙可接受汇流匝道控制

匝道汇流控制是使入口匝道的车辆最大限度地、安全地汇入，而对高速公路没有干扰。它最大限度地利用高速公路交通流的间隙，使匝道的车辆汇入。

间隙可接受汇流控制是在固定汇合处把普通匝道信号用于引导匝道车辆，使得在匝道车辆汇合到高速公路的时刻恰好是高速公路的绿级带（间隙）。它并不包括根据交通需求与通行能力的约束来计算调节率。间隙可接受汇流控制对于描述高速公路匝道交通量的相互作用具有重要意义。假设匝道上的驾驶人能观察到高速公路车道上的每一个间隙，并与一个可接受的间隙比较，判断间隙能否安全地汇入车辆。

最小的可接受间隙与诸多因素有关：入口匝道和高速公路的几何形状；车辆运行的特性；驾驶人的行为；交通状况；气候条件等。

6）系统的匝道控制

系统的匝道控制是把高速公路上的各个匝道连成整体，并考虑整个系统的需求容量关系，它是网络控制或线控制的一部分。系统的匝道控制的硬件需求如图 8-14 所示。

系统的匝道控制既可用定时的系统控制（包括匝道关闭），又可用集成的交通感应式系统控制。

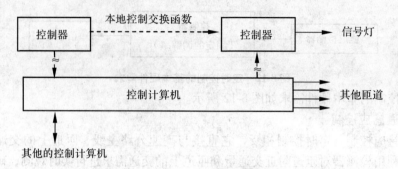

图8-14 系统匝道控制的基本硬件需求

（1）定时系统控制   在高速公路上每一个匝道的调节率是由其他匝道上的运行能力和其自身的有效运行能力决定的，这个调节率是从每一个控制间隔的历史数据中计算得到的。设计定时系统控制需要以下信息：主线和匝道入口需求；每一个入口匝道下游高速公路的通行能力；在高速公路上受控路段中交通模式的描述。

（2）集成的交通感应式系统控制   集成的交通感应式系统控制是对一组入口匝道实施交通感应调节的应用，每一匝道的调节率是根据系统及本地区的有效通行能力来确定的。在每一个控制周期，实时检测交通的变化（交通量、占有率、速度），以此来判断每一入口匝道容量的大小。因此，在检测的基础上，对每个入口匝道计算独立的和集成的调节率。对于下一个控制周期，可在这两个调节率中选择更具限定的调节率。

本章小结

本章主要介绍监控系统的信息采集子系统、信息提供子系统和监控中心功能及其设计方法，包括信息采集子系统的车辆检测器、气象与环境监测器、闭路电视系统、紧急电话系统工作原理、结构和安装；监控中心的综合控制台单元组成、大型显示设备分类和工作原理、计算机硬件组成与功能；信息提供子系统功能、信息提供设施结构原理。另外本章还讲述了交通广播系统设计、主线与匝道控制方式和监控系统概念。由于本章覆盖面广，知识结构相对复杂，在学习过程中应多参与社会实践，在实践中加深理论学习。

思考题

1. 什么是交通监控系统？简述其作用和目标。
2. 简述交通监控系统的组成及其功能？
3. 监控中心与监控分中心计算机系统在功能上有什么不同？
4. 简述闭路电视系统的组成及各组成部分的功能？
5. 就我国现状，谈一下我国高速公路监控系统的发展趋势。

参考文献

[1] 中华人民共和国行业标准. 高速公路监控系统技术要求[M]. 北京：人民交通出版社, 2012.

[2] 段国钦, 孙穗, 梁华. 高速公路机电系统运行与维护手册[M]. 北京：人民交通出版

社，2006.

　[3] 刘廷新，于爱国，朱东辉. 高速公路监控通信管理[M]. 北京：人民交通出版社，2005.

　[4] 杨志伟，罗宇飞. 高速公路机电系统管理[M]. 北京：机械工业出版社，2011.

　[5] 梁国华，马荣国. 交通工程设计理论与方法[M]. 北京：人民交通出版社，2002.

　[6] 张智勇，朱立伟. 高速公路机电系统新技术及应用[M]. 北京：人民交通出版社，2008.

　[7] 李俊利. 交通工程设施设计[M]. 北京：人民交通出版社，2001.

　[8] 杨兆升. 智能运输系统概论[M]. 北京：人民交通出版社，2003.

　[9] 孟祥海，李洪萍. 交通工程设施设计[M]. 哈尔滨：哈尔滨工业大学出版社，2008.

　[10] 中华人民共和国交通部. 高速公路交通工程及沿线设施设计通用规范[M]. 北京：人民交通出版社，2006.

　[11] 张智勇，朱传征. 高等公路机电工程检测技术[M]. 北京：人民交通出版社，2008.

　[12] 胡启洲，王海涌. 刘英舜. 道路交通安全态势监控的测定方法[M]. 北京：科学出版社，2012.

　[13] 交通运输部公路科学研究院. 高速公路监控技术要求[M]. 北京：人民交通出版社，2012.

第9章
道路通信系统设计

[本章提要]

本章主要介绍道路通信系统工作原理以及通信设施的使用要求。要求了解道路通信系统网络结构；了解道路通信系统设计准则和目标；熟悉通信系统组成及功能；重点掌握同步数字传输系统和程控数字交换系统技术；熟练掌握道路通信系统在公路现代化管理中的应用。

9.1 概述

高速公路通信系统是公路现代化管理的支撑系统，它承担3方面任务：①承担监控系统和收费系统的数据、语音、图像等信息的传输任务，使监控系统和收费系统真正成为系统而正常运转；②承担内部各业务部门和管理部门的业务联系，如事故救援、道路、设备、设施维修等；③内部的监控中心、收费中心、业务部门和管理部门与外界的联系，如与上级管理部门、公安、消防、医院的信息沟通，甚至把实时交通信息通过有线或无线方式向社会公众发布等，所有这一切归结为信息传输。因此，高速公路通信系统是实现高速公路现代化管理必不可少的基础设施。

9.1.1 高速公路通信系统概述

随着计算机技术、网络技术和通信技术的迅速发展，高速公路通信技术也从简单的无线对讲机发展到800MHz无线集群系统，从小容量微波通信发展到SDH系列数字光纤传输系统，从单纯的电话业务发展到包括语音、数据和图像等多种信息的综合通信，并从模拟通信向数字通信演变，开始组建先进的宽带综合服务数字网(B-ISDN)通信系统。

9.1.1.1 高速公路专用通信系统

1)信息类型与传输方式

高速公路需要传输的信息,按用途可划分为下述种类:

(1)监控、收费、隧道消防等机电系统的控制指令,监测和收费数据(数字信号)。

(2)闭路电视的视频信号。

(3)程控数字交换电话和紧急电话的语音信息。

(4)管理部门与车辆用户的多媒体(语音、数据、图像)信息传输。

(5)车辆用户与卫星通信(从卫星获取 GPS 信息)。

上述信息可概括为语音、数据和图像三大类。为了方便传输和保证通信质量,常将 3 类信息都用二进制码表示成数字信号,公路通信主要是数字通信。

固定端到固定端的通信采用有线传输,目前常用光缆通信,近距通信也采用电线。固定端到运动端(如监控中心与车辆)和运动端间的通信为无线传输,属微波移动通信的范畴。

2)高速公路专用通信系统

高速公路有线通信常采用以光缆传输为主干线的多种专用通信系统。高速公路普遍建造专用通信网的另一个原因,是在道路修建时预设通信管道,可节省通信建设投资。随着公用通信网覆盖面越来越广,也可租用公用线路作为公路专用,以减少投资和维护费用。

(1)光缆数字传输系统　近期建造的公路通信系统采用同步数字系统(Synchronous Digital Hierarchy,SDH)自愈环光缆系统,所有数字和控制指令,电话音频和图像视频全部转换为数字信号,由光纤数字传输路与各个固定点的计算机及各种终端连接成广域通信网络。也有单位对多芯光缆的各根光芯分配专门业务传输,如有的按 SDH 等级传输数据,有的专用于环路载波电话,有的传送 CCTV 监控系统视频图像等。

(2)紧急电话系统　为车辆客户提供直接呼救求援的专用通信系统,目前有线、无线两种并存。我国采用独立于光缆之外的专线系统较多。

(3)移动通信系统　公路内部各种工作车辆需在运行和工作过程中及时和管理中心进行联系,为此建立专用无线移动通信或专用集群移动通信系统。

(4)专用近距微波传输系统　车辆用户和公路交通智能化都要求建立车辆与管理部门间的专用近距离多媒体通信,如电子全自动收费系统在收费点和运动车辆间交换收费数据;遥控装置和固定监控站间的数据传输;路侧监控站对车辆的监测、通信和遥控等。为此,出现了专用近距通信技术——厘米波短距通信。电子收费系统已使用这种通信技术,车辆多媒体应用将来也需依靠该技术。

9.1.1.2 高速公路通信系统的特点

根据高速公路建设的实际情况和交通管理的特殊要求,高速公路通信系统具有以下特点：

（1）高速公路的各级管理机构及沿线设施一般均建设在公路两侧，沿公路呈线状分布。一般通信站都设置在收费站或管理所的所在地，所以通信站的地理位置实际上在公路建设时已基本确定，即不能随意选址设站。

（2）高速公路的管理体制一般采取分级管理、集中控制调度，高速公路通信网的网络结构为树形结构。此外，各级管理机构与公路沿线各地有关部门及上级机关也必须保持通信联络的畅通，因此高速公路通信系统是以内部通信为主，并进入电信公用网。

（3）在高速公路管理处、管理所、服务区、收费站、收费（分）中心、监控（分）中心等机构之间，以及外场监控设备与监控（分）中心之间需进行语音、数据、图像等各类信息的传输和交换。此外，为及时处理交通事故，进行交通调度指挥，有关部门必须和巡逻车等保持通信联络。因此，高速公路通信系统应是以有线通信为主，并采用移动通信等多种通信手段的综合通信系统，并且要有高的可靠性，系统每天24h不间断运行。

9.1.2 道路通信系统的特殊性

1）地域的特殊性

管理站、通信设施必须沿道路线性分布，在地理位置上可选择的机会较小。

2）专用性

道路通信以内部通信系统为主，大部分时间用于处理交通内部业务；并入公用通信网为辅，用于特殊情况与外界的联系。

3）有线通信为主，其他形式为辅

数字、音频、视频信息量庞大，必须依赖有线网络传输；地域狭长，需保持灵活的通信方式。

9.2 道路通信系统设计

9.2.1 设计基本原则与设计目标

9.2.1.1 设计基本原则

进行高速公路通信系统设计时，必须遵循以下的基本原则：

（1）符合国家及行业现有技术规范、标准和政策，统一规划、分期实施、逐步完善，充分满足高速公路网络管理与安全保障的需要。

（2）技术选择上有适当超前意识与可持续发展思想，既要考虑高速公路管理部门的经济承受能力，又要考虑到新生业务和技术的发展。

（3）通信系统应具有可升级性、兼容性和冗余性，既能满足近期联网通信的实际需要又能为未来发展预留业务接口与扩展空间。

（4）充分考虑整个网络的先进性与经济性，所采用的设备应具有成熟可靠、标准统一和可操作性强的特点，以便于维护和更换，达到降低营运成本的目的。

9.2.1.2 设计目标

根据高速公路通信系统的通信层次，结合各省高速公路综合通信专用网（简称省专用网）的实际情况，高速公路通信系统的设计可以分两个层次来考虑，即省专用网和各路段通信系统。各路段通信系统的设计应该在省专用网规划的指导下进行，以利于全省联网和管理，而省专用网则随着各路段通信系统的建成逐步完善。

1）省专用网的设计目标

（1）实现省高等级公路管理局与省内高速公路各路段管理处的通信联网，建立交通管理部门内部综合通信专用网。

（2）根据交通行业管理的要求，专用网应确保语音、数据及图像等各类信息准确及时地传输，在专用网内部建立电话交换网、数据传输系统、图像传输系统和无线移动通信系统。

（3）干线通信以数字光纤通信为主，数字微波通信为辅，采用 SDH 系列设备，构筑数字同步传输网。

（4）以数字程控交换机为核心，建立数字交换网。不仅能满足电话业务的要求，而且能实现数据交换、调度指挥、电话会议等各种功能，并且适应 ISDN（综合服务数字网）的标准。

（5）方案设计起点要高，积极采用高新技术，方案统一设计，采用统一的技术标准，便于分期实施和联网，留有充分余量，便于扩容和升级。

2）路段通信系统的设计目标

（1）为本路段公路管理及收费、监控系统提供不间断的通信手段，保证实时的语音、数据、文字和图像通信，并有足够的能力适应综合通信系统的扩展。

（2）数字程控交换系统具有话音、数据综合通信能力，并能在今后适应综合服务数字网的要求。

（3）能满足远期扩容及省专用网、电信公用网的联网要求。

（4）全线配置独立的应急电话系统，构成本路段专用安全电话网。

9.2.2 高速公路通信系统的通信层次

高速公路通信系统可分为以下 3 个通信层次：长途网、地区网和用户网。

1）长途网

长途网包括各路段管理处与省管理局及各管理处之间的通信，属主干线通信。网内主要是省局与各管理处之间的纵向业务，包括电话、数据报表、电视会议等。其特点是通信业务量小，通信距离长。

2）地区网

地区网包括各路段管理处与所辖管段内的管理所、收费站、服务区等部门之间的通信，属区间通信。由于我国高速公路的管理体制基本上是以路段为单位，由各路段管理处具体负责该路段的运营管理，实施收费、交通监控和调度，所以通信业务主要为路段内部通信。其特点是通信业务量大，业务种类多，通信距离中等。

3）用户网

用户网是路段内各通信站与该站服务范围内各类用户之间的通信，属站内通信。其特点是通信业务量大，通信距离短，实时性强。

由于高速公路各站、所的地理位置是沿公路呈线状分布，因此由长途网和地区网共同组成了主干线传输系统。

9.2.3　道路通信系统组成及功能

9.2.3.1　道路通信系统组成

高速公路通信系统一般由数字程控交换系统、光纤数字传输系统、接入网系统、光电缆系统、紧急电话系统、移动通信系统、通信管道系统、通信电源系统八大系统联合组成，其负担着高速公路联网调度通信的任务，是高速公路机电系统的"服务系统"，也是最重要的系统之一，它是高速公路其他系统的有力基础保障。通信系统为全线业务电话，以及监控、收费系统图像、数据传输提供传输通道，所有的监控图像和收费数据必须依靠通信系统作为基础进行传输。

9.2.3.2　道路通信各子系统功能

1）数字程控交换系统

数字程控交换系统是以数字程控交换机为核心的通信网，能实现传输和交换的数字化。其主要功能是：

（1）完成高速公路管理部门各单位点对点的语音、传真、数据和图像的传输。

（2）实现管理中心和下属单位一点对多点的同时通信。

（3）实现与上级业务管理部门和外界社会的通信。

作为数字程控交换系统的核心设备，数字程控交换机的主要任务是接续用户间的话路，其实质上是通过计算机的"存储程序控制"来实现各种接口的电路接续、信息交换及控制、维护、管理功能。

2）光纤数字传输系统

光纤数字传输系统的主要功能是为高速公路沿线设施（程控交换机、业务电话等）之间提供话务通信，为监控，收费系统的数据、传真、图像等非话业务提供传输通道。基本的光纤数字传输系统由光发射机、光纤线路和光接收机3部分构成，其功能如下：

（1）光发射机的主要功能是把输入电信号转换为光信号，并用耦合技术把光信号最大限度地注入光纤线路。

（2）光纤线路的功能是把来自光发射机的光信号，以尽可能小的畸变和衰减传输到光接收机。

（3）光接收机的功能是把从光纤线路输出、产生畸变和衰减的微弱光信号转换为电信号，并经放大和处理后恢复成发射前的电信号。

目前，高速公路光纤数字传输系统大部分采用同步数字系统。

3）接入网系统

接入网位于交换端局和用户端之间，是由业务结点接口和相关的用户网络接口之间的一系列传送实体（如线路设施和传输设施等）组成的，它可以支持各种交换型和非交换型业务，并将这些业务流组合后沿着公共的传送通道送往业务结点。其主要功能有如下5个：

（1）传送功能　提供由多接段（馈送段、分配段、引入段等）组成的公共传送通道，并完成不同传输媒体间的适配。具体功能包括复用、交叉、物理媒体提供等。

（2）核心功能　完成用户网络接口承载体或业务结点接口承载体公共承载体的适配，如复用和协议处理等。

（3）用户端口功能　完成用户网络接口的特定要求、核心功能和系统管理功能的适配，如信令转换、A/D转换、用户网络接口承载信道和承载能力的处理。

（4）业务端口功能　完成业务结点接口的特定要求至公共承载体的适配，提供核心功能处理；同时提取相关信息提供系统管理调用处理。

（5）系统管理功能　通过维护管理接口或中介设备与电信管理网接口，协调接入网各种功能的提供、运行和维护，包括培植和控制、故障检测和指示、性能数据采集等。同时还通过业务结点接口协议实现业务结点操作功能，通过用户网络接口协议实现用户终端的操作功能。

4）通信电源系统

作为各种通信系统中必不可少的组成部分，通信电源系统的主要任务是安全、可靠、高效、稳定、不间断地向通信系统提供能源。

5）紧急电话系统

紧急电话系统是为高速公路使用人员提供的一个直接呼救求援的专用通信系统，该系统主要功能是为高速公路使用者和管理者（驾驶人、执勤人员等）提供发生事故、车辆抛锚或其他故障的通报途径，以使高速公路管理部门能够及时处理，从而保障高速公路的畅通及安全。

6）移动通信系统

高速公路移动通信系统主要作用是为满足巡逻、灾情、事故报告、调度等功能。

7）通信管道与光电缆系统

光电缆线路是高速公路通信系统的主要传输介质和神经，是通信系统运行的基础。通信管道是高速公路铺设光电缆线路的重要通道，其主要功能是保证光电缆的安全，并使之便于系统的维护。目前，高速公路机电系统使用的通信管道主要有PVC管、HDPE双壁波纹管、HDPE硅芯管和钢管等。对于光缆、电缆线路，目前高速公路长距离传输主要使用光缆，短距离传输主要用铜轴电缆。

9.2.4　光纤数字传输系统

9.2.4.1　准同步数字系统与同步数字系统

同步数字系统传输系统是在准同步数字系统(Plesiochronous Digital Hierarchy, PDH)的基础上发展起来的,是目前国内外广泛应用的成熟的光纤传输技术。我国高速公路通信系统除早期采用准同步数字系统传输系统外,后期基本上是采用同步数字系统。同步数字系统由于兼容准同步数字系统,具有标准的信息结构等级(STM–1、STM–4、STMT–16等)、网络单元有标准的光接口可在光路上互通等优点,并被单条高速公路通信系统所广泛采用。但它也有自身的缺点,如只是一种简单的点到点传输,一种简单的复用过程,网络启动后即建立固定传输链路,固定的多复用、带宽利用率低等。尤其是标准的SDH是针对电信公用网设计的,更适应于以语音业务为主的电信网。

9.2.4.2　同步数字系统主要技术

1) 同步数字系统技术组成

(1)ATM技术　异步传输模式(Asynchronous Transfer Mode, ATM)是一种全新的网络技术,1991年ATM被ITU—T确认为宽带综合业务数字网(B–ISDN)的传送模式。ATM cell(信元)、ATM VC(虚连接)和ATM switch(交换)构成了ATM的三大技术基础。ATM技术已是一个拥有标准化的技术细则,成熟可靠的多媒体通信网路的全球标准。ATM以其高带宽、低延时和适应性强等特点已成为新一代网络技术的代表。与其他的通信网络技术相比,ATM的主要特点有:业务质量保证(Quality of Service, QOS),ATM能针对连接提供QOS保障;具有简单的、固定长度的短数据包——信元(Cell);统计时分复用(异步性)、带宽利用率高;具有面向连接的交换方式、传送差错处理、高层数据流控制的功能。

ATM作为实现宽带综合服务数字网的核心技术,其适应性极强。它可以应用到从LAN到WAN的各种领域,以及从数据传输到音频、视频传输的各种应用中。同时,伴随ATM的迅速发展,ATM不但大量被作为骨干网技术,而且可以经济地支持端到端的连接。因此ATM技术最适合于作为高速公路通信系统及其联网的技术。

(2)IP技术　IP迅速发展主要是源于Internet的迅速普及,它是位于开放系统互联(Open System Interconnection, OSI)七层模型的网络层(Network Layer)上,即第三层技术。IP技术面向无连接、屏蔽了不同网络的底层实现,采用统一的地址格式和协议,使得异种网络互联只要在IP层取得一致即可交换信息。同时,TCP/IP协议族提供良好的应用程序接口(API),使得用户在此基础上可自主开发大量应用软件。IP的业务专长是非实时型的数据。由于IP包的长度不是固定的[不像ATM中的cell固定为53 B(字节)],长信息包和短信息包中的信息打包、拆包延时差别很大,从而引起了较大延时抖动,不太适于高速公路通信系统中的语音和视频等实时业务。对于单条高速公路系统而言只有收费计算机网络是基于IP,其他业务都需转换才基于IP,视频业务通过网络编译码器(具有 IP 地址),语音通过 IP 网关。然而由于高速公路通信业务接入分散,接入成本太高,因而 IP 技术目前暂不适应单条高速公路通信系统。对于区域内高速公路联网收费通信网路,由于作为骨干网业务接入点少,且以收费计算机网络为主,IP 技术不失为一种好的选择。

(3)网络技术的融合 目前的网络技术朝着数字化、宽带化、传输光纤化、分组化的方向上发展。任何网络技术都具有独特的优点才能生存和发展,但也不能排除自身的局限性,于是出现了各技术的互通结合,产生了各种重叠模型和集成模型,如 ATM Over SDH、IP Over ATM、IP Over SDH、IP Over WDM。

ATM Over SDH 是利用 SDH 的大容量、光纤传输与稳定可靠的带有自愈和迂回路由的网络结构作为 ATM 交换核心的基础。其技术是将 ATM 信元打包成 SDH 帧(ATM 信元映射到 SDH 的 VC – 4 容器中)在 SDH 上进行传输,即利用了 ATM 面向连接的快速交换能力,提供 QOS 保障;又利用 SDH 可靠的传输特性。因此从性能、价格和发展态势综合考虑,目前 ATM Over SDH 技术是高速公路通信系统及其联网技术的首选。

IP Over ATM 技术的方式是只对数据流的第一个数据包进行路由地址处理,按路由转发。随后按以计算的路由在 ATM 网上建立虚电路(VC),以后的数据包沿着 VC 以直通(Cut Through)方式进行传输,不再经路由器,从而将数据包的转发速率提高到第二层交换的速度。

IP Over SDH 技术是以 SDH 网络作为 IP 数据网络的物理传输网络。它使用链路适配及成帧协议对 IP 数据包进行封装,然后按字节同步的方式把封装后的 IP 数据包映射到 SDH 的同步净荷封装(SPE)中,按各次群相应的线速率进行连续传输。IP Over SDH 又称 Packet Over SDH 或 PPP Over SDH,它保留了 IP 面向非连接的特性。

光波分复用(Wavelength Division Multiplexing,WDM)技术是在一根光纤中能同时传输多个波长的光信号的一种技术。从光通信技术发展趋势看 SDH/SONET 在不久的将来必然让位于 WDM 技术。IP Over WDM 是一种最简单、直接的体系结构,省掉了中间 ATM 层与 SDH 层(IP 直接在光路上传输),简化了层次,减少了网络设备,从而减少了功能重叠。减轻了网管复杂性,同时降低了额外开销,提高了传输效率。

高速公路通信系统是集语音、图像和数据一体的多媒体数字传输系统。SDH 作为成熟、稳定的光纤传输技术,在今后一段时间里仍将广泛应用于单条高速公路的通信系统中,但随着高速公路联网收费和路网集中监控的到来,在高速公路通信系统及其联网技术中 ATM Over SDH 无疑是首选,而宽带 IP(IP Over ATM、IP Over SDH、IP Over WDM 等)技术将是未来交通专用通信网的发展趋势。图 9-1 所示为某高速公路的光纤数字传输系统。

2)SDH 光线数字传输网络性能要求

(1)误码率 误码率是传输网络中一向非重要的指标,在 280km 和 50km 同步数字传输网络假设参数数字段(HRDS)的误码性能要求,应满足表 9-1 和表 9-2 所列的要求。

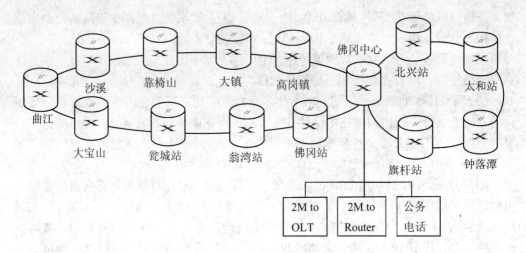

图 9-1　某高速公路光线传输设备系统

表 9-1　280km HRDS 误码设计指标

数字传输速率/(kbit/s)	2048	155520	622080
误块秒比(ESR)	6.16×10^{-5}	2.464×10^{-4}	(待定)
严重误块秒比(SESR)	3.08×10^{-6}	3.08×10^{-6}	3.08×10^{-5}
背景误块比(BBER)	3.08×10^{-7}	3.08×10^{-7}	1.54×10^{-7}

表 9-2　50km HRDS 误码设计指标

速率/(kbit/s)	2048	155520	622080
误块秒比(ESR)	6.16×10^{-5}	2.464×10^{-4}	(待定)
严重误块秒比(SESR)	3.08×10^{-6}	3.08×10^{-6}	3.08×10^{-5}
背景误块比(BBER)	3.08×10^{-7}	3.08×10^{-7}	1.54×10^{-7}

(2)同步光缆线路系统接口　同步光缆线路系统接口有支路接口、光纤线路接口、外同步接口、工作站接口和使用者接口等。各接口要求如下。

①支路接口。2.048Mbit/s 符合 YD/T 877—1996《同步数字体系(SDH)复用设备和系统的电接口技术要求》规定。

②光线路接口。应满足《光接口参数规范》(STM-1 和 STM-4)的规定。

③外同步接口。符合 YD/N 121—1999《SDH 传送同步网定时的方法规定》TMN 接口:Q 接口符合 ITU-TM.310 建议的要求。

④工作站接口。F 接口。

⑤使用者接口。64kbit/s 接口。

⑥保护切换。小于 50ms。

9.2.4.3 接入网系统

目前最先进的高速公路通信系统组网技术就是对现代接入网技术的应用,接入网技术特别适用于高速公路的特点就在于路线长,使用用户不多,对数据要求高。高速公路一般采用华为公司的 NONET 综合业务接入网技术。

HONET 综合业务接入网技术在硬件上要求由光纤线路终端(Optical Line Terminal,OLT)设备、光纤网络单元(Optical Network Unit,ONU)设备和接入网网管系统(Access Network – Network Management System,AN – NMS)设备组成,完成接入网的业务接入、传输和网络管理三大功能。

接入网是介于本地交换机业务结点(SNI)和用户终端(UNI)之间的网络,其原理框图与结构组成框图分别如图 9-2、图 9-3 所示。综合业务接入网技术系统采用自愈环结构,由于接入网的各个环的通信站物理上为线形布置,为了使接入网系统的板卡保持一致,在逻辑结构不变的情况下,接入网环上各站实际采用跳站连接,以便各光口的传输距离尽可能一致。通信中心设置一套光纤线路终端设备,在其他的各通信站设置光纤网络单元,并连接成一个自愈环。设置在通信中心的光线路终端设备,通过 2Mbit/s 的接口连接 SDH 系统的 ADM 设备,通过 V5.2 接口连接程控数字交换机,并为本地的收费系统和监控系统提供通信接口。各光纤网络单元设备则为各通信站提供程控电话业务(包括业务电话、指令电话和传真业务),同时为收费系统和监控系统提供通信接口。

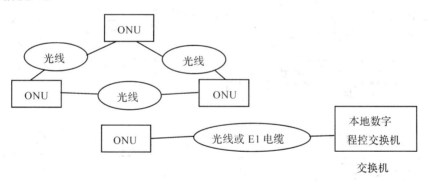

图 9-2 接入网结构原理图

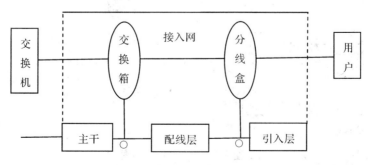

图 9-3 接入网组成原理图

9.2.4.4　基本的网络拓扑结构及 SDH 网络的整体层次结构

1) 基本的网络拓扑结构

SDH 网是由 SDH 网元设备通过光缆互连而成的，网络节点(网元)和传输线路的几何排列就构成了网络的拓扑结构。网络的有效性(信道的利用率)、可靠性和经济性在很大程度上与其拓扑结构有关。

网络拓扑的基本结构有链形、星形、树形、环形和网孔形，如图 9-4 所示。

(1)链形网　此种网络拓扑是将网中的所有节点一一串联，而首尾两端开放。这种拓扑的特点是较经济，在 SDH 网的早期用得较多，主要用于专网(如铁路网)中。

(2)星形网　此种网络拓扑是将网中一网元作为特殊节点与其他各网元节点相连，其他各网元节点互不相连，网元节点的业务都要经过这个特殊节点转接。这种网络拓扑的特点是可通过特殊节点来统一管理其他网络节点，利于分配带宽，节约成本，但存在特殊节点的安全保障和处理能力的潜在瓶颈问题。特殊节点的作用类似交换网的汇接局，此种拓扑多用于本地网(接入网和用户网)。

(3)树形网　此种网络拓扑可看成是链形拓扑和星形拓扑的结合，也存在特殊节点的安全保障和处理能力的潜在瓶颈。

(4)环形网　环形拓扑实际上是指将链形拓扑首尾相连，从而使网上任何一个网元节点都不对外开放的网络拓扑形式。这是当前使用最多的网络拓扑形式，主要是因为它具有很强的生存性，即自愈功能较强。环形网常用于本地网(接入网和用户网)、

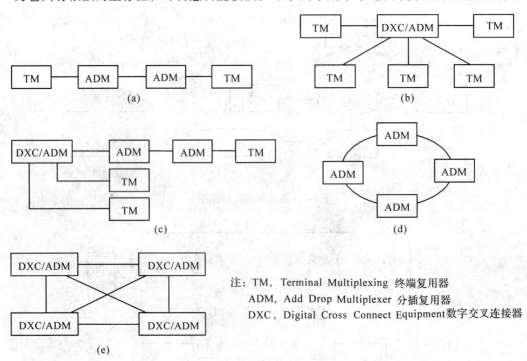

图 9-4　基本网络拓扑图

(a)链形　(b)星形　(c)树形　(d)环形　(e)网孔形

局间中继网。

(5)网孔形网 将所有网元节点两两相连，就形成了网孔形网络拓扑。这种网络拓扑为两网元节点间提供多个传输路由，使网络的可靠更强，不存在瓶颈问题和失效问题。但是由于系统的冗余度高，必会使系统有效性降低，成本高且结构复杂。网孔形网主要用于长途网中，以提供网络的高可靠性。

当前用得最多的网络拓扑是环形和链形，通过二者灵活组合，可构成更加复杂的网络。

目前高速公路光纤数字通信网大多都采用环形自愈网。网络主要由多芯光缆、分插复用和交叉连接复用等器件组成，在光路由排布和交换应用方面起到更为重要的作用，通信系统一般设有信息站、有人管理站和无人站 3 种。

2)SDH 网络的整体层次结构

同 PDH 相比 SDH 具有巨大的优越性，但这种优越性只有在组成 SDH 网时才能完全发挥出来。

传统的组网概念中，提高传输设备利用率是第一位的，为了增加线路的占空系数，在每个节点都建立了许多直接通道，致使网络结构非常复杂。而现代通信的发展，最重要的任务是简化网络结构，建立强大的运营、维护和管理(OAM)功能，降低传输费用并支持新业务的发展。

我国的 SDH 网络结构分为 4 个层面，如图 9-5 所示。

第一层(最高层)面为长途一级干线网，主要省会城市及业务量较大的汇接节点城市装有 DXC 4/4，其间由高速光纤链路 STM – 4/STM – 16 组成，形成了一个大容量、高可靠的网孔形国家骨干网结构，并辅以少量线形网。由于 DXC4/4 也具有 PDH 体系的 140Mbit/s 接口，因而原有的 PDH 的 140Mbit/s 和 565Mbit/s 系统也能纳入由 DXC4/4 统一管理的长途一级干线网中。

第二层面为二级干线网，主要汇接节点装有 DXC4/4 或 DXC4/1，其间由 STM – 1/STM – 4 组成，形成省内网状或环形骨干网结构并辅以少量线性网结构。由于 DXC4/1 有 2Mbit/s、34Mbit/s 或 140Mbit/s 接口，因而原来 PDH 系统也能纳入统一管理的二级干线网，并具有灵活调度电路的能力。

第三层面为中继网(即长途端局与市局之间以及市话局之间的部分)，可以按区域划分为若干个环，由 ADM 组成速率为 STM – 1/STM – 4 的自愈环，也可以是路由备用方式的两个点环。这些环具有很高的生存性，又具有业务量疏导功能。环形网中主要采用复用段倒换环方式，但究竟是 4 纤还是 2 纤取决于业务量和经济性的比较。环间由 DXC4/1 沟通，完成业务量疏导和其他管理功能。同时也可以作为长途网与中继网之间以及中继网和用户网之间的网关或接口，最后还可以作为 PDH 与 SDH 之间的网关。

第四层(最低层)面为用户接入网。由于处于网络的边界处，业务容量要求低，且大部分业务量汇集于一个节点(端局)上，因而通道倒换环和星形网都十分适合于该应用环境，所需设备除 ADM 外还有光用户环路载波系统(OLC)。速率为 STM – 1/STM – 4，接口可以为 STM – 1 光/电接口、PDH 体系的 2Mbit/s、34Mbit/s 或 140Mbit/s

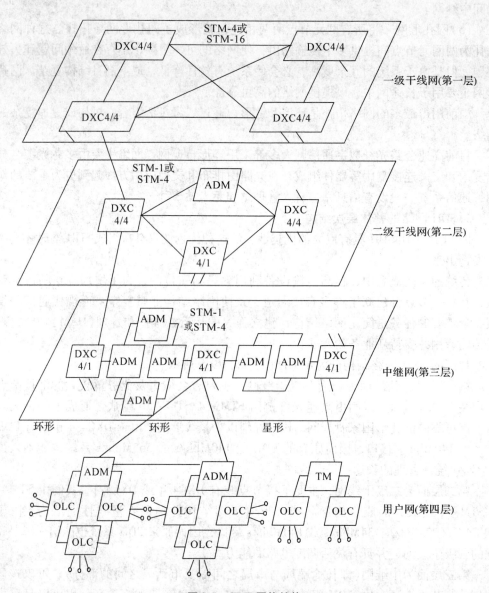

图 9-5　SDH 网络结构

接口、普通电话用户接口、小交换机接口、2B + D 或 30B + D 接口以及城域网接口等。

　　用户接入网是 SDH 网中最庞大、最复杂的部分，它占整个通信网投资的 50% 以上，用户网的光纤化是一个逐步的过程。我们所说的光到路边（FTTC）、光纤到大楼（FTTB）、光纤到家庭（FTTH）就是这个过程的不同阶段。目前在我国推广光纤用户接入网时必须要考虑采用一体化的 SDH/CATV 网，不但要开通电信业务，而且还要提供 CATV 服务，这比较适合我国国情。

9.2.4.5 关键设备介绍

1) 分插复用器

分插复用器(ADM)是复用器族的一种，是 SDH 网中应用最广的设备。ADM 是一种光电设备，上半部为接口区，包括与外界连接、测试和电源等接口；下半部为设备各种模块的安装区，各种模板对号插入。其中，线路卡实现电/光和光/电转换，恢复电信号和完成开销处理；交换矩阵实现上/下支路或直通连接；支路卡实现信号汇接并对信号进行处理，每支路卡装有 16 个 2Mbit/s 支路；通信卡处理数据通信通道及接口协议，实现网元间或与网管系统间的信息传输。控制卡完成对 ADM 的各种功能控制；辅助卡实现各种测试；电源卡提供需要的电源电压。所有卡均用主/备用制，出现故障时，通过倒换保持系统正常工作。它利用时隙交换原理，可将 PDH 和 SDH 任何阶次的接口信号，不需逐级组合或分解，直接从 STM 信号模块中分出或插入，即具有支路—群路(上/下路)、群路—群路(直通)和支路—支路(交叉)的连接能力。公路专用通信系统利用它组成环形自愈网，增加了使用灵活性，也大大提高了网络生存能力。

2) 数字交叉连接设备

数字交叉连接(DXC)设备具有 ADM 的基本功能，并扩展了配线、保护/恢复、监控和网络管理等多种功能的智能化传输节点设备。DXC 有多个 PDH 或 SDH 端口，对具有不同端口速率的信号可进行可控连接和再连接的设备，它的使用给通信网带来巨大的灵活性、智能性和经济性，在网络管理与保护、线路调度、特种业务提供(如广播)等方面起着十分重要的作用。

3) 光接口

SDH 的重要特点是有统一的光接口。它是在光纤通道上确定两个重要的接点，在这两个参考点上，规定了与它们相连接的光发射端机、光通道和先接收设备据点应具有的最低性能参数值。

9.2.5 程控数字交换系统

程控数字交换系统是有线固话网络系统，是利用有线资源传送模拟信号的系统，在公网系统里，多用一个汇接局和多个端局组成复合型环型数字通行网，各局交换机之间利用中继相连。高速公路程控交换网络是大型专用网络，按规划各省按路段划分，各路段设端口局，省中心设中心网管，各路段利用 No.7 号信令实现省内联网，将来省际间也将实现联网。高速公路交换系统具备了分布广，网络覆盖面积大，线路长，运行稳定的特点。目前高速公路交换系统还不具备对公众放号的条件，待日后网络建设完备，条件具备之时，各营运管理部门也可考虑对公众放号充分利用先期投资的富余资源，回收投资成本。

专网与公网的连接采用分散方式，各路段交换机建议以用户方式就近与当地市话局相连，采用模拟中继方式进入公用网，负责完成本地电信部门的入网要求。

9.2.5.1　程控数字交换机的基本组成

程控数字交换机是指用计算机来控制的交换系统，它由硬件和软件两大部分组成。这里所说的基本组成只是它的硬件结构。图 9-6 是程控交换系统的基本组成框图，它的硬件部分可以分为话路和控制两个子系统。整个系统的控制软件都存放在控制系统的存储器中。

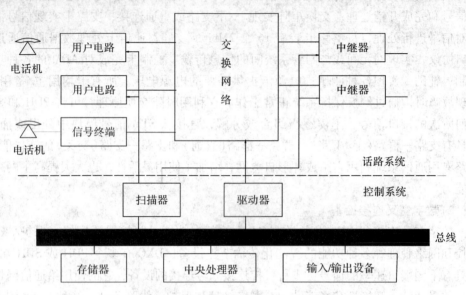

图 9-6　程控交换系统的基本组成框图

1）话路系统

话路系统由交换网络、用户电路、中继器和信号终端等几部分组成。交换网络的作用是为话音信号提供接续通路并完成交换过程。用户电路是交换机与用户线之间的接口电路，它的作用有两个，一是把模拟话音信号转变为数字信号传送给交换网络；二是把用户线上的其他大电流或高电压信号（如铃流等）和交换网络隔离开来，以免损坏交换网络。中继器是交换网络和中继线之间的接口，中继器除具有与用户电路类似的功能外，还具有码型变换、时钟提取、同步设置等功能。信号终端负责发送和接收各种信号，如向用户发送拨号音、接收被叫号码等。

2）控制系统

控制系统的功能包括两个方面：①对呼叫进行处理；②对整个交换机的运行进行管理、监测和维护。控制系统的硬件由扫描器、驱动器、中央处理器、存储器、输入输出系统等几部分构成。扫描器是用来收集用户线和中继线信息的（如忙闲状态），用户电路与中继器状态的变化通过扫描器送到中央处理器中（CPU）。驱动器是在中央处理器的控制下，使交换网络中的通路建立或释放。该中央处理器可以是普通计算机中使用的 CPU 芯片，也可以是变换机专用的 CPU 芯片。存储器负责存储交换机的工作程序和实时数据。输入输出设备包括键盘、打印机、显示器等；从键盘可以输入各种指令，进行运行维护和管理等；打印机可以根据指令或定时打印系统数据。

控制系统是整个交换机的核心，负责存储各种控制程序，发布各种控制命令，指挥呼叫处理的全部过程，同时完成各种管理功能。由于控制系统担负如此重要的任务，为保证其完全可靠地工作，提出了集中控制和分散控制两种工作方式。

所谓集中控制是指整个交换机的所有控制功能，包括呼叫处理、障碍处理、自动诊断和维护管理等各种功能，都集中由一部处理器来完成，这样的处理器称为中央处理器，即 CPU。基于安全可靠起见，一般需要两片以上 CPU 共同工作，采取主备用方式。

分散控制是多台处理器按照一定的分工，相互协同工作，完成全部交换的控制功能，如有的处理器负责扫描，有的负责话路接续。多台处理器之间的分工方式有功能分担方式、负荷分担方式和容量分担方式 3 种。

9.2.5.2　程控数字交换系统的功能

高速公路程控交换系统的功能强大，一般具有如下功能：①自动振铃回叫；②缩位拨号；③热线服务；④呼叫转移；⑤呼出限制；⑥呼叫等待；⑦三方通话；⑧免打扰，闹钟等新业务。

现代程控交换机基本满足高速公路对通信的需求，高速公路通信网可将缩位拨号功能用于紧急呼叫功能，如利用缩位功能将监控中心的报警电话设置成 99 或 111 等能让人方便熟记的号码，使紧急呼叫更方便、更快捷。可利用呼出限制呼叫转移等功能加强高速公路专用通信网管理，利用热线服务功能开通车道对讲，实现大站对小站管理的功能，也有利用热线功能实现路侧紧急电话功能。

程控数字交换机是现代数字通信技术、计算机技术和大规模集成电路相结合的产物。它集先进硬件与完美软件于一身，与机电交换机相比，具有一些突出的优点。

(1)体积小、功耗低，设备体积只有机电交换机的 1/8～1/4，可压缩机房面积，节省投资。

(2)易于扩展功能，通过修改软件能扩展交换机功能，向用户提供新的服务。

(3)工作稳定可靠、维护方便，大规模集成电路和专用芯片保证高可靠性和自动诊断功能。

(4)易于和数字终端、数字传输系统连接，为发展综合服务数字网奠定基础。

9.2.5.3　高速公路程控数字交换系统的组网

高速公路基本是采用中兴、华为 C&C08 等新一代局用交换机，构成了全线的业务电话系统和指令电话系统；专网内交换机互连采用 7 号信令或其他信令，使得系统内用户透明连接，统一编号；与当地市话采用通用模拟中继连接。高速公路程控交换机系统包括 C&C08 程控交换机、维护终端、计费终端、话务台以及话机等设备。图 9-7 为广韶高速公路的乘客交换系统组成图。

(1)由华为 C&C08 程控交换模块组成路段的语音数据一体化通信网络平台。

(2)模拟用户接口连接普通 DTMF 电话机和紧急电话控制台。

(3)话务台或指令电话通过 ISDN 数字用户接口连接。

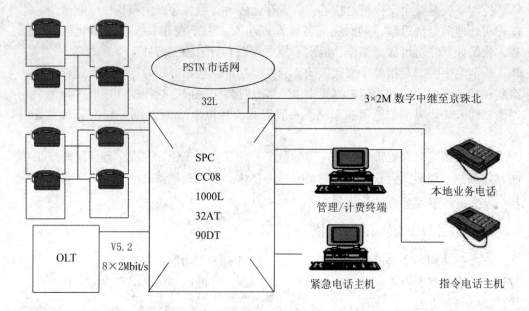

图 9-7　广韶高速公路程控交换系统组成图

（4）V5 中继用以连接 OLT 和下面各收费站的 ONU 进行业务连接和交换。

（5）模拟中继 ATO 用以和电信局等公用通信网络连接语音业务。

9.2.5.4　交换机的运行

下面以华为 C&C08 产品系列为例进行讲解。

1）ASL 模拟用户板

提供 16 路模拟用户接口，其运行说明如表 9-3 所示。

表 9-3　ASL 模拟用户板运行说明

灯名	颜色	说　明	含　义	正常状态
RUN	红色	运行状态指示灯	1s 亮/1s 灭周期闪烁：工作正常 快闪：工作异常	1s 亮/1s 灭周期闪烁

2）DRV 双音驱动板

提供 16 路 DTMF 信号，其运行说明如表 9-4 所示。

表 9-4　DRV 双音驱动板运行说明

灯名	颜色	说　明	含　义	正常状态
RUN	红色	运行状态指示灯	1s 亮/1s 灭周期闪烁：工作正常 0.5s：单板上电加载或复位命令后自检	1s 亮/1s 灭周期闪烁

3）SIG 信号音板

提供交换机所需的所有信号音（64 种信号音）及放录，其运行说明如表 9-5 所示。

表 9-5 SIG 信号音板运行说明

灯名	颜色	说　明	含　义	正常状态
RUN	红色	电源指示灯	亮：正常工作	亮
W/B	绿色	主备用指示灯	主用亮/备用灭	亮/灭
REC	绿色	录音灯	录音时闪烁	灭

4）NET 交换网板

提供会议电话、主叫电话识别功能。其运行说明如表 9-6 所示。

表 9-6 NET 交换网板运行说明

灯名	颜色	说　明	含　义	正常状态
RUN	红色	DSP 状态指示灯	1s 亮/1s 灭周期闪烁：工作正常	亮
W/B	绿色	主备用及锁相状态指示灯	亮：该板主用，时钟锁相正常 快闪：该板主用，时钟锁相异常 灭：该板备用	亮/灭

5）CKV - B 型机时钟驱动板

实现主控框到各所属框（用户框、中继框等）的差分时钟驱动。它只有一个状态指示灯，红色，+5V 电源指示灯，常亮表示电源正常，常灭表示电源异常。

6）DTR - 接入网收号器

接收、识别人中继的 DTMF 信号，并将结果上报主机；具有同时处理 16 路 DTMF 信号的能力。共有 17 个指示灯，一个红灯，其余为绿灯。其运行说明如表 9-7 所示。

表 9-7 DTR 接入网收号器运行说明

灯名	颜色	说　明	含　义	正常状态
1（RUN）	红色	运行指示灯	1Hz 闪烁：单板运行正常	1Hz 闪
2～17	绿色	收号器占用指示灯	亮：对应的收号器占用 灭：对应的收号器释放	亮/灭

7）ALM - B 型机告警板

完成机架行列告警灯驱动，提供机房环境硬件接口，完成电源和机房环境设备状态的收集，并警告信号发送至告警箱。其运行说明如表 9-8 所示。

表 9-8 ALM - B 型机告警板运行说明

灯名	颜色	说　明	含　义	正常状态
RUN	红色	运行指示灯	快闪：单板未开工 1s 闪：正常	1Hz 闪
LD1	绿色	PCI 板与 ALM 数据收发指示灯	亮：PCIB 板与 ALM 数据收发 灭：无数据收发	亮

（续）

灯名	颜色	说　明	含　义	正常状态
LD7	绿色	除 PCI 板外的设备与 ALM 串口数据收发指示灯	亮：除 PCI 板外的设备与 ALM 串口数据收发 灭：无数据收发	亮
LD2 ~ LD6	绿色	无意义	—	—

8）MPU 通用 32M 内存主控板

完成主控框、右板框、EMA 板 3 路数据，地址控制信号的隔离缓冲驱动；产生各单板和主控框的控制信号。其运行说明如表 9-9 所示。

表 9-9　MPU 通用 32M 内存主控板运行说明

灯名	颜色	说　明	含　义	正常状态
RUN	红色	运行指示灯	闪烁：常	闪烁
MUI	黄色	主用指示灯	亮：本板工作	亮/灭
BUI	绿色	备用指示灯	亮：本板工作，注意无法操作各类单板，除 EMA 板	灭/亮
DPE	黄色	数据存储器写保护指示灯	它受板上的第 5 个拨码开关控制，当其处于 ON 时灯亮，否则灭。其含义是主机程序可以将数据备份到数据 Flash 数据存储器中去	亮/灭
DWR	绿色	数据存储器写进行指示灯	当该灯处于亮状态时，表示主机程序正在向数据 Flash 中写入数据。当该灯处于闪烁状态时，表示主机程序正在向数据 Flash 中写入数据未成功，数据保护失败	灭
PPE	黄色	程序存储器写保护指示灯	它受板上的第 6 个拨码开关控制，当其处于 ON 时灯亮，否则灭。其含义是 BIOS 可以将程序备份到程序 Flash 数据存储器中	灭
PWR	绿色	程序存储器写进行指示灯	当此灯亮时 BIOS 正在将程序备份到程序 Flash 数据存储器中	灭
LAD	黄色	加载灯	当该灯处于亮状态时，表示主机处在等待加载状态；当该灯处于闪烁状态时，表示主机处于加载过程中；加载成功后，BIOS 会灭掉此灯，否则点亮此灯再次请求加载	灭

9）EMA 双机倒换板

具有"监视双机工作状态，主备 CPU，控制双机倒换，协调双机数据备份和透传"的功能。其运行说明如表 9-10 所示。

表 9-10　EMA－双机倒换板运行说明

灯名	颜色	说　明	含　义	正常状态
RUN	红色	EMA 板运行灯	1s 亮/1s 灭：工作正常	闪
A/B	暗红	主用机指示灯	A 机主用亮；B 机备用灭	亮/灭
ACT	绿色	A 机主用灯	A 机主用亮	亮/灭
SBY	暗红	A 机备用灯	A 机备用亮	灭/亮
OUT	绿色	A 机离线灯	A 机离线亮	灭
ACT	暗红	B 机主用灯	B 机主用亮	亮/灭
SBY	绿色	B 机备用灯	B 机备用亮	灭/亮
OUT	暗红	B 机离线灯	B 机离线亮	灭

10）NOD 主节点板

NOD 板各主节点板提供主机与各单板（从节点）进行高层通信的通道。其运行说明如表 9-11 所示。

表 9-11　NOD 主节点板运行说明

灯名	颜色	说　明	含　义	正常状态
VCC	红色	电源指示灯	亮：工作正常	亮
NOD0	绿色	0 号主节点运行灯	1s 亮/1s 暗：工作正常	闪
NOD1	绿色	1 号主节点运行灯	1s 亮/1s 暗：工作正常	闪
NOD2	绿色	2 号主节点运行灯	1s 亮/1s 暗：工作正常	闪
NOD3	绿色	3 号主节点运行灯	1s 亮/1s 暗：工作正常	闪

11）CKS-128 模块时钟板（二级、三级时钟合一）

跟踪外部基准信号，过滤外部基准的抖动、漂移等，使其本身输出的定时信号具有较高的频率准确度和稳定度，为交换机提供一个良好的时钟源。其运行说明如表 9-12 所示。

表 9-12　CKS-128 模块时钟板运行说明

灯名	颜色	说　明	含　义	正常状态
RUN	红色	运行指示灯	2s 闪：工作正常 0.25s 闪：工作异常	2s 闪
ACT	绿色	主备用状态灯	常亮：主用 常灭：备用	亮/灭
MOD	绿色	CKS 板工作方式指示灯	灭：自由振荡 快闪：快捕 慢闪：跟踪 常亮：记忆	视运行情况而定
+12V	绿色	电源指示灯	常亮：工作正常	亮

12) TSS 测试板

提供对交换机测试的接口和通道，完成外线线路测试、模拟用户内线线路测试、模拟话机测试、数字用户内线测试、数字用户终端测试、告警收集和转发等。其运行说明如表 9-13 所示。

表 9-13 TSS 测试板运行说明

灯名	颜色	说 明	含 义	正常状态
RUN	红色	运行指示灯	单板工作时亮	亮
FAIL	绿色	自检指示灯	自检时该灯亮	灭
+12V	绿色	电源指示灯	常亮：工作正常	亮
−12V	绿色	电源指示灯	常亮：工作正常	亮
+5V	绿色	数字 +5V 电源灯	数字 +5V 电源正常时亮	亮
−5V	绿色	模拟 +5V 电源灯	模拟 +5V 电源正常时亮	亮

13) ATO-16 路环路中继板

提供 16 路中继接口，实现极性检测、铃流检测、测试电路、保护电路、单元控制电路。其运行说明如表 9-14 所示。

表 9-14 ATO-16 路环路中继板运行说明

灯名	颜色	说 明	含 义	正常状态
RUN	红色	运行指示灯	用来指示运行状态	亮
FAIL	绿色	自检指示灯	自检时该亮	灭

14) DTM-E1 数字中继板

提供 2 路 E1（32 时隙）PCM 接口与其他交换机相连；为不同接口提供链路。其运行说明如表 9-15 所示。

表 9-15 DTM-E1 数字中继板运行说明

灯名	颜色	说 明	含 义	正常状态
RUN	红色	运行指示灯	1s 闪：单板运行正常 灭：DTM 与 NOD 通信失败	1s 闪
CRC1	绿色	第 1 路 CRC4 检验出错指示灯	亮：第 1 路 CRC4 检验出错 灭：表示检验正常	灭
LOS1	绿色	第 1 路信号失步指示灯	亮：第 1 路信号失步 灭：信号正常	灭
SLP1	绿色	第 1 路信号滑帧指示灯	亮：第 1 路信号有滑帧 灭：信号正常	灭
RFA1	绿色	第 1 路信号远端告警指示灯	亮：第 1 路信号远端告警 灭：信号正常	灭
CRC2	绿色	第 2 路 CRC4 检验出错指示灯	亮：第 2 路信号 CRC4 检验出错 灭：表示检验正常	灭

(续)

灯名	颜色	说　明	含　义	正常状态
LOS2	绿色	第2路信号失步指示灯	亮：第2路信号失步 灭：信号正常	灭
SLP2	绿色	第2路信号滑帧指示灯	亮：第2路信号有滑帧 灭：信号正常	灭
RFA2	绿色	第2路信号远端告警指示灯	亮：第2路信号远端告警 灭：信号正常	灭
MOD	绿色	工作方式指示灯	亮：表示DTM工作在CAS(1号信令)方式 灭：表示DTM工作在CCS(7号信令)方式	灭

9.2.6　移动通信系统

　　所谓移动通信是指移动体与固定体或另一移动体之间的信息交换，它必须采用无线方式。在高速公路的运营管理中，无论是养护管理、路政管理还是交通管理，都离不开移动通信。所以建立高速公路专用的移动通信系统是十分必要的。

　　在我国已建成的高速公路上已建立了一些专用移动通信系统。但是无论是简单的单信道一呼百应系统及改进的选呼系统，还是后来发展的多信道自动拨号系统，都属于传统的专用移动通信系统。其特点是信道"专有"，即用户在通话过程中，双方使用的频率是固定的。因此用户一旦选择了某一信道，那么它只能在这一信道上工作，直到通信结束。如果这一信道被占用，无法选择其他空闲信道，就会出现阻塞。所以，其最大的缺点是：频率利用率低，有些信道出现阻塞，从而降低通信质量。无线电频率是宝贵财富，要充分利用有限的频率资源。为此，交通运输部有关文件明确规定以800MHz集群系统作为交通专用移动通信网的主要通信方式之一。因此，本节主要介绍集群移动通信系统。

9.2.6.1　集群移动通信系统的组成

1)集群的概念

　　"集群"是专用业务移动通信系统高层次发展的形式，是针对传统的专用移动通信系统的缺点而产生的。"集群"是英文Trunking或Trunked的意思。Trunking的含义是："系统具有的全部可用信道可为系统全体用户服务，具有自动选择信道的功能。"它是共享资源、分担费用、共享信道设备和改善服务的多用途、高效能的无线调度系统。具体地说，是指有限个通信信道在中心控制台的控制下，自动地、动态地、最优地指配给系统内全部用户使用。其中的关键是中心控制台按动态信道指配的方式将系统内信道分配给要通话的用户通信。

2)组网方式

　　集群移动通信系统的组网方式大致可分为以下4类：

　　(1)单区、单点、单中心网络。

　　(2)单区、多点、单中心网络。

（3）多区、多中心网络。

（4）多区、多层次、多中心网络。

这里所谓的"中心"是指具有控制、交换功能并能和有线电话网联结的移动通信中心，所谓"点"是指具有无线电信号收发功能的基地站。中心、基地站和用户终端结合在一起，再加上连接它们的有线和无线信道，就组成了一个移动通信网。

根据高速公路的实际情况，一个路段往往需采用单区、多点、单中心网络（图9-8），全省高等级公路集群移动通信网则需采用多区、多中心网络（图9-9），后者实际上是前者进行组合联网。所以，这里重点介绍一下单区、多点、单中心网络。以一个高速公路路段为无线服务区，设一个控制中心和若干个基站，每个基站所覆盖的服务区域应为沿公路带状区。整个服务区为沿公路链状区（图9-10）。控制中心一般设在该路段管理处，往往和该路段通信分中心在同一地点，控制中心可通过用户线或中继线与 PABX 连接。在沿路隧道等路段或地形复杂地区，可以在基站区内增设800MHz 直放中继站，以减少通信盲区，从而延伸基站的通信范围。

3）设备组成

（1）移动台　包括车载台、便携台和手持台，由收发信机、控制单元、天馈线（或双工器）和电源组成。

（2）调度台　包括有线和无线调度台两种。无线调度台由收发信机、控制单元、天馈线（或双工器）、电源和操作台组成。有线调度台除操作台外，还包括与控制中

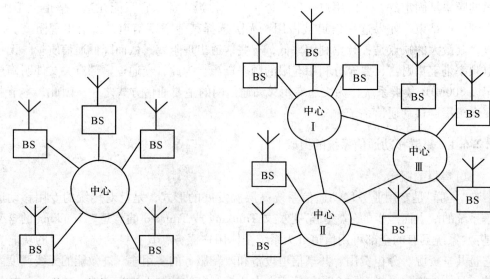

图9-8　单区、多点、单中心网络　　　图9-9　多区、多中心网络

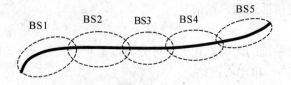

图9-10　高速公路链状无线服务区

心的接口设备。

（3）基站　由若干转发器、天馈线系统和电源等设备组成。天馈线系统包括接收天线、发射天线、馈线和天线共用器。天线共用器包括发信合路器和接收多路分路器。

（4）控制中心　包括系统控制器、系统管理终端和电源等设备。它由无线接口电路、交换矩阵、集群控制逻辑电路、有线接口电路、监控系统、电源和微机组成。

（5）区域控制中心　区域控制中心的设备主要是多区控制器。

4）频率配置

（1）工作频段　800MHz 频段：806 ~ 821MHz（移动台发、基站收）；851 ~ 866MHz（基站发、移动台收）。

（2）频道间隔　相邻频道间隔为 25kHz 标称频率的最后 3 位有效数字为 12.5、37.5、62.5、87.5（单位为 kHz）。

（3）双工收发间隔　双工收发间隔为 45MHz。

（4）发射标识　发射标识为 16k0F3E。

（5）频道分配　按照 CCIR 901 报告，集群系统的频率配置采用互调最小的等间隔频道配置，主要减少区域之间和区域内部的互调产物。

9.2.6.2　集群移动通信的主要性能指标

1）业务种类

以通话为主，也可传输数据信息。

2）每个基站区内的容量

（1）频道个数为 5 ~ 20。

（2）对于集群调度系统，每频道至少有 70 个移动台。对于连接用户交换机或市话端局的集群系统，根据话务量和网络的实际运行情况，每频道的移动台数应适当减少。

3）语音传输质量指标

（1）无线调度网内的语音传输质量指标

①调度网内的语音传输质量以音频带内的信噪比[（信号 + 噪声）/噪声]来表示。

②移动用户与有线调度台通话时，在调度网中的音频带内信噪比≥20dB（标准测试音测试）。

（2）接入市话网的语音传输质量指标

①语音传输质量以音频带内的信噪比来表示。

②移动用户与市话用户通话时，移动用户到控制中心音频输出端的音频带内信噪比为 25 ~ 29dB（标准测试音测试）。

4）排队标准

等待时间超过 15s 的概率应小于 0.3。

5）调度网内的传输衰耗

移动用户与控制中心音频输出端之间的传输衰耗应小于或等于 4.5dB，移动用户与市话端局之间的传输衰耗应小于或等于7dB。

6）覆盖区边缘的无线可通率

对于市区、近郊区及高密度用户地区，调度网覆盖区边缘的无线可通率要求不低于90%；对于低密度用户地区；调度网覆盖区边缘的无线可通率可根据当地实际情况设计，但最低不得小于50%。高速公路专用集群移动通信网一般应要求沿公路带状区域的无线可通率不低于90%。

7）同频道干扰保护比

接收机射频输入端同频道干扰保护比应≥8dB。

9.2.6.3　集群移动通信系统的基本功能

1）使用功能

（1）基本业务　进行语音通信，传输数据信息、状态信息和传真。

（2）呼叫方向　主台（调度台）到用户组（群）、用户台到主台、用户台到用户组（群）、PABX或PSTN市话有线用户到移动用户或相反，实现有/无线互连。

（3）呼叫类型　个别呼叫（单呼）、组（群）呼、全呼（通播）、电话呼叫。呼叫有优先等级，紧急呼叫为最高优先级，可根据系统内用户情况分成若干级。

2）系统入网功能

（1）主要功能　入网时间短，任一用户按下PTT后0.5s即可接入话音信道、呼叫申请自动重拨、繁忙排队/回叫、紧急呼叫优先、限时通信。

（2）可选功能　包括新用户优先、动态重组、位置登记及漫游功能、连续性更新指令、系统寻找和锁定。

3）系统维护管理功能

（1）主要功能　包括监视系统通信忙闲状态、基站无人值守、自动检测系统和设备的故障并显示、计费、发射机故障自动关闭、接收机遇干扰自动关闭、系统自检和其他功能。

（2）可选功能　通话记录和计费、发射机故障自动关闭、接收机遇干扰自动关闭、系统自检和其他功能。

9.2.6.4　信令及控制频道方式

1）无线信令

无线信令是基站与移动台之间为建立呼叫而传送的各种信令。无线信令采用数字信令所占用的射频带宽不得超过正常通话时的标称带宽。

2）控制中心与基站之间的信令

控制中心与基站之间信令的传输速率采用1200bit/s、2400bit/s、3600bit/s或4800bit/s。

3）控制中心与区域控制中心之间的信令

控制中心与区域控制中心之间的数据传输速率可采用2400bit/s、4800bit/s或9600bit/s。

4)集群系统与用户交换机或市话网之间的信令

(1)以中继线方式接入用户交换机或市话网的信令方式

①局间直流线路信令。采用实线中继传输时，线路信令、直流脉冲信令、局间直流信令标志时，应符合 GB 3379—1982《电话自动交换网局间直流信号方式》的相关规定。

②局间带内单频脉冲线路信令。采用频分或时分复用中继传输时，线路信令应符合 GB 3376—1982《电话自动交换网带内单频脉冲线路信号方式》的相关规定。

③局间数字型线路信令。采用 PCM 数字中继传输时，线路信令应符合 GB 3971.2—1983《电话自动交换网局间中继数字型线路信号方式》的相关规定。

④局间多频记发器的信令。多频记发器信令应符合 GB 3377—1982《电话自动交换网多频记发器信号方式》的规定。

(2)以用户线接入用户交换机或市话网的信令方式

①用户信令方式。直流拨号脉冲信号、多频信号应符合 GB 3378—1982《电话自动交换网用户信号方式》的相关规定。

②铃流和信号音。铃流和信号音符合 GB 3380—1982《电话自动交换网铃流和信号音》的相关规定。

5)控制频道配置方式

800MHz 集群通信系统的控制频道配置方式分为专用频道方式和随路信令方式，两种方式均采用数字信令。

(1)专用控制频道方式　专用控制频道方式是设一个控制频道(信令频道)专用于传送信令，其余频道为语音频道，故又称为集中式控制信道方式。控制频道可由控制中心定时轮流更换。在频道数少的情况下，当语音频道全忙时，控制频道可作语音频道使用，只要某一语音频道出现空闲，此空闲语音频道作为新的控制频道。

(2)随路信令方式　基站中每个频道都完成信令传输、接续和通话，故又称分布式控制方式。

在分布控制方式的集群系统中每个基地台(转发器)都配有智能控制器，负责信道控制和信号的转发。一般采用亚音频随路信令，这种方式的优点是接续时间短，信令简单，设备可靠性高，扩展容量简单，向上兼容，但功能较少，适用于中小规模系统。

由于高速公路集群移动通信系统一般均属于中小规模系统，所以宜采用分布控制方式，采用低速数字信令，即所谓 LTR(Logic Trunked Radio)信令。

9.2.7　数据传输

9.2.7.1　业务分类

高速公路通信系统的数据传输业务主要有收费系统数据传输、监控系统数据传输、管理部门之间报文传送三大类。各类业务的特点如下：

(1)收费系统数据传输　数据定时发送；每次数据量较大；允许数据延迟小；对数据准确性要求高。

（2）监控系统数据传输　数据随机发送；每次数据量小；数据实时性强，不允许延迟；数据准确性要求最高。

（3）管理部门之间报文传送　数据随机发送；每次数据量大：允许数据延迟；允许纠错重发。

9.2.7.2　传输方式及传输质量

针对各类业务的特点可确定其传输方式，选择相应的传输信道，以获得不同的传输质量。

1）收费系统

收费车道—收费站计算机网络，一般可采用计算机局域网。传输方式为直达专线（同轴电缆或双绞线）。

收费站—收费分中心—收费中心计算机网络，组成计算机广域网。传输方式为①直达专线：通信电缆或 PCM 专用音频传道；②电路交换：进入 PABX。

2）监控系统

外场监控设备—监控站：一般采用点对点异步通信方式。传输方式为直达专线（通信电缆）。

监控站—监控分中心—监控中心计算机网络，可与收费系统计算机一起分别组成站局域网和路段广域网。传输方式为直达专线（通信电缆线 PCM 专用音频信道）。

3）管理部门间报文传送

传输方式为可采用经 PABX 电路交换或分组交换。

4）传输质量

当采用直达专线方式时，点对点误码率优于 1×10^{-8}；采用经 PABX 分组交换方式时，点对点误码率优于 1×10^{-7}；采用经 PABX 电路交换方式时，点对点误码率优于 1×10^{-5}。

9.2.8　电视图像传输

9.2.8.1　交通 CCTV 监控图像传输

为了对道路的交通状况进行实时监视，高速公路监控系统一般在交通量密集路段、主干线立交附近，以及主线收费广场等处设置交通监视摄像机，图像信号一般传送至监控站进行监视，重点路段的还需传送至监控中心进行监视。

CCTV 监控系统信号的传输媒质可以是电缆、光缆，也可采用无线微波。目前，在高速公路通信系统中一般均采用光缆，在个别情况下也采用无线微波。在传输距离较近时，可采用模拟传输方式；当传输距离较长时，则应采用数字传输方式。

这里仅讨论 CCTV 监控系统信号采用光缆传送时的情况。

（1）模拟彩色图像传输线路指标（端到端）有：

①信噪比：54dB（加权）

②微分频率特性：$\pm(1 \sim 2)$dB

③微分增益：≤10%

④微分相位：≤3°

⑤群时延失真：±90ns

采用以上指标可满足实时交通监视的要求。

（2）从监视点到附近监控站监视器的 CCTV 监控系统信号传送，由于传输距离较近，一般在 2km 以下，可采用基带模拟光缆传输方式，所用光缆一般应独立于主干光缆，通常为直埋铺设。

（3）监视点的 CCTV 监控系统信号传送到监控分中心，如果传送距离小于 30km，可由通信站转发经主干光缆，采用 PFM 视频光缆传送。所以，在主干光缆中应留有传送 CCTV 视频信号用的光纤。大于 30km 的远距离传送若采用模拟方式传输时，为保证图像质量，要采用中继器，有时还需采用多级中继，这样不仅造价高，而且图像传输性能变差。

此外可采用数字传输方式，即监控站的图像信号经数字化且压缩编码后转换成数字图像信号，再采用数字图像光端机经光缆传送，也可采用光通信系统的数字信道进行传送。由于高速公路通信系统的主干线传输一般均采用数字光纤传输系统，显然应采用光通信系统的数字信道进行传送，这样可省去专用的光纤图像传输线路。

（4）视频数字传输码速率的选择：根据对传输信道和图像质量的要求，数字压缩编码图像信号可以是速率为 34 368kbps 的码化广播电视信号，也可以是速率为 2048kbps 的码化会议电视信号。而 SDH 系列光通信系统可提供符合 CCITT 703 建议的 34 368kbit/s 和 2048kbit/s 的标准接口。

考虑到交通监视图像图面背景变化小的特点，可采用较大的压缩比编码，采用码速率为 2048kbit/s 的码化会议电视信号，图像质量能满足实时交通监视的要求。由于码化会议电视信号所占带宽小，因此可大幅度降低对信道的占用。

9.2.8.2 会议电视系统

（1）会议电视是通过通信网络传送视觉信息召开会议的一种通信方式，它不仅可传送声音，而且可传送文件、图表及会场情景。

CCITT 于 1990 年 11 月通过了 H.261 建议。该建议对于信号格式采取中间格式（CIF）以解决不同彩色电视制式互通问题。压缩编码方法：采用帧间预测运动补偿与帧内 DCT（整数离散余弦变换）的混合方式，对传输的数据格式等都做了明确的规定。

（2）会议电视系统的主要技术要求如下：

①会议电视压缩编解码设备应支持 CCITT H.320 标准。

②视频编解码算法符合 CCITT H.261（P×64）建议。

③进入数字通信网 2048kbit/s PG 接口符合 CCITT G.732 建议。

④图像分辨率为 352×38（像素）。

⑤具有符合 RS-232C 的控制口，数据传输速率为 1.2kbit/s。

（3）高速公路通信系统的远期工作目标应在系统内建成全分配、图像交换，具有语言、文字、图像综合传输能力的 CCTV 监控系统和会议电视系统，CCTV 监控系统可覆盖到各监视点；会议电视可覆盖到各路段管理处及有关业务部门。综合实现 CCTV 监控系统和会议电视的图像传输，有效地利用数字光纤传输系统的信道，可充分发挥 SDH 系统的优越性。采用图像压缩编码技术，经压缩改变编码后的电视图像信号在 2Mbit/s 的数字信道中传送。该传输方式的最大优点是可利用现成的传输信道，不必专门建立图像光纤传输线路；而且信道调度灵活，图像切换方便，在图像质量上也能满足交通监视和会议电视的要求。虽然目前图像编码终端设备价格较贵，但可以预计，随着技术的发展和应用的普及，其价格会不断下降，综合比较性能价格比，该传输方式是可取的。

本章小结

本章主要介绍道路通信系统工作原理及通信设施的使用要求。由于高速公路通信系统的重要性，本章对高速公路相关的多种通信技术进行了深入浅出的分析和介绍，由于通信技术领域的专业术语相对较强，读者在学习本章时可能存在一定的难度，在具体的学习过程中，可以根据自己实际情况，有详有略地学习。重点放在同步数字传输系统和程控数字交换系统技术的应用，对通信技术细节可以适当降低要求。

思考题

1. 高速公路需要传输的信息按用途可分为哪几大类？
2. 简述通信系统中数据的传输流程。
3. 简述 SDH 设备组成及 ATM 交换系统功能结构构成。
4. 简述程控交换机的突出优点。
5. 阐述高速公路通信系统网络设计方法。

参考文献

[1] 中华人民共和国行业标准. 高速公路监控系统技术要求[S]. 北京：人民交通出版社，2012.

[2] 段国钦，孙穗，梁华. 高速公路机电系统运行与维护手册[M]. 北京：人民交通出版社，2006.

[3] 刘廷新，于爱国，朱东辉. 高速公路监控通信管理[M]. 北京：人民交通出版社，2005.

[4] 杨志伟，罗宇飞. 高速公路机电系统管理[M]. 北京：机械工业出版社，2011.

[5] 梁国华，马荣国. 交通工程设计理论与方法[M]. 北京：人民交通出版社，2002.

[6] 张智勇，朱立伟. 高速公路机电系统新技术及应用[M]. 北京：人民交通出版社，2008.

[7] 李俊利. 交通工程设施设计[M]. 北京：人民交通出版社，2001.

[8] 杨兆升. 智能运输系统概论[M]. 北京：人民交通出版社，2003.

[9] 孟祥海，李洪萍. 交通工程设施设计[M]. 哈尔滨：哈尔滨工业大学出版社，2008.

[10] 中华人民共和国交通部. 高速公路交通工程及沿线设施设计通用规范[S]. 北京：人民交通出版社，2006.

[11] 张智勇，朱传征. 公路机电工程检测技术[M]. 北京：人民交通出版社，2008.

[12] 胡启洲，王海涌，刘英舜. 道路交通安全态势监控的测定方法[M]. 北京：科学出版社，2012.

第 10 章
道路照明设计

[本章提要]

道路照明设计是道路设计的重要环节，本章主要介绍道路照明设计的相关理论。要求了解道路照明评价指标与照明标准，了解道路照明光源、灯具的特点以及设计要点；重点掌握道路照明设计的内容，设计步骤以及相应的照明计算；熟悉隧道照明设计原则、要求；同时能对道路照明的供电方式、控制方式以及监控进行正确理解。

10.1　概述

道路照明就是要把路面照亮到能看清障碍物的轮廓，从而将良好的视觉信息传递给道路使用者，改善夜间行车条件，减轻驾驶人疲劳，达到提高通行能力，减少交通事故的目的，同时有助于美化市容。

一般认为公路很少需要照明，除非在一些危险的地方，如交叉路口、长桥梁、隧道以及路侧有干扰的地段。这是由于大部分现代化公路设计成敞开式的横断面和相当高级的平、纵面线形，这样能够最大程度地利用汽车头灯照明，从而减少公路全线固定式照明的需要。在城市道路上，通常配置连续照明。在高速公路上，于互通式立交桥处、收费站附近和个别路段，采用局部照明。

10.1.1　行车必要的视觉条件

驾驶人在驾车行进的过程中所要完成的作业是十分复杂的，其中与道路照明关系密切的主要包括以下内容：按照既定路线行驶时要进行长时间执行的动作，要在尽可能短的时间里做出有关超车或躲避障碍物的决定，在尽可能短的时间内判断出其自身在道路车流中的位置，了解是否有其他车辆进入或准备进入他所在的行车道，了解本车与周围其他车辆的相对位置关系，了解道路形式、道路设施以及交通信号标志等。

　　驾驶人所进行的操作作业主要是为了达到如下几个目的：停车(制动)、调整车速以及调整车辆在道路上的横向位置。完成不同的动作需要有不同的执行距离，其中"停车"所需要的执行距离最长，要让驾驶人操控的车辆能够在障碍物前停车，就必须保证让他在足够远的距离之外发现障碍物，这一距离称之为视距。视距不应小于制动距离，其中包括观察时间和反应时间所对应的距离以及实际的制动距离。车辆行驶的速度越高，所需要的视距就越大。这表明，要想让驾驶人能够安全地停车，就应该保证让他在视距或视距以外能够准确地获得有无障碍物的视觉信息。

　　因此，为保证驾驶人安全、迅速、舒适地驾车行驶，必须为其创造一个良好的视觉条件。使其在视距之外能获得一系列的相关信息包括：

　　(1)道路上有无障碍物或行人，如果有，位于何处？

　　(2)道路宽度、线型和构造。

　　(3)道路上是否存在特殊场所(交叉路口等)及其所在位置。

　　(4)路面的状况，有无缺陷损伤，它们位于何处。

　　(5)是否有同时使用该道路的其他车辆，它们的种类和运行速度。

　　(6)道路外围设施状况(如道路标志等)。

　　(7)如果前方道路上没有任何障碍物时，能够得到确切的"无障碍物"的信息。

10.1.2　道路照明系统的功能

10.1.2.1　诱导功能

　　沿着道路恰当地安装灯杆、灯具，可以给驾驶人提供有关道路前方走向、线型、坡度等视觉信息，称其为照明设施的诱导性。合理的道路照明布局，可以给驾驶人提供前方道路方向、线型等视觉信息，使照明设施具有良好的诱导性。

　　虽然视觉诱导性不能用光度参数来表示，但它也是道路照明质量评价的一个重要因素。照明设施应能提供良好的诱导性，使驾驶人在一定距离外能够立刻辨认这条道路的方向。它对交通安全和舒适所起的作用犹如亮度水平或眩光控制一样重要。此外，它与驾驶人的视觉功能和视觉舒适都有关系。

10.1.2.2　分流作用

　　道路照明是防止夜间发生交通事故最为有效的手段之一。设置道路照明还可提高车速，减少运行时间，并使昼夜交通流的分布发生变化，吸引车辆在夜间行驶，有效地减轻白天高峰期的拥挤程度，提高道路的使用效率。

10.1.2.3　美化环境

　　合理的照明设计，还具有美化环境，改善景观的作用。图 10-1(a)人行天桥上的照明，在满足功能需要的同时，也注重了景观效果。图 10-1(b)建筑周边小路上的街灯为道路使用者提供了照明，又与建筑夜景相呼应，构筑了和谐的整体环境。图 10-1(c)道路照明也能创造美妙的城市夜景。图 10-1(d)道路照明灯具设在交通环岛环形道路

（a）　　　　　　　　　　　　　（b）

（c）　　　　　　　　　　　　　（d）

（e）　　　　　　　　　　　　　（f）

图 10-1　道路照明图

的外侧，有效显现了环岛外形和路缘。在环岛边缘设置的一圈低位照明灯具，强调了环岛边线，起到了提示作用，也具有一定的景观效果。图 10-1（e）公园小径的步道灯，通过选择光色特性、配光方式及安装位置，为通道和座椅提供了适宜的光照，也让绿地和树木体现出自然的形貌，形成了让人愉快的氛围。图 10-1（f）林荫旁的道路照明形成了良好的景观效果。

10.1.3　照明设计的基本原则与要求

　　道路照明如设置不当，则有可能成为交通事故新的诱发因素。因此，在照明设计中，除应达到要求的照度外还应具有良好的照明质量。

10.1.3.1 照明设计的基本原则

进行道路照明设计时，应遵循下列原则：

(1)数量和质量指标 根据现行标准的要求来选择确定道路照明的数量和质量指标。这些指标包括路面亮度(或照度)水平、亮度(或照度)均匀度、眩光控制等级、环境比等，此外还应考虑保证照明设施必须具有良好的诱导性。

(2)投资合理 在保证满足照明功能要求的前提下，选择比较经济的设计方案。

(3)节约电能 在方案设计、照明器材设备的选择、照明系统的控制方式以及运行管理等方面都应体现出节能的思想和原则。

(4)保护环境 道路照明不应破坏城市的夜晚环境、不应干扰城市居民的工作和生活、不应影响其他的城市功能、不应妨碍其他需要在夜晚进行的工作。

(5)维护和管理 设计方案要方便日后使用中的维护和管理。

(6)装饰性和景观效果 在满足照明功能要求的前提下，适当考虑照明系统的装饰性和景观效果，使其达成与城市环境的和谐。

(7)设备和技术 在满足上述诸项原则的基础上，尽量考虑选择先进的设备和技术。

(8)安全 照明设备的运行安全可靠。

10.1.3.2 照明设计的基本要求

照明设计的基本要求为：

(1)车行道的亮度水平(照度标准)适宜。

(2)亮度均匀，路面不出现光斑。

(3)控制眩光，主要避免光源的直接眩光、反射眩光及光幕反射。

(4)良好的视觉诱导性。

(5)良好的光源光色及显色性。

(6)节约电能。

(7)便于维护管理。

(8)与道路景观协调。

10.1.4 照明设计参数及名词定义

10.1.4.1 光与光通量

光源在单位时间内向四周空间发射出使人眼产生光感觉的能量称为光通量，单位为流明(lm)。每瓦特功率完全化为波长(λ)为 0.555μm 的光波时，其光通量为 683lm。部分光源的光通量，见表 10-1 所列。

表10-1　部分光源的光通量

种　类	光通量/lm	种　类	光通量/lm
太阳	3.9×10^{23}	荧光灯(40W)	3300
月亮	8×10^{16}	汞灯(400W)	21500
蜡烛	11.3	低压钠灯(140W)	14000
电石灯	250	高压钠灯(400W)	27000
白炽灯(100W)	1570	碘钨灯(500W)	9750
荧光灯(200W)	1200	镝铊灯(400W)	32000

10.1.4.2　光强

光源在其方向单位立体角内的光通量称为发光强度,即光通量的空间密度,简称光强。部分光源的光强见表10-2,单位是坎德拉(cd),1cd = 1lm/1sr。

表10-2　部分光源的光强

种类	光强/cd	种类	光强/cd
太阳	3.15×10^{23}	荧光灯(20W)	128
月亮	6.4×10^{15}	汞灯(400W)	2660
蜡烛	0.9	荧光灯(40W)	325
白炽灯(100W)	127	汞灯(700W)	3700

10.1.4.3　照度

光通量投射到不同的被照面上,就不同程度地照亮了各个被照面,单位被照面上的光通量称为该表面的照度,单位为勒克斯(lx)。

在照明设计中,照度是最重要的度量单位,其大小表明了被照面的亮度水平。一般人在0.1lx的照度时,能大体看清周围的物体,工作场所的照度在20~30lx为宜,照度在200lx时人感觉最为舒服,视觉不容易疲劳,其相当于太阳光不直接照射的露天地面上的照度。

10.1.4.4　亮度

照射到被照面上的光通量,一部分从被照面反射回来,反映进入眼里便现出物体的像,而引起视觉,被照面单位面积反射到人眼的光通量越大,所引起的视觉就越清楚。亮度即是发光表面在一定方向的发光强度与该方向的投影面面积的比值,其单位为 cd/m^2。

照度与亮度的近似关系为

$$B = \frac{\rho E}{\pi} \tag{10-1}$$

式中:E为照度,lx;B为亮度,cd/m^2;π为圆周率;ρ为反射率。

10.1.4.5 平均照度与平均亮度

平均照度：按照国际照明委员会(CIE)有关规定，在路面上预先设定的点上测得的或计算得到的各点照度的平均值。

平均亮度：按照国际照明委员会(CIE)有关规定，在路面上预先设定的点上测得的或计算得到的各点亮度的平均值。

10.1.4.6 反射率 ρ

从一个微小表面上反射出来的总光通量与投射到其上的总光通量之比，称为反射率，用 ρ 表示。沥青路面 $\rho = 0.1 \sim 0.12$；水泥混凝土路面 $\rho = 0.3 \sim 0.4$。也就是说，在相同照度情况下，水泥混凝土路面的亮度比沥青混凝土路面的亮度高。一般道路照明效果是根据亮度来评价的。

10.1.4.7 光源效率

光源效率是指光源所发出的全部光通量和该光源所消耗的电功率之比，简称光效，单位为 lm/W。

通常电光源所消耗的电功率只有很小一部分转变成了光能，相当大的部分转变成了热能。不同的电光源，其发光效率都不一样，一般电光源功率越大，其效率就越高，见表 10-3 所列。

表 10-3 常用电光源的光效

光源种类	白炽灯	卤钨灯 (≥500W)	高压荧光汞灯 (400W)	荧光灯 (≥40W)	金属卤化物灯 (≥1000W)	高压钠灯 (400W)
光效/(lm/W)	15～18	20 左右	50	60	≥70	80～200

10.1.4.8 色表与色温

人眼直接观察光源时所看到的颜色称为光源的色表。色温是指光波在不同的能量下，人类眼睛所感受的颜色变化。

10.1.4.9 显色性

显色性是指光源照射到物体上的客观效果。如果物体受照的效果和标准光源日光的照射效果相似，则认为该光源的显色性好；如受照物体颜色失真，则该光源的显色性差。如白炽灯的外表颜色是橘黄色，但受照物体颜色却不太失真，说明白炽灯色表虽差，但显色性好。氙灯和金属氯化物灯的色表和显色性都较好。

10.1.4.10 配光曲线

电光源在空间各个方向的发光强度都不相同，且相差较大，在极坐标图上标出各方位的发光强度值，形成的曲线称为配光曲线。图 10-2 为高压钠灯 GNLD—1 的配光

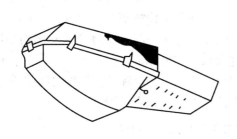
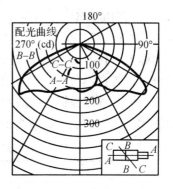

图 10-2 高压钠灯配光曲线

曲线,从图上可看出 B—B 方向与 A—A 方向的光强分布不同,B—B 方向(灯具两侧)的光强分布较宽,最大光强在 55°处。

不同灯具其配光曲线亦不同,配光曲线是照明设计的重要依据之一。

10.1.4.11 利用系数

光源发射的光通量只有一部分照射到路面上,这部分光通量被称为利用的光通量。利用系数即是利用的光通量与光源内发射的光通量之比。

10.1.4.12 维护系数

照明装置使用一段时期后,在规定表面上的平均照度或平均亮度与该装置在相同条件下新安装时在同一表面上所得到的平均照度或平均亮度之比称为维护系数。

10.1.4.13 眩光

由于视野中的亮度分布或者亮度范围的不适宜,或者存在极端的对比,引起不舒适感觉,或者降低观察目标细部的能力的视觉现象称为眩光。

10.2 道路照明评价指标与照明标准

10.2.1 照明评定指标

机动车交通道路照明应以路面平均亮度(或路面平均照度)、路面亮度均匀度和纵向均匀度(或路面照度均匀度)、眩光限制、环境比和诱导性为评价指标。

人行道路照明应以路面平均照度、路面最小照度和垂直照度为评价指标。

10.2.1.1 照明水平指标

行人和汽车驾驶人的视觉作业特点有很大不同。汽车驾驶人总是把注意力集中在汽车前方的路面(偶尔也浏览道路两旁的景物),因此与其关系最密切的是路面亮度(或水平照度)。而行人没有固定的观察目标,与其关系密切的不总是路面水平照度,很多时候是空间照度(当需要识别迎面行人、建筑物或其他环境条件时)。因此,一些国家提出用半球面照度、柱面照度甚至半柱面照度代替水平照度作为一项重要的评价指标。实际上,目前多数国家或国际组织还是把水平照度作为居住区道路照明评价指标,但可以预料在不久的将来会把半柱面照度作为评价指标。

荷兰的费歇乐教授根据现有的水平照度、半球面照度和垂直照度之间的关系,综合出各国和国际组织关于居住区水平照度的推荐值,见表10-4。

表10-4　费歇乐关于居住区水平照度的推荐值

照　度/lx	说　　明
1(最小值)	为了准确地发现障碍物所需要的最低值
5(平均值)	易于确定方位
20(平均值)	富有吸引力的照明,能够认清人的面貌特征

荷兰交通部通过调查158条街道,访问了3000多人(包括普通市民、警察和照明工作者),提出了荷兰的实施标准,其水平照度值为1.5~2lx。

我国的 CJJ 45—2006《城市道路照明设计标准》规定的平均水平照度值为1~2lx。

10.2.1.2　照明均匀度

和汽车相比,行人的速度要慢得多,这意味着行人的眼睛不会用更多的时间来适应亮度的变化,因此对照度均匀度的要求就可以低得多。费歇尔认为,如果最大照度和最小照度之比不超过20∶1,行人就不存在视觉问题。

10.2.1.3　眩光控制指数

因为行人速度比汽车速度低很多,有更多的时间来适应视场中亮度的变化,因而不太可能由于眩光而造成和他行进路上看不见的障碍物发生碰撞,因而眩光问题对行人远没有像对驾驶人那样严重。事实上,灯光有些耀眼倒是常常受到欢迎,因为这有助于产生一种诱人的和生机勃勃的气氛。

限制眩光的一条重要原则是不应该把没有遮挡的裸露灯泡设置在眼睛水平线上,其安装高度应小于1m或大于3m。

10.2.1.4　环境照明系数

对机动车驾驶人而言,其眼睛的一般视觉状态主要取决于路面的平均亮度,但道路周边环境的亮暗会干扰眼睛的一般适应状态。当环境较亮时,眼睛的对比灵敏度会降低,为弥补此损失,需要提高路面的平均亮度;而在相反的情况下,即暗的环境和亮的路面时,驾驶人的眼睛适应了亮的路面,则周边黑暗区域的物体就难以被驾驶人的视觉所接收,因此,在道路周边很暗的情况下,照明需兼顾路边的相邻区域并降低眩光。

环境照明系数 SR,即定义为相邻两根灯杆之间路边 5m 宽区域内的平均照度和道路内由路边算起 5m 宽区域的平均照度的比值。如果路宽小于 10m,则取道路的一半宽度值来计算，一般要求环境照明系数不小于0.5。

评价指标还有：视觉诱导性、光污染、美学要求。

10.2.2　照明参数确定的影响因素

确定道路照明标准时，要综合考虑道路的等级、使用性质、交通量大小及路面反射特性等因素。本章介绍以下两方面的影响因素。

10.2.2.1　视觉感受速度

在交通繁忙的道路上，对人的视觉机能起作用的因素主要是视觉感受速度。当道路照度小于0.5lx时，视觉感受速度很差；随着照度由0.5lx增加到2~3lx时，视觉感受速度有显著的变化；而当照度增大到8~10lx之后，再增大照度，视觉感受速度变化就很缓慢了。因此，照度不宜过小，过大亦无必要。

10.2.2.2　车辆行驶速度

在光线良好的白天因行车速度过高也会影响视觉反应。夜间行车的主要参数来自可视静物，相对速度对驾驶人视觉反应的影响更为严重，对实际车速的正确判断很大程度取决于夜间参照物的亮度。

不同的等级道路，车辆的行驶速度也不同，行驶速度高，驾驶人对道路轮廓，路面标线以及标志设施的可见度要求就高。一般来说，道路车辆行驶速度越高，交通密度越大，道路照明等级就越高。

10.2.3　照明标准

道路照明标准，通常用路面的水平照度值和不均匀度来表示。因而采用路面亮度值作为道路照明标准更为合理。但对一定的路面材料来说，规定的平均照度和平均亮度之间存在着一定的换算关系，故目前大多数国家仍规定以路面水平照度作为道路照明设计的标准。

10.2.3.1　照明设计引用的标准

1) 国际照明委员会(CIE)道路照明推荐标准

到目前为止，CIE共提出过两个版本的道路照明推荐标准，即NO.12出版物《公共道路照明的国际建议》(1965)和NO.12-2出版物《机动交通道路照明的建议》(1977)。CIE《公共道路照明的国际建议》可概括成表10-5，CIE《机动交通道路照明的建议》是在第1版《公共道路照明的国际建议》基础上修改而成的，目的是制定指导公共道路照明的基本原理并推荐某些为大家确认了的数值和技术。该文件主要包括道路交通的照明原理以及根据这些原理而必须装设的固定照明装置的光学特性，如路面亮度、眩光限制和光学诱导。该文件提出了道路照明的评价指标以及各类道路的推荐标准值。

表 10-5   CIE 道路照明的参数建议(维护)值

种类	环境	亮度水平	亮度均匀度		炫光控制	
		平均亮度 /(cd/m²)	亮度均匀度	纵向均匀度	炫光控制 等级	阈值增量 TI/%
A	任意	≥2		≥0.7	≥6	≤10
B₁	亮	≥2		≥0.7	≥5	≤10
B₂	暗	≥1			≥6	≤10
C₁	亮	≥2	≥0.4		≥5	≤20
C₂	暗	≥1			≥6	≤10
D	亮	≥2		≥0.5	≥4	≤20
B₁	亮	≥1			≥4	≤20
B₂	暗	≥0.5			≥5	≤20

2)我国城市道路照明设计标准

CJJ 45—2006《城市道路照明设计标准》将道路划分为 5 级,分别为快速路、主干路、次干路、支路和居住区道路。其中,把迎宾路、通向政府机关的建筑物和大型公共建筑物的主要道路、市中心道路、商业中心的道路列为主干路。道路照明指标有平均亮度、亮度均匀度、炫光限制、诱导性。在我国标准中,完全采用亮度标准有一定的困难,因此,给出了亮度和照度两套指标。

10.2.3.2 机动车道路照明标准

机动车道路照明标准如下所述:

(1)设置连续照明的机动车交通道路的照明标准值应符合表 10-6 的规定。

(2)在设计道路照明时,应确保其具有良好的诱导性。

(3)对同一级道路选定照明标准值时,应考虑城市的性质和规模,中小城市可选择本标准表 10-6 中的低档值。

表 10-6   机动车交通道路照明标准值

级别	道路类型	路面亮度			路面照度		眩光限制 阈值增量 TI 最大 初始值/%	环境比 SR 最小值
		平均亮度 L_{av} /(cd/m²)	总均匀度 U_0 最小值	纵向均匀度 U_L 最小值	平均照度 E_{av} 维持值/lx	均匀度 U_E 最小值		
I	快速路、 主干路	1.5/2.0	0.4	0.7	20/30	0.4	10	0.5
II	次干路	0.75/1.0	0.4	0.5	10/15	0.35	10	0.5
III	支路	0.5/0.75	0.4	—	8/10	0.3	15	—

注:①表中所列的平均照度仅适用于沥青路面。若系水泥混凝土路面,其平均照度值可相应降低约 30%。

②计算路面的维持平均亮度或维持平均照度时应根据光源种类、灯具防护等级和擦拭周期,确定维护系数。

③表中各项数值仅适用于干燥路面。

④表中对每一级道路的平均亮度和平均照度给出了两档标准值,"/"的左侧为低档值,右侧为高档值。

（4）对同一级道路选定照明标准值时，交通控制系统和道路分隔设施完善的道路，宜选择本标准表中的低档值，反之宜选择高档值。

10.2.3.3 交会区照明标准

（1）交会区照明宜采用照度作为评价指标。交会区的照明标准值应符合表10-7的规定。

表10-7 交会区照明标准值

交会区类型	路面平均照度 E_{av} 维持值/lx	照度均匀度 U_E	眩光限制
主干路与主干路交会	30/50	0.4	在驾驶人观看灯具的方位角上，灯具在80°和90°高度方向上的光强分别不得超过30cd/1000lm 和 10cd/1000lm
主干路与次干路交会			
主干路与支路交会			
次干路与次干路交会	20/30		
次干路与支路交会			
支路与支路交会	15/20		

注：①灯具的高度角是在现场安装使用状态下度量。

②表中对每一类道路交会区的路面平均照度给出了两档标准值，"/"的左侧为低档照度值，右侧为高档照度值。

（2）当各级道路选取低档照度值时，相应的交会区应选取本标准表10-7中的低档照度值，反之则应选取高档照度值。

10.2.3.4 人行道路照明标准

（1）主要供行人和非机动车混合使用的商业区、居住区人行道路的照明标准值应符合表10-8的规定。

（2）机动车交通道路一侧或两侧设置的与机动车道没有分隔的非机动车道的照明应执行机动车交通道路的照明标准；与机动车交通道路分隔的非机动车道路的平均照

表10-8 人行道路照明标准值

夜间行人流量	区域	路面平均照度 E_{av} 维持值/lx	路面最小照度 E_{min} 维持值/lx	最小垂直照度 $E_{v\,min}$ 维持值/lx
流量大的道路	商业区	20	7.5	4
	居住区	10	3	2
流量中的道路	商业区	15	5	3
	居住区	7.5	1.5	1.5
流量小的道路	商业区	10	3	2
	居住区	5	1	1

注：最小垂直照度为道路中心线上距路面1.5m高度处，垂直于路轴的平面的两个方向上的最小照度。

度值宜为相邻机动车交通道路的照度值的1/2。

（3）机动车交通道路一侧或两侧设置的人行道路照明，当人行道与非机动车道混用时，人行道路的平均照度值与非机动车道路相同。当人行道路与非机动车道路分设时，人行道路的平均照度值宜为相邻非机动车道路的照度值的1/2，但不得小于5lx。

10.3　道路照明光源、灯具

道路照明光源应具备3个基本持性，一是发光效率要高；二是使用寿命要长；三是要具有适当的显色性。不同光源的特性存在差异，因此，需要根据通路照明的不同地点位置、经济价值，因地制宜地选择光源和灯具。

10.3.1　道路照明常用光源

照明工程中常用的电光源有白炽发光灯、荧光灯、高强气体放电灯三大类。

10.3.1.1　白炽灯

白炽灯的显色性较好且成本低，但光效也低且寿命比较短，仅适宜在简易道路、胡同和小巷使用。

10.3.1.2　荧光灯

荧光灯的光谱成分好，发光面积大，光线柔和，照度比较均匀，较接近自然光源。但在环境温度低时启动困难，故常用于隧道和地铁照明。

10.3.1.3　荧光高压汞灯

高压汞灯采用耐高温、高压的透明石英玻璃做放电管，管内除充有汞外，同时充有2500~3000Pa的氩气以降低启动电压和保护电极；有的还在外泡壳内壁涂上荧光粉，将紫外线转化为可见光，从而成为荧光高压汞灯。

荧光高压汞灯的特点是：光效较高（35~52lm/W）、寿命长、耐震性较好，但显色指数低。可用于街道、广场、车站、码头、工地和高大建筑物等场所作室内外照明。

自镇流荧光高压汞灯是利用汞放电管、钨丝和荧光质3种发光要素同时发光的一种复合光源。钨丝兼作镇流器，因此它使用方便，可用于广场、街道、车间、工地等作室内外照明。其缺点是灯光效较低，耗电也较多，寿命因灯丝而缩短，因此限制了它的使用范围。

10.3.1.4　金属卤化物灯

为了改善高压汞灯的光色，除了涂荧光粉外，还有一种方法是在放电管内充入金属卤化物，可以达到较高的蒸汽压，满足放电要求，同时可以防止活泼金属对石英电弧管的侵蚀。在放电管内充入不同的金属卤化物，可制成不同特性的光源。

金属卤化物灯是一种日光色、发光效率高、寿命长、显色性好的光源,广泛用于工业厂房、体育场馆、展览中心、游乐场所、广场、车站、码头等照明。

10.3.1.5　高压钠灯

高压钠灯是一种高压钠蒸汽放电灯泡,其放电管采用抗钠腐蚀的半透明多晶氧化铝陶瓷管制成,工作时发出金白色光。它具有发光效率高、寿命长、透雾性能好等优点,广泛用于道路、机场、码头、车站、广场、体育场及工矿企业照明,是一种理想的节能光源。

10.3.1.6　光源选择

道路、隧道和广场照明用的光源,应根据光源的光效、光通量、寿命、光色、控制配光的难易程度、使用环境等因素综合比较后确定。

光源的选择应符合下列规定:

(1)快速路、主干路、次干路和支路应采用高压钠灯。

(2)居住区机动车和行人混合交通道路宜采用高压钠灯或小功率金属卤化物灯。

(3)市中心、商业中心等对颜色识别要求较高的机动车交通道路可采用金属卤化物灯。

(4)商业区步行街、居住区人行道路、机动车交通道路两侧人行道可采用小功率金属卤化物灯、细管径荧光灯或紧凑型荧光灯。

10.3.2　道路照明灯具类型与选择

灯具是由光源器件、能使光线散布的反射装置及折射装置、用以支撑和固定光源的灯座、接线柱以及外罩组成的照明体。

灯具的作用主要是把光源的光通量更新分布,使之更多地照射到路面上,以充分利用光能,并防止灯光对人眼的眩目,使之不受直射光线的刺激。灯具的形式直接关系着灯具的间距、照明的均匀度。

10.3.2.1　灯具的分类

灯具按其配光特性可分为3类:

(1)截光型(限制眩光型)　光线分布主要在0°~70°的范围内,不易引起眩光。较适用于道路周围黑暗的高速公路及城市干道。因截光型灯具的配光较窄,为确保照明的均匀度,灯距的纵向间距比较小。

(2)半截光型(半限制眩光型)　光线分布主要在0°~70°的范围内,较适用于周围环境明亮的城市道路。如果灯具的高度及平面布局合理,该种灯具也可消除眩光现象。

(3)非截光型(非限制眩光型)　光线分布上要在0°~80°的范围内,只适用于胡同、小巷。采用非截光型灯具,其间距可较大,节省投资。

10.3.2.2　道路照明灯具选择

道路照明器选择的好坏，会直接影响道路照明工程质量和运行维护管理的经济效益，在对道路照明器的主要结构、特性和技术指标了解之后，就可以选择照明器材。

机动车道照明应采用符合下列规定的功能性灯具：

（1）快速路、主干路必须采用截光型或半截光型灯具。

（2）次干路应采用半截光型灯具。

（3）支路宜采用半截光型灯具。

（4）商业区步行街、人行道路、人行地道、人行天桥以及有必要单独设灯的非机动车道宜采用功能性和装饰性相结合的灯具。当采用装饰性灯具时，其上射光通比不应大于25%，且力学强度应符合现行 GB 7000.1—2002《灯具一般安全要求与实验》的规定。

（5）采用高杆照明时，应根据场所的特点，选择具有合适功率和光分布的泛光灯或截光型灯具。

（6）采用密闭式道路照明灯具时，光源腔的防护等级不应低于 IP54。环境污染严重、维护困难的道路和场所，光源腔的防护等级不应低于 IP65。灯具电器腔的防护等级不应低于 IP43。

（7）空气中酸碱等腐蚀性气体含量高的地区或场所宜采用耐腐蚀性能好的灯具。

通行机动车的大型桥梁等易发生强烈振动的场所，采用的灯具应符合现行国家标准《灯具一般安全要求与实验》所规定的防振要求。

高强度气体放电灯宜配用节能型电感镇流器。功率较小的光源可配用电子镇流器。

高强度气体放电灯的触发器、镇流器与光源的安装距离应符合产品的要求。

10.4　道路照明系统设计

10.4.1　道路照明布局

道路照明布局包括灯具的安装高度、间距、灯具布置等方面，受到许多客观因素的影响，如道路等级、使用性质、交通量、车速、路宽、灯高、电灯功率、绿化、地下管线等，这些因素互相影响，彼此制约。合理的照明布局，应充分发挥照明器的配光特性，使驾驶人看到的前方路面亮度均匀，并尽可能地减少眩光的影响。

10.4.1.1　灯具布置

道路照明设计应根据道路和场所的特点及照明要求，选择常规照明方式或高杆照明方式。

常规照明灯具的布置可分为单侧布置、双侧交错布置、双侧对称布置、中心对称布置和横向悬索布置5种基本方式，如图10-3所示。采用常规照明方式时，应根据

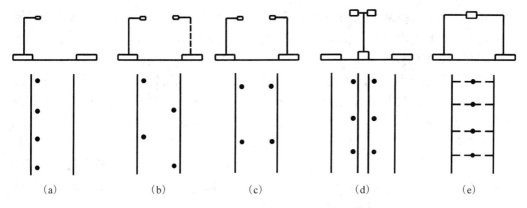

图10-3　常规照明灯具布置的5种基本方式
（a）单侧布置　（b）双侧交错布置　（c）双侧对称布置　（d）中心对称布置　（e）横向悬索布置

道路横断面形式、宽度及照明要求进行选择，并应符合相应要求。

1）立柱式照明

柱式照明灯具排列方式一般有以下4种：

（1）单侧排列　常用于宽度不足15m的一般道路。

（2）中心排列　适用于宽度为12～25m的道路照明。

（3）两侧对称排列　主要用于重要干道、迎宾路等照明。

（4）两侧交错排列　主要用于宽度大于15m的道路上，且在路宽不超过30～40m时，容易获得比较均匀的路面亮度。交错排列视觉诱导性较差，故在郊外公路，尤其是高速公路上不宜采用。

2）高杆式照明

在互通式立体交叉区域，按一般的照明柱排列布置灯具，不能给予驾驶人充分诱导，眩目问题也难以解决，并给驾驶人灯杆林立、一片"光海"的感觉。因此，在这种场合，通常是用高30～40m的高杆照明代替一般的柱式照明。它不仅照亮了道路（路面亮度均匀度极佳），而且可将周围环境照亮，使驾驶人从较远处就能预感到将要接近道路交汇点或互通式立体交叉，对美化环境、增强互通立交的美感也具有积极的效果。此外，由于灯杆位于车道之外，所以维修养护比较方便，不影响正常交通。如今，高杆照明除应用于道路互通立交、收费广场外，已广泛应用于城市中心广场、大型平交路口、码头、运动场、飞机停机坪、站前广场等需要室外大面积照明的场所。

3）悬索式照明

在道路的中央分隔带上纵向设置一系列高度为15～20m的灯杆，在灯杆之间拉上钢丝索，将灯具悬挂于钢索上，这就是在欧洲和日本的高速公路上获得成功应用的悬索照明方式。灯杆的间距一般为50～80m，照明灯具的安装间距约为其安装高度的1～3倍。

悬索照明的优点是：灯具在道路的横断方向上配光容易控制，可以得到极好的路面亮度均匀度。在安装完工后，如需调整路面的亮度或均匀度，也不须花费较多的资金就能办到，且照明灯具排列整齐，有很好的诱导性。此外，因悬索照明的光轴与道路中轴线垂直，可以减少因路面干湿不同而引起的亮度变化，即使在路面比较湿润时，也能保持良好的路面亮度均匀度，而且在雾天不易形成光幕效应。

4）栏杆式照明

栏杆照明是指沿着道路走向，在车道两侧的栏杆上或防护墙上距地面 1m 左右的高度设置灯具，这种照明方式仅适用于道路比较窄、有 1~2 条车道的场合。如果使用在坡度较大的路段或是弯道处，需要特别注意控制眩光。

栏杆照明的优点是不使用灯杆，对环境景观不会产生扰乱性的影响，同时，它在诱导性方面有着自身的优势。其缺点是由于灯具的安装位置较低，容易受到污染和损毁，其维护费用较高，同时，当车辆通过时，会对灯光有遮挡，路面上的亮度均匀性也很差。

使用栏杆照明方式时需要注意控制灯具之间的距离，因为当车辆通过设置了这类照明的道路时，灯具本身或者是灯具在路面产生的反射光会不停地进入和退出驾驶人的视野。这种"进"和"出"以一定频率交替进行，形成闪烁，当闪烁频率为 2.5~15Hz 时，就会使驾驶人感到不舒服，引发其视觉疲劳。

10.4.1.2　照明布局的主要参数

1）灯具安装高度

灯具的安装高度，从限制眩光的角度出发，可按式（10-2）计算。

$$H = 1.6 \sqrt{\frac{F_e}{B} \times 10^{-3}} \qquad (10\text{-}2)$$

式中：H 为灯具的最低安装高度，m；B 为路面设计亮度，cd/m^2；F_e 为灯具的光通量，lm。

在我国《城市道路照明设计标准》中，关于常规照明灯具的配光类型、布灯方式、安装高度和间距的规定见表 10-9。

表 10-9　灯具的配光类型、布灯方式、安装高度和间距的关系

灯具配光类型	截光型		半截光型		非截光型	
布灯方式	安装高度 H/m	间距 L/m	安装高度 H/m	间距 L/m	安装高度 H/m	间距 L/m
单侧布置	$H \geqslant W_{ef}$	$L \leqslant 3H$	$H \geqslant 1.2W_{ef}$	$L \leqslant 3.5H$	$H \geqslant 1.4W_{ef}$	$L \leqslant 4H$
交错布置	$H \geqslant 0.7W_{ef}$	$L \leqslant 3H$	$H \geqslant 0.8W_{ef}$	$L \leqslant 3.5H$	$H \geqslant 0.9W_{ef}$	$L \leqslant 4H$
对称布置	$H \geqslant 0.5W_{ef}$	$L \leqslant 3H$	$H \geqslant 0.6W_{ef}$	$L \leqslant 3.5H$	$H \geqslant 0.7W_{ef}$	$L \leqslant 4H$

注：W_{ef} 为路面有效宽度，m。

表 10-10 和表 10-11 分别列出了日本和国际照明委员会 CIE 推荐的安装高度，可供参考。

表 10-10　日本路灯高度

平均一个灯具的光源的光通量/lm	H/m	O_h/m		θ/°
<12500	>8	$-1 \leq O_h \leq 1$		>5
12500~25000	>10	发光部分<0.6m 指标同上		
		发光部分>0.6m 指标同下		
>25000	>12	$-1.5 \leq O_h \leq 1.5$		

注：H 为灯具高度；O_h 为灯中心与缘石的水平距离；θ 为倾斜角度。

2）灯具悬挑长度

灯具的悬挑长度不宜超过安装高度的 1/4。

3）灯具安装角

使灯具有一定的仰角是为了增加灯具在某一安装高度下对路面横向的照射范围，但效果并不理想。如果路面的有效宽度超过安装高度比较多，增大灯具的仰角只会增加到达灯具对面一侧路面光线的数量，但亮度却不会成比例地增加。这是因为入射在路面上的光线难于反射到驾驶人的眼睛里。

灯具仰角过大，特别是在弯道上，产生眩光的机会就会增加。因此，灯具的仰角应予以限制，一般不宜超过 15°。

4）灯具安装间距

路灯的安装间距 L 会影响路面的亮度，良好的道路照明应使 L/H 值处于灯具的配光范围之内，同时保证路面离灯最远点的照度尽量接近平均照度值，比值不要太大。表 10-12 列出了美国路灯安装间距 L 与安装高度 H 的规定值。表中符号意义同图 10-4。

表 10-11　CIE 推荐的路灯高度

安装地点	路灯高度/m
干道	11~12
一般道路	8~10
街心花园、林荫道	4~5

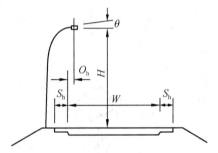

图 10-4　路灯横向布置图

W. 车行道宽度　S_h. 路肩 + 路缘带的宽度
H. 灯具高度　θ. 倾斜角度　O_h. 灯中心与缘石的水平距离

表 10-12　美国路灯安装高度及间距表

设计亮度/(cd/m²)	布置形式	L/H	W/H	设计亮度/(cd/m²)	布置形式	L/H	W/H
0.4~1.0	单侧	5	1	0.05~0.2	单侧	7	1
	中心	5	2		中心	7	2
	双侧对称	5	4		双侧对称	7	4
	双侧交错	7	2		双侧交错	9	2

5）道路有效宽度

道路有效宽度指用于道路照明设计的路面理论宽度与道路的实际宽度、灯具的悬挑长度和灯具的布置方式等有关。当灯具采用单侧布置方式时，道路有效宽度为实际路宽减去一个悬挑长度。当灯具采用双侧（包括交错和相对）布置方式时，道路有效宽度为实际路宽减去两个悬挑长度。当灯具在双幅路中间分车带上采用中心对称布置方式时，道路有效宽度就是道路实际宽度。

10.4.1.3　高杆式照明

1)灯具配置方式

采用高杆照明方式时，可按不同条件选择平面对称、径向对称和非对称 3 种灯具配置方式，如图 10-5 所示。布置在宽阔道路及大面积场地周边的高杆灯宜采用平面对称配置方式；布置在场地内部或车道布局紧凑的立体交叉的高杆灯宜采用径向对称配置方式；布置在多层大型立体交叉或车道布局分散的立体交叉的高杆灯宜采用非对称配置方式。无论采取何种灯具配置方式，灯杆间距与灯杆高度之比均应根据灯具的光度参数通过计算确定。

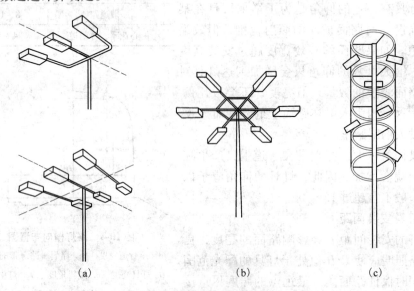

（a）   （b）   （c）

图 10-5　高杆灯具配置方式
（a）平面对称　（b）径向对称　（c）非对称

2)采用高杆照明时的要求

采用高杆照明方式时，灯杆安装位置、高度、间距以及灯具最大光强的投射方向，应符合下列要求：

(1)灯杆不得设在危险地点或维护时严重妨碍交通的地方。

(2)灯具的最大光强投射方向和垂线交角不宜超过 65°。

(3)市区设置的高杆灯应在满足照明功能要求的前提下做到与环境协调。

10.4.2　照明设计的内容与步骤

10.4.2.1　照明设计的内容

(1)搜集资料，包括如下几方面：

①道路的几何特征，如道路横断面形式及各组成部分的宽度、道路坡度、平曲线

半径、道路出入口与立体交叉布局等。

②路面材料及其反光特性。

③道路周围环境，如绿化及环境污染程度等。

④照明地点类别及相应的照明标准，如路面平均亮度(照度)、亮度(照度)均匀度及眩光限制等。

⑤可供选择的光源、灯具及其附件的型号、规格、光电特性和价格等。

⑥可供选择的供电线路铺设及控制方式等。

⑦计划维护方式和周期。

(2)确定照明灯具的布置方式。

(3)确定灯具的安装高度、间距、悬挑和仰角。

(4)确定光源的类别和规格。

(5)确定灯具的类型和规格。

(6)确定灯杆、灯台及其他照明器材的类型和规格。

10.4.2.2 照明设计的步骤

照明设计一般按以下步骤进行：

(1)结合当地条件和实践经验选择一种灯具布置方式，并根据所选用光源、灯具的光度特性初选光源和灯具。

(2)初定灯具的安装高度、间距、悬挑和仰角。

(3)进行平均亮度(照度)、亮度(照度)均匀度及眩光限制水平计算，并将计算结果与应达到的标准作比较。

(4)若计算结果未能达到标准要求，则应调整设计方案，变更灯具的类型、布置方式、安装高度、间距或灯泡的类型之中的一项或几项，重新进行计算直至符合标准。如此反复，通常可以作出几种都能符合标准的设计方案。

(5)对几种设计方案进行技术经济和能耗的综合分析比较，并适当考虑当地的爱好、习惯，最终确定一种方案。

10.4.3 照明设计计算

在进行照明设计时，为了使工程方案满足照明的有关要求，必须进行照明计算。

道路照明计算通常包括路面上任意点的水平照度、平均照度、照度均匀度、亮度、亮度均匀度(包括总均匀度和纵向均匀度)、不舒适眩光和失能眩光等。计算方法可以归纳为两大类：公式法和灯具光度数据图表法。

10.4.3.1 计算点的选取

在进行平均照度(亮度)和照度(亮度)均匀度计算时，首先要确定计算所采用的点的位置与数量。

一般认为道路照明的计算区域(计算网格)要求位于驾驶人前方 60 ~ 100m 之间的代表性路段，因为这是驾驶人最关心的区域。试算表明，若计算网格至少包含了一个杆距(道路同一侧相邻灯具之间的区域)且大致位于上述 100m 路段的中部,则能够完全满足上述要求。

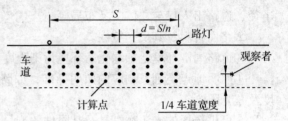

图 10-6　路面平均照度测量方法示意图

如图 10-6 所示,即先把被测路面划分成许多小网格,并认为在每块小网格上照度分布是均匀的。然后测出每块小网格上的照度,最后把各小网格上的照度值与其所对应的小网格的面积相乘并求和,再除以这些小网格面积的总和,便得到被测路面的平均照度。

将上述计算区域沿道路纵向布置的计算点的排数记为 n,CIE 推荐在安装间距 $S \leqslant 50m$ 时,应该均匀布置 10 排计算点,即 $n = 10$;若安装间距 $S > 50m$,则 n 为使相邻两排计算点 $d \leqslant 5m$ 的最小整数。此外,每条车道横方向上应布置 5 个点,其中一个位于车道中心线上,均匀度好的场合横向可取 3 个点进行计算。

10.4.3.2　观察者的位置

在进行亮度和眩光计算时,必须考虑驾驶人相对于计算区域最有可能出现的位置,即观察者的位置。它可由指定观察者的眼睛在路面上方的高度以及它到计算网络第一排计算点的距离(纵向位置)和到路边的距离(横向位置)来确定。

CIE 推荐,眼睛高度为 1.5m,这与驾驶人眼睛距路面的平均高度接近。纵向位置为计算区域前方大约 60m 多一些,多出多少取决于安装间距。但计算阈值增量 TI 时例外,应该按得出最高阈值的纵向观察者位置进行计算,即遮光角为 20°的位置。进行纵向均匀度计算时,观察者的横向位置位于每一条车道的中心线上。其他类型的计算都认定观察者位于近侧路缘 1/4 车行道宽度处。

10.4.3.3　点光源在任意点的照度符合 3 个基本定律

在道路照明设计中,光源可视为点光源,其在任意点的照度符合余弦定律、光能叠加和距离平方反比 3 个基本定律。

1)余弦定律

点光源向各个方向发出的光强度随着该方向与表面法线夹角的余弦而变化,如图 10-7 所示,计算公式如下:

$$I_{\mathrm{p}} = I_{\gamma_{\mathrm{c}}} \cos\gamma \tag{10-3}$$

式中:$I_{\gamma_{\mathrm{c}}}$ 为光源的光强度,cd;I_{p} 为与表面法线成 γ 角方向的发光强度,cd。

2)光能叠加原理

若一个表面受点光源同时照射时,该表面接收到的光通量等于各个光源射到该表面的光通量之和,即

$$F = F_{1} + F_{2} + \cdots + F_{n} \tag{10-4}$$

若该表面面积为 A,则其照度为

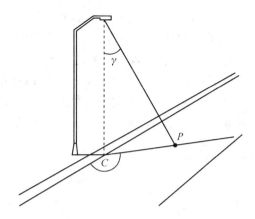

图 10-7　任意点的照度符合余弦定理示意图

$$E = \frac{F_1}{A} + \frac{F_2}{A} + \cdots + \frac{F_n}{A} = E_1 + E_2 + \cdots + E_n = \sum_{i=1}^{n} E_i \tag{10-5}$$

3）点光源的距离平方反比定律

点光源在一个表面上产生的光照度与光源至表面距离的平方成反比，即

$$E = \frac{I}{d^2} \tag{10-6}$$

10.4.3.4　照度和平均照度的计算

照度计算方法主要有利用系数法（亦称平均照度计算法）和逐点计算法两种。在利用系数法的基础上又派生出概算图表法和综合表格法。下面只介绍利用系数法和逐点计算法。

1）利用系数法

由于电光源的光通量只有一部分照射到路面上，所以不同的灯具其利用系数各不相同，这是利用系数法的出发点。许多国家都有一套自己的利用系数计算法，如英国的球带法，美国的带域空间法、国际照明委员会（CIE）的带域空间法等。我国一般按美国的带域空间法计算平均照度。美国的带域空间法和 CIE 的带域空间法一起被认为是理论及实践上均比较正确的方法。

利用系数法计算路面平均照度的基本公式为

$$E = \frac{FUKN}{LW} \tag{10-7}$$

式中：E 为路面要求的平均照度，lx；F 为光源的总光通量，lm；L 为路灯纵向安装距离，m；W 为道路宽度，m；U 为利用系数；K 为维护系数，一般取 $K = 0.65 \sim 0.70$；N 为路灯排列值，单侧或交错排列取 $N = 1$，双侧对称排列取 $N = 2$。

利用系数是到达工作面（路面）上的光通量与光源内发射的光通量的比值。利用系数不但和灯具本身的光学性能有关，而且还与路面的宽窄及灯具安装的几何条件（如高度、仰角和悬挑长度）有关。通常为了体现悬挑长度的影响，往往通过灯具光中心在路面上的垂直投影点作一条与路轴平行的直线，将路面分成车道侧和人行道侧两部分，并分别给出这两侧的利用系数。为了体现路宽(W)和安装高度(H)的影响，通常给出了与不同的 W/H 值相对应的利用系数值。为了体现灯具仰角的影响，把灯具的仰角作为参变量，分别给出在其他条件不变的情况下不同仰角所对应的利用系数值。在上述各种条件下的利用系数值计算出来以后，就可以把结果标在直角坐标图上。其坐标横轴表示 W/H 值（即以 H 为单位的横向距离），坐标纵轴为相应的利用系数值。然后连接成光滑曲线，即为利用系数曲线，如图 10-8 所示。

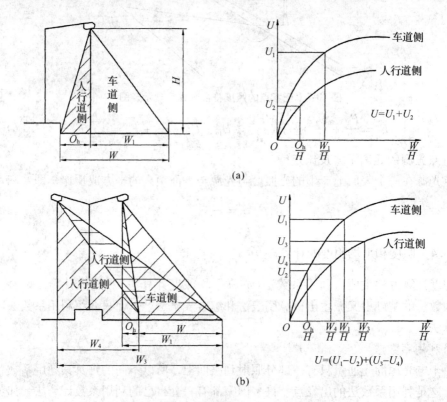

图 10-8　照明利用系数计算示意图

(a)路灯在道路一侧　(b)路灯在中央分隔带

灯具的利用系数曲线，可通过在该灯具的等光强曲线图上画出纵向道路线，然后计算落在纵向道路线之间的光通量累加而成。它还可以通过把路面划分成等面积的矩形块，计算落在这些矩形块上的光通量并累加而得到。前面一种方法适合人工计算，后面一种方法适用于计算机计算。

计算时，可先假设安装间距 L，按照要求的平均照度计算光源光通量，经多次调整各参数，如间距 L、灯泡功率（光通量），反复试算，直至得到较满意的方案为止。

2）逐点计算法

逐点计算法比利用系数法复杂，但可精确地计算出路面上各控制点的照度。在道路设计时一般用此法计算路面最大水平照度和最小水平照度，用于检验道路照明的均匀度。

点光源垂直照射的情况下，如图 10-9(a)所示，被照面上的水平照度(E)与光源

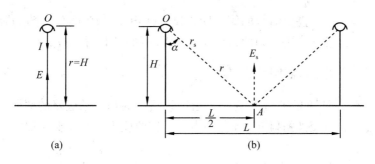

图 10-9 逐点照度计算图式

(a)光源垂直照射   (b)光源斜照射

的发光强度(I)成正比，与光源到被照面之间的距离(r)的平方成反比，即

$$E = \frac{I}{r^2} \qquad (10\text{-}8)$$

当点光源斜照射时，如图 10-9(b)所示，设光源为 O，其光强(I_α)以 α 角方向照射在路面 A 点，这时通过 A 点的被照水平面与垂直光强照射线的垂直面正好相差一个 α 角度，故式(10-8)可改写为

$$E_s = \frac{I_\alpha \cdot \cos\alpha}{r^2} \qquad (10\text{-}9)$$

将 $r = \dfrac{H}{\cos\alpha}$ 代入式(10-9)，即得路面上任何一点的水平照度与光源高度和发光强度三者的关系式：

$$E_s = \frac{I_\alpha \cdot \cos^3\alpha}{H^2} \qquad (10\text{-}10)$$

式中：E_s 为某照射点的水平照度，lx；I_α 为点光源在 α 角方向的发光强度，简称光强，cd；α 为点光源对路面上的某点照射角度，°；H 为点光源离地面的安装高度，m。

如已确定路灯的安装高度 H，已选定光源，则其光强 I_α 可从该光源的配光曲线上查得，从而据式(10-10)可验算路面上任何一点的水平照度；反之，如已确定 E_s 和 I_α 则可求算 H 值。需要注意的是，如有几个照明器(光源)同时照射到路面某点 A，则 A 点的水平照度应等于每个照明器分别在 A 点产生的水平照度之和。如 A 点是两个照明器纵向间距的中点[图 10-9(b)]且纵向配光是对称的，则 A 点的水平照度等于一个照明器在 A 点产生的水平照度的 2 倍。

逐点水平照度的验算达到要求后，还应挑选几个点验算照度的均匀度，最大水平照度一般是在光源的竖向下面的点，而最小水平照度一般是在相邻两个照明器的中间断面上。

10.4.4 特殊场所照明设计要点

道路上有若干视野清晰度比平直路段复杂得多的区段，如平面交叉口、曲线路段与纵坡段、桥梁、隧道以及立体交叉等。这些区段有 3 个共同的特点：①驾驶人在进入和穿过这些区域时面临一些额外的视觉分辨任务；②由于车辆所处位置、道路几何条件或其他原因，很难提供清楚的廓影明晰度；③由于车辆尾随一个前进中的车队，故其前灯照度难以发挥作用。因此，应对上述路段的照明进行特殊设计。

10.4.4.1 平面交叉路口照明设计要求

（1）平面交叉路口的照明水平应高于通向该路口的每一条道路的照明水平，并有充足的环境照明；且交叉路口外 5m 范围内的平均照度不宜小于交叉路口平均照度的 1/2。

（2）交叉路口可采用与相连道路不同色表的光源、不同外形的灯具、不同的安装高度或不同的灯具布置方式。

（3）十字交叉路口的灯具可根据道路的具体情况，分别采用单侧布置、交错布置或对称布置等方式。采用单侧、双侧交错，双侧对称布置灯具的道路与无照明道路相交叉时，交叉口的灯具布置方法如图 10-10 所示。大型交叉路口可另行安装附加灯杆和灯具并应限制眩光。当有较大的交通岛时，可在岛上设灯，也可采用高杆照明。

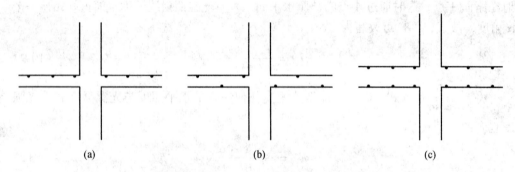

(a)　　　　　　　　(b)　　　　　　　　(c)

图 10-10　布置灯具的道路与无照明道路交叉时交叉口灯具布置图
（a）单侧布置　（b）双侧交错布置　（c）双侧对称布置

（4）T 形交叉路口应在道路尽端设置灯具，如图 10-11 所示。

（5）环形交叉路口的照明应充分显现环岛、交通岛和路缘石。当采用常规照明方式时，宜将灯具设在环形道路的外侧，如图 10-12 所示。当环岛的直径较大时，可在环岛上设置高杆灯，并应按车行道亮度高于环岛亮度的原则选配灯具和确定灯杆位置。

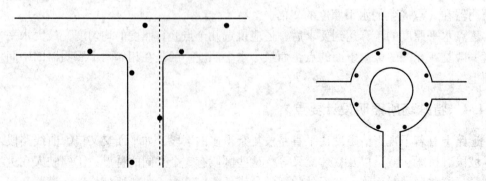

图 10-11　T 形交叉路口的灯具设置　　　　**图 10-12　环形交叉路口的灯具设置**

10.4.4.2 曲线路段照明设计要求

曲线路段的照明应符合下列要求：

（1）半径在 1000m 及以上的曲线路段，其照明可按照直线路段处理。

（2）半径在 1000m 以下的曲线路段，灯具应沿曲线外侧布置，并应减小灯具的间距，间距宜为直线路段灯具间距的 50% ~ 70%，如图 10-13 所示，半径越小间距也应越小。悬挑的长度也应

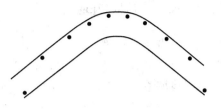

图 10-13　曲线路段上的灯具设置

相应缩短。在反向曲线路段上，宜固定在一侧设置灯具，产生视线障碍时可在曲线外侧增设附加灯具，如图 10-14 所示。

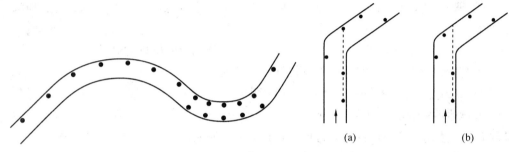

图 10-14　反向曲线路段上的灯具设置　　　**图 10-15　转弯处的灯具设置**

（a）不正确　（b）正确

（3）当曲线路段的路面较宽需采取双侧布置灯具时，宜采用对称布置。

（4）转弯处的灯具不得安装在直线路段灯具的延长线上，如图 10-15 所示。

（5）急转弯处安装的灯具应为车辆、路缘石、护栏以及邻近区域提供充足的照明。

10.4.4.3 立体交叉照明设计

立体交叉的照明应符合下列要求：

（1）应为驾驶人提供良好的诱导性。

（2）不但应照亮道路本身，而且应提供不产生干扰眩光的环境照明。

（3）在交叉口出入口、曲线路段、坡道等交通复杂路段的照明应适当加强。

（4）小型立交可采用常规照明，但不宜设置太多的光源灯具。采用常规照明时，平面交叉、曲线路段、坡道等的照明应符合前述平面交叉口、曲线与坡道的照明要求。上跨道路与下穿地道采用常规照明时，应使下穿地道上设置的灯具在下穿地道上产生的光斑（照度或亮度）和上跨道路两侧的灯具在下穿地道上产生的光斑（照度或亮度）能很好地衔接，确保该区域的亮度（或照度）均匀度不低于规定值，还要防止下穿地道上的灯具在上跨道路上造成眩光，并使各个部分的照明互相协调。

（5）大型立体交叉宜优先采用高杆照明。采用高杆照明方式时应合理选择灯杆灯

架的结构形式、灯具及其配置方式，确定合适的灯杆安装位置、高度、间距及灯具最大光强的投射方向，并处理好功能性和装饰性两者的关系。

10.4.4.4 其他特殊地点

1）坡道照明

坡道上设置照明应使灯具在平行于路轴方向上的配光对称面垂直于路面。在凸形竖曲线坡道范围内，应缩小灯具的安装间距，并应采用截光型灯具。

2）城市桥梁的照明

城市桥梁的照明应符合下列要求：

(1)中小型桥梁的照明应和与其连接的道路照明一致。当桥面的宽度小于与其连接的路面宽度时，桥梁栏杆、缘石应有足够的垂直照度，在桥梁的入口处应设灯具。

(2)大型桥梁和具有艺术、历史价值的中小型桥梁的照明要进行专门设计，应满足功能要求，并与桥梁的风格相协调。

(3)桥梁照明应限制眩光，必要时应采用安装挡光板或格栅的灯具。

(4)有多条机动车道的桥梁不宜将灯具直接安装在栏杆上。

3）人行地道的照明

人行地道的照明应符合下列要求：

(1)天然光充足的短直线人行地道可只设夜间照明。

(2)附近不设路灯的地道出入口应设照明装置。

(3)地道内的平均水平照度，夜间宜为 15lx，白天宜为 50lx，并应提供适当的垂直照度。

4）人行天桥的照明

人行天桥的照明应符合下列要求：

(1)跨越有照明设施道路的人行天桥可不另设照明，紧邻天桥两侧的常规照明的灯杆高度、安装位置以及光源灯具的配置，宜根据桥面照明的需要作相应调整。当桥面照度小于 2lx、阶梯照度小于 5lx 时，宜专门设置人行天桥照明。

(2)专门设置照明的人行天桥桥面的平均照度不应低于 5lx，阶梯照度宜适当提高，且阶梯踏板的水平照度与踢板的垂直照度之比不应小于 2∶1。

(3)应防止照明设施给行人和机动车驾驶人造成眩光。

5）道路与铁路平面交叉的照明

道路与铁路平面交叉的照明应符合下列要求：

(1)交叉口的照明应使驾驶人能在停车视距以外发现道口、火车及交叉口附近的车辆、行人及其他障碍物。

(2)交叉口的照明方向和照明水平应有助于识别装设在垂直面上的交通标志或路面上的标线。灯光颜色不得和信号颜色混淆。

(3)交叉口轨道两侧道路各 30m 范围内，路面亮度(或照度)及其均匀度应高于所在道路的平均值，灯具的光分布不得给接近交叉口的驾驶人和行人造成眩光。

10.5　隧道照明

10.5.1　隧道的视觉环境

10.5.1.1　进入隧道前(白天)

白天当驾驶人从隧道外驶入隧道时由于内外的亮度差别极大,所以从隧道外部看照明很不充分的隧道入口时,只会看到一个黑洞(对长隧道而言)或一个黑框(对短隧道而言)。为了消除这种黑洞或黑框现象,必须在隧道入口使路面的亮度达到必要的水平。

10.5.1.2　进入隧道后(白天)

由于人眼视觉上的滞后性作用,当人从较明亮的外部环境进入到一个较暗的区域后,要经过一段时间才能看清区内的情况。由于这种视觉适应滞后的影响,使驾驶人进入隧道后,立即产生视觉上的盲区,这对行车来说,是极其危险的。

10.5.1.3　隧道内部

无论是白天还是黑夜,隧道内汽车行驶时排出的废气几乎无法消散,而形成较大的烟雾。烟雾除了吸收汽车前灯发出的光线,使照度降低外,还使光线发生漫反射、散射而形成透明度不同的光幕,从而降低了道路前方障碍物及其周围环境的亮度,使司机识别前方障碍物的能力下降。

10.5.1.4　隧道出口处

白天当车辆通过较长的隧道接近出口时,由于洞外的亮度远高于洞内,隧道的出口好像一个白色的洞,与黑洞效应类似,人眼同样会产生视觉滞后,而且强烈的光线会形成强烈的眩光效应,使驾驶人的视觉很不舒服,对行驶在前方的车辆只能看到一个很暗的轮廓,而且不能准确判断距前方车辆的距离。

10.5.1.5　夜间驶出隧道前

如果是在夜间,其效果正好与白天相反,驾驶人在隧道内看到的是黑洞而不是亮洞,在这种情况下,驾驶人难以辨别洞外的道路线形、路上交通情况及道路上的任何障碍物,也是一个视觉盲区。

10.5.2　隧道照明设计

在设计隧道照明时,应考虑到人的明适应和暗适应因素,要重视过渡空间和过渡照明的设计。为了满足眼睛适应性要求,在隧道入口需做一段明暗过渡照明,以保证一定的视力要求。

10.5.2.1 隧道照明的设计原则

根据隧道的特殊环境及隧道行车视觉的要求，隧道照明设施可以采取以下措施：

1) 洞外引道遮挡自然光的措施

在隧道外路段进行遮光处理，使接近隧道入口时的自然光逐渐减弱，遮光距离一般不少于 50m，在隧道的入口处，尽量降低洞口外的亮度，以便使入口段增加亮度使用的灯具功率减少，有利于节约能源。

可采用百叶天棚的方法降低洞口的亮度。此外，在洞外两侧植树也是比较经济的措施，越靠近洞口处植树越密，树冠也要大些，最好使之遮住自然光。

2) 入口处照明

根据 JTJ 026.1—1999《公路隧道通风照明设计规范》，长度超过 100m 的隧道必须设立洞内照明，其中包括入口段、过渡段、中间段、出口段。入口段的长度主要取决于洞内外亮度之差，同时还与设计车速、洞外光亮度、洞内照度和洞壁材料等因素有关。表 10-13、表 10-14 表示当隧道外亮度 $L_{20} = 4000\text{cd/m}^2$ 时，隧道入口处入口段、过渡一段、过渡二段、过渡三段的照明标准。如果隧道洞外亮度为 L，则表 10-13、表 10-14 的数值乘以系数 $L/4000$ 即可。

随着隧道外部亮度的不断变化，如晴天、雨天、早晨、中午及夏天与冬天等，隧道入口各段的亮度、照度均要变化，因此要设置自动调光装置，通过增减灯数的方法来调整入口诸段的照明亮度。

表 10-13　入口照明各区照明标准 (一)

设计车速 /(km/h)	入口段			过渡一段			过渡二段			过渡三段		
	距离 /m	亮度 /(cd/m²)	照度 /lx	距离 /m	亮度 /(cd/m²)	照度 /lx	距离 /m	亮度 /(cd/m²)	照度 /lx	距离 /m	亮度 /(cd/m²)	照度 /lx
100	151	180	2160	106	54	648	111	18	216	167	6.3	75.6
80	85	140	840	72	42	252	89	14	84	133	4.9	29.4
60	32	88	264	44	27	81	67	9	27	100	3	9
40	10	48	96	26	15	30	44	5	10	67	1.7	3.4

注：本表适用于双车道单向交通量 >2400 辆/h 和双车道双向交通量 >1300 辆/h，混凝土路面。

表 10-14　入口照明各区照明标准 (二)

设计车速 /(km/h)	入口段			过渡一段			过渡二段			过渡三段		
	距离 /m	亮度 /(cd/m²)	照度 /lx	距离 /m	亮度 /(cd/m²)	照度 /lx	距离 /m	亮度 /(cd/m²)	照度 /lx	距离 /m	亮度 /(cd/m²)	照度 /lx
100	151	140	1680	106	42	504	111	14	168	167	4.9	58.8
80	85	100	500	72	30	180	89	10	60	133	3.5	21
60	32	60	180	44	18	54	67	6	18	100	2.1	6.3
40	10	40	80	26	12	24	44	4	8	67	1.5	3

注：本表适用于双车道单向交通量 ≤700 辆/h 和双车道双向交通量 ≤360 辆/h，混凝土路面。

对于长度很短的隧道(如小于100m),从进口可看到白色的出口亮影,进出口的自然光通过反射和散射等途径在路面产生一定的微弱亮度,视觉适应不严重,故没必要设置照明。

如果是大于100m的隧道,在接近隧道时可以看到隧道的出口,这样就出现了黑框现象。为了避免这种现象对行车的影响,设置照明时应采取比表10-13、表10-14更高的亮度标准。

3)基本段照明

根据我国《公路隧道通风照明设计规范》,隧道内的基本照明是按照隧道中的设计车速对照度的需求决定的,隧道中的设计车速对照度需求见表10-15所列。

表 10-15　隧道基本段照明标准

设计车速 /(km/h)	路面平均亮度/(cd/m²) (双车道单向交通量 >2400辆/h,双车道 双向交通量>1300辆/h)	路面平均亮度/(cd/m²) (双车道单向交通量 ≤700辆/h,双车道双 向交通量≤360辆/h)	换算成平均照度/lx	
			混凝土路面	沥青路面
100	9.0	4.0	12	20
80	4.5	2.0	6	10
60	2.5	1.5	3	5
40	1.5	1.5	2	3.5

4)出口段照明

隧道出口由于白天亮度很高,会使司机形成强烈的眩光,因此在隧道出口也同入口部分一样设有出口段照明,加强垂直照度,出口段长度一般取60m,亮度一般取中间段(基本段)亮度的5倍。隧道出口过渡照明区照明标准见表10-16。如果隧道照度为双向交通的,那么出口与入口起同样的作用,此时可不必考虑出口照度。

表 10-16　隧道出口段过渡照明标准

设计车速 /(km/h)	路面平均亮度/(cd/m²) (双车道单向交通量>2400辆/h, 双车道双向交通量>1300辆/h)	路面平均亮度/(cd/m²) (双车道单向交通量≤700辆/h, 双车道双向交通量≤360辆/h)
100	45	20
80	22.5	10
60	12.5	7.5
40	7.5	7.5

5)隧道内的应急照明

供电故障对行驶于隧道内的驾驶人来说是非常危险的,因此在长度超过200m的隧道,应建立紧急照明系统。当正常照明因故障熄灭后,应急照明电源应能够自动投入使用。由于应急供电系统的容量一般较小,因此,应急照明的照度达到正常照明的1/5以上即可。

10.5.2.2　光源和照明器选择

隧道内的照明光源通常选择大功率的日光灯,高、低压钠灯和高压汞灯。高、低压钠灯常用于长隧道或汽车烟雾较多的情况,高压汞灯多用于短隧道和烟雾少的情况,日光灯常用于城市短隧道和烟雾少的情况。

选择隧道照明光源时除需满足一般道路照明的要求外,特别要选择那些在汽车排烟形成的烟雾中仍能有良好透光性的光源。因此,光源一般选用高压钠灯或低压钠灯。若隧道为城市内的短隧道,烟雾比较少,也可考虑显色性较好的荧光灯或金卤灯,同时在隧道的出入口处使用光通量较高的高压钠灯或金卤灯。

对于照明器的形式和安装位置的选择,应避免对司机产生眩光和不舒适感,为了节约能源还应提高照明器的发光效率。灯具的结构要密封、防尘且易于维修和用水清洗。灯具的防护等级应不低于 IP65,并能调节其安装角度。

选择隧道灯具时应注意以下几点:

(1)灯体为专用铝合金材料,表面经阳极氧化处理,强度高,耐腐蚀。

(2)配光合理,具有较高的发光效率。

(3)密闭性能好。

(4)可以采用悬挂、吸顶和直接固定等方式安装。

10.5.2.3　灯具布置方案

高速公路隧道内的灯具一般安装在路面以上 5.0 ~ 5.5m 处。布置形式可根据灯具的配光曲线、路面平均照度和分布、对司机的闪光效应、夜间为节电而减灯、维修和经济性等因素进行综合决策。灯具可安装在拱顶、墙壁或吊装顶棚上,一般分为 3 种基本形式:对称布置、交错布置和中线布置,如图 10-16 所示。隧道里实际运用中

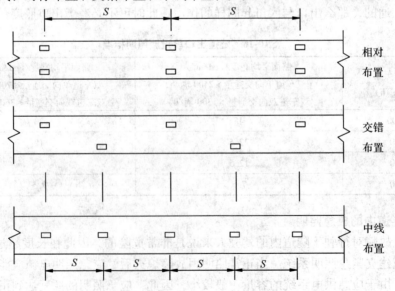

图 10-16　隧道灯具布置方案

可以将对称布置、中线布置相结合，或是将交错布置与中线布置相结合，以中线布置的灯作为应急照明灯，两侧(包括对称布置的和交错布置的)作为入口及出口段的加强灯。

10.5.2.4　隧道照度计算

1)照度计算

隧道内路面平均水平照度可按式(10-11)计算。

$$E_{av} = \frac{\eta \Phi M N}{WS} \tag{10-11}$$

式中：E_{av} 为隧道内平均照度，cd/m^2；N 为灯具布置系数，相对布置时 $N=2$，交错布置和中心线布置时 $N=1$；η 为利用系数，由灯具的利用系数曲线图查取；M 为灯具的养护系数，一般可取 $0.6 \sim 0.7$；W 为隧道路面的宽度，m；S 为灯具间距，m。

2)均匀度计算

(1)路面亮度总均匀度可按式(10-12)计算。

$$U_0 = \frac{L_{min}}{L_{av}} \tag{10-12}$$

式中：U_0 为路面亮度总均匀度；L_{min} 为计算区域内路面最小亮度，cd/m^2；L_{av} 为计算区域内路面平均亮度，cd/m^2。

(2)路面中线亮度纵向均匀度可按式(10-13)计算。

$$U_1 = \frac{L'_{min}}{L'_{max}} \tag{10-13}$$

式中：U_1 为路面亮度纵向均匀度；L'_{min} 为路面中线最小亮度，cd/m^2；L'_{max} 为路面中线最大亮度，cd/m^2。

10.5.2.5　电源及配电方式

由于隧道对交通流的特殊作用，供电故障对正常行驶在隧道内的驾驶人来说是非常危险的，因此在长度超过200m的隧道内应建立紧急照明系统以及避灾引导灯。当正常照明因故障熄灭后，应急电源应能够自动投入。应急电源最好由另一台变压器供电，并设有自动切换装置。当仅有一台变压器时，可在母线处或隧道进出线处与正常照明分开。对比较重要的隧道在条件允许的情况下，可设置备用发电机作为备用电源，并用UPS(不间断电源)或EPS(应急电源)作为避灾引导灯的备用电源。

设计应急照明中十分重要的一点是要根据实际情况和投资来选择供电电源，以保证当正常照明系统失效后，应急照明能在0.5s以内就开始工作，对此，有以下几种方案可供选择：

(1)设立备用电源。从两套独立的电源系统中选择一套作为备用电源，在应急情况实行自动切换。如果不准备采取切换的方式，也可以把照明系统分成两部分，分别由两套电源供电。要使得两套电源做到真正的完全独立，就要建立两套输电线路，当然，这样做会增加投资。

(2)设立电池组和发电机组作为应急电源，当发电机组启动并接上负载前，电池组要保证送电。

　　（3）设立应急电源，使之处于长期待命状态，要求它能在零点几秒内接通部分应急照明负载。

10.6　道路照明的供电系统

10.6.1　道路照明的供电方式

10.6.1.1　低压供电系统

　　由民用10kV线路配带公用变压器或照明专用变压器作为道路照明用电源。这一供电方式是目前道路照明普遍采用的主要供电方式，其优点是：不用架设专用10kV线路，因此工程小，投资省。其主要缺点是：①在不设专用变压器并采用串联控制时，往往照明低压线路过长，线路末端电压过于偏低；②附属设施多，且受限电的影响，大片灭灯次数较多；③电压波动范围较大；④在专设变压器时，空载损失过大。

10.6.1.2　中压供电系统

　　由电力部门高压（10kV）线路，通过中压（10/5.5kV）配电室控制，由中压（55kV/0.4kV）埋地变压器将5.5kV变为0.4kV，再向道路照明配电柜（箱）供电，最后由道路照明配电柜（箱）向道路照明设施供电。图10-17为中压照明配电系统组成示意图。

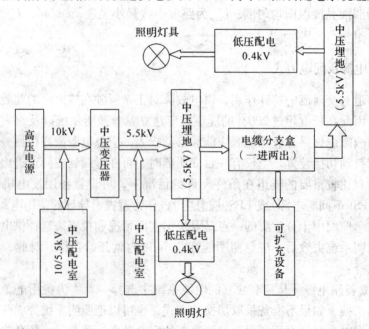

图10-17　中压照明配电系统的组成示意图

10.6.2 道路照明控制

道路照明控制是指按照道路使用者的照明需求和客观环境的变化(不同季节天色的亮暗)来对道路照明进行开关和亮度调节等动作,其目的是最大限度地满足道路使用者的照明需求,并节省能源的消耗。

10.6.2.1 道路照明控制方式

进行道路照明控制主要考虑时间、天气和交通流量 3 个因素。道路控制系统按控制方式的不同,分为手动控制、自动控制和远程智能化控制 3 种类型。

1)手动控制

手动控制是最简单的控制方式,是对相应的道路照明线路实施手动开关控制,其优点是:投资少、控制简单、可靠性高。缺点是:在需要开关灯时,必须要控制人员到位。

2)自动控制

传统的对路灯进行自动控制的方式有时钟控制与光电池控制两种类型。时钟控制主要是根据道路所在位置的纬度、所处的季节,确定天黑和天亮的时间,通过时钟控制器来控制路灯的开关。光电池控制主要根据所要控制道路的照度水平来实现开关控制。

3)远程控制

路灯的远程控制是功能更为全面、系统更为复杂的智能化控制方式,可分为开关型和智能型两类。其中,开关型远程控制方式已在国内各路灯广泛使用,是通过集中遥控线路控制高压开关的分合,通断专用照明变压器,从而对城市道路照明进行分片控制。

10.6.2.2 控制电路的接线方式

路灯的控制接线有并联控制接线、串联控制接线、单电源控制与半夜灯控制等 4 种方式。

1)并联控制接线

大、中城市路灯照明适用并联控制接线,优点是:任何一个供电电源发生故障时,不会影响其他区段。该控制线路控制的负荷小,开关有足够的工作电压,启闭同时性好,如图 10-18 所示。

2)串联控制(又称末端顶或串顶)接线

串联控制接线的缺点是:任何一个供电电源发生故障,其后面的路灯均失去控制,灭灯范围大。在相同条件下,每个采用串联控制接线的电源点的供电范围是并联控制接线供电范围的 50%,如图 10-19 所示。

3)单电源控制与半夜灯控制

单电源控制宜用路灯控制仪或开灯照度大于 5lx 的光电控制器,适用于工厂、学校及小镇的道路照明。

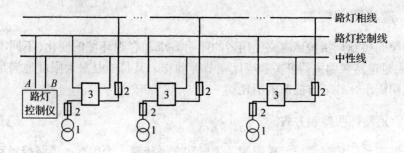

图 10-18 并联控制接线图

1. 路灯变压器 2. 熔断器 3. 开关

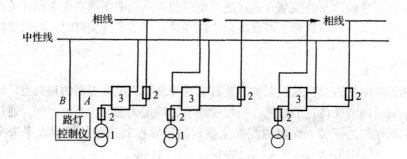

图 10-19 串联控制接线图

1. 路灯变压器 2. 熔断器 3. 开关

路灯控制仪只控制一组电源开关的启闭。在变电所用作路灯高压断路器启闭的是单电源控制，其接线如图 10-20 所示，采用 WLK—Ⅱ型或 WLK—Ⅳ型控制仪，由全夜灯和半夜灯开关控制。

半夜灯控制是一种节能措施，即在零点钟后减少光源数量或降低光源功率，但不得影响社会治安和交通安全。

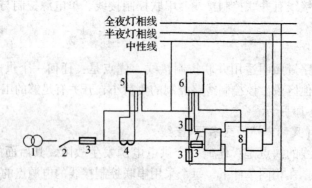

图 10-20 单电源控制接线示意图

1. 变压器 2. 刀开关 3. 熔断器 4. 电流互感器 5. 电能表
6. 路灯控制仪 7. 全夜灯开关 8. 半夜灯开关

本章小结

本章主要介绍道路照明设计的相关理论，分别为概述、道路照明评价指标与照明标准、道路照明光源与灯具、道路照明系统设计、隧道照明、道路照明的供电系统。

思考题

1. 道路照明设施有什么作用？
2. 了解光通量、发光强度、亮度、照度的具体意义和计量单位。
3. 人体视觉反应速度主要取决于亮度，影响被动发光体亮度的两个因素是什么？
4. 目前道路照明系统设计采用的标准有哪些？常用光源有哪几种？
5. 什么是截光灯？什么场合必须用截光灯？使用时应注意什么问题？
6. 道路照明布置有哪 3 种基本形式？
7. 如何确定照明设计灯具的高度、间距？
8. 了解供配电两种方案的特点。

参考文献

[1] 周太明，等. 电气照明设计[M]. 上海：复旦大学出版社，2001.

[2] 俞丽华. 电气照明[M]. 上海：同济大学出版社，2001.

[3] 汪建平，邓云塘，钱公权. 道路照明[M]. 上海：复旦大学出版社，2005.

[4] 冯志芬. 城市路灯与亮化监控无线通信子系统研究与开发[D]. 南京：南京理工大学，2005.

[5] 伏明. GPRS 路灯监控系统[J]. 热点联盟，2008，(10).

[6] 高峰，吴青. 基于视频的城市道路智能照明控制系统设计[J]. 交通信息与安全，2009，27(6).

[7] 中华人民共和国行业标准. CJJ 45—2006 城市道路照明设计标准[S]. 北京：中国建筑工业出版社，2006.

[8] 交通部重庆公路科学研究所. JTJ026.1—1999 公路隧道通风照明设计规范[S]. 北京：人民交通出版社，2000.

[9] 李铁楠. 城市道路照明设计[M]. 北京：机械工业出版社，2007.

[10] 李竣利. 交通工程设施设计[M]. 北京：人民交通出版社，2004.

第 11 章
交通环境保护设施设计

[本章提要]

现代化的交通在给经济带来发展活力的同时，也产生了与环境发展相关的各种不利因素，主要表现为交通噪声、尾气污染、生态环境破坏、道路景观与环境不协调 4 个方面。国民经济需要大力发展道路交通，同时又需要提高生活质量和保护环境，这两者在相当程度上是互相矛盾的，人、社会和环境不得不为道路交通付出高昂的代价。在道路规划和道路设计中要考虑环境因素，尽量减少道路交通对环境的影响，尽可能在有利于环境保护的前提下发展道路交通。

11.1 概述

公路对环境的不利影响主要是：路网的每条道路对其周围的自然环境造成入侵，使得原本连续的自然环境形成了一定环境特征变化的地带。这一地带的环境特征称为道路路界环境系统，这个系统的边界是灰色模糊的。它改变了自然环境原来的连续性和整体性，破坏了自然环境的动态平衡。道路路界环境系统主要包括道路沿线周围 4 个方面的环境特征：路界声环境、路界大气环境、路界生态环境和路界景观环境。

我国政府自 1972 年以来，对环境污染情况和环境保护问题，制定了工作方针，并采取了措施，取得了一定成效，但对交通公害还缺乏足够的研究。下面重点介绍交通污染与交通噪声两大内容，包括产生污染的基本原因、危害性和应当采取的基本措施。

11.1.1 交通大气污染及影响

11.1.1.1 汽车交通排放污染物的性质及对人体的危害

1) 一氧化碳

一氧化碳是一种无色无嗅的气体，与空气的密度相近，在无风气候条件下不易扩散。人体吸入一氧化碳后，会同血液中的血红蛋白结合生成碳氧血红蛋白。碳氧血红蛋白能阻碍血红蛋白向人体(如心肌、脑等)输送氧气。血红蛋白若超过4%，对心血管疾病患者危害很大。当大气中一氧化碳浓度(质量分数)达到100ppm(即 $100 \times 10^{-6} = 0.0001$)时，严重的心脏病人会导致死亡。

2)碳氢化合物

碳氢化合物是碳元素和氢元素形成的化合物的总称。碳氢化合物种类很多，有挥发性烃及其衍生物多芳烃。挥发性烃与氮氧化合物是形成光化学烟雾的主要物质，对眼睛有刺激作用。多芳烃中的苯是致癌物。

3)氮氧化合物

污染空气的氮氧化合物主要是一氧化氮和二氧化氮，它们在高温下由氮气和氧气化合而生，会刺激人的呼吸器官。一般人在二氧化氮含量达$(100 \sim 150)$ppm[即二氧化碳的质量分数达$(100 \sim 150) \times 10^{-6}$]的空气中生活 $30 \sim 60$min，就会有危险。

4)二氧化硫

二氧化硫为无色但具有特殊臭味的刺激性气体，对人的皮肤、眼结膜均有刺激作用，能够降低肌体的抵抗力。

11.1.1.2 影响汽车排放污染物的各种因素

汽车排放污染物与汽车发动机类型、燃料种类、运行状态、车速、道路状况、驾驶技术等有密切关系。

1)汽车行驶状态的影响

当汽车行驶在交通量不大、道路状况良好和交通管理有序的路段上，可认为是等速行驶。当行驶在交叉口或交通拥挤的路段，汽车速度就要发生改变，出现减速、加速等变速过程。由表11-1可见，一氧化碳和碳氢化合物在减速时排放量大，加速时排放量小；氮氧化合物则反之。由表11-1还可见加速比恒速时的一氧化碳及碳氢化合物排放量大，氮氧化合物则相反。

表 11-1 各种燃料和运行状态下的污染物排放量

燃料	运行状态	一氧化碳/%	碳氢化合物/$\times 10^{-6}$	氮氧化合物/$\times 10^{-6}$	二氧化硫/$\times 10^{-6}$
汽油	怠速	$4.0 \sim 10.0$	$300 \sim 2000$	$50 \sim 1000$	0
	加速(0~40km/h)	$0.7 \sim 5.0$	$300 \sim 600$	$1000 \sim 4000$	
	恒速(40km/h)	$0.5 \sim 4.0$	$200 \sim 400$	$1000 \sim 3000$	
	减速(40~0km/h)	$1.5 \sim 4.5$	$1000 \sim 3000$	$5 \sim 50$	
液化石油气	怠速	$2.0 \sim 5.0$	$150 \sim 1000$	40	0
	加速(0~40km/h)	$0.7 \sim 2.5$	$190 \sim 350$	$1200 \sim 2000$	
	恒速(40km/h)	$0.4 \sim 1.0$	$120 \sim 200$	4500	
	减速(40~0km/h)	$1.5 \sim 4.0$	$2000 \sim 4000$	60	
柴油	怠速	0	$300 \sim 500$	$50 \sim 70$	$20 \sim 100$
	加速(0~40km/h)	$0 \sim 0.1$	200	$800 \sim 1000$	
	恒速(40km/h)	0	$90 \sim 150$	$200 \sim 1000$	
	减速(40~0km/h)	0	$300 \sim 400$	$30 \sim 55$	

2) 汽车行驶速度的影响

汽车污染物排放量同车速有密切关系，如表 11-2 所示。车速越高，氮氧化合物的排放量越大，而一氧化碳和碳氢化合物则反之。

表 11-2　不同车速时汽车废气排放量　g/km

污染物	车速/(km/h)					
	16.1	32	48	64	80	97
一氧化碳	59.55	30.11	21.20	17.15	14.34	12.47
碳氢化合物	7.08	4.63	3.63	2.98	2.50	2.27
氮氧化合物	3.16	3.55	3.90	4.39	4.81	5.16

3) 汽车耗油量的影响

据测算，汽车每燃用 1t 燃料，就要向空气中排放 40~70kg 废气，1000 辆未做尾气处理的汽车每天排出的一氧化碳为 3000kg，碳氢化合物为 200~400kg，氮氧化合物为 50~150kg。

根据实验，提出一氧化碳产生量计算公式：

$$G_{\text{一氧化碳}} = \frac{2AEq_{\text{一氧化碳}}}{q_{\text{一氧化碳}} + q_{\text{二氧化碳}}} \tag{11-1}$$

式中：$G_{\text{一氧化碳}}$ 为每辆车行驶 1km 产生的一氧化碳量，m^3/km；A 为汽油中含碳量，质量分数，一般取 $A = 0.855$；E 为汽车每千米耗油量，kg/km；$q_{\text{一氧化碳}}$ 为废气中一氧化碳所占体积分数；$q_{\text{二氧化碳}}$ 为废气中二氧化碳所占体积分数。

通过换算，可得出每吨千米一氧化碳产生量公式为

$$G_{\text{一氧化碳}} = \frac{2Aetq_{\text{一氧化碳}}}{q_{\text{一氧化碳}} + q_{\text{二氧化碳}}} \tag{11-2}$$

式中：e 为汽车每吨千米耗油量，L；t 为汽车载重量，t；其他符号同前。

【例 11-1】　根据实验资料，车速为 40km/h，坡度为 0~6% 的道路上，汽油车排出的废气中，一氧化碳占 2.5%，二氧化碳占 11.5%。汽车平均每吨千米耗油量满载时为 0.041L，空载时的耗油量为满载时的 90%，空载重为满载重的 50% 左右。汽油的密度为 0.724kg/L。求该车每吨千米一氧化碳产生量。

【解】　①先求每吨千米空载车耗油量为

$$e = 0.041 \times \frac{0.9}{0.5} = 0.0369$$

②空车每吨千米一氧化碳产生量为

$$g = \frac{2Aetq_{\text{一氧化碳}}}{q_{\text{一氧化碳}} + q_{\text{二氧化碳}}} = \frac{2 \times 0.855 \times 0.0369 \times 0.724 \times 1 \times 0.025}{0.025 + 0.115}$$

$$= 0.0082 m^3/(t \cdot km)$$

③满载重每吨公里一氧化碳产生量为

$$g_{\text{满}} = \frac{2 \times 0.855 \times 0.041 \times 0.724 \times 1 \times 0.025}{0.025 + 0.115} = 0.0091 m^3/(t \cdot km)$$

4) 道路纵坡度的影响

汽车排放污染物的量与道路纵坡有关,坡度越大,汽车耗油量越大,因而排放出的污染物数量也大。根据有关部门实测,几种国产汽车在不同车速(10~40km/h)和不同道路纵坡(3%~5%上下坡)的一氧化碳产生量与平坡时相比的系数 fir 值见表11-3,fir 值为以平坡、40km/h 车速的一氧化碳产生量为基准,其他坡度时的增长系数。

表 11-3 系数 fir 值

坡度	$i=0$(平坡)	$i=+3\%$	$i=+3.5\%$	$i=+4.5\%$
fir(平均值)	1.0	2.7	3.1	3.7

如前例【11-1】,满载时汽车每吨千米在平坡路段产生的一氧化碳量为 0.0091 $m^3/(t \cdot km)$,求在纵坡为 +3% 时的一氧化碳产生量为

$$g = 0.0091 \times 2.7 = 0.02457 m^3/(t \cdot km)$$

5) 交通环境的影响

一般说来,城市越大、人口越密、汽车越多,则排出的污染物越多。表11-4 所列为对全国 13 个城市的调查结果:商业交通区的污染浓度不仅高出居民区和清洁对照区,也高于工业区,这主要因为商业街道上车辆和人流混行,车速低,加速减速次数频繁的缘故。

由于汽车是沿道路行驶,因而排出的气体大都散布在道路附近空间内。在交通拥挤、车速低的路段,排出的一氧化碳就多。特别是信号交叉口其排出的气体浓度最高。

表 11-4 我国 13 个城市大气污染日平均浓度的调查

污染物	清洁对照区	居民区	商业交通区	工业区
一氧化碳	1.15~2.30	2.10~6.90	2.40~12.20	1.10~6.30
二氧化硫	0.01~0.31	0.07~1.83	0.03~0.54	0.02~1.52
二氧化碳	0.01~0.03	0.02~0.08	0.04~0.10	0.02~0.09
苯并芘	0.01~2.44	0.13~7.56	0.43~24.0	0.14~36.7
飘尘	0.06~2.17	0.08~2.60	0.20~8.30	0.04~3.7
降尘	3.2~28.0	10.3~36.9	13.60~26.57	13.1~1822.0

注:表内单位:一氧化碳、二氧化硫、二氧化碳和飘尘为 mg/m^3;苯并芘为 $mg/100m^3$;降尘为 $t/(km^2/月)$。

11.1.2 交通噪声污染及影响

11.1.2.1 噪声及其危害

所谓噪声,是指听起来感到烦躁、讨厌和不需要的声音。凡是环境中不协调的声音,人们感到吵闹的声音都称为噪声。环境噪声的来源通常有工业噪声(工厂机器和高速设备工作时产生)、交通噪声(汽车、火车、飞机、轮船和各种机动交通车辆行

驶时产生)和公共活动噪声(公共娱乐场所、公寓及商店等处产生的噪声)。噪声的危害主要表现在以下几个方面:

1)听力损伤

大量调查研究证明,噪声会造成耳聋。据国际标准化组织(ISO)的标准,长期在 90dB(A)噪声级条件下,耳聋发病率为 21%,85dB(A)噪声级条件下为 10%。

2)影响睡眠和休息

适当睡眠是保证人体健康的重要因素,但噪声影响人的睡眠。一般情况为 40dB(A)的连续噪声可使 10% 的人睡眠受到影响,若是突然噪声可使 10% 的人惊醒; 70dB(A)的连续噪声则可使 50% 的人睡眠受到影响;60dB(A)的突然噪声可使 70% 的人惊醒。

3)对交谈、通信和思考的干扰

如噪声级和谈话声相近,正常谈话就会受到干扰;再增大 10dB(A)噪声,谈话就无法听见。一般 60dB(A)以上噪声时,两人谈话距离需小于 70cm,此时打电话感到十分困难。噪声使人精神不集中,反应迟钝,无法思考问题。

4)对人体生理的影响

试验证明,噪声会引起人体紧张的反应,使肾上腺素增加,从而引起心率改变和血压升高。噪声能引起失眠、疲劳、头昏、头痛、记忆力减退。

5)对心理的影响

噪声会使人烦恼、激动、易怒、甚至失去理智。噪声影响精力的集中,易发生工伤事故。

11.1.2.2 交通噪声

交通噪声主要由行驶在道路上的汽车发动机、喇叭、轮胎等产生。影响交通噪声的因素有:车流的组成、车速、车流量、道路坡度、路面平整度和交通管理等。

1)汽车噪声

交通噪声主要是汽车噪声,其主要声源为排气、进气、发动机和风扇、高速时的轮胎滚动声。汽车在正常行驶,速度不高时,可看作是低噪声设备。速度增加时,各部分噪声都会增加。汽车噪声随其载重量的增加而增加,声级和载重量几乎呈线性关系。汽车鸣喇叭时,电喇叭为 90~95dB(A),汽车喇叭为 105~110dB(A)。一般情况下轮胎噪声不显著,当车速在 60km/h 以上时,轮胎噪声则成为主要因素。表 11-5 所列为各种类型汽车的声级范围值。

表 11-5　各类汽车的声级范围值

汽车类型	声级范围/dB(A)
重型载重汽车	88~92
轻型载重汽车	79~87
小客车	79~84
运动车	81~91

2)道路条件对噪声的影响

道路纵坡度对载重车影响大,因为上坡时发动机功率要加大。当坡度小于 2% 时,上坡噪声不增加;上坡坡度为 3%~4% 时,噪声增大 2dB(A);5%~6% 时,增大 3dB(A)；7% 时增大 5dB(A)。

路面平整度对噪声影响比较显著。以平整的沥青路面和水泥混凝土路面为基准，则不平整的沥青或水泥混凝土路面噪声要高 5dB(A)；有 1cm 深坑的沥青路面和有伸缩缝不平整的水泥混凝土路面噪声要高 10dB(A)。行车速度加倍，噪声级约加 3dB(A)；车流量加倍，噪声约加 3dB(A)。

3）交通管理条件对噪声的影响

在有混合交通而且缺乏良好管理情况下，路上自行车、行人很多，特别是交叉路口，机动车不断刹车和起动，噪声增加很大，过多地使用喇叭会使平均声级增加 7～10dB(A)，声级峰值增加 10dB(A) 以上。近年来，许多城市加强了交通管理，例如，划分快、慢车道分流，繁忙路口设置人行天桥、禁止汽车鸣喇叭、限制拖拉机进城等，使噪声有所下降。

11.2 交通大气污染防治设计

道路交通对大气环境的影响主要是指汽车排放的烟尘和有害气体，其数量、浓度和持续时间超过大气的自然净化能力和允许标准，使人和其他生物蒙受其害。一般用一氧化碳和氮氧化合物的浓度来评价公路网对大气环境的影响。评价标准采用国家标准 GB 3095—2012《环境空气质量标准》。

11.2.1 大气污染防治标准

为了评价大气环境质量，做好环境保护工作，世界上许多国家都以法律形式制定了环境保护标准。在我国大气环境质量标准 GB 3095—2012《环境空气质量标准》中，对空气污染物的浓度限值划分为两级标准，如表 11-6、表 11-7 所列。自然保护区、风景名胜区和其他需要特殊保护的区域适用一级浓度限值；居住区、商业交通居民混合区、文化区、工业区和农村地区适用二级浓度限值。

表 11-6　环境空气污染物基本项目的浓度限值

序号	污染物项目	平均时间	浓度限值		单位
			一级	二级	
1	二氧化硫	年平均	20	60	μg/m³
		24h 平均	50	150	
		1h 平均	150	500	
2	二氧化氮	年平均	40	40	
		24h 平均	80	80	
		1h 平均	200	200	
3	一氧化碳	24h 平均	4	4	mg/m³
		1h 平均	10	10	

（续）

序号	污染物项目	平均时间	浓度限值 一级	浓度限值 二级	单位
4	臭氧	日最大 8h 平均	100	160	μg/m³
4	臭氧	1h 平均	160	200	μg/m³
5	颗粒物（粒径≤10μm）	年平均	40	70	μg/m³
5	颗粒物（粒径≤10μm）	24h 平均	50	150	μg/m³
6	颗粒物（粒径≤2.5μm）	年平均	15	35	μg/m³
6	颗粒物（粒径≤2.5μm）	24h 平均	35	75	μg/m³

表 11-7　环境空气污染物其他项目的浓度限值

序号	污染物项目	平均时间	浓度限值 一级	浓度限值 二级	单位
1	总悬浮颗粒物	年平均	80	200	μg/m³
1	总悬浮颗粒物	24h 平均	120	300	μg/m³
2	氮氧化合物	年平均	50	50	μg/m³
2	氮氧化合物	24h 平均	100	100	μg/m³
3	铅	1h 平均	250	250	μg/m³
3	铅	年平均	0.5	0.5	μg/m³
3	铅	季平均	1	1	μg/m³
4	苯并[a]芘	年平均	0.001	0.001	μg/m³
4	苯并[a]芘	24h 平均	0.0025	0.0025	μg/m³

11.2.2　施工期间大气污染防治

针对施工期间造成工地区域内的环境污染，应尽量从以下几个方面减少此期间造成的大气污染：

（1）在土方开挖回填时避开雨季，在雨季来临前将开挖回填、弃方的边坡处理完毕。

（2）施工取土时采取平行作业，边开挖、边平整、边绿化，计划取土，及时还耕，及时进行景观再造。

（3）在雨水充沛地区，及时设置排水沟及截水沟，避免边坡崩塌、滑坡产生。

（4）在雨水地面径流处开挖路基时，及时设置临时土沉淀池拦截混砂，待路基建成后，及时将土沉淀池推平，进行绿化或还耕。

（5）对路堤边坡及时进行植草绿化。

（6）对施工临时用地，先将原表层熟土集中堆放，待施工完毕后，再将这些熟土推平，恢复原地表层。

尽量减少施工期间产生的尘土飞扬对此区域大气产生的污染。

11.2.3 汽车废气污染防治

汽车尾气污染物的排放过程十分复杂，它不仅取决于气体本身的构造、型号、出厂年份、行驶里程、保养状态和有无尾气污染物排放控制装置等内部因素，还取决于所使用燃料的组成、环境温度、负载和驾驶方式（怠速、加速、匀速、减速）等外部因素。驾驶方式的变化又由驾驶人的习惯、道路类型和交通的拥挤程度决定。通常采用综合排放因子来描述在特定的行车条件下汽车尾气污染物的平均排放量，然后根据道路车流量和车流组成来估算道路汽车尾气污染物的排放源强度。

汽车排放污染物的成分与数量同汽车的速度、运行状态、燃料种类、发动机类型、道路坡度、驾驶技术有关。

1）污染物的排放量与车速的关系

污染物的排放量与车速有密切关系。汽车废气成分含量与车速的关系见表11-8。

表 11-8　汽车废气成分含量与车速的关系

排放物的组成成分	空挡	满载	
		低速	高速
氮氧化合物	$0 \sim 50 \times 10^{-6}$	100×10^{-6}	400×10^{-6}
二氧化碳/%	$6.5 \sim 8$	$7 \sim 11$	$12 \sim 13$
水蒸气/%	$7 \sim 10$	$9 \sim 11$	$10 \sim 11$
氧气/%	$1 \sim 1.5$	$0.5 \sim 2$	$0.1 \sim 0.4$
一氧化碳/%	$3 \sim 10$	$3 \sim 8$	$1 \sim 5$
氢气/%	$0.5 \sim 4$	$0.2 \sim 1$	$0.1 \sim 0.2$
碳氢化合物	$(300 \sim 8000) \times 10^{-6}$	$(200 \sim 500) \times 10^{-6}$	$(100 \sim 300) \times 10^{-6}$

注：表中的含量为体积分数。

一氧化碳和碳氢化合物均随车速增高而减少，氮氧化合物则随车速提高而增长。

2）排放量与车辆运行状态的关系

城市中，由于交叉口信号灯的控制与交通拥挤，汽车的速度时刻在变化，经常出现加速和减速等不同的运行情况。在不同的汽车运行状态下，其污染物的排放量有所不同，而燃料不同也影响污染物的排放。采用汽油及柴油发动机的汽车在怠速时一氧化碳排放量最多，低速次之，恒速最低；碳氢化合物则低速运行时量最多，恒速最低。

3）排放量与道路纵坡的关系

汽车污染物的排放量与道路纵坡有关，坡度大，耗油量大，因而排放污染物的数量也增大。据有关部门测定，国产车以 40km/h 行驶，在 3% 的坡道上，一氧化碳的排放量比平地增加 1.7 倍，在 3.5% 的坡道上增加 2.1 倍，坡度为 14.5% 时增加 3.7 倍。

根据汽车排放污染物的情况，采取的防治措施主要有：

（1）制定与完善机动车的排放标准和加强地方管理与法规　制定和完善法规及排

放标准，建立防治机动车污染的相应监督机构和法规，地方亦应有适合本区域状况的管理方法。

（2）严格执行机动车排放标准和法规　如果对现行的排放标准和法规未得到坚定、严格地贯彻与实施，那么任何措施与对策只是一句空话，严格执行排放标准和法规是控制机动车尾气的关键。

（3）机动车节约燃料与新燃料开发应用　提高整车技术水平，可以大幅度减少燃料的消耗。目前我国汽车油耗水平，整车百千米油耗是国外的一倍多，节油潜力很大。从长远看，新燃料开发和应用十分重要，可从根本上解决机动车尾气的污染，如采用甲醇、乙醇、液化石油气、压缩天然气、电、太阳能等代用燃料。

（4）加速淘汰高排放车辆　有关研究认为，排放超标严重的车辆对大气的污染贡献较大，加速淘汰这些车辆，将有助于快速降低机动车造成的大气污染。

（5）加强交通管理　要以科学的方法加强交通管理。重视从大气质量的角度来考虑道路容许的最大车流量，利用网络法调节整个道路网络的交通流量分配，以达到控制汽车尾气污染的目的。

11.2.4　收费站废气污染防治

造成收费站废气污染的主要原因是来自汽车尾气的排放，其需要采取的主要防治措施为严格执行车辆排放检验制度，利用收费站对汽车排放状况进行抽查，限制尾气排放严重超标的车辆上路。

11.3　交通噪声污染防治设计

道路交通噪声是一种非稳态的、起伏很大的随机噪声。其大小不仅与车辆流量、车辆种类、速度快慢及鸣喇叭有关，而且与街道宽窄、路面条件及两旁建筑等有关。因此，交通噪声控制是一个比较复杂的问题。由于牵涉面很广需要采取综合治理的方案。综合治理措施一般包括：缩小和消灭噪声源，控制噪声传播，合理规划及设计道路，贯彻执行必要的环境保护法规等。

11.3.1　环境噪声标准

为了控制城市环境噪声污染，创造一个安静、舒适的生活和劳动环境，保护人民健康，促进经济发展，世界各国政府都制定了环境噪声标准以控制城市区域环境噪声的危害。

环境噪声标准制定的原则是以保护人的听力、睡眠休息、交谈思考为依据，根据不同时间、不同地点和人们的行为状态制定相适应的标准。噪声声压级与人耳的主观感觉和危害程度见表 11-9。表 11-10 所列为国际标准组织（ISO）制定的有关环境的标准。

表11-9 人耳对噪声声级的感觉和危害

声级/dB(A)	声源(一般距测点1~1.5m)	主观感觉	危害情况
0~20	静夜、消声室内	很静	安全
20~40	安静住宅、轻声耳语	安静	
40~60	普通室内声音	一般	
60~80	一般办公室,1m远讲话,城市街道	吵闹	长期听觉受影响,尚无定论
80~100	公共汽车内,1m远大叫,很吵的街道	很吵闹	
100~120	柴油发动机,纺织车间,钢铁厂	难忍受	长期听觉受损,耳聋
120~140	喷气式飞机,球磨机旁	痛苦	听觉很快受损,耳聋
160以上	火箭,导弹		其他生理损伤

表11-10 国际标准组织(ISO)制定的环境噪声标准

性 质	标准 L_{eq}/dB(A)	性 质	标准 L_{eq}/dB(A)
寝室	20~50	办公室	25~60
生活室	30~60	工厂	70~75

目前,我国对非城市区域公路(包括高速一、二、三级公路)未规定噪声限制标准。在市区公路网噪声评价中,以 GB 3096—2008《声环境质量标准》为依据进行了噪声限制,各类声环境功能区使用的环境噪声标准如表11-11所示。

表11-11 各类声环境功能区使用的环境噪声标准 dB(A)

标准划分		适 用 地 区	昼间	夜间
0级		康复疗养区等特别需要安静的区域	50	40
1级		居民住宅、医疗卫生、文化教育、科研设计、行政办公为主要功能,需要保持安静的区域	55	45
2级		商业金融、集市贸易为主要功能,或者居住、商业、工业混杂,需要维护住宅安静的区域	60	50
3级		工业生产、仓储物流为主要功能,需要防止工业噪声对周围环境产生严重影响的区域	65	55
4级	a类	高速公路、一级公路、二级公路、城市快速路、城市主干路、城市次干路、城市轨道交通(地面段)、内河航道两侧区域	70	55
	b类	铁路干线两侧区域	70	60

11.3.2　交通噪声控制方案设计

11.3.2.1　交通噪声控制的措施

1）抑制噪声源

抑制噪声源是控制噪声最直接的措施。道路噪声主要来自载重汽车及公共汽车等重型车辆，其噪声级达到 38~91dB（A），比一般小型汽车高 4~77dB（A），因而将重型车按低噪声车辆设计是一个较为理想的途径。比如：采用高效率排气消音器、发动机隔声罩、低噪声轮胎等。道路噪声尤其是噪声峰值，也主要决定于载重汽车、公共汽车等重型车辆，因此低噪声研究的主要对象应该是这类车辆。

2）控制噪声传播

控制噪声传播的主要措施有：增大噪声源与接受者之间的距离，在噪声源与接受者之间设立屏障或利用地形作天然屏蔽物以减弱和隔离噪声的传播。

（1）绿化树带　在道路与接收点之间种植绿化林带。绿化林带具有防噪、防尘、水土保持、改善和美化生态环境等综合功能。植树宽度一般为 10~20m，隔音效果一般可降低噪声 5~8dB（A），最高可达 10dB（A）。

（2）隔音屏障　隔音屏障是建筑在道路沿线和居民区之间的实体障碍物，对处于声影区的接收点有非常好的降噪效果，可降噪 5~15dB（A）。屏障用隔音水泥板制成，一般高为 3~5m，长为高的 5 倍。

隔音屏障按结构形式不同可分为 4 类：

①单侧直板式。保护公路、高架桥一侧的居民点、学校等人口集中区。

②双侧直板式。保护路桥两侧的居民、学校等人口集中区。

③带折檐式。屏障内侧加衬吸声结构，隔声效果好，保护的范围比直板式更大。

④全封闭式。用于向空间发展的居民区穿越高层建筑群的公路上，保护面积可覆盖整个居民区。

（3）临街设置为不要求安静的建筑　临街设置一些修理工厂、商店、停车场等不要求安静的建筑，可为内侧的居住建筑起到隔音作用。

（4）修建公路隧道或低堑公路　为降低公路交通噪声污染，在地势有条件的情况下可以采用修建公路隧道或低堑公路的方法。路堑式道路是一种简单有效的措施，通常可降低 8%~15% dB（A）的噪声。

3）合理规划及设计交通

（1）在城市总体规划和设计时，对各种交通干线和噪声源应进行合理布局。要求安静的建筑如学校、研究所、疗养院、医院、办公楼、住宅区等应同交通干线保持一定的距离。各种交通枢纽不要安排在要求安静的区域附近。将对防噪声要求不高的公共建筑（如剧院、商店、餐馆）布置在临街的一面，形成隔音障壁，使内侧居住区比较安静。利用绿化带减弱噪声传播。

（2）在公路选线时尽量避让环境噪声敏感点，使需保护的环境噪声敏感建筑物的所处地少受公路交通噪声污染。要避免过境车辆穿过市中心，采用环行线是较为有效的办法。对大城市主要干道交叉路口采用立体交叉和信号管制,以保持车辆匀速行驶,减少不必要的停车、起动和制动的噪声。

(3)调整公路主线纵坡,降低因纵坡过大导致汽车爬坡时增加的噪声量。

(4)修筑低噪声路面,据调查,汽车行驶在沥青混凝土路面比行驶在水泥混凝土路面噪声低1~3dB(A)。具有降噪功能的沥青低噪声路面有:排水路面、阻尼路面、多孔弹性路面、粗纹理路面。

根据每个城市的交通和建筑情况,选用有效的经济可行的措施,表11-12列出的一些措施可供参考。

表 11-12 城市建设中与交通规划中的控制噪声措施

控制噪声的措施	实际效果
将要求安静的建筑物远离干线和重型车通行的道路	距离增加1倍,减少4~6dB(A)
按建筑物需要安静程度,合理规划交通线路	可减少5~10dB(A)
利用不要求安静的公共活动场所,如商店作为临街建筑隔声	内侧住宅可减少7~25dB(A)
利用道路两侧绿化带隔声	可减少2~5dB(A)
路两侧采用专门设计的隔音屏障	可降低5~30dB(A)
在需要安静的街道,减少交通流量	车流减少1倍,噪声减少3~55dB(A)
在需要安静的街道,减低车速	车速每减少10km/h,可降低2~3dB(A)
在需要安静的街道,减少重型车通行的比例	比例每减少10%,可降低1~2dB(A)
增加临街建筑的窗户隔声措施	可降低5~20dB(A)
临街建筑房间合理规划	可降低10~20dB(A)

4)完善交通组织和交通法规,实施控制噪声的法规

(1)在交通干线交叉口设置明显的限速标志及限制交通流量标志,保证车辆匀速行驶,尽量减少机动车频繁刹车和起动造成的偶发噪声,严格禁止超龄、重载、噪声不达标车辆上路行驶,市区禁止鸣笛等。

(2)通过减少机动车的数量或者改进机动车辆来降低公路交通噪声。在一般情况下,交通流量减少一半,噪声可减少3dB(A)。

(3)对机动车采取更严格的噪声标准,这种标准可以反映最近的经济许可的技术,并且要有适当的政策激励来促使这种技术得到普及。

(4)利用机动车噪声排放标准和相关规程对重型车辆和旧车的噪声控制装置进行有效维护。

(5)禁止拖拉机经营性运输,不准驶入50万人口以上城市的市区。因运输交售农副产品的进城者,应有当地环保部门发给的通行证。

(6)城市交通干线两侧,新建对噪声敏感的建筑物时,建设部门事先必须对该环境噪声进行评价,并采取相应的防治噪声的措施,以保证建筑物建成后能够达到环境噪声标准。

（7）一切单位和个人都有权对环境噪声污染进行监督和检举。受到环境噪声危害的单位和个人有权要求赔偿损失。

11.3.2.2　交通噪声控制设施的设计

道路上的隔声障壁一般由吸声材料制成。经常采用的结构有两种：一种是利用多孔吸声砖；另一种是两层多孔吸声板（塑料或金属制），中间加一定厚度的吸声材料（矿渣棉等）。表11-13列举了一些典型障壁结构的隔声效果。

为了安装方便，防声障壁板做成分段组装形式，例如每段高4m，长4~5m。安装位置应尽量靠近公路，障壁距安全线1.5~2.0m较为合适，也可在分隔带上加装一条防声障壁。

表 11-13　典型隔声壁的隔声效果值　　　　　　　　dB(A)

隔声壁构造	单位面积重 /(kg/m²)	倍频带中心频率 f(Hz)					
		125	250	500	1000	2000	4000
3.5mm 厚石棉板 + 31mm 厚泡沫混凝土 + 3.5mm 厚石棉板	36	31	33	33	35	40	42
1 砖墙 + 150mm 厚空气层 + 1 砖墙	440	37	43	53	63	73	75
100mm 厚空心砖	183	19	22	29	35	44	65
150mm 厚空心砖	197	23	23	30	38	42	44
40mm 厚钢筋混凝土 + 40mm 厚空气层 + 40mm 厚钢筋混凝土	200	38	45	47	58	63	64

【例 11-2】　某条道路上车辆间隔为 20m 连续行驶，路边交通噪声为 85dB(A)，离道路 80m 处有居民区，道路与居民区之间空地为草地，无树木，试问居民区受多大噪声干扰？如在离路边 5m 处修筑一道 5m 高的隔音墙，对居民区防止噪声有多大作用？

【解】　在道路旁修建隔音墙的计算属于噪声传播衰减计算。交通噪声传播衰减与传播距离(x)、车辆行驶间隔(S)、噪声传播与所经过地面的土壤植被情况有关，可以从图 11-1 查出关系值。

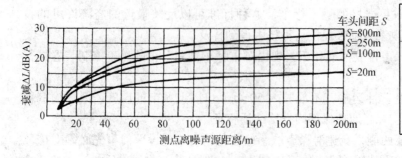

图 11-1　交通噪声传播衰减图

由图 11-1 可查出：当 $S = 20\text{m}$，离道路距离 80m，在图上作垂线相交处为噪声衰减值 $\Delta L = 11\text{dB(A)}$，地面为草地时修正值为 1.1，则噪声衰减值为 $1.1 \times \Delta L = 1.1 \times 11\text{dB(A)} = 12.1\text{dB(A)}$，居民区受到交通噪声干扰时的 A 声级为 $(85 - 12.1)\text{dB(A)} = 72.9\text{dB(A)}$。

如在空地种植稠密树木，其修正值为 1.5，噪声衰减值为 $1.5 \times 11\text{dB(A)} = 16.5\text{dB(A)}$，居民区受到交通干扰时声级为 $(85 - 16.5)\text{dB(A)} = 68.5\text{dB(A)}$。

如在道路离路边 5m 处修筑一道 5m 高的隔音墙，采用图 11-2 所示音路图，用图解法求出：$\theta_1 = 19°$，$h_1 = 5\text{m}$；$\theta_5 = 8°$，$h_5 = 2\text{m}$，道路旁噪声声级为 85dB(A)，频率为 1500Hz，声速为 340m/s，波长 $\lambda = (340/1500)\text{m} = 0.23\text{m}$，$h_1/\lambda = 5/0.23 = 22$，$h_5/\lambda = 2/0.23 = 8.7$，根据 θ 和 h/λ 值查图 11-3 噪声衰减曲线，求出设置隔音墙后的噪声衰减值如下。

居民区第一排房屋第一层（离地面 1.5m 高）噪声衰减值 $\Delta L_1 = 24\text{dB(A)}$，第五层（离地面 15m 高）噪声衰减值 $\Delta L_5 = 17\text{dB(A)}$。

此时居民区受到噪声干扰的声级为：

第一层为 $(85 - 1.1 \times 11 - 4)\text{dB(A)} = 48.9\text{dB(A)}$

第五层为 $(85 - 1.1 \times 11 - 17)\text{dB(A)} = 55.9\text{dB(A)}$

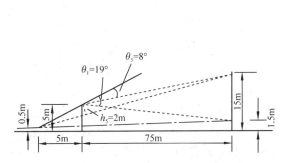 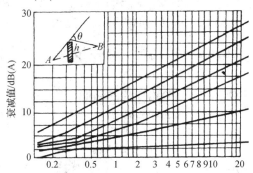

图 11-2　道路旁设立隔音墙的噪声音路图　　图 11-3　按隔壁高度计算噪声衰减曲线

国家环境噪声标准规定，居民区为 50dB(A)。所以，居民区第一排房屋第一层满足国家环境噪声标准，第五层超出国家环境噪声标准。

从上面计算可知，修筑隔音墙防止噪声干扰的效果比种植树林效果好。

11.4　公路绿化设计

公路绿化，特别是植树绿化对改善公路网大气污染具有一定作用。在道路两侧植树绿化，是防治交通噪声的有效措施之一。选择合适树种、植株的密度、植被的宽度，可以达到吸纳声波，降低噪声的作用。根据有关研究资料表明，当绿化林带宽度大于 10m 时，可降低交通噪声 4~5dB(A)。这是因为投射到植物叶片上的声能 74% 被反射到各个方向，26% 被叶片的微振所消耗。该方法的优点是生态效益明显；局限性是占地较多,早期降噪效果不显著。

11.4.1　公路绿化设计要求

绿色植物减弱噪声的效果和林带的宽度、高度、位置及树木种类有密切的关系。

(1)在公路路肩上不得种树,在交叉范围内和弯道内侧植树时应满足视距要求,粗细树枝均不得深入到公路建筑界限内。

(2)公路两侧边坡、分隔带、弃土堆等,必须根据道路等级与景观要求,因地制宜地种植乔木、灌木、花卉、草皮和绿篱。

(3)公路行道树只能在边坡以外种植,护坡道上只宜栽种灌木。种植的树种,宜按路段变化。

(4)应结合当地地形、景观及建筑美学等要求,合理规划、设计公路服务区等服务设施的绿化。

(5)在城市中,林带宽度最好是 6~15m,郊区为 15~20m。

(6)多条窄林带的隔音效果比只有一条宽林带好。林带的高度大致为声源至声区距离的 2 倍。林带的位置应尽量靠近声源,这样降噪效果更好。

(7)一般林带边缘至声源的距离为 6~11m,林带应以乔木、灌木和草地相结合,形成一个连续、密集的障碍带。树种一般选择树冠矮的乔木,阔叶树的吸声效果比针叶树好,灌木丛的吸声效果更为显著。

11.4.2　公路绿化方案设计

11.4.2.1　公路绿化的功能

公路绿化的功能包括以下几个方面:利于路基的稳定,防治雨水冲刷;保护路面,调节温度和湿度;利于诱导机动车辆安全行驶;防止公路环境污染,降低行车噪声;丰富公路两侧景观,有利于驾驶人、乘客及沿线居民的身心健康。

公路绿化的特点:具有很强的季节性、地域性和群众性,高等级公路的绿化具有点、线、面综合性和多功能性,另外可利用自然条件使自然景观与人工造景和谐统一。

11.4.2.2　公路绿化要求

平原地区公路绿化应配合农田水利建设,栽植单行或多行防护林带,以减轻或消除风、沙、雪、水等对公路的危害。山区公路应发展具有防护效能的绿化工程,如防护林带、草皮护坡等,用以含蓄水分、滞缓地表径流、减轻水土流失、防冲刷、防坍固坡。草原区公路应在线路两侧栽植防风、防雪的防护林带,以阻挡风雪对公路的侵害。盐碱区公路应选择抗盐碱、耐水湿的乔木、灌木品种,配栽成多行的绿化带,以降低地下水位、改善土壤结构。通过名胜、古迹、风景疗养区及主要港口、机场等地的公路,应以美化为主,营造风景林带。

高速公路绿化时,两侧土路肩、边坡以种植人工草为主,中间分隔带应种植不同颜色的灌木、花卉和草皮，不宜栽种乔木。一级公路应以乔木为主，可配植一些灌木和花草。其中，平原路段应以人工造景为主；山区路段应以自然景观与人工造景相结合的方式绿化，并尽可能利用自然景观。位于城市郊区的路段，有中央分隔带或分道行驶隔离带的，可栽植绿篱和花草，绿篱的高度以 60～120cm 为宜，在平曲线处可适当高些，起防眩作用。二级公路绿化应尽量采用乔木与灌木相结合的方式进行，避免单一品种长距离栽植，并充分体现当地特色。三、四级公路车速较慢，可采用行列对称式的栽植方式绿化。

在平面交叉、立体交叉以及隧道进出口等地，应根据地形条件进行设计，并符合下列要求：

(1)平面交叉处应按设计要求留出规定的视距，在视距影响范围以内，不应种植乔木，可栽植常绿灌木、绿篱和花草。

(2)小半径平面曲线外侧宜栽植成行的乔木，以诱导汽车行驶，增加安全感。

(3)立体交叉分割出来的环岛，宜铺植开阔的草坪，其上点缀一些灌木和花卉。

(4)隧道进出口两侧 30～50m 以内，宜栽植高大乔木遮阴，以适应驾驶人视觉对隧道内外光线的变化，保障车辆安全行驶。

11.4.2.3　公路绿化树种选择

公路绿化选择树种时，应遵循以下原则：

(1)适地适树　根据绿化路段的土壤、温度、光照、地形、地势等实际情况，选择与当地自然条件相适应或基本适应的树木以及花草，达到"地"和"树"的统一。

(2)耐干旱贫瘠　公路两侧土质条件大部分肥力低、含水量差、底墒不足，为保证绿植成活率，应选择具有耐干旱贫瘠的树木，如刺槐、臭椿、黑松、侧柏、落叶松、青桐、构树、沙棘、杜梨等。

(3)抗性强　公路上来往车辆、行人络绎不绝，路面油料及机动车尾气挥发出有毒气体等都直接影响着树木的成活。为保证公路的绿化效果，应选择具有抗毒气、灰尘及污染的树木，如柳树、苦楝、白榆、水曲柳、白蜡、女贞、紫穗槐等。

(4)观赏性强　旅游路线及城市出入口路段及固定美化点等，应选择具有观赏价值的树木，如银杏、火炬树、广玉兰、紫薇、丁香、月季、紫花刺槐、白皮松、圆柏等。

11.4.2.4　公路绿化功能栽植

公路绿化功能栽植主要有指示栽植、视线诱导栽植、遮光栽植、缓冲栽植、明暗适应栽植、遮蔽栽植等形式。

1)指示栽植

指示栽植是为通行者指示行驶位置的、路线进出口位置的栽植。在每个出入口都尽可能改变主树种，使之具有当地色彩，又能收到地区指示的效果，如图 11-4(a)所示。

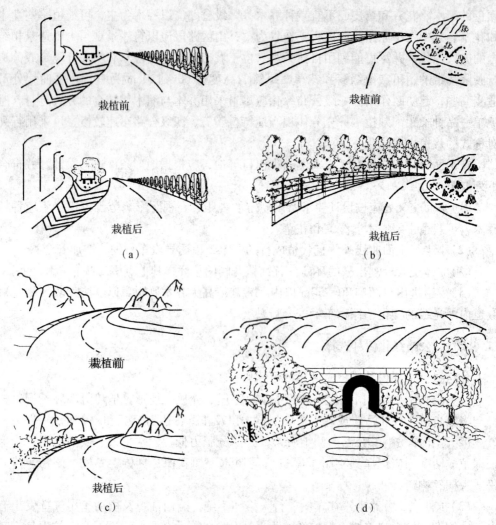

图11-4 公路绿化功能栽植示意图

(a)指示栽植 (b)视线诱导栽植 (c)缓冲栽植 (d)明暗适应栽植

2)视线诱导栽植

视线诱导栽植是一种用于预告路线线型变化，引导驾驶人视线的栽植。它对安全行驶是非常有利的，如图11-4(b)所示。

3)遮光栽植

遮光栽植主要用于遮挡来自对面或侧道汽车车灯的光线，起到防眩作用。遮光树的高度应根据驾驶人眼睛的高度而定，一般汽车需要1.5m，大型汽车需要2.0m。高速公路上遮光栽植的植树间隔和树冠直径应符合表11-14中的规定。

表11-14 遮光栽植的植树间隔与树冠直径 cm

植树间隔	200	300	400	500	600
树冠直径	40	60	80	100	120

　　4）缓冲栽植

　　缓冲栽植是在汽车肇事时为了缓和冲击、减轻事故严重程度而设置的一种栽植方法。当失事车辆撞到有弹性的、枝条强劲有力的或又宽又厚的灌木时，尽管树被撞倒，车体和驾驶人都可免遭巨大损伤，如图11-4（c）所示。

　　5）明暗适应栽植

　　明暗适应栽植是一种为缓和光线明暗急剧变化而设置的栽植。例如，在隧道入口处栽植高大树木，可使侧方光线形成明暗参差的阴影，从而使亮度逐渐变化，如图11-4（d）所示。

　　6）遮蔽栽植

　　对于居高临下容易产生不安全感的路段以及容易吸引驾驶人视线、转移其注意力的地点，都需要利用树木来遮掩，从而改善驾驶人的行车心理，增强安全感。有不美观的建筑物、垃圾堆积地等，也可利用植树绿化加以遮挡，从而改善道路景观，协调环境。

11.4.2.5　各等级公路的绿化要求

　　1）高速公路绿化

　　高速公路的中央分隔带经常设有浅灰色的混凝土或梁柱式护栏。绿化设计要在这一区域内形成一条比护栏高的绿带，可由绿篱、花灌木和小乔木组成。花灌木和小乔木的间距可采用10m，冠幅不能太大，以免影响交通。修剪整齐的绿篱可与平整的路面相协调，而等距种植的花灌木则给人以强烈的节奏感。

　　两侧绿化也是高速公路绿化中的重要组成部分，具体包括路肩绿化、填方或挖方边坡绿化等。高速公路采用封闭式管理，不像普通公路那样需要为行人提供绿阴。因此，路肩处绿化应多选用一些低矮成球状的树种，以免遮挡视线。边坡可采用两种处理形式：装饰性处理和自然化处理。装饰性处理是指利用植物和一些硬质材料在边坡绿化的同时，进行图案美化，使车像行驶在画廊之中。自然化处理是指在修建公路时对边坡进行修整，使边坡与自然地形衔接，尽量不破坏自然地形、地貌和植被。在进行绿化时，多采用本土植物自然式栽植，以便使它恢复成与周边一样的植被。

　　2）一级公路绿化

　　一级公路的平原区路段，当两侧设有植树平台或有植树用地时，应以人工造景绿化为主，可采用不同树种、不同高度、不同冠形分段或分组进行栽植，株间距离为8~10m。山区路段，应以自然景观与人工造景相结合的方式进行绿化。对于中央分隔带或分道行驶隔离带，要把绿化重点放在隔离带上，路两侧的绿化则作为陪衬。

　　3）其他等级公路绿化

　　二级公路应采用乔木和灌木株间混交进行绿化。路段过长时，根据路两侧的环境，也可植一段乔木再植一段灌木的方式，以避免单调。二级公路绿化如图11-5所示。

　　由于三、四级公路标准较低，且为混合交通，可以按行列对称式进行栽植，也可采取上乔下灌或一侧乔木一侧灌木的方式栽植，株间距为6~8m。

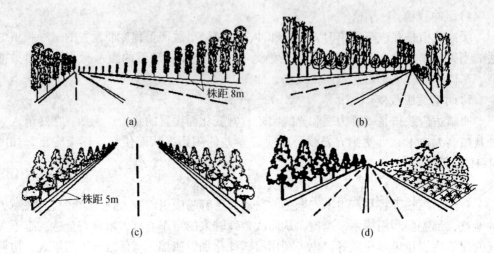

图 11-5　二级公路绿化示意图

(a)大株距绿化　(b)行列图窗式绿化　(c)乔木与灌木混交式绿化　(d)造景与自然景观结合绿化

11.4.2.6　不同路段的绿化要求

直线路段方向性明确有力，因而非常引人注目。在设计和进行绿化时，按一定间隔种植若干长度的行道树，会表现出整齐的美感。如果把两种以上的树木交互进行栽植，可使之形成韵律的美感。如果把乔木和灌木反复排列，或者是把圆树冠的阔叶树和尖顶的针叶树交替排列，变化树木的空间树条，则可使之产生强烈的韵律。但应注意，无论是采用不同树种的变化，或高低的变化，还是树冠形状的变化，都不宜过多地反复使用，以免发生混乱，失去规律性。一般绿化栽植的路段，其变化范围应不超过 10km。

为使车辆行驶在弯道处有良好的行车视距，一般在弯道外侧栽植乔木以增强其对行车的诱导性。尤其是在山区公路，弯道外侧栽植有高大的乔木，将更有利于行车安全。弯道内侧在不影响行车视距的前提下，只宜栽植低矮的灌木、花卉及草皮，以保证行车安全。

公路凸型竖曲线顶部宜种植低树，在稍低一点的地方种植高树，这样可从远处越过峰顶看见后面高树的顶端，使方向更明确，起到诱导线型作用。凹型竖曲线底部不宜植树，由底部往上逐渐栽植低树，再往上植高树，竖曲线路段的栽植形式如图 11-6 所示。

在桥梁及涵洞两端进行绿化栽植时，应注意与桥梁及涵洞保持一定的距离，以避免因树根的伸张影响桥涵工程建筑的稳固。一般在桥涵两端 5m 的距离之内不栽植树木，桥梁两端有引道的，应栽植常绿树木及花卉，以增加桥梁的艺术美。

本章小结

本章主要介绍了在环境中由于公路及其配套设施的出现对环境所造成的影响，包括大气污染、汽车噪声污染等，而这些会对人们的生产和生活造成不良的影响或者严重的后果。介绍了大气污

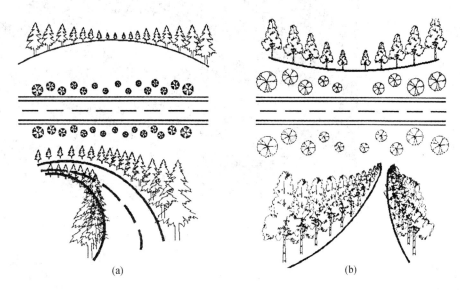

图 11-6 竖曲线路段的绿化栽植
(a)凸型竖曲线路段 (b)凹型竖曲线路段

染、噪声污染的形成原因，并且对通过设施的设置降低或消除大气污染、噪声污染所造成的危害进行了介绍。

思考题

1. 形成交通噪声的主要原因是什么？
2. 交通噪声污染有哪些危害？
3. 公路绿化的功能和绿化特点是什么？其栽植功能有哪几种形式？

参考文献

[1] 王炜，过秀成. 交通工程学[M]. 南京：东南大学出版社，2011.

[2] 交通部公路科学研究院. JTG D81—2006 公路交通安全设施设计技术规范[S]. 北京：人民交通出版社，2006.

[3] 高速公路丛书编委会. 高速公路交通工程及沿线设施[M]. 北京：人民交通出版社，1999.

[4] 陆化普. 城市交通现代化管理[M]. 北京：人民交通出版社，1999.

[5] 中华人民共和国交通部. JTJ 074—1994 高速公路交通安全设施设计及施工技术规范[S]. 北京：人民交通出版社，1994.

第 12 章
交通工程设施人性化设计进展

[本章提要]

交通工程设施的人性化设计是交通工程设施设计重要的发展方向，是道路发展的必然趋势。随着城市和高等级公路交通的发展，对道路交通设施的人性化设计要求越来越高。本章主要依据不同的交通设施类型，针对交通设施设计中的几大部分进行阐述，并提出了发展我国城市人性化交通设施的方向。

随着社会经济的高速发展，我国道路交通设施建设有了长足发展，但是，随着人们对出行质量的不断追求，生活质量的不断提高，交通参与者对交通设施的要求不再局限于"安全"这一最低层面上，而是越来越关注使用交通设施的舒适性。因此，如何进一步提高道路交通设施的舒适程度，保护交通者的通行权力，建立满足人性化需求的、以人为本的道路交通系统，是现代道路交通发展的目标和归属。

12.1 概述

交通设施是交通系统的重要组成部分，承担着联系人与道路的重任。随着人们生活水平的不断提高，对物质和精神的需求越来越高。交通设施不只是实现使用功能，应该更加符合人的需求，所以交通设施的人性化设计受到越来越多的关注。人性化设计是指设计人员在设计时着重从人机工程学、美学、生态学等角度出发，寻求使设计更加完美的解决方案，从而实现以人为本的设计目的。随着时代的发展，人性化设计的内涵也在不断扩展，当今越来越受到人们关注的绿色设计也在它的研究范围之内。人性化设计是一种人本主义的关怀，也就是人们常说的"设计以人为本"的理念。它的实质就是研究和解决设计中人与人、人与自然、人与物的关系问题。人机工程学是交通设施人性化设计的基础理论之一，交通设施人性化设计的过程中要不断地运用人机工程学的有关知识，分析人机工程学在交通设施人性化设计中的应用方法，归纳设计人员在设计时需要重点考虑的人机工程要素。

交通设施作为一种工业产品也同其他的工业产品一样，应满足多方面的要求。这些要求有社会发展方面的，有产品功能、质量、效益方面的，也有使用要求或制造工艺要求，设计人员要综合地考虑各方面的要求。交通设施的人性化设计是对人的心理需求、生理需求、精神追求的尊重和满足，是设计中的人文关怀，是对人性的尊重，需要在设计过程中根据人的行为习惯、人体的生理结构、人的心理情况、人的思维方式等，运用人机工程学的有关理论分析人们对于交通设施的人性化需求，对其进行优化，可以使交通设施的使用者用起来更加方便、舒适。

国外对于交通设施的人性化设计十分重视，有不少学者在这方面进行了探讨，很多国家在交通设施人性化设计上已经十分出色，值得我们学习和借鉴。国内很多地区也开始认识到交通设施人性化的重要作用，并开始着手这方面的工作。在某种程度上，一个城市的交通设施人性化水平与这座城市的整体形象是不可分割的。

丹麦交通规则强调尊重人，车辆必须为过马路的行人让路，任何车辆都不得随意按喇叭，如图 12-1 所示。丹麦的加油站除了加油，还销售与汽车有关的各种各样的商品、工具、擦车布、手套、汽车杂志和小食品等，一应俱全。加油站一般还附设由电脑控制的洗车房，可以进行自动洗车，从喷射清洁剂到刷洗、吹干。

美国城市的公共交通设施非常经济实用，充分体现了以人为本的指导思想。波特兰是美国公共交通的示范城市，因完美的公共交通系统而闻名于世。该市的短距离交通有公交车，市区之间由轻轨连接，从机场到市区有轻轨专线，进入市区有公交车和公交专用道。而在纽约等城市，为了方便骑自行车的市民乘坐公交车，在公交车的车头前专门安装了自行车停放架，如图 12-2 所示。在地铁车厢内专门划定了自行车摆放区。各公交车站的设计既简洁牢固又美观实用，而且站内指示标志十分清晰。波特兰公交车站造型不仅与该城市建筑风格相统一，还能为候车乘客遮雨、挡风和遮阳。

德国慕尼黑为方便市民出行，采用一票通用的模式，凭车票可任意乘公共汽车、有轨电车、地铁和轻轨。各公交车、有轨电车的候车亭都设有防雨棚，里面装有座

图 12-1　丹麦交通设施人性化设计

图 12-2　美国交通设施人性化设计

椅、垃圾桶、照明灯具、行车时刻表和广告等。公交车和有轨电车都是豪华式，车厢宽敞舒适，尤其是车厢底盘很低，约为30cm，车厢底盘或可自动升降，或可自动倾斜，便于将轮椅和儿童车直接从车站推上车内专放区域。车上有可以显示站名的电子显示屏，并有提示司机要下车的按钮和自动验票机等设备，图12-3为德国交通设施人性化设计。

新加坡政府十分重视为公共交通乘客提供便捷和高效的服务，其主要特点是与用地规划的协调和良好的换乘系统设计。地铁站同时也是轻轨系统和公交线路的换乘中心站，很多地铁站本身就建立在大型公共建筑和住宅区的地下。新加坡的智能交通系统可以提供准确而及时的交通信息，使公共交通始终处于较高的服务水平之上。新加坡轨道交通的特色是轻轨系统，轻轨系统以一些重要的地铁站点作为起终点，在周边的居民区内部通行且设有站点，轻轨系统车辆的轮胎是橡胶材料做成的，噪声很小，如图12-4所示。

图12-3   德国交通设施人性化设计

图12-4   新加坡交通设施人性化设计

广州地铁2号线的设计是人性化的体现，如图12-5所示。越秀公园站各出入口都安装了自动扶梯，此外，出入口都设有可以显示各种交通信息的标志牌。站台与站厅之间的便捷联系、列车与站台之间的防护装置都是人性化设计的具体体现。设计者在设计车站时着重考虑车站内部空间的协调、色调的调配和装修材料的选用。越秀公园站根据车站的特点，根据人流进出的流线来合理安排导向牌的位置。车站的几个重要出入口均设有残疾人牵引机，站厅与站台之间由垂直电梯连接，站内的盲人导向带与站外市政人行道的盲人导向带相通。

图12-5   广州交通设施人性化设计

12.2 交通安全设施人性化设计

12.2.1 安全护栏的人性化设计

道路安全护栏的作用是在车辆和护栏发生碰撞时，通过护栏和车辆间相互的摩擦和弹塑性变形，以及相应的车体变位来吸收或转移车辆碰撞产生的能量，从而达到保护驾驶人和乘客生命安全的目的。

考虑护栏的人性化和舒适感是和道路的景观设计联系在一起的。护栏的存在，应该使道路使用者增加舒适感和安全感，还应照顾到行驶中驾驶人的视觉和心理反应，能在视觉上自然地诱导驾驶人的视线，保持公路线型的连续性。

案例1：

常州安全护栏的人性化设计

(1)柱帽采用带太阳能 LED 闪光器柱帽。优点：本产品在太阳能的光合作用下(无论晴天还是雨天)，通过闪光器的光感作用，一到晚上太阳能闪光器自动亮起(闪光)使城市道路的夜景更为迷人。闪光器不停地闪烁，可以更有效地提醒过往车辆及行人注意安全，从而对降低城市交通事故的发生率起到了一定作用，更具人性化。太阳能柱帽外壳罩采用聚钛塑料做成，使用寿命长，可抗 5000 N 以上的冲击力。

(2)护栏栅片采用 S 形条板设计，反光膜粘贴科学合理。优点：采用 S 形栅片放置 45° 焊接。其主要作用：第一，夜间驾驶人在车辆行驶时，栅片可以隔离对方车辆强烈且刺眼的灯光，对驾驶人行车安全起到了保护作用。第二，如驾驶车辆不慎撞上护栏，由于护栏采用的是 S 形栅片，栅片在受到车辆一定的冲击时，会弯曲变形，起到了一定的缓冲作用，避免了车辆与人的二次伤害。由于栅栏板采用 45° 的焊接，从而改变了反光膜反光的角度。夜间车辆行驶时，车灯的照射，使反光膜达到了最佳的反光效果，产品的设计更具有人性化。

(3)立柱采用双并式组合立柱。护栏片与立柱直接焊接，安装时两根立柱合为一体插入底座。立柱顶部安装有钢制柱帽，起到紧固作用。优点：第一，结构组合巧妙，安装方便，装好后能使护栏片排列整齐。第二，在牢固度与安全性上更具有保障。立柱和护栏片是直接焊接，在车辆撞击护栏片时增加了护栏的结构强度，不会出现护栏片和立柱散架现象，同时也降低了护栏的维修成本。

(4)将花篮美化效果运用于城市景观道路、公共交通的美化工程中，更适合现代人的审美情趣，舒适宜人。

12.2.2 防眩设施的人性化设计

在车辆行驶过程中，对面方向照射过来的光线(如太阳光)，夜晚车辆的前照灯光以及其他物体的反射强光，都会使驾驶人视野内产生人眼无法适应的光亮感觉，多数情况会使驾驶人产生厌恶、烦躁甚至丧失视觉能见度，而视觉能见度能够直接影响驾驶人对外来信息的感知程度，影响其做出正确的判断，极易诱发交通事故。人性化的设置防眩设施也是改善公路景观，提高行车舒适度的重要手段，尤其对改善夜间行车环境起着积极的作用。

防眩板、防眩网和植树防眩是目前我国城市道路防眩的 3 种主要形式，吹不断、撞不断、不变色是理想设计防眩板达到的 3 个性能指标，通常称为防眩板的三基本要点。

防眩板具有经济、美观、风阻小、积雪少，对驾驶人的心理影响也较小的众多优点，所以防眩板是目前世界上应用最广的防眩设施。

防眩网是金属板材经过特种机械加工处理后，形成网眼状的张料物体。它可以有效地保证防眩设施的连续性和横向通视，又可隔离上下行车道，达到防眩和隔离的双重目的。

植物防眩是利用植物的自身高度、形态和排列，起到防止眩光的目的，分为密集型和间距型两种，具有美观环保的功效。同时有利于固坡、减少污染、降低噪声、视线诱导、防眩、美化、环境保护，并使用路者产生赏心悦目、心情舒畅的感觉，减轻了行驶中的视觉污染、精神疲劳，可以预防和控制交通事故发生；并能弥补由于公路修建而破坏的自然景观，使之与周围环境相谐调或有所改善，特殊条件下还具有防风、防沙、防雪、防水害的作用，是最符合人机工程学的人性化防眩措施。但是其占地要求宽，对植物生长要求高，同时正常养护和维护的难度相对比较高，在欧洲和日本采用较多。

案例 2：

广西高速公路的植物防眩设计

根据广西十多年来的高速公路绿化和实地调查，垂叶榕在桂南、塔柏在桂北应用最广泛，其防眩效果也最好。互通立交或服务区路段的中央绿化带地被可用紫花马缨丹，以起到突出或警示作用，其他路段地被以马尼拉草为主。

在桂北地区，高速公路中央分隔带的防眩植物建议以塔柏为主，如图 12-6 所示。塔柏双排品字种植，防眩效果非常好，中分带在经过立交和服务区地段时，可间植海桐、小叶女贞、金叶女贞、红继木、红叶石楠、双夹槐、小花紫薇等灌木。

在桂南地区，高速公路中央分隔带的防眩植物以垂叶榕、塔柏为主，间植大红花、红绒球、蚊母、黄金榕、黄素梅、木樨榄、龙船花等灌木，如图 12-7～图 12-9 所示。植物配置方式主要有单排式、球柱间植式、绿篱式和百叶式等。分段交互使用以增加景观的生态性、多样性，强调韵律变化感。中分带绿化单排式非常具有人文气息和观赏性、舒适性。

图 12-6　高速公路中央分隔带单排式植物
　　　　　配置防眩植物为塔柏

图 12-7　高速公路中央分隔带球柱间式植物
　　　　　配置防眩植物为垂叶榕柱

图 12-8 高速公路中央分隔带绿篱式植物配置防眩植物为大红花

图 12-9 高速公路中央分隔带百叶间式植物配置防眩植物为塔柏

案例3：

人字型防眩板的人性化设计

（1）材料 板体由弹性材料制成，抗冲击不变形，抗老化，坚固耐用，且不造成二次伤害。

（2）颜色 选用蓝色。首先，蓝色属冷色调，冷色调不会使人产生焦躁不安或紧张情绪，会使人镇静，有利于行车安全。其次，冷色调在距离感方面会使人感到远，有利于减轻司机在经过有防眩设施的公路时感到的压迫感，减轻其心理负担，有利于安全行车。

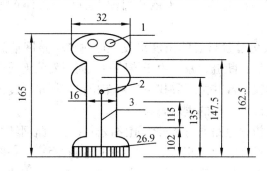

图 12-10 人字型防眩板设计的平面和立体图
1. 泄风孔 2. 安装底座 3. 板体

（3）形状 人字型防眩板是一个带着微笑的人形，如图 12-10 所示。司机在行驶过程中看到一张张笑脸和一句句温馨的提示语或像家人一样的问候，更能保持良好、愉快的心情。防眩板各个角都采用圆角是为了防止被刮伤或发生车祸时造成二次伤害。板体可分为几段：小客车与小客车相会时的防眩高度为 80~102cm；大型车与小货（客）相会时的防眩高度为 135~147.5cm（包括中货与小（货）客相会时的防眩高度为 140cm）；大型与大型或中货（客）车相会时的防眩高度为 150~162.5cm；小货车与小货（客）车相会时的防眩高度为 115cm。这些制控段都向外凸，其他过渡段向内凹。

案例4：

新型的太阳能防眩光安全护栏

（1）安全性能 护栏采用特殊的排列方式，以便在夜间交通会车时，双方车灯的光线不会对司机造成耀眼的视觉误差而导致交通事故，使其更具人性化和动感效果。该护栏栅片采用 S 型设计，在车辆与其撞击后，S 型的缓慢冲击功能不会对车辆和驾车人员造成二次重复伤害和重击式撞击伤害，非常符和人机工程学的设计理念，如图 12-11 所示。由于此产品特殊排列方式和单片竖栅的宽度增加，可在该产品上制作动感流动型广告。

（2）材料性能 护栏片与立柱采用焊接式，使其受到轻度撞击后，不会脱节、断开，上下横杆因加大、加宽，增加了护栏片的稳定和牢固；采用双并式组合立柱，使安装方便排列整齐，不扭裂。闪光灯柱帽可在太阳能的光合作用下发电、供电，无论

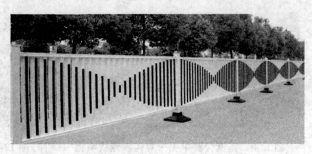

图 12-11　太阳能防眩光安全护栏效果图

白天、晚上、晴雨天气，不间断的以闪光方式提醒过路的行人、车辆注意安全。采用外部镀锌铁皮底座，内部混凝土填充，与护栏颜色融为一体。

12.2.3　视线诱导设施的人性化设计

交通视线诱导装置是指设置在车行道两侧，引导驾驶人视线，使其注意了解所行道路的线型、方向、车行道边界及危险路段位置的设施。按照功能分类可分为轮廓标、路钮和线型诱导标。它们以不同的侧重点来诱导驾驶人的视线，使行车更加舒适、安全。

人性化的视线诱导设施是从交通参与者的角度出发，通过增强路网信息的连续性，提高系统性、协调性，避免信息断链，减少由于辨路不准而引发的无效交通流对道路网造成的交通压力和行车延误，改变由于寻找不到停车位占道停车，侵占路权的不文明行为，是对交通管理设施设计工作的重新思考。

健全完善人性化指路系统。依据道路通行条件、道路设计速度、路网结构、发生的交通流量、吸引交通流量、拟设标志地点相对交通结点的方向和距离、一般交通参与者的基本感知和判断能力等因素，按照道路交通诱导理论确定指路标志的设立以及设置标志的类型、级别与内容。比如，在主干道路的相交路口进口前设置大型指向标志，标明前方道路名称和通过前方道路可到达的重要地点名称，在环路、国道、高速路口出口前设置大型预告标志，标明前方可以到达的道路或者吸引交通流量大的地点以及距离。这样就比较完善地满足了交通参与者的信息需要，使其能通过指路标志的有效交通诱导，顺利完成交通活动。

案例 5：

上海地铁站的人性化视线诱导设计

在上海轨道网络中，换乘车站达 47 个，甚至三线或三线以上换乘站也有 11 个。截至到 2012 年，上海运营达 500 多千米的网络，管理着一张世界各大城市中规模最大的城市轨道网。换乘复杂，线路众多，既有共线，还有长短车分开编组，各种形式都在上海上演。这些都对高效运营提出了前所未有的挑战。支撑这个网络的，除了列车数量和技术装备，一系列人性化导向体系的建立，也大大降低了管理成本和乘客成本。

早在 2002 年，上海就宣布成为我国首个进行轨道交通线分色的城市。当时确定了 9 条轨道交通标志、线路站名及线路识别色彩。2006 年全网线路识别标志色方案确定，11 条地铁确

定了自己的专属颜色，市民可以根据标志色快捷明了地认准线路和换乘方式。为了这个分色，上海积累了多年经验，全部对设备、列车逐步改造才确定下来。

上海的做法是仿效日本的思路。东京有 20 多条轨道线路，《东京地铁导向手册》中所有的 20 多条线路上面都用颜色显示，即使不懂日文，只要循着色彩的引导换乘也可以确认要坐的线路。此方法应用到了上海地铁上，线路标志色很早就成为了设计者的理念。

据悉，上海专家确立颜色的原则是，色彩的明度必须介于 30% ~ 80% 之间，并将黑、白 2 种颜色排除在外。17 条线路分别被授予 17 种识别色，显示在车身、引导牌和地图上。如 1 号线大红色，2 号线淡绿色，3 号线黄色等。共线的两条线路，其两种颜色的明度反差极大，乘客一目了然。在每个换乘站，由色带组成圆环，根据色带的组合，就能马上辨认出这里是哪几号线之间换乘，如图 12-12 所示。

色彩标识线路的策略贯彻到每一个细节中，时间长了，颜色信息成为乘客头脑中最本能的反应。比如 2 号线以淡绿色为识别，不但"2 号线"字样一律和淡绿色相伴，楼梯玻璃栏杆有绿色线条导引，站台的休息椅是绿色的，车身是绿色流线的，车厢里也是绿色的座椅，甚至连广告也用绿色配合。这些绿色形成连绵不断的视觉诱导，引领着人们的整个旅程。

"一线一色"的基本构想是科学的，但实行"一线一色"难度确实很大，上海这方面也探索了很多年。从大空间到小空间，从整体到局部，凡是传播与识别的载体设备，都形成"一色"的体系才能区分好线路。地铁设计的社会使命是第一位的，就是让所有人都容易使用。这包括方向感有差异的男人和女人，行动力有差异的小孩和老人，健康和身体有障碍的人，文化及宗教背景差异的中国人和外国人。真正的美，应该是对使用者最合理、效用最大的设计。

图 12-12   上海地铁站的诱导指引标示图

12.3   交通管理设施人性化设计

道路交通管理设施是法律的表现形式，反映的是对路权和道路安全、畅通的要求。实行交通管理的重点在于运用各种设施控制、掌握并及时地指挥交通。因此交通设施的应用，要充分考虑人的生理、心理特点，必须以人为本，适应人的出行需求，只有这样才能有效地改善道路交通条件，为执法打好基础。但是道路交通管理设施使用的过程中还存在着很多的不足和漏洞，其中主要表现在道路交通安全设施的使用长期以来的指导思想是以"我"为本而没有体现出以"人"为本。结果往往是解决不好规范化使用和科学化使用的关系。

交通管理要真正实现公安交通管理的具体目标就要做到管理与服务并重。有管理就有服务，有服务才能保证更好的管理效果。交通设施是规范交通行为的手段、传递交通信息的载体，实现和发挥的是管理交通、服务交通、保证交通安全的目的和作用，其包括标志、标线、信号灯 3 类。对其人性化一般的要求是：

（1）作为规范交通行为的手段，要实现交通管理的目的，应当符合车辆、行人的交通特性。在标志的布局和设置、标线的施划、信号灯的使用等方面要符合人的心理特性，总体上使人感到舒适、乐于接受，从而真正发挥规范交通行为的作用。

（2）作为传递交通信息的载体，应大力发展传递信息方式，努力实现系统化，增加交通设施高科技含量，努力实现智能化，保证信息传递适时、快速、有效。

（3）交通设施要美观、大方，与道路环境相互协调，努力营造优美、顺畅、和谐的道路交通环境。在交通信息内容上，应当加强系统性，做到协调一致。选择信息内容要符合道路交通安全的需要、增强道路通行能力的需要、提高道路通行效率的需要以及道路交通秩序的需要。交通设施还应考虑到提高道路交通的经济效益和社会效益，方便群众，有利于公安交通管理。

12.3.1　交通标志与标线人性化设计

道路交通标线以规定的线条、文字、箭头、突起路标、立面标记或其他导向装置，体现在路面或其他设施上，引导驾驶人视线，确保车流分道行驶，指引车辆汇合或分流进入合适的车道，加强车辆行驶秩序，向道路交通参与者提供有关道路交通系统的信息。

道路交通标志与人们的生活密切相关，无论是百姓出行，还是机动车驾驶人在道路上驾驶车辆，都应了解和识别道路交通标志，人人遵守交通规则，确保人们的出行安全。由于交通标志在道路建设工程中应用广泛，涉及道路交通的安全性，所以合理设置交通标志是非常重要的。它可以改善道路的交通秩序，减少交通事故，维护交通正常通行。因此，要对交通标志的设置问题进行不断地研究和思考，使我国交通标志设置更加合理化、人性化。

1）及时清除旧标志

在改建和拓建的道路上，应避免新旧标志并存干扰行车。应该将新标志及时就位，旧标志及时去掉。交通标志的法律属性是其功能实现的基础和保障，淡化法律属性，交通标志就不可能树立应有的权威并确保其高度的严肃性。要实现交通标志是交通管理的辅助手段向城市管理必要手段的转变。要充分认识到规范、科学、美观的交通标志不仅是城市交通管理水平的表征，是衡量交通现代化程度的标志，也是城市管理水平和发展水平的反映，还是城市运行水平和市民生活质量和投资环境优劣的重要标志。在当前实施畅通工程中，应当将交通标志提高到应有的地位。

2）加强交通标志以人为本的设计理念

针对路越修越宽，人行过街设施较少，行人过街不安全等状况，交管部门坚持以人为本的理念，加大人行过街信号灯、语音提示器、人行隔离桩、行人安全岛、安全防撞桶、水马等道路交通安全设施建设，如图 12-13、图 12-14 所示。在学校、医院、养老院等门前设置限速和行人标志及施划人行横道线，在人行道上设置步道桩、柔性分道桩等交通安全设施，有效保障行人通行安全。设置交通标志应在认真调查分析交通流的实际状况的基础上进行，使交通标志的设置符合交通管理客观规律，起到最佳的引导作用，以优化交通流的组织，减少人为的干扰和冲突，提高道路通行能力，维护交通安全。交通管理部门要加强对交通标志制作、设置方面的专业知识学习，引进专业技术人才和装备，提高交通标志的设置水平，增强科学性。要"以人为本"，体现人性化。要充分考虑到人的行为习惯，在制作上要给人以比较直观的交通诱导。

图 12-13　常州行人过街鱼肚形安全岛设计　　　　图 12-14　常州行人过街二次等候区

3）解体消能交通标志

解体消能交通标志作为人性化宽容设计理念的体现，是路侧安全设计的重要组成部分。传统的标志支撑刚性很大，在发生碰撞时使车辆速度迅速降低，因而大大加重了事故的严重程度。解体消能交通标志针对这种情况是一个很好的解决措施。在发生碰撞时，它通过自身的结构破坏吸收能量，汽车穿越标志柱，从而保证了汽车乘员的安全。解体消能交通标志的消能方法是减弱标志柱的某个部位或断面，在车辆碰撞标志柱时，这些有意减弱的部位发生破坏，使标志柱和板按预计的形态屈服，从而避免二次事故并减轻事故严重度。

4）三维视觉减速标线

三维视觉减速标线如图 12-15 所示，是利用人们对颜色的视觉反差，使驾驶人远观犹如连绵凸起的小山丘而减速制动。该减速装置由蓝、白、黄 3 色标带组成，呈菱形状，从远处就能看到前方道路出现立面凸起，但经过时和平常路面一样平坦光滑，车辆并未发生颠簸、震动。此种视觉减速标线与传统震荡式减速装置不同，在夜间和雨雾天气，颜色反差更大，三维视觉效果更好。

图 12-15　三维视觉减速标线效果图

5）更改标志应该及时公告，提高交通参与者的感知强度

对由于道路条件限制或存在设计缺陷且一时无法改变而容易发生道路交通安全事故的路段，应当提高其交通参与者感知的强度，如图 12-16 所示。综合运用交通设施手段以强化交通参与者的注意力，增强采取措施的适时性。对增设、调换、更换限制

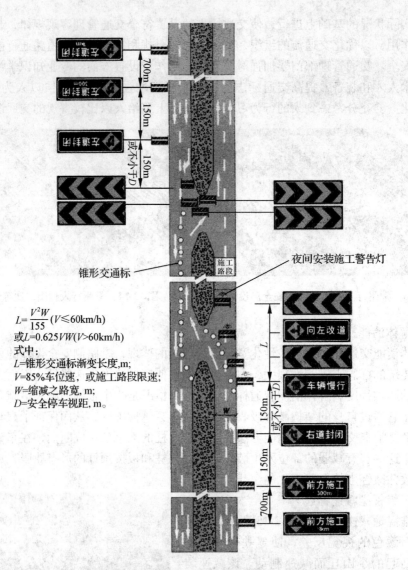

图 12-16　道路施工更改路线警告指示图

性的道路交通标志设置应该明显突出，使群众提高意识。交通标志具有严肃的法律地位，是交通法规的组成部分和具体体现，是交通参与者的行为规范。因此，新设置的标志应该明显突出，使司机和行人自觉遵守交通标志。把交通标志由为交通事故处理定责提供依据，向交通标志为预防交通事故的重要安全措施的观念转变。在日常管理中，不少民警都觉得一些交通标志只是在交通事故发生后方便定责和处理，其他作用并不明显。因此，要转变这种观念，将交通标志的设置提高到道路交通事故预防的层面上，在制定和实施交通安全计划过程中科学地规划、设置交通标志，提高道路的安全系数。通过以上做法，充分体现出公安交通管理部门以人为本的理念和设计部门人性化的设计，营造出现代文明的道路交通环境。

6）视觉减速标线

视觉减速标线，如图 12-17 所示，是指设置在车道边缘或车道中心线的一系列标线，给机动车驾驶人以车道变窄或车速明显提高的视觉效果和强烈的视觉冲击，从而提醒司机减速慢行。感觉减速标线是指在一些特殊路段设置的横跨车道中心且碾压时有明显响声和震动感觉的标线，主要目的是提醒驾驶人安全行车，提高注意力，也是基于人性化设计的交通标线。

图 12-17 道路视觉减速标线指示图

7）推进双面交通标志

针对部分交通参与者交通安全意识淡薄、交通违法时有发生的情况，采用大型"双面"交通标志，正面为交通指路标志，反面为图文并茂的交通安全提示标志，时刻提示交通参与者注意交通安全，如不要酒驾、闯红灯等。这种标志不仅使交通参与者时刻得到交通安全提示，还可以美化交通标志，改善市容。

案例6：

苏州马路"创意标线"带来通行顺畅

苏州交巡警部门在市区部分主干道上试点推出了一些"创意标线"，首批新交通标志、标线已在高新区金山路向市民亮相，如图 12-18 所示。

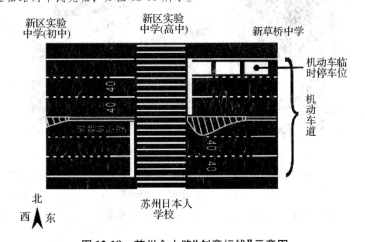

图 12-18 苏州金山路"创意标线"示意图

苏州交巡警之所以首先选择金山路作为"创意标线"的试点，主要是考虑到这条道路上云集了新区实验中学、新草桥中学、伊顿国际等多所学校。过去每到上下学高峰，这条路上都会聚集大量的家长接送车、公交车，稍有不慎就会造成整条道路的不畅。

在宽阔的金山路上，每个快车道路口的地面上，都用虚实白线醒目标出了"限速40"的交通标志，提醒过往司机这条路段是如何限速的。不仅如此，在这条路段上的学校、单位的出入口，交警一改过去在非机动车道划定停车位的做法，而是在快车道上醒目标出了七八个停车位，方便家长或其他来访者就近停车。

"创意交通标志、标线"最大的不同是在 5 条快车道中增加了一个"左转弯待转区"，并用白色实线和黄色鱼肚形标线醒目区分开来。驾驶人沿着快车道白线一路直行到各个学校门口，只要看到这些黄色网格状导线，就可以将车从第 5 个车道直接转弯导引进去，而不是像过去一样为强行转弯影响其他直行车辆的通行。这样做的好处是对快车道有效分流和导路，驾驶人也可以预先做出判断，从而实现整条道路的畅通、安全。

12.3.2   交通信号人性化设计

随着城市的不断发展，交叉路口的交通特性越来越复杂。结合先进的交通检测技术、信息融合技术、智能控制技术实现交通信号全面的协调控制，人性化、节能化设计成为交通信号控制技术的发展方向。交通信号灯最基本的功能是指导人群流动和车流，为交通信号灯更多的注入人性化的理念，除了使它具有以上基本功能外，还应具有缓解视觉疲劳的效果。

案例 7：

人性化的概念交通信号灯设计

图 12-19 所示的是具有非常时尚个性化的 Mobius 交通灯。它具有行车信号、行人信号和路灯 3 种功能。其设计理念主要是为减少视觉疲劳。信号灯采用标准的绿色、黄色和红色光。以避免繁杂的交通给视觉带来的混乱感觉，在路旁可以看到交通标志、信号灯、海报、电子指示牌等，感官上非常简洁清晰，作为路灯非常节能而且简洁时尚大方。

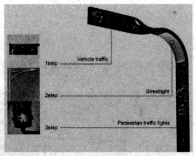

图 12-19   Mobius 交通灯示意图

由于现在城市交通日渐发达，交通信号灯也随之进行着更新升级，形形色色的信号灯设计进入我们的视线。图 12-20 所示的信号灯在显示等待时间的同时，还可以显示时间，提供当天的天气信息，如温度和湿度。同时，信号灯的顶端被设计成莲蓬形状路灯，由太阳能供电，非常环保。

图 12-20   交通信号灯示意图

12.4 监控设施人性化设计

智能交通系统中包括了重要的电子警察监控系统，随着智能交通系统的应用不断扩大，视频监控系统也逐渐向人性化功能、智能化管理、集成性应用等方面靠拢。

在高速公路交通监控系统领域，美国、加拿大、日本和欧洲的一些国家走在世界的前列。目前，世界上许多路段已经配备了基于视频的智能交通事件监控系统。在国外，法国 FOIX 隧道配备的视频监控检测系统，能够自动检测停驶车辆、慢行车辆、道路拥堵、逆向行驶、烟雾等交通事件；美国华盛顿州 Lynnwood 配备的视频监控系统，可以实时检测当前交通流状况、车流量、车队长度等交通信息；意大利 Breseia 和 Verona 之间的高速公路上配备的交通监控系统，能够检测慢行车辆、道路拥堵、逆向行驶等交通事件；卢森堡公路上的视频监控系统，能够提供车速、路面占有率、车辆分类、车辆尺寸、逆向行驶等信息。

智能交通监控要想更加人性化，除了要求具有基本交通信息流检测功能外，还需要能够对场景中发生的行为作出分析理解，包括车辆的运动轨迹检测，较为复杂的违章行为识别以及交通事故报警等。基于视频的运动目标检测与跟踪是做出各种行为理解等上述高级处理的基础，是计算机视觉和图像编码领域的一个重要课题，无论是在军用还是民用方面都有广泛的应用范围。在交通监控方面，对基于视频的运动目标检测与跟踪进行研究是使交通管理真正智能化和人性化的关键所在。

12.5 其他交通工程设施人性化设计进展

12.5.1 收费设施人性化设计

收费站是十分重要的交通设施，收费站的设计应该满足交通设施设计的基本原则，但这些原则仅仅符合收费站的一般使用要求，有关人员在设计时还应该考虑收费站的人性化，运用人机工程学及设计符号学等有关知识进行收费站的人性化设计。

在进行收费站的人性化设计时要首先确定所使用的人性化设计原则。根据收费站的实际情况，影响收费站人性化设计有五大原则和因素，如图 12-21 所示。

根据交通设施人性化设计原则，由安全原则可以得到安全因素，安全因素在各种交通设施的设计中都是要考虑的重要因素。由省时原则可以得到行驶顺畅因素，行驶顺畅是收费站的基本功能之一，也是人性化设计要考虑的重要方面。由舒适原则可以得到环境协调因素，因为和谐的环境可以提高人们的舒适感。由环保原则可以得到环保因素。

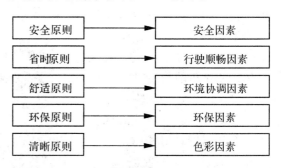

图 12-21 收费站人性化设计原则与影响因素

由清晰原则可以得到色彩因素，收费站的色彩设计也是收费站人性化设计的重要内容。

（1）安全因素　人的生命是最宝贵的财富，收费站作为公共服务设施，应该安全的服务于大众。为此，收费站的设计应该更多的考虑如何提高设备的安全性，对一些容易出现的危险提前做好防范措施，使人机界面更加友好。

（2）行驶顺畅因素　收费站作为高速公路的端口，应该保证车辆基本的行驶顺畅，这是收费站人性化设计的基本要求。

（3）环境协调因素　收费站建成之后，将长期存在并成为一座自然景观。由于收费站是人们经常使用的公共设施，人性化的收费站一定要让使用者心情舒畅，所以要考虑收费站与自然环境的协调性。收费站应该与环境很好地融合在一起，不要出现与环境格格不入的尴尬局面。

（4）环保因素　随着地球污染的加剧，环境保护受到人们越来越多的关注。对环境的保护，归根结底是对人类自身的关怀，人性化的收费站也应该重视环境的保护，减少收费站的能耗和对周围环境的污染是设计者义不容辞的责任。

（5）色彩因素　不同的颜色对人会产生不同的刺激，人们对于不同的颜色有不同的感受。收费站的配色直接影响人们对视觉信息的理解，好的收费站配色要充分考虑人们对于不同色彩的心理反应，这样可以使收费站更好地与使用者沟通。

上述是收费站人性化设计的五大因素，各因素的重要程度有所不同，在收费站设计之初要分别予以考虑，人机工程学可以很好地解决这五大因素在收费站设计中的应用问题。

图 12-22 是某未来收费站效果图。这是一个人性化设计的常规收费站，安全因素在收费站设计中需要着重考虑；其次，环境与色彩搭配，能源与动力装置都是人性化收费设施设计的重点。

从图 12-22 可以看出，每个收费岛两端与侧面的防撞设施经过了精心的设计，前面采用了鹅卵的形状，去掉了一切棱角，同时使用了橡胶材料，两端的防撞护栏也采用了弹性极好的橡胶材料，内部用钢管支撑。

收费站的道路采用彼此分开的方式，都是单行道，在远离收费站的两端进行分合，防止进出的车辆互相干扰，减少因车流量大时发生刮擦、碰撞等事故。

收费站与周围环境充分融为一体，使兴建的收费站成为大自然的美丽风景。从图中可以看到，收费站顶棚的形状既像挺拔的小草与周围环境相呼应，又像翻开的书籍，不失现代气息。

收费站采用太阳能供电，更

图 12-22　某未来收费站效果图

加体现了人机工程学中的绿色设计理念。它的顶棚是一个巨大的太阳能板,设计成弧形,便于接受不同角度的太阳光。

收费站的色彩搭配也经过了细心考虑。它蓝色的顶棚与蓝天巧妙的融合为一体,整体以白色为主,简洁、清爽,使驾驶人在排队经过收费站的时候不至于烦躁不安,同时在一些安全设施上使用了醒目的颜色,便于识别。这是基于人机工程学中人的心理因素分析得出的色彩搭配方案。

12.5.2 服务设施人性化设计

常见的城市道路交通服务设施包括停车场、广场、公共交通停靠站、加油站、城市道路照明、城市交通管理设施等。

1)城市停车区位诱导系统

城市停车区位诱导系统如图12-23所示,作为ITS智能交通系统的重要组成部分,是智能化、人性化的停车系统。欧美等国家已经进行了大量研究工作,并将其广泛应用于闹市区停车引导。通过使用城市停车区位引导系统大大缓解了城市交通拥堵状况,减少了道路占用,显著提高了原有停车设施的利用率,取得了良好的社会效益和经济效益。

城市停车区位诱导系统方案亦可针对单个大型停车场或者多个小型停车场群设计。它创意巧妙性能卓越,可以使待停车的人员及时了解到区域内相关停车场空车位的实时信息,从而径直引

图 12-23 停车区位诱导系统示意图

导车辆进入泊位,避免盲目驶入,提高了停车场的管理水平。通过城市停车区位诱导系统的使用,提供了全面停车指引服务,可以极大地提高停车场服务水准,提高车位利用率,树立停车场优质服务的完美形象,是停车服务设施人性化发展的主要方向。

2)便利式加油站

加油站的多元化是未来加油站的发展方向。加油站除了能出售油品外,还配有便利店、自助提款机、彩票机,提供餐饮、洗车、汽车维修等附加服务,更多人性化的设施和服务让顾客更加方便。驾驶人可以同时享受车辆加油、快餐、便利店购物、汽车美容、保养、快修等一站式服务的乐趣。图12-24为便利式加油站示意图。

3)公交汽车候车亭

公交汽车候车亭的设计应从研究人的需求开始,因为人是城市环境的使用主体,设计应当以人为本,要充分考虑使用人群的需要。

在使用人群中的中老年、儿童、青年、残疾人等有着不同行为方式与心理、生理情况,必须对他们的活动特性加以研究调查,才能在设施的功能中得以足够体现和满足人性化设计。如为盲人设计触摸式站牌或语音提示;为老人和行动有障碍的人设计无障碍上下车通道等,有针对性地兼顾不同人的需求,使他们在使用设施时感到方

图 12-24   便利式加油站示意图   图 12-25   未来公交候车亭效果图

便、快捷、安全、舒适。人性化的设计对设计师提出了很高的要求，首先要熟练掌握人体工程学、环境心理学等理论知识，并运用到实践中去，体现出科学性与合理性。其次要具备一定的美学知识，通过造型、色彩、材料、工艺等手段进行构思创意，满足人们的审美需求。更重要的是要具有人文关怀精神，自觉关注各种因素，如社会弱势群体的需要。这样才能在设计中做到以人为本，做出真正人性化的设计。

图 12-25 是某未来公交候车亭效果图。候车亭的人性化设计主要是将功能化、信息化和标准化融为一体，具体说来，就是使候车亭具备如下基本功能：遮阳避雨，以利乘客安心候车；设若干座位，照顾特殊乘客；设废物箱，保持公共场所卫生；设置照明装置和灯箱式广告载体，方便乘客夜间候车。同时具备系统行业管理的特点，还应有为乘客提供更多、更完善、更必要的乘车信息之服务功能。如车辆行驶走向曲线的动态描绘、各站点交换车路线以及车辆调度变更等信息，以便让乘客直观了解和灵活掌握乘车变化情况。这些信息装置的设置对于缓解道路或交通阻塞也具有不可估量的作用。在标准化方面，公共交通的公共性非常明显突出，可根据国家的有关标准对各中途候车设施进行标准化设计，这也是城市规划和市容管理的需要。如果该设施在艺术上处理得当，将成为城市的一大景观。

12.5.3   道路照明人性化设计

随着计算机技术、无线数据传输技术和现代电力电子技术的飞速发展，传统的道路照明也开始向着智能化的方向前进。智能化、人性化已经成为城市道路照明发展的必然趋势。智能化、人性化的道路照明控制系统的一个重要特征就是系统能够根据不同区域的不同功能需求，在每天的不同时段、不同自然光照度或者不同交通流量情况下，按照特定的设置，实现对道路照明的动态智能化管理。通过综合考虑和分析与道路照明密切相关的时间、路段、环境照度和交通流量等因素，按照预设的控制策略，控制路灯在不同情况下以不同状态工作，实现多样化的道路照明场景，从而在提高照明质量的同时获得最佳的节能效果。

在智能化的照明控制系统中要实现人性化的照明控制，还必须考虑同一照明季节内交通流量变化规律的异常情况。尤其是在一些比较重要的节假日，人们的作息习惯会和平时出现差异，因此道路交通流量曲线与平时相比会出现较大波动，这时就不能再按照正常的时间段划分进行控制，而必须借助于交通流量辅助控制。

案例8:

秦岭终南山隧道的人性化照明设计

秦岭终南山公路隧道是我国交通规划网内蒙古包头至广州茂名高速公路的控制性工程，也是陕西省公路主骨架西安至安康高速公路的"咽喉工程"，如图12-26所示。隧道采用双洞4车道，设计时速80km/h，全长18.02km。其长度在山岭公路隧道中居世界第二，总建设规模世界第一，是我国目前已建成的最长公路隧道。该隧道已于2007年1月20日正式通车。

为了防止"黑洞"和"白洞"效应的产生，隧道内的照明实行白天、夜间，以及白天洞外天气条件的有级调控，在隧道入口段、过

图12-26　秦岭终南山隧道照明效果图

渡段、出口段根据不同亮度要求设置加强照明。在距检修道0.8m处还设有诱导灯，采用LED光源。诱导灯为琥珀色，间距10m，其中每隔40m装设一盏疏散指示灯，在火灾状态下可指示人员安全快速逃离现场。每隔120m装设一盏蓝色诱导灯，帮助驾驶人与前车之间保持安全距离。

为了缓解驾驶人的焦虑情绪和压抑心理，秦岭终南山隧道参考欧洲先进的隧道设计理念，特意设计了充满人性化的特殊灯光带。特殊灯光带由蓝色、红色和白色荧光灯管照明，分别组成朝霞、晚霞、蓝天、白云等图案，给人一种在两隧道间进入蓝天白云的山谷间的感觉。这是我国的设计人员在欧洲考察时，开着模拟汽车置身于仿真隧道中，挑选出的最为简洁、明快、适合我国人群审美特点的图案。

在秦岭终南山公路隧道里每5km的距离专门设置了3个特殊灯光带。特殊灯光带净宽10.5m渐变至20.9m，净高7.6m渐变至11.9m，长150m。通过不同的灯光变化及蓝天、白云、彩虹等幻灯图案的变化，将特长隧道分为几个短隧道，给驾驶人员带来意想不到的行车快乐，减轻了司机朋友在特长隧道行车的单调，缓解了驾驶疲劳。

据悉，其设计在亚洲公路隧道为首创，在世界高速公路隧道也首屈一指。

12.5.4　环境保护设施人性化设计

随着汽车工业和道路事业的发展，机动车拥有量日益增加，路网密度不断提高，致使道路交通所产生的某些不良现象，如噪声、废气、振动、电磁波等相应增加，对人类生态平衡和身体健康造成了极大地危害。

道路交通噪声主要来自汽车噪声源，其影响范围广，持续时间长，影响的人数也最多。利用树林的散射、吸声作用以及地面吸声，可达到降低噪声的目的。结合实际的地形与气象条件，于道路两侧适当范围内进行绿化，是净化道路交通环境，吸收噪声污染的一种既经济又有效的人性化的治理措施，并尽可能与降噪声措施一起考虑。一般认为矮的乔木比高的乔木防噪效果好，阔叶树比针叶树好，几条窄林带比一层稠密林带效果好。

面对日益严峻的能源危机和不断增加的环保压力，新能源车在经济效益和环保效

益方面的显著优势得到大家的一致认同，发展新能源公共交通将是大势所趋。智能化、人性化的新能源公交车会逐渐取代现在的高能耗、高污染公交车，并会成为未来发展的主流。

案例9：

电动公交车的推广应用

大量研究表明，电动车比常规燃油汽车在能效和减排方面有明显优势。国务院发展研究中心对纯电动车和传统汽油汽车的能源消耗和二氧化碳排放进行了比较，其中纯电动车按照"煤—电—电动机"的能源应用路径，而传统汽油车按照"石油—汽油—内燃发动机"的路径进行测算。结果表明，即使在电能来源仅考虑煤电的最差情况，纯电动车单位行驶里程所消耗的一次能源（折成热值）只有传统汽油汽车的 0.7 倍。考虑我国电源结构优化以及能源利用效率提高的趋势，按照 2015 年我国煤电比例 76% 计算，电动车排放的二氧化碳约为传统汽油汽车的 74%。

相比于公交车，电动公交车的节油和减排效果更加明显。据有关统计，我国每辆公交车日行驶里程 220～280km，消耗燃油 90～120L，相当于 30 辆私家车的油耗和排放。此外，电动车采用电动机代替发动机，几乎无噪声，而且为无级变速，驾驶操作更加简单。

北京是世界上第一个在奥运会期间使用电动公交车专门为奥运村服务的奥运会主办城市。50 辆电动公交车采用锂离子电池作为公交车动力，实现了零排放的环保要求。上海世博会提倡"安全、可靠、科技、环保"的低碳出行方式，首次在黄浦江越江线投运 120 辆纯电动车，成为世博园区内交通运营的主力，承担输送来往于浦东和浦西间的大批游客。图 12-27 和图 12-28 分别为电动公交车充电站和人性化的电动公交车设计。

在北京奥运会上，奥运公交车特意安装了一套专门为残疾人服务的系统。在上车的阶梯上安装了一条自动电梯，方便残疾人上车。在未来的公交车上可安装空调自动调节系统。该系统可以根据车内温度的情况自动调节车温。未来的公交车还应该设有自动安全带，能够自动帮乘客带上安全带，将事故发生时的危害降到最低。

图 12-27   电动公交车充电站   图 12-28   人性化的电动公交车设计

12.6   城市交通人性化发展的方向

由于历史的原因，我国城市在早期的规划与建设有很多不尽如人意之处，如各不同交通方式间的隔断造成各交通枢纽间的换乘很不方便；城市交通的规划与建设是以车为本而非以人为本，过分考虑到机动车的方便性而忽视了城市中人的方便性和安全性等。这些问题已经严重影响到了我国城市交通的进一步发展，阻碍了市民生活质量的进一步提高，必须在以后的城市建设和改造中加以纠正，尤其是要注重不断改善步行交通系统并合理建设交通换乘系统，逐步体现现代交通人性化的内涵。

1）不断改善步行交通系统

步行交通是城市交通的重要组成部分。步行交通系统主要由步行者、纵向人行道、横向人行道、步行街、步行区以及人行天桥、人行地道等组成。在我国城市的总出行量中，步行交通约占20%～50%左右，但是城市中的步行交通常常被忽视，导致步行交通环境不佳，突出表现在以下几方面：第一，自行车与步行者混合使用人行道设施，步行环境不和谐；第二，大量占道经营和占道停车侵占人行道，使本已有限的人行道设施显得更加不足；第三，由于许多道路交叉口交通信号灯设置不合理，造成行人穿越道路困难、危险；第四，由于修建了大量的立交桥和快速路，造成步行的绕行现象严重。针对这些问题必须进行人性化的步行交通建设。

实行人车分离，创造行人空间步行系统要因地制宜，采取有效措施保障行人安全，同时要创造无障碍步行交通条件。人车分离包括空间分离和时间分离，空间分离是指采用积极的交通设施（如人行道、地下人行横道、人行天桥）将人车交通流进行强制性的分离时间。分离是指在同一道路上的行人和车辆，各自使用不同的通行时间，以避免其相互交错行进的交通组织方式，如交通信号设施，交叉路口的人行横道和时间限制性的步行街等。

在人行道和行人过街设施规划建设中尊重行人的步行净空要求。在人行道和行人过街设施的建筑界限内，不允许任何物体侵入，应清除侵入建筑界限外的广告牌、空调机位等物体，清除人行道上的经营摊点，还人行道于行人。提高人行道板的铺装质量和平整度，在交叉路口设置行人过街专用信号，保障行人安全过街。

注重步行交通与其他交通方式的衔接。在步行区出入口应考虑步行与其他交通方式的转变，如在体育场馆、公园等大型集散场所规划停车设施时以步行距离不超过100～150m为宜；商业步行区的出入口与附近停车场的步行距离也不宜超过100～250m。

按照功能要求和美学原则组织步行系统的各项物质要素。要考虑步行空间功能的多样性，同时满足市民的心理需求，遵循美学原则，在变化中求统一，创造一个舒适、优美的城市步行系统。

2）合理规划城市公共交通换乘系统

换乘系统是换乘点与其附属的服务设施应用的管理手段等的总称。城市交通换乘包括私人交通与公共交通的换乘以及公共交通与公共交通之间的换乘，人们通常把这些集中疏散乘客的点称为换乘点。公交换乘系统是公交网络的节点，出行者使用公交的起点和终点。对于整个公交系统来说，换乘系统的功能如何，对其整体功能的发挥影响很大。目前我国城市的换乘系统设施仍然非常简陋，逐步完善城市公共交通换乘系统是人性化城市交通发展的重要部分。

（1）保证公交换乘枢纽地址的用地需求 公交换乘枢纽地址选择的原则是将其设

在方便市民换乘出行和客流集中的区域，同时要有足够用地。一般公交换乘枢纽用地面积不少于普通公交线路起点、终点用地面积的2~3倍。其选址应充分考虑城市土地利用、社会经济和自然状况，以及是否能使多种交通方式相衔接，以实现集约换乘。车站的最佳间距要考虑主要出行点的需求与停站增加出行时间两个因素。各线路车站具体的站距主要取决于当地实际情况，要以方便出行为出发点。公交换乘枢纽应尽可能提供停车设施，这样才能做到无缝换乘。对于市区内的公交换乘枢纽，应重点考虑非机动车的停车设施建设，以此给采用自行车—公交零换乘方式的市民提供便利。对于市郊的公交换乘枢纽，应着重考虑小汽车的停车设施建设。

（2）及时传达公交换乘信息 足够的换乘信息能够提高出行者对公交系统的信任程度。这些给乘车者提供的信息应该包括经过本站点的所有线路的方向、车辆时刻表、全市所有线路的大致走向图、全市重要公交换乘点的位置和换乘内容等。

（3）合理建设其他便利设施 为提高公交候车服务水平，增加候车乘客的耐心程度，应当在换乘点提供电话、公共卫生间、书报亭和小杂货店等附属设施；应该创造条件在一些换乘车站内部提供视频播放娱乐设施服务；应当通过使公交车与车站站台的水平达到一致来提高上下车的速度；应当为老弱病残乘客提供便利设施，尽量考虑社会弱势群体的乘车需要，如在车站的入口广场和站台都采用可触摸路面，为视力有障碍人群提供导向和警示，为行动不方便人群提供便利坡道或电梯等设施。换乘点本身建筑形式也应从美化、文化、乘客友好等角度来设计建设。

3）人性化的交通设施建设与人性化的交通管理相结合

人性化设计成为交通设施设备的原则与以人为本的管理思想成为公安交通管理的指导思想应该相互适应。人性化就是一个不断满足交通参与者各种交通需求的客观过程。因此交通设施设计坚持以人为本的指导思想，把人性化设计贯穿于整个设计过程，在各个环节、各个方面充分体现出来。这是以人为本的管理思想对设计工作的必然要求。通过这样的工作，努力把人性化原则与交通设施设计工作统一起来，努力使人性化的要求和以人为本的管理思想真正落到实处。因此，加强对人的心理特征、社会心理以及人的需要等方面的研究，加深对人以及群体乃至社会的理解，是对设计工作的客观要求。

城市交通的人性化管理必须依赖于城市交通现代化管理来实现。城市交通管理现代化是城市交通管理人性化的基础。近年来，通过实施畅通工程，城市交通管理已打下了较好的基础，处在重要的转折时期，要实现城市交通管理手段的现代化，就要掌握科学的现代化的管理方法，吸收发达国家的管理经验，把现代交通工程的理念和方法、规范完善的工作机制、科学合理的勤务制度、现代化水准的法制和服务等要素全面融入交通管理，提高信息化水平，加强信息应用，重新组合和分配包括警力在内的管理资源，形成信息化和管理工作互相促进的良好局面。

本章小结

交通工程设施的人性化设计是交通工程设施设计重要的发展方向，是城市道路发展的必然趋势。随着城市交通的发展，对道路交通设施的人性化设计要求越来越高。本章主要依据不同的交通设施类型，针对交通设施设计中的几大部分进行了详细的讲解，并提出了发展我国城市人性化交通设施的方向。

思考题

1. 交通设施的人性化设计原则有哪些？
2. 城市交通的人性化发展方向有哪些？
3. 搜集更多国内外人性化的交通设施设计案例并说明其特点。
4. 试对周围的交通设施进行人性化改造并做出简单的设计方案。

参考文献

[1] 丁玉兰. 人机工程学[M]. 北京：北京理工大学出版社，2005.

[2] 何晓佑，谢云峰. 人性化设计[M]. 南京：江苏美术出版社，2001.

[3] 李峻利，过秀成. 交通工程设施设计[M]. 北京：人民交通出版社，2001.

[4] 马荣国，杨立波. 交通工程设计理论与方法[M]. 北京：人民交通出版社，2002.

[5] 路楠. 论道路交通设施人性化设计理论的构建[J]. 道路交通与安全，2006(1)：14 – 20.

[6] 李想，张萍. 公路交通设施的人性化设计研究[J]. 规划与设计，2010(1)：324 – 325.

[7] 李想. 交通设施的人性化设计研究[D]. 合肥：合肥工业大学，2010.